KB210541

그리스도 중심 언약

그리스도 중심 언약

저자 한광수

초판 1쇄 발행 2023. 10. 12.

발행처 도서출판 브니엘
발행인 권혁선

책임편집 김지연
책임교정 조은경

등록번호 서울 제2006-50호
등록일자 2006. 9. 11.

서울특별시 송파구 백제고분로28길 25 B101호 (05590)
마케팅부 02)421-3436
편집부 02)421-3487
팩시밀리 02)421-3438

ISBN 979-11-93092-10-1 03230

독자의견 02)421-3487
이메일 editorkhs@empal.com

북카페 주소 cafe.naver.com/penielpub.cafe
인스타그램 @peniel_books

도서출판 브니엘은 독자들의 원고를 설레는 마음으로 기다리고 있습니다.
위의 이메일로 간단한 기획 내용 및 원고, 연락처 등을 보내주십시오.

도서출판 브니엘은 갓구운 빵처럼 항상 신선한 책만을 고집합니다.

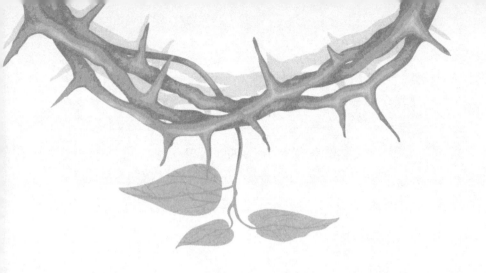

[하나님의 영원한 약속을 믿고 따르는 신앙]

그리스도 중심
언약

한광수 | 지음

브니엘

그리스도 중심의 언약, 그리스도 완성의 복음!

우리가 이 땅을 살아가면서 주어진 현실 속에서 늘 직면하는 문제들이 있다. 당면한 문제를 어떻게 해결해야 할지 모를 때 얼마나 초조하고 당황스러운지 경험해 본 사람이라면 다 알 것이다. 만일 우리가 목회자로서, 복음을 증거하는 자로서 우리에게 주신 하나님 말씀인 성경을 제대로 이해하지 못하면 마치 맹인이 맹인을 인도하는 것과 같을 것이며, 더 나아가 우리는 반드시 다른 사람을 해치고야 말 것이다.

성경 전체에 대한 통찰력이 부족하고 성경을 포괄적으로 이해하지 못한다면 어떻게 우리에게 주어진 소명을 감당할 수 있겠는가? 영적인 분별력이 없다면 어떻게 복음을 증거하고 믿음이 연약한 사람을 도울 수 있겠는가? 진정 기독교인, 목회자, 설교자로서 우리 역할은 성경 말씀을 다른 사람들과 나누고 그 말씀이 일하도록 돕는 것이다. 우리는 말씀을 듣고 읽고 전파하도록 부름받았다. 세상의 모든 것이 말씀으로 시작되었음을 믿는 우리는 말씀이 어떻게 하나님 뜻을 이루고 생명을 주며 궁극적으로 예수 그리스도의 영광을 드러내는지 성령을 통해 알 수 있다. 가장 가치 있는 아들이 우리를 대신하여 당하는 고난과 죽음에서 하나님의 영광이 나타난다. 예수 그리스도의 영광은 아버지의 영광이며 십자가에서 성취되었다.

그러므로 우리는 성경을 다룰 때 성경의 원저자이신 성령님을 의지하여 성경을 보아야 하며 성경이 무엇을 말하는지를 알아야 한다. 성경은 하나님의 자기 계시이다. 하나님의 자기 계시로서 성경은 몇 가지 특징이 있다.

하나님께서 자신을 계시하기 위해 역사 속에서 행하신 방식의 특징은 계시의 점진적인 성격이 2천 년에 걸쳐 기록되어 하나님 자신을 점점 더 분명하게 나타내신다는 것이다. 성경은 하나님의 구원 행위에 대한 기록이자 그 행위에 대한 설명이기 때문에 그 과정에서 역사적 성격을 띤다.

계시는 객관적인 역사적 사건으로서의 구속 계시이며 십자가 사건을 중심으로 하고 있다. 구속에 대한 하나님의 계시와 동시에 그분은 실제로 그것을 성취하신다. 계시는 유기적인 성격이 있다. 즉 역사 과정에는 모형과 실재, 약속과 성취, 연속성과 불연속성 등 역동적인 패턴이 있다. 이 모든 것은 하나님과 인간의 관계를 예수 그리스도에 대한 약속과 언약의 관계로 설명한다.

이 책을 접하는 많은 독자에게 계시 언약의 전반적인 설명을 위하여 구상한 그림들은 이 글을 이해하는 데 도움이 될 것이다. 시각적으로 생각하는 경향이 있는 분들에게 어떤 개념이나 생각을 그림으로 표시할 수 있다면 더 많이, 그리고 더 확실하게 실체에 접근할 수 있도록 도울 수 있기 때문이다. 그리고 성경이 하나의 유기적 통일성을 가지고 있으므로 그리스도의 복음이 성경의 핵심이라는 전제 하에 글을 전개할 것이다. 그리스도 중심적 관점이 없이 성경을 보면 완성 지점에 가서는 불확실한 지점에 도달할 수 있으며, 미완성에 그칠 경우에는 임의대로 판단하거나 다양성이라는 핑계를 대며 무엇이나 자기가 느낀 대로 다른 복음을 내놓기 때문이다.

그리스도 중심이란 약속을 주시고 실행하시는 하나님의 역사를 중심에 두는 구약의 언약사적 진행과 신약의 새 언약의 완성이 중보자 그리스도를 통하여 이루셨기 때문에, 그 이루심 속에서 실체를 통한 완성의 세계를 성령에 의지하여 다시 새롭게 해석하고, 그 안에서 그리스도께서 완성하신 내용을 높이고 찬양하는 자로서 성경을 전개하였다는 특징이 있다.

오늘날의 성경신학이나 조직신학처럼 그 체계를 인간이 임의대로 만들어 내어 그 체계 안으로 들어오도록 종용하는 것은 옳지 못하다. 언제나 성경 계시를 통하여 성령의 나타남과 도움으로 그 길을 잃지 않고 진리대로 나아가야 한다. 이 진리의 길을 따라갈 수 있도록 이 책이 작은 길라잡이가 되어줄 것이다.

글쓴이 한광수

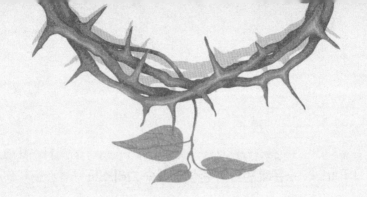

하나님의 경륜은 인간을 향한 하나님의 계획과 목적, 그리고 그 목적을 이루어가는 방법과 모든 과정을 말한다. 이는 자신의 통치를 시행하고 조정하는 하나님의 방식이며, 모든 세상이 언약 중심으로 통일되도록 하는 진행 과정이다. 이 언약 자체는 창세 전에 삼위 하나님 관계 속에서 계획되었다. 하나님께서 목적하신 바와 같이 언약이 지상에 펼쳐지게 된다. 하나님께서 만물을 창조하신 목적은 언약의 주체이신 예수 그리스도가 어떤 분인지를 보여주기 위한 것이다. 그리스도에게서, 그리스도로 말미암고, 그리스도를 위하여 창조되었다. 그리스도께서 하신 일을 통해서 그리스도의 주되심을 나타내기 위하여 우리에게 구원이 주어진 것이지 인간을 구원하기 위한 목적으로 하나님이 세상을 창조한 것이 아니다. 이러한 바탕 위에서 하나님께서는 예수 그리스도를 통해 계시하시고 예수 그리스도를 통해 자기 뜻을 이루어 가신다. 이 뜻을 이루어 가는 일의 중심에는 '언약의 그리스도'가 계신다. 사실 인간의 구원도 그리스도를 위한 일이며 주의 영광을 보여주기 위한 것이다.

언약은 아담의 범죄 이후에 더 밝히 주어진다. 이 언약의 목적지는 태초부터 예수 그리스도를 향하고 있다. 그리스도 안에는 하나님의 뜻하신 바가 담겨 있는데, 그것은 모든 것을 그리스도로 통일하시려는 것이다. 그리스도인은 예수 그리스도 안에서 언약 완성에 참여시키기 위하여 예정된 자이며 부름받은 자이다. 그래서 언약을 중심으로 성경을 보는 것은 매우 중요하다. 나 중심으로 성경을 보면 아무리 자세히 읽어도 왜곡될 수밖에 없다. 성경은 예수 그리스도를 중심으로 기록되었다. 유대인들은 성경에서 영생을 얻는 줄 알고 성경을 연구했다. 그들은 성경에 매우 정통했다. 그런데도 예수 그리스도를 알아보지 못했다. 그런데 이 성경은 예수님을 증거한다고 말씀한다.

성경을 그렇게 열심히 보고 율법을 다 지킨다는 유대인조차 모든 성경, 즉 율법과 선지자와 시편에서 증거한 예수님을 알아보지도 못하고 믿지도 않은 채 오히려 배척하고 십자가에 못 박아 죽였다는 사실은 충격이 아닐 수 없다. 성경을 보기는 보아도 성령이 그들 속에 없으므로 자기 영광을 취하기에 몰두했고 유일하신 하나님에게서 오는 영광을 구하지 않았다. 그토록 메시아를 기다렸지만 그들은 각자 자기 영광을 취할 가짜 메시아를 기다렸기에 십자가를 지시는 예수님을 진정한 메시아로 받아들이지도 믿을 수도 없었다. 이는 예수님의 제자들도 마찬가지였다.

우리가 나의 목적과 나의 영광을 위하여 성경을 보게 된다면 평생의 신앙생활 동안 수없이 말씀을 연구해도 성경의 중심인 예수 그리스도를 볼 수 없으며 그를 알고 믿는 것에서 점점 더 멀어질 뿐이다. 이런 일마저 예언하고 성경에 모두 기록되어 있다. 주의 이름을 부르면서 주의 이름으로 온갖 능력을 행하고 주의 이름으로 귀신까지 쫓아냈을지라도 그날에 주님께서는 "내가 너희를 도무지 알지 못하니 불법을 행하는 자들아 내게서 떠나가라"(마 7:23)고 하실 것이다. 그들은 주의 이름을 부르기는 하지만 주의 이름을 모르고 주의 거룩하신 이름을 이용하여 결국에는 자기 이름을 드높이고 자기 영광을 취하기 위하여 종교 생활을 했을 뿐이다.

사실 아담의 후손은 예외 없이 이런 유혹 안에 놓여있다. 이들이 자연스럽게 추구하는 것이 이러한 유혹의 내용 속에 다 들어 있다. 그러나 예수님은 이런 유혹을 다 물리치시고 십자가를 지셨다. 이러하신 예수님의 이름을 부르면서 우리는 지금 정작 무엇을 구하고 있는지를 자문해 볼 필요가 있다. 경제의 성장과 종교적인 기적과 세상의 영광을 구하면서 주의 이름으로 이런저런 일에 수고하였기에 칭찬받고 복을 받는 게 당연하다고 기대하는 건 아닌지 모르겠다. 우리는 성경의 중심이 무엇인지, 천지 만물은 누구를 위하여 창조되었는지를 제대로 알아가는 것이 중요하다. 물론 이것을 알고 믿는 일은 우리 힘으로는 절대 이루어지지 않는다. 이는 오직 주의 성령이 임하셔서 말씀을 깨닫게 해주시고 믿게 해주셔야 한다.

성경이 무엇을 말씀하시는가에 대한 올바른 이해가 없다면 우리는 바른 신앙생활을 할 수 없다. 다만 자기도 모르게 우상만을 열심히 섬기게 될 뿐이다. 그래서 신앙생활에 있어서 기본 중의 기본은 성경을 어떻게 이해하고 믿느냐에 달려 있다. 하나님 말씀인 성경의 본래 뜻이 때때로 해석자들의 온갖 주관적인 생각에 따라 혼잡스럽게 설명되곤 한다. 하지만 하나님께서 많은 성경 기자를 동원하여 성경을 기록하게 하신 것에는 근본적인 목적이 존재한다. 그것을 정확하게 알아야 성경의 객관적인 내용을 제대로 파악할 수가 있으며, 성경을 자기 임의대로 해석하거나 왜곡하는 일을 막을 수 있다.

성경을 해석할 때 기존의 일부 조직신학에서는 구속사를 '인간 구원을 위한 구속사'로 제한하고 인간의 죄와 관련하여 예수님을 설명한다. 즉 인간이 사탄의 유혹에 넘어가 죄를 지어 타락하여 죽게 되었는데, 예수님을 타락한 죄인을 구원하기 위해서 오신 '구원자'로만 가르치고 있을 뿐이다. 철저하게 예수님을 인간 구원과 결부시키고 인간의 죄와 연결해서 소개하고 있다. 그리하여 '그리스도 중심'의 해석인 '예수님이 주와 그리스도가 되심'보다는 각자 개인이 구원받는 일에 집중하고 구원받은 자신을 증거하는 우를 범하는 데까지 이르는 경우가 많다.

그러나 성경은 철저히 하나님의 언약과 관련해서 예수님을 하나님의 언약대로 아브라함과 다윗의 자손으로 오신 분이라고 증언한다. 심지어 첫 아담 역시 장차 언약대로 오실 둘째 아담이신 예수님의 표상이라고 말씀하고 있다. 이처럼 성경은 '그리스도'를 증언하는 데 그 목적이 있다. 오늘날처럼 그리스도께서 행하신 수많은 사역 가운데 하나인 구원 사역에만 초점을 맞추는 것이 결코 아니다. 성경은 창세기로부터 계시록까지 예수 그리스도 중심으로 기록되어 있다. 말씀이신 그리스도 안에서 영원한 작정과 그 작정대로 언약하시고 그 언약대로 성취하신 그리스도를 중심으로 증거하고 있다. 만물이 주에게서 나오고 주로 말미암고 주에게로 돌아감으로 주에게 영광이 세세에 있게 된다.

그리스도 중심이 아닌 인간이 중심이 되는 바탕 위에 신앙이 세워질 수 없다. 즉 유한한 존재이자 무능한 인간이 모든 지식의 기초가 될 수는 없다. 그래서 동서양을 막론하고 세상의 모든 이론은 주관적일 수밖에 없다. 인간의 경험과 사색을 통해서 만들어진 내용이기 때문이다. 철학자마다 생각하는 것과 보는 것, 그리고 경험에 한계가 있기에 이론이 모두 다를 수밖에 없다. 그래서 세상 학문에서는 "절대 진리란 없다"라고 주장한다. 그러나 성경은 객관적인 진리이자 절대적 진리이다. 성경은 인간의 경험과 사고에 의해서 만들어진 것이 아니라 객관적이고 절대적인 세계에서 온 것이기 때문이다. 따라서 성경의 중심내용인 언약, 즉 언약의 그리스도가 진리의 출발점이며 이 언약에 근거하지 않은 것은 사실 기독교가 아니다.

성경을 하나님 말씀으로 믿으면서도 인간의 힘과 조직의 권위를 성경의 권위보다 위에 두어서도 안 되며, 기도할 때나 꿈속에서 들었던 음성을 하나님 말씀이라고 주장하는 것도 옳지 않다. 그렇기에 말씀을 전하는 자가 성경 본문을 읽어 놓고 이 언약의 말씀과는 상관없는 자기 경험이나 세상 이야기를 하면서 하나님 말씀을 전했다고 할 수 없다.

성경은 그리스도를 통한 하나님의 자기 계시이다. 하나님의 말씀인 성경은 그리스도 안에서 완성되었다. 그리스도 안에서 자기를 계시하신 동일하신 하나님은 구약 백성의 역사 속에도 자신의 흔적을 새겨 놓으셨다. 그러나 죄로 인하여 타락한 인간은 자력으로 하나님을 알 수도 없고 찾을 수도 없게 되었다. 그래서 하나님은 자신을 계시하는 방도로 하나님의 아들 예수 그리스도를 이 세상에 보내신 것이다. 예수님께서는 '자기를 본 자는 아버지를 본 자'라고 말씀하셨다. 그래서 성경 읽을 때 그리스도를 중심으로 읽고 해석해야 하고, 예수 그리스도를 통해 하나님이 누구시고 어떤 분인가에 생각을 집중해야 한다. 그래야 성경이 도덕책이나 세속적인 복을 받는 비결서로 전락하는 것을 막을 수 있다.

인간들은 신을 자신보다 능력이 많은 분이라고 생각하고 이해하면서 자기가 신을 만들어 섬기고 살아간다. 이를 '관념신'이라고 하는데 내가 신을 인정함으로 천국에 간다고 생각하는 것이다. 이는 성경이 가르쳐 준 것이 아니라 이미 자기가 스스로 생각하고 추구하고 있는 것을 '신'이라고 고백하는 것일 뿐이다. 그런데 이렇게 자기들 나름대로 하나님을 믿는다고 하면서도 막상 진짜 하나님이 이 땅에 오시자 하나님의 말씀에 귀를 닫은 채 그 모습조차 알아보지 못했다.

그래서 예수님께서는 "하나님께로부터 나와서 왔고, 아버지께서 나를 보내서 온 나를 모르면 아무 소용이 없다. 나를 믿고 내 말이 들려지는 자 외에는 마귀로부터 왔다"라고 하신 것이다. 인간 스스로 알고 욕심을 따라 자기 영광을 위하여 찾는 신은 우상이자 잡신이라고 알려주시니까 이 말을 들은 인간들이 분개하고 서로 합세하여 예수님을 십자가에 죽이고 만 것이다.

유대인 중에 바리새인들은 성경에 대하여 자칭 정통하고 철저한 사람들이었다. 그런데도 성경에서 예수님을 찾아내지 못하여 예수님을 믿지 않았다. 마찬가지로 우리가 구약성경에서 진짜 하나님을 찾아낸다는 것은 불가능하다. 절대로 인간의 능력으로는 하나님을 믿을 수도 없고 믿고 구원을 받을 수도 없다. 오직 성령이 임하여 예수님이 하나님이심을 알고 믿어지는 자에게만 구원이 있다. 자기 선행으로 구원받는 것이 아니라 예수님이 행하신 의로만 구원받는다는 것을 믿는 자가 그리스도인이다.

예수님의 제자들도 예수님이 부활하시고 약속된 성령이 임한 후에야 구약성경 전체가 예수님에 관한 말씀임을 깨달았다. 우주 만물의 주인이신 하나님께서 인간 세상을 찾아 이 땅에 오셨다가 가신 것을 알게 된다. 그리고 또 오실 것이다. 바로 그분만이 하나님이다. 그 이외의 다른 신은 모두 인간이 만들어 낸 가짜인 우상들이다.

성경의 주제는 인간 구원이 아니라 예수님의 주되심을 증거하는 것에 있다. 구원받기 위한 욕심으로 성경을 연구하고 본 사람이 구원되는 것이 아니라 다만 예수님 덕분에 성령으로 말미암아 구원받았기 때문에 비로소 성경이 이해되고 믿어지는 것이다. 성경을 우리에게 주신 것은 먼저 우리가 죄인 됨을 알게 하기 위해서다. 우리가 어떤 처지에 놓여있는지를 알도록 하기 위한 것이다. 그래서 예수님을 통하여, 더 구체적으로는 예수님의 인격과 사역의 완성인 십자가를 통하여 성경을 보지 않고 직접 우리 생활 속에 적용하게 되면 성경에서 말씀하는 예수님과는 전혀 상관없는 '다른 예수'라는 신을 섬기면서도 성경에서 약속하신 그리스도 되신 예수님을 섬기는 줄 착각할 수 있다는 점을 알아야 하겠다.

성경을 보는 관점, 즉 성경관은 강조점을 어디에 두느냐에 따라 표현 방식에서 약간의 차이가 있다. 첫째로, 하나님께서 인간에게 그의 말과 행동 가운데 자신을 드러내신 시간 전체를 '계시사'라고 부른다. '자신이 누구신지', 그리고 자기 백성이 어떤 존재이기를 원하시는지를 보여주는 것이다. 그는 권능과 진노와 심판을 나타내시지만 더욱 중요한 것은 자기 백성에게 자신의 은혜와 사랑을 드러내셨다는 사실이다. 이 계시는 하나님께서 그의 아들 안에서, 그리고 그리스도의 영을 통하여 완전하게 하신다.

둘째로, 예수 그리스도의 아버지께서 사랑의 교제 가운데 자기 백성과 함께 살려는 목적을 실현하기 위해 '활동' 하시는 역사의 과정에서 이 땅에 자신의 '구원을 실현한다는 사실' 을 강조할 때는 '구속사' 라 부른다.

셋째로, 하나님께서 사람들과 함께하는 구체적인 교제의 길에서 자신을 드러내시고 자신의 구원을 주신다는 사실에 주목할 것을 요청하면서도 교제 속에서 그의 '공의와 긍휼' 을 강조할 때는 '언약사' 라고 부른다. 이처럼 강조점에 따른 계시사와 구속사, 언약사의 상호관계 속에 놓인 성경으로서 하나님의 경륜은 표현된다.

"하나님이 우리를 구원하사 거룩하신 소명으로 부르심은 우리의 행위대로 하심이 아니요 오직 자기의 뜻과 영원 전부터 그리스도 예수 안에서 우리에게 주신 은혜대로 하심이라. 이제는 우리 구주 그리스도 예수의 나타나심으로 말미암아 나타났으니 그는 사망을 폐하시고 복음으로써 생명과 썩지 아니할 것을 드러내신지라"(딤후 1:9-10).

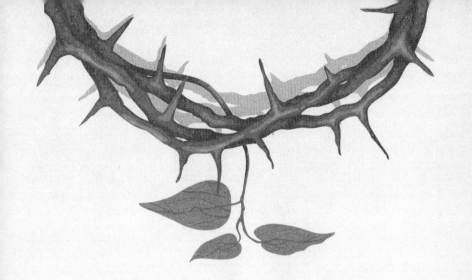

P·a·r·t·01

영원 안에서
계획된
영원한 약속

>>> CHAPTER · 01

창세 전에 일어난 협약

'창세 전 협약'이란 시간이 있기 전에 삼위 하나님 안에서 있었던 내용이다. 완전히 대등하신 삼위 하나님 사이의 협약(pactum)은 하나님과 인간 사이의 언약(foedus)과 구분된다. 이 협약은 중보자 예수 그리스도가 하실 일이 시간 안에서 계획된 것이 아니라 시간 전에 이미 계획되었다는 것을 말해준다. 즉 창세 전에 그의 뜻의 결정대로 일하시는 하나님의 계획이 있었다(엡 1:4,11).

그래서 창세 전 협약은 무엇보다 시간 안에서 이루어지는 하나님의 일이 영원 안에서 계획되었음을 알려준다. 신학에서는 '창세 전 세계'를 '영원'이라고 정의한다. 삼위 하나님은 창세 전 '내재적'으로 존재하시고 아들 하나님이신 로고스는 '창세 전 협약'에 의하여 삼위 사이에 구속 중보자로 합의되었다.

창세 전 협약이란 초시간적인 의미에서 창조 이전, 혹은 영원에

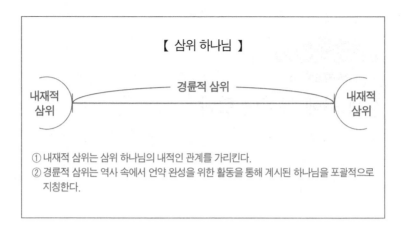

【 삼위 하나님 】

경륜적 삼위

내재적
삼위

내재적
삼위

① 내재적 삼위는 삼위 하나님의 내적인 관계를 가리킨다.
② 경륜적 삼위는 역사 속에서 언약 완성을 위한 활동을 통해 계시된 하나님을 포괄적으로
   지칭한다.

서부터 그리스도의 구속 사역에 관하여 삼위 사이에 맺은 영원한 약
속이다. 언약은 시간 안에서 여호와 하나님과 그리스도 사이에 맺은
언약이다. 여기서 그리스도는 왕, 제사장, 그리고 선지자의 삼중직을
수행하는 자격으로 언약에 참여한다. 또한 성부 하나님과 성자 하나
님께서 언약의 당사자로 참여한다. 이 협약은 영원부터 이미 확정되
고 결론 맺어진 언약이다. 무엇보다 언약의 당사자가 영원하신 하나
님이기 때문이다. 그리스도는 하나님으로서 성부와 성령과 더불어
같은 자격으로 언약의 주체가 되신다. 또한 그리스도는 택한 자들을
위한 중보자와 보증인의 자격으로 언약에 참여하신다.

　창세 전 협약은 역사 안에서 이루어진 언약의 통일성과 영원성에
기초를 제공하는데 창세 전 협약이 은혜 언약의 안전성을 확보해 주
고 확실성의 근거가 된다. 이는 우리 안에 근거를 갖지 않고 오히려
삼위 하나님 안에 근거하기 때문이다. 하나님의 영원한 약속과 은혜
에 대한 지나친 확신이 성도들을 방종으로 인도할 위험으로 인하여

창세 전 협약이 삶에서 나타나는 현상은 죄 죽임의 모습이다. 창세 전 협약은 사변적인 신학 개념이 아니라 성경적 삶의 내용이다.

창세 전 협약과 그리스도와의 관계에 대하여 말할 때 창세 전 협약이 우리 시선을 하나님의 신비로운 구속 약정에 지나치게 고정한 나머지 자칫 우리가 그리스도께 집중하지 못하도록 만들 우려가 있다. 그래서 하나님이 우리에게 주신 은혜에 지나치게 집중한 나머지 그리스도를 놓치지 않아야 한다. 하나님의 약속이 문자 그 자체로는 그리스도가 아님을 상기해야 한다. 이를테면 약속은 보석함이고 그리스도는 그 안에 담긴 보석이다. 약속은 밭이고 그리스도는 그 안에 묻혀있는 보화이다. 만일 그리스도를 제거한다면 약속은 더 이상 약속이 아니다. 다만 생명력 없는 기표에 지나지 않을 것이다. 생명 그 자체이고 모든 언약의 주인이신 그리스도께 집중해야 한다.

CHAPTER 02

창세 전후로 구분된
협약과 언약의 관계

시간과 공간이 있는 역사 안에서의 계시로 나타난 언약은 영원 속에 있는 삼위 하나님의 협약에 그 기초를 갖기 때문에 하나님과 인간 사이의 언약은 흔들리지 않는 견고한 언약이 된다. 계시 언약은 변하지 않으며 본질에 있어서 견고하고 확실할 수밖에 없다. 주님의 뜻이 영원 안에서 이미 서 있기 때문이다. 하나님께서 이루시는 선택이나 예정은 창세 전에 계획된 내용과 다 연결되어 있으며, 하나님께서 말씀을 이루실 때가 되어 선택하신 자를 이 땅에서 부르시지만 그일은 창세 전에 선택된 것에 대한 실행이다.

중보자 예수 그리스도께서 십자가의 희생을 통해 속죄 사역을 이루시고 그것을 적용하시는 일은 분명 시간 속에서 되는 일이지만, 창세 전에 삼위 하나님 안에서 계획되었다는 점에서 '창세 전 협약'은 근본적인 원천을 두고 말하는 것이다. 즉 '역사 속에서의 계시 언약의 내용인 예수 그리스도의 구속 사역은 시간 안에서의 일이지만 그 일의 계획은 창세 전에 삼위 하나님 안에 이미 있었다.

따라서 창세 전 협약은 역사 안에서 진행되는 계시 언약의 통일성과 연속성을 갖게 해준다. 계시 언약은 창조된 세계인 시간 안에서 하나님께서 구속 경영을 하시면서 인간과 맺으신 언약이다. 그러나 성경은 시간 안에서 나타난 구속 경영이 시간 안에서 비로소 하나님이 계획하신 일이라고 말하지 않는다. 오히려 시간 전에 있었다고 그 근거를 놓는다(엡 1:4-6).

그리스도께서 성육신하셨을 때 비로소 예수님의 존재가 시작했다거나 사역을 처음 시작하신 것이 아니다. 마찬가지로 성령님이 오순절 강림하시면서 처음 존재를 시작하셨거나 사역을 시작하셨다고 말할 수 없다. 구약 성도들에게 그리스도의 성육신도 없었고 십자가의 구속 사역도 없었고 성령의 구원 적용도 없었다고 말할 수 없다. 창세 전 협약에서 이미 예수님의 보증이 있었기 때문에 구약 성도에게도 그리스도의 구속 사역이 유효하며 성령에 의해 적용될 수 있었다.

아담의 범죄 이후 창세 전 협약으로 예수님은 중보자로서 그 구속 활동을 이미 시작하셨고 성령도 구속 적용자로서 사역을 시작하셨다. 그래서 구약과 신약에서 한 중보자, 한 성령, 한 구원의 방식, 하나의 계시 언약만 있을 뿐이다.

우리는 태어나면서부터 시간과 공간이라는 세계 속에 갇혀있다. 이런 인생들이 영원을 생각한다는 것은 죽음으로 끝나는 소멸이 아니라 자기 존재의 불멸성을 가지고 싶은 것이다. 고대의 엄청난 무덤들이 다 자신의 사후세계를 위한 준비임을 보면 인간의 영원을 사모하는 마음은 이미 선악을 알게 하는 나무로 죄를 범한 아담의 후손들

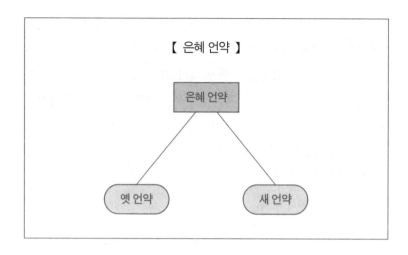

【 은혜 언약 】

은혜 언약

옛 언약   새 언약

이 '하나님처럼 되고자 하는' 죄악의 모습을 보여주는 것이다.

그러나 성경 계시 언약의 완성 지점인 '그리스도의 십자가'를 통하여서만 길이 열렸기 때문에 그 안에서 '영원'이 무엇인지를 알게 된다. 내재적 삼위 하나님의 창세 전 협약인 영원 안에서의 계획의 비밀이 그리스도 안에 있는 우리에게 알려졌으니 모든 만물을 그리스도 안에서 통일되게 하시며(엡 1:10, 4:6), 말세에 감추어졌던 비밀이 성도들에게 나타나신 그리스도시니 영광의 소망이 하나님께 있게 하셨다(벧전 1:20, 골 1:26). 아무도 볼 수 없는 영이신 하나님을 나타내 보이신 유일하신 분 예수 그리스도는 보이지 않는 하나님의 형상이다(요 1:18, 골 1:15, 고후 4:4). 그가 하나님의 뜻을 온전히 행하러 이 땅에 오셨다(히 10:7, 요 6:38-40).

창세 전에 십자가 질 것을 목적으로 하여 하나님께서는 이 세상의 죄를 보고 계셨다. 인간은 죄지을 수밖에 없었고 그 죄 줄기와 파도를 타고 와서 용서의 세상 해변에 도달되도록 하셨다. 이런 일방적인 용서의 출처는 오직 십자가 사건이다. 거기서 쏟아내신 '언약의 피'가 시간을 역류해 세상을 덮친다. 하나님께서는 '피 없이' 일하지 않으신다(히 9:7). 이로써 세상은 '언약의 피'를 증거하기 위해 하나님 시간으로 짜놓으신 카펫이다. 그런데 인간들은 선악 지식으로 무장한 채 그 카펫을 더럽히고 훼손하기 위한 프로젝트를 가동한다. 시간이 흘러가면 언젠가는 자신이 구원되리라 믿는 희망으로 죄 위에 깔아둔다. 하지만 이것은 사탄에게서 나온 거짓말이다. 인간에게는 애초부터 구원될 자격이나 권리가 없었다. 이 속임수를 까발리고자 심판의 재판장이신 예수님께서 미리 오셨다.

인간 세상은 메시아마저 죽여 없애는 성질이 발휘되는 곳이었다. 그곳에서 엉뚱한 구원방책이 사람들의 지지를 받고 있었다. 자신이 알고 있는 죄에 대해 자신이 알고 있는 의로움으로 상쇄시키면 구원될 수 있다는 방책이다. 그러나 하나님께서 그 방법을 저주하신다. 하나님은 사람 손에 죽으신 예수님을 사흘 만에 살려내심으로써 인간의 방식을 정죄하신다. 이제 창세 전에 그리스도 안에서 우리를 택하신 이유가 분명해졌다. 그것은 십자가 지신 예수 그리스도의 사랑이 든든하게 우리를 용서하고 있음을 선언하기 위한 것이다. 그 사랑은 본질상 진노의 자녀인 우리의 본질도 우리가 고집하는 시간관도 훼손할 수 없다. 어떤 권력과 재산도 그 사랑을 대신할 수 없다.

에베소서 1장 7절에 보면 주님의 계획이 일방적으로 주어지는데 조건이 있다. 그게 죽음이다. 죽음이 바탕이다. 언제일까? 죄짓고 난 뒤일까? 아니다. 창세 전부터 십자가가 예정되어 있었다. 모든 성경은 '역사 안에서의 계시'를 보여주며, '예수님이 역사 속에서 언약을 이루어 가시는 것'을 증거하고 있다.

하나님이 천지를 창조하셨다. 하늘은 보이지 않는 하나님 나라를 상징하고 땅은 보이는 이 세상을 상징한다. 하나님은 보이지 않는 하늘의 이야기를 보이는 이 땅에 이루신다. 하늘에서 이룬 것같이 이 땅에서 이루어지기를 기도하란 뜻도 여기에 있다. 이는 '창세 전 협약'이 역사 속에서 빈틈없이 이루어지기를 기도하라는 것이며, 그 이유는 이 세상은 창세 전 협약을 위하여 창조되었기 때문이다. 그래서 창세기 1장 2절부터는 땅에 관한 이야기로 나타나는 것이다. 창세 전 협약은 예수 그리스도가 자기 백성을 죄와 사망으로부터 건져내고 하늘의 신령한 것으로 채워가는 것으로 되어 있다(엡 1:3-7). 그래서 창조 이야기를 '갈라내고 채우는 것'으로 말한다. 궁극적으로 예수 그리스도 안에서 통일이 이루어지고 만유를 충만하게 하시려는 것이다(엡 1:10, 4:6-8).

성경은 예수님이 자기 백성을 죄와 사망에서 구원하는 내용이다. 하나님은 천지창조 사건을 통해 창세 전 약속에 담긴 내용인 죄 아래 가두어진 자기 백성을 찾아내는 것을 이야기하고 있다. 그래서 처음 창조된 세상이 죽음 아래 가두어진 세상으로 만들어져 있다. 천지창조 속에서 나타난 일은 예수님이 하실 일을 보여주기 위한 시청각 교재이다. 성경 전체는 이 이야기를 하고 있다.

그래서 창세기의 창조 기사가 질서정연한 생명의 모습을 담고 있지 않고 죽은 모습으로 있는 것이다. 죽음에서 살아나는 모습으로 전개되는 것이다. 이 모두가 예수님께서 하셔야 할 일을 위해서 창조되었기 때문이다. 성경의 시작을 이렇게 어둠에서 빛을 불러내는 것으로 운을 떼고 있는 것은 예수님께서 자기 백성을 이러한 식으로 찾아

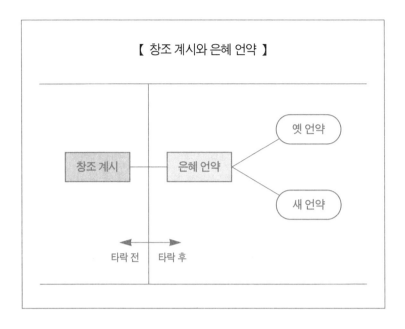

【 창조 계시와 은혜 언약 】

옛 언약

창조 계시 — 은혜 언약

새 언약

타락 전 | 타락 후

내신다는 것을 계시하기 위해서다. 창세기 1장 2절의 세상이 혼돈과 공허와 흑암 중에 있다. 죽은 세상이다. 죽은 세상 위에 하나님의 신이 운행하신다. 이는 죽은 세상에 생명을 주고자 함이다. 이것을 말씀이신 하나님이 하신다. 말씀이신 하나님께서 흑암이 깊음 중에 있고 혼돈하고 공허한 세상 속에서 빛과 어둠을 갈라내는 일을 하신다. 어둠 속에서 빛을 불러내신다.

이상하지 않은가? 우리 상식으로는 빛이 어둠을 삼키는 것으로 되어 있다. 빛을 비추면 어둠이 사라지게 되어 있다. 그런데 창세기 1장 2절에서는 어둠이 빛을 품고 있다. 사망이 생명을 삼키고 있는 형국이다. 역설이다. 이름하여 죄다. 죄가 무엇인가? 역리(逆理)다. 사망이 생명을 삼키는 것이다. 그래서 말씀이신 하나님이 역리를 순리로 바꾸는 일을 하신다. 죄를 없애는 일을 하신다. 사망에서 생명으로 나아가는 일을 하신다. 어둠 속에서 빛을 찾아내시는 것이다. 그래서 예수님이 죽은 자 속에서 산 자를 찾아내는 일을 하시는 것이다. 이건 예수님이 죄 아래 있는 자기 백성을 찾아내는 것을 예표하고 있다. 죄는 어둠이다. 그 어둠이라는 죄 아래 자기 백성이 있다. 이건 마치 애굽이라는 어둠의 나라에 빛의 후손이 종살이하는 것과 같다. 애굽은 어둠이고 죽은 나라다. 죽은 나라 속에 산 자들이 갇혀 있다. 왜 그런가? 이는 창세 전 협약에 보면 자기 백성이 예수님에 의해서 빼내심을 입는 것으로 되어 있기 때문이다. 그래서 구원은 죄에서 건짐을 받는 것으로 주어진다.

창세기 3장 22절에서 보는 바와 같이 삼위 하나님이신 '우리 안'에는 '내(인간)'가 없다. 용서만 있다. 용서가 먼저이다. 창세 전 '우리'라는 영역 속에 구속 중보자의 역할인 '용서'가 있다면 시간 전에 미리 용서해 놓으시고 창조 후에 그리스도 안에서의 예정된 자(피조물)를 불러들이는 것일까? 먼저 '용서의 은혜'가 있고 이 땅의 죄인이 들어오는 구조가 된다. 그래서 은혜가 먼저이고 율법이 다음에 출몰한다.

"완성(종말)이 우선이다"라는 말을 한 신학자가 있다. 종말이 구원을 앞서고 창조를 앞선다는 것이다. 즉 창조와 구원을 섭리적 영역에서 볼 때 창조와 구원이 종말보다 선행하는 것처럼 보이지만 이것이 하나님의 세계라고 하는 초월의 세계 속에서는 '종말'이 먼저 있다는 의미이다. 하나님의 계획(뜻)은 분명히 이루어지기 때문에 뜻이 완성이므로 완성을 미리 경험한 그리스도 안에 있는 성도는 그렇게 고백할 수 있다. 그러므로 "종말이 구원에 앞선다"라는 표현은 성경 계시를 해석하는 하나의 해석으로 작용하기도 한다. 완성(종말)의 그리스도 안에 있는 예정된 성도는 이 땅에 태어나서 창조와 구원을 나타내는 역할을 하면서 이 일을 이루신 그리스도를 높이고 찬양하게 된다.

성경 전체, 즉 창세기 1장 1절부터 요한계시록 22장 21절까지 다 '역사 속에서 일어나는 일'이다. 하나님이 역사 속에 개입하셔서 일하시고 마무리하신다(계 22:13). 창세 전 협약의 내용은 시작과 끝이 있는 역사 속에서 펼쳐지기 때문에 점진적인 형태로 이루어지게 된다. 하나님은 보이지 않는 하나님 나라에서 계획한 일을 보이는 이 세상에서 하고 계신 것이다.

따라서 '창세 전 협약'은 역사 속에서 과거와 현재와 미래로 흘러가면서 완성되어 가고 있다. 점진적이고 심층적으로 이루어져 간다. 점진적이라는 말은 진행되면서 확대된다는 것이고, 심층적이라는 말은 점점 구체적이고 뚜렷해진다는 뜻이다. 창세 전 협약에 근거한 역사 속에서 언약은 모든 인간을 죄 아래 가두는 '옛 언약'과 택한 백성을 건지는 '새 언약'으로 이루어져 있다.

그러나 이 땅을 살아가는 사람들의 처지에서는 죄 용서의 완성의 세계인 새 언약을 모르고 경험하지 않을 때 옛 언약 안에서 원망과 불평이 나오게 되어 있다. 하나님의 은혜로 새 언약 안으로 들어와서는 이러한 불평과 원망이 오히려 죄가 되어 장차 용서의 새 언약의 주인공이신 예수 그리스도를 드러내는 역할을 한다. 이 역할이 십자가를 증거하는 역할인 것이다. 결국 완성의 세계인 새 언약 속에서 용서받게 된 자들은 항상 감사와 찬송이 나온다.

이 땅에서의 펼쳐지는 언약은 영원 전부터 약속된 것으로 '성부와 성자의 협약'에 의한 것이며 인간이 관여할 수 없다. 왜냐하면 '영원 전'이란 '인간은 도저히 손을 댈 수가 없는 영역'이기 때문이다. 따라서 이 언약은 예수님 홀로 이루셔야 한다. 예수님께서 이 땅에 오셔서 하신 모든 일은 '하나님 아버지와 아들 사이의 협약'을 이루어 내시는 일이다. 예수님은 이러한 하나님의 약속을 신실하게 이루어 가신다. 다음 예수님의 기도를 살펴보자.

"예수께서 이 말씀을 하시고 눈을 들어 하늘을 우러러 이르시되 아버지여 때가 이르렀사오니 아들을 영화롭게 하사 아들로 아버지를 영화롭게 하게 하옵소서. 아버지께서 아들에게 주신 모든 사람에게 영생을 주게 하시려고 만민을 다스리는 권세를 아들에게 주셨음이로소이다. 영생은 곧 유일하신 참 하나님과 그가 보내신 자 예수 그리스도를 아는 것이니이다. 아버지께서 내게 하라고 주신 일을 내가 이루어 아버지를 이 세상에서 영화롭게 하였사오니 아버지여 창세 전에 내가 아버지와 함께 가졌던 영화로써 지금도 아버지와 함께 나를 영화롭게 하옵소서"(요 17:1-5).

"아버지여 내게 주신 자도 나 있는 곳에 나와 함께 있어 아버지께서 창세 전부터 나를 사랑하시므로 내게 주신 나의 영광을 그들로 보게 하시기를 원하옵나이다. 의로우신 아버지여 세상이 아버지를 알지 못하여도 나는 아버지를 알았사옵고 그들도 아버지께서 나를 보내신 줄 알았사옵나이다. 내가 아버지의 이름을 그들에게 알게 하였고 또 알게 하리니 이는 나를 사랑하신 사랑이 그들 안에 있고 나도 그들 안에 있게 하려 함이니이다"(요 17:24-26).

창세 전에 아버지와 가졌던 영광으로 들어가게 해달라고 하신다.
예수님 혼자 들어가는 게 아니라 아버지께서 자기에게 주신 자들도
함께 들어가게 해주기를 바라신다. 그 이유는 창세 전부터 아버지가
아들을 사랑하심으로 주신 그 영광을 우리도 보고 알게 하기 위해서
다. 따라서 구원이란 하나님 아들의 영광을 위하여 우리를 예수 그리
스도 안에 있게 하는 것이다. 따라서 영생이란 참 하나님과 그가 보
내신 자를 아는 것이다(요 17:3).

하나님이 만세 전에 미리 정하신 하나님의 지혜요 능력은 우리의
영광, 즉 부르심을 받고 구원받는 우리에게 미리 정하신 것이다(고전
2:7). 이같이 바울이 사도가 된 것은 택하신 자들의 믿음과 경건함에
속한 진리의 지식과 영생의 소망 때문이라고 한다.

"하나님의 종이요 예수 그리스도의 사도인 나 바울이 사도 된 것
은 하나님이 택하신 자들의 믿음과 경건함에 속한 진리의 지식과
영생의 소망을 위함이라. 이 영생은 거짓이 없으신 하나님이 영
원 전부터 약속하신 것인데 자기 때에 자기의 말씀을 전도로 나
타내셨으니 이 전도는 우리 구주 하나님이 명하신 대로 내게 맡
기신 것이라"(딛 1:1-3).

우리가 예수님을 믿는다고 할 때 구하고 찾고 원하는 것이 과연
믿음과 경건함에 속한 진리의 지식과 영생의 소망인지를 자문해 보
아야 한다. 예수를 믿는 내가 믿지 않는 사람보다 더 나은 이 세상의

지위와 부와 영광을 주의 이름을 부르면서 구한다면 그것은 하나님이 영원 전부터 약속하신 것이 아니다. 하나님이 영원 전부터 약속하신 것은 택하신 자들의 믿음과 경건함에 속한 진리의 지식과 '영생의 소망'이다. 이러한 것을 세상 사람들은 구하지 않았다. 그런데 이런 내용을 믿는 자들이 생겨나는 것은 기적이다.

영원 전부터 약속하신 것을 자기 때에 자기의 말씀을 전도로 나타내셨는데, 이 전도는 우리 구주 하나님의 명령대로 바울에게 맡기신 것이라고 한다. 이러한 영원 전부터 약속된 것인 복음을 전하는 지금, 바울 자신도 처음에는 알지 못했다고 증언하고 있다. 그래서 복음을 제대로 알지 못했을 때 약속의 실체이신 예수님을 믿는 사람을 잡아 죽이기 위하여 다메섹으로 가는 도중 예수님을 만나게 되었다.

"하나님이 우리를 구원하사 거룩하신 소명으로 부르심은 우리의 행위대로 하심이 아니요 오직 자기의 뜻과 영원 전부터 그리스도 예수 안에서 우리에게 주신 은혜대로 하심이라. 이제는 우리 구주 그리스도 예수의 나타나심으로 말미암아 나타났으니 그는 사망을 폐하시고 복음으로써 생명과 썩지 아니할 것을 드러내신지라"(딤후 1:9-10).

우리를 구원하고 거룩한 소명으로 부르신 것은 우리의 행위대로가 아니라고 하신다. 우리가 우리의 행위대로 행하면 아무도 구원받지 못할 것이다. 율법의 의에 흠이 없다고 한 바울도 예수 믿는 자들을 잡아 죽인 자이다. 그러므로 거룩한 부르심은 우리의 행위로 말미암지 아니하고 하나님의 뜻과 영원 전부터 그리스도 예수 안에서 우리에게 주신 은혜대로 되는 것이다. 그 은혜란 우리 구주 그리스도 예수의 나타나심으로 말미암아 나타났는데 사망을 폐하시고 복음으로써 생명과 썩지 아니할 것을 드러내신다. 따라서 복음은 생명이며 썩지 아니할 내용이다. 복음이라고 말하면서 죽음도 이기지 못하는 썩어지고 낡아지고 더러운 것들은 복음의 내용이 아니다.

"내 아버지께서 모든 것을 내게 주셨으니 아버지 외에는 아들을 아는 자가 없고 아들과 또 아들의 소원대로 계시를 받는 자 외에는 아버지를 아는 자가 없느니라"(마 11:27).

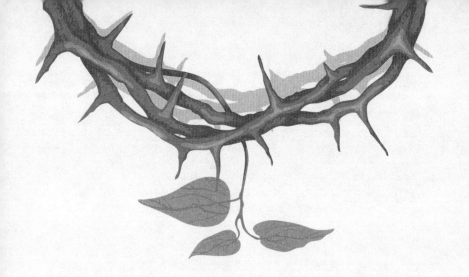

P·a·r·t·02

:
:
:

역사 안에서의
계시

CHAPTER 01

하나님의 은혜인
계시 언약

(1) 인간 욕망의 차이, 종교와 계시

진짜 하나님이 누구신지, 그 하나님을 어떻게 알 수 있는지, 즉 인간의 측면에서 하나님을 발견하는 것이 가능한지 불가능한지에 대해 이야기하고 싶다. 인간 편에서 처음부터 하나님을 발견하는 것이 불가능하다면 참 하나님인지 거짓 하나님인지 판단할 기회조차 없기 때문이다.

사람들이 신을 발견하기 위해 사용하는 방법은 종종 '종교'라고 불린다. 종교는 신이든 부처든 그 이름을 불문하고 절대 존재를 추구하는 일련의 방법론이다. 이 모든 종교에는 경전이 있는데 이 경전이 인간에 의해 기록되었다고 주장하는 종교는 없다. 모든 사람은 자기 종교의 경전이 참되며 하늘에서 직접 주신 것이라고 주장한다. 즉 인간이 조작한 것이 아니라 참 하나님께서 인간을 자신의 방법으로 사용하셔서 당신의 뜻을 나타내신 것이라고 한다. 이것을 종교적 용어로 '계시'라고 한다.

그렇다면 진정한 계시란 무엇인가? 계시의 내용과 범위는 하나님께서 우리에게 계시하실 때까지 암흑 상태에 놓여 있다. 그러므로 하나님께서 계시하지 않으셨다면 인간의 종교적 열심이나 노력으로 얻은 것은 '계시'에 포함될 수 없다.

인간은 종교를 갖고 싶어 한다(행 17:22-25). 그들은 또한 하나님의 계시를 받기 원한다. 하나님처럼 거룩하고 순결하게 살고자 하는 종교적 욕망 때문이다. 사실 종교는 인간이 보여줄 수 있는 가장 절제된 행위이며 순결한 태도를 가장한 몸부림이다. 종교는 공통점이 하나 있는데, '뭔가 잘못됐다'는 문제의식에서 출발한다는 것이다. 그래서 종교는 우리에게 잘못된 상태를 극복하고 올바른 상태를 향하도록 촉구한다.

그래서 일부 종교에서는 인식이 잘못된 것이라고 주장하며 인식의 전환이나 의식의 혁명으로서의 '깨달음' 같은 것이 필요하다고 주장한다. 힌두교나 불교와 같은 범신론적 또는 유신론적 신비주의가 이 범주에 속한다. 이들 종교의 창시자들은 지식과 깨달음을 가르치고 그들 스스로 도달함으로써 추종자들이 유사한 경험을 하도록 모범을 세웠지만, 그가 다른 사람들을 위해 대신해서 깨달아 줄 수는 없다.

또한 일부 종교에서 인간의 문제는 질서의 문제, 즉 신의 질서를 어겨서 발생하므로 신이 주신 법을 지켜야 한다고 주장한다. 그것을 올바른 질서의 상태로 본다. 여기에는 유대교, 이슬람교, 유교가 포함된다. 이 종교들은 법을 지킴으로써 심판을 피하는 방법을 가르칠 수는 있지만 우리를 위해 법을 대신 지켜줄 수는 없다. 그것은 가르침을 받은 각 사람이 법을 준수하는 행동을 통해 성취되어야 했다. 이처럼 종교에서는 궁극적으로 구원을 위한 인간의 행동을 요구한다.

한편 일부 종교에서는 신과의 관계가 단절되었으므로 '관계 회복'을 추구하기도 한다. 오늘날의 기독교도 이 범주에 속한다. 기독교는 하나님이 모든 것을 다 하셨기 때문에 인간이 구원을 위해 할 수 있는 일이 없다고 말한다. 우리는 하나님께서 행하신 일을 믿고 받아들이기만 하면 된다. 그 사건의 내용이 십자가다. 예수 그리스도께서 "자기를 단번에 제물로 드려 죄를 없이 하시려고 세상 끝에 나타나셨느니라"(히 9:26). 십자가는 한마디로 하나님이 자기 피로 자기 백성을 사신 사건이다(행 20:28).

철학과 종교의 차이점은 무엇인가? 하나님께서 인간 속에 영원을 사모하는 마음을 주셨는데(전 3:11), 철학은 이 문제를 인간적인 방법으로 해결하려는 노력이며, 종교는 영적인 요소와 내세에 대한 갈망이 혼합되어 탄생한 것이다. 철학은 "삶이란 무엇인가?"(인생관), "나는 무엇이며 왜 존재하는가?"(존재론), "나는 무엇이며 우주는 무엇인가?"(세계관), "우리는 어디서 왔고 어디로 가는가?"(목적론)라고 질문하지만 답을 찾을 수 없다. 이러한 질문과 함께 실천의 방향으로 나아가는 것을 종교라고 한다. 종교에는 체계화된 교리나 의례가 없이 미신이나 무속을 가진 무속신앙과 같은 하위종교가 있고, 교리나 의례를 가진 상위종교가 있다. 그러므로 종교는 철학과 내세관, 영적 갈증이 뒤섞인 의식 속에서 인간이 어떤 교리나 의례를 만들어 거기에 도움을 구하고 맹목적으로 복종하는 것이라 할 수 있다.

종교는 다음과 같이 요약할 수 있다. 각 종교에는 고유한 경전이 있으며, 그 경전에는 실생활에 유용한 구절이 많이 포함되어 있다. 많은 종교에 치유나 병 고침 등의 기적이 있다. 마찬가지로 다른 종교에도 종교적 체험이 있어서 예언이나 방언 같은 현상이 나타난다. 도덕과 윤리의 측면에서 우월한 종교가 많다. 윤리와 도덕을 추구하며 조상의 가르침을 본받아 살아가는 가르침이나 교훈도 종교라고 할 수 있다. 그러나 철학과 종교는 인간의 노력과 실천을 위해 생겼지만 인간 내면 깊은 곳의 공허함을 채울 수는 없다.

기독교는 하나님이 인간에게 성령을 통하여 약속의 말씀을 이루시고, 그 말씀을 이루신 예수님을 그리스도와 하나님의 아들로 믿고 고백하는 공동체이다. 이 세상은 자기 지혜로 하나님을 알지 못하기 때문에 하나님의 지혜는 하나님께서 전도의 미련한 것으로 믿는 자들을 구원하시기를 기뻐하셨다고 하신다. 이제 우리는 세상 사람이 어리석다고 하는 '십자가의 도'를 전하고, 십자가가 하나님의 능력이요 하나님의 지혜임을 알고 오직 십자가를 자랑하는 신앙인으로 살아가야겠다.

기독교가 다른 종교와 다른 점은 '약속'을 주시고 이루시는 하나님을 만나 하나님의 선하심을 알게 될 때 그분의 진리 앞에 드러나는 것이 우리의 거짓이고 불의라는 것이다. 또한 거룩하신 하나님 앞에서 우리의 불의를 자백하고 진리를 알면서도 행하지 못하는 인간의 무능함을 증거한다. 그러므로 하나님을 만나고 자신의 불의를 본 자들은 반드시 불의를 심판하면서도 구원하시는 '십자가 사건'의 계시 속에서 예수 그리스도 언약의 완성을 보게 될 것이다. 성도는 하늘의 의가 자기 불의를 덮고 가리는 것을 잠깐이 아니라 세상을 떠나는 그

순간까지 계속되고 있음을 보고서 항상 감사한다.

그러므로 기독교의 유일성과 참된 계시의 내용은 지식이 아닌 '사건'에 근거한다. 이것은 하나님께서 말씀하시고 행하신 사건을 말한다. 그 사건의 핵심은 '십자가와 부활'이다. 그 사건 발생의 역사가 매우 중요하다. 기독교는 말씀을 통해 하나님을 보여주고 계시한다. 말씀은 육신의 생각으로 아무리 연구하고 탐구해도 알 수 없는 성질의 것이기 때문에 우리는 성령께서 기록하신 말씀을 성령의 능력으로 듣는다. 하늘 세계와 그 속한 것은 하나님 말씀을 듣지 않고는 알 수 없다.

인간 중심적 관점에서 성경을 보면 십자가, 즉 메시아적 고난과 희생은 '전부'가 아니라 '지극히 높으신 하나님'으로 나아가는 과정의 '일부'일 뿐으로 여기게 된다. 십자가의 성취에 의한 그 가치와 효력이 영원까지 이어가는 것이 아니라 중간에 멈추고 결국 최고의 하나님이라 불리는 아버지의 속성에 흡수되어 통합된다. 이 '하나님 중심 사상'은 자세히 살펴보면 인간 종교성의 궁극적인 절정을 보여주는 것이다. 이것은 유일신인 하나님 중심을 주장하는 유대교에 지나지 않는다. 예수님은 이 '유대교적 우상 신관'을 부수고 그리스도 중심으로 새롭게 바꾸어 주시기 위해 친히 이 땅에 오셨다. 즉 인간이 스스로 상상한 거짓 우상에 지나지 않는 신을 따르는 것이 자신을 십자가에 못 박는 일이 된다는 사실을 낱낱이 드러내고 심판하신 것이다.

이런 점에서 유대교적 신관은 인간이 탐구할 수 있는 최고 수준의 신성을 보여주고자 하는 모든 인간 대표들의 염원에 딱 맞는 종교다. 최고신을 향한 그런 인간의 종교성에 의하여 무자비하게 짓밟히는 십자가 사건은 '참 하나님'이 어떠한 방식으로 우리에게 드러내시는지를 알게 한다. 이처럼 최고 하나님 중심으로 한 신학 체계는 인간의 이성으로 이해하고 받아들이기 쉬우며, 오늘날 진리의 이름으로 설득력 있게 다가가는 최고의 종교로 행세하고 있다. 대적 사탄이 노리는 강력한 무기는 바로 '십자가 복음'의 광채를 가리면서 최고신 중심을 추구하는 신념이다. 이런 종교성이 '예수 그리스도의 사역'을 헛되게 만든다.

세상에는 수많은 물건이 있고 각 물건에는 고유한 목적이 있다. 그리고 사람들은 필요한 용도에 따라 물건을 산다. 그러므로 어떤 물건이든 자신이 하고 싶은 일의 목적에 맞으면 유용한 것으로 취급되고, 목적에 전혀 맞지 않으면 구석에 있어 공간만 차지하는 쓸모없는 물건으로 취급된다. 버리는 것도 아깝고 그냥 두는 것도 귀찮다. 사용의 측면에서 생각하면 종교도 예외는 아니다. 즉 종교를 선택하는 대부분 사람은 자신이 원하는 목적에 따라 선택한다. 사람들이 종교에 기대하는 가장 근본적이고 일차적인 활용은 사후 구원의 문제일 것이다. 죽어서 천국에 갈 목적으로 종교를 선택한다. 이처럼 구원의 문제에 있어서 기독교는 기독교만이 유일한 길이라고 주장한다.

하지만 다른 부분은 어떤가? 즉 종교를 널리 활용하고 하나님을 믿으면 근심과 걱정에서 벗어나 마음의 평안을 누리고 성공을 거두며 도덕적인 삶을 살게 되고 인격이 변화하며 이웃을 사랑하고 섬기며 희생하게 된다는 것이다. 겉보기에 기독교만 독특하다고 말할 수 있을까? 다른 종교는 내용적인 면에서는 기독교와 같지 않더라도 결과나 외양적인 면에서는 똑같아 보이지 않는가? 이웃을 사랑하고 섬기며 도덕적인 삶을 보여주는 점에서 기독교와 다른 종교는 과연 다르다고 할 수 있을까?

이처럼 기독교와 다른 종교는 실생활 면에서 다르지 않기 때문에, 다양한 종교 중에서 자신의 마음에 맞는 것을 선택하면 된다고 한다. 또한 기독교인들이 위에서 언급한 것처럼 구원의 목적, 즉 도덕적이고 선한 삶을 실천하는 것 외에 다른 종교가 무익하다고 주장할 수 없는 이유도 바로 여기에 있다. 그러므로 사람들이 마음의 평안과 재난에 대한 대비, 도덕적 삶을 위해 자신의 종교를 선택하는 것에 대해 기독교가 비난할 수는 없다. 다른 종교에도 정신적 평화와 도덕성이 분명히 존재하기 때문이다.

기독교는 하나님을 믿는다고 주장하지만 그것이 기독교를 진리로 만드는 것은 아니다. 하나님을 믿으면서도 자기 뜻대로 믿는다면 그것은 믿음이 아니라 종교일 뿐이다. 기독교의 진리는 인간이 관심의 궁극적 목적이 아니라 하나님의 관심이 무엇인지 계시를 통해 드러내는 데 있다. 그 관심은 십자가를 통하여 예수를 주와 그리스도로 받아들이며 영광을 그분께만 돌리며, 거기에 참여하며 하나님께 나아가는 자는 구원을 얻는다는 데 있다. 그러나 인간이 스스로 하나님께 나아갈 수 없기에 예수 그리스도를 하나의 길로 세상에 보내셨다는 사실을 아는 것이 기독교의 참된 진리이다.

요한복음 14장 6절의 말씀처럼 "내가 곧 길이요 진리요 생명이니 나로 말미암지 않고는 아버지께로 올 자가 없느니라"(요 14:6). 이것을 선포하는 것이 기독교인데, 이 기독교에는 인간 욕망의 필요에 따른 선택이 없고 인간에게 필요한 용도가 없기에 종교와는 필연적으로 다르다. 종교는 자신의 필요를 위해 하나님 앞에 무릎 꿇지만 기독교는 십자가에 담긴 사랑 앞에 무릎 꿇는다. 기독교는 하나님만이 유일한 하나님이시며 성경에 나타난 예수 그리스도를 믿느냐 안 믿느냐의 문제일 뿐이다.

(2) 역사적으로 증거되는 계시 방법

▶ 계시의 역사성

성경은 인간의 역사를 통하여 하나님의 일하심을 기록해 놓은 책이다. 역사는 묵시에 속한 내용을 담고 있는 사진과 같으며, 또한 그림자와 같다. 그러나 '계시는 하나님의 영역이고 역사는 인간의 영역'으로 이분법적으로 분류하여 계시가 역사와 무관하다고 주장하는 것은 옳지 않다. 성경의 계시에는 역사성이 있다. 하나님과 인간이 동행하고, 땅을 통하고 시간을 통하기 때문에 그 길을 '계시 역사' 또는 '구원 역사'라고 할 수 있다. 6,000년이라는 시간의 과정과 많은 사람을 통해 이룬 역사성은 다른 종교의 경전과 비교할 때 독특하다고 할 수 있다. 따라서 기독교의 계시는 역사 속에 주어졌고 계시 자체는 역사를 통해 나타난다.

계시는 하나님이 일으키신 역사적 사건이다. 하나님의 성육신, 십자가와 부활, 승천, 재림은 모두 역사적 사실이며 신적인 사건이다. 계시는 지식이 아니라 사건 자체에 근거하므로 이러한 사건이 역사적으로 발생하지 않으면 그 효력이 상실된다. 예수 그리스도는 신적 사건을 통해 길과 진리와 생명이 되셨다(요 14:6).

어떤 사람이 계시의 역사성을 부정한다면 역사적으로 존재하지 않았던 예수에 대한 신비적 체험을 했다는 뜻이다. 그는 역사를 거부하고 믿음을 신화와 신비로운 경험으로 바꾸기 때문에 '거짓의 영' '적그리스도의 영'이다. 이러한 부류를 이신론적 종교라고 한다.

이신론적 종교는 기독교와 많은 유사점이 있다. 그러나 신은 역사에 직접 뛰어들어 역사적 사건을 일으키지 않는다. 역사 밖에서 신앙을 견지하는 영지주의가 이에 해당한다. 예를 들어 '예수 신화론자'라고 불리는 이들은 역사상 존재하지도 않았던 예수의 종교적 체험을 설명하기 위해 '가현설'이라는 이론을 채택할 수밖에 없다.

반면 역사적으로 '예수'를 복원한다고 주장하는 범주가 있다. 1세기 팔레스타인 지역을 조사하고 한정된 사료를 복원하여 역사적 예수를 탐구함으로써 진정한 예수를 찾고 있다고 한다. 이것은 역사 안에서 하나님의 계획을 실현하시는 하나님의 실재인 그리스도의 십자가를 오직 역사적 사실로만 가두는 것이다. 이처럼 '역사적 예수'를 구하는 자들은 예수를 1세기의 역사적 인물에 가두어 놓기 때문에, 만유 안에 계시고 만유 위에 계시는 초자연적이고 초월적인 분임을 인정하지 못한다. 이들은 예수님을 시공간에 묶어 이해하려고 했다. 오늘날 일부 복음주의자들도 예수 그리스도를 성경 계시 역사가 점진적으로 진행되는 가운데 오신 분으로 설명하며 시공간에 제한시키는 것은 마찬가지다. 그래서 오늘을 사는 성도가 2천 년이라는 간격을 극복할 수 없도록 만들기 때문에, 그런 예수 그리스도는 2천 년 전에 사셨던 분으로서 과거와 현재와 미래에 사는 성도들과 거리가 멀기는 마찬가지였다. 이것은 인간이 스스로 역사나 사건 자체에서 계시를 읽을 수 있는 능력이 없어서 문제가 된 것이다.

예수를 믿는다는 것은 예수님의 실질적 존재, 즉 실존을 믿는 것이 아니다. 예수님 당시, 예수님이 실제로 설교한 것이 비디오로 남아 있다고 하면 어떤가? 예수님을 실제로 보고 만져본 사람도 안 믿는데 그 비디오가 있다고를 예수 믿을까? 안 믿을 것이다. 실제로 예수를 만난 사람들이 예수님에 대해 실망해서 돌아섰다는 이야기는 무엇을 의미할까?

하나님께서 역사에 직접 개입하신다는 것은 하나님께서 역사를 통하여 일하고 완성하시겠다는 뜻임을 알아야 한다. 성경은 역사 안에서, 그리고 역사를 통한 하나님의 '구속의 역사'에 대해 말한다. 구속의 맥락과 배경은 역사 밖의 영적 영역이 아니라 실제 역사 속에서 일어났다. 성경은 하나님의 계시를 실제 역사와 밀접한 관련이 있는 것으로 본다. 그러므로 성경은 이스라엘 민족의 단순한 역사적 연대기가 아니라 하나님의 구속 역사의 드라마적 전개라고 할 수 있다.

그러므로 우리가 증언하는 예수 그리스도는 십자가를 통하여 그리스도와 연합된 자요, 성령을 받은 자이며, 동시에 구약이나 신약, 그리고 천상의 성도와 연합된 교회로서 우주적이고 만유적이며 영원하신 가운데 함께 계시는 자다. 즉 만물을 통일하시고 만물 안에 계시고 또한 만물 위에 계시는 시공간의 제약을 받지 않으시는 하나님이시다(엡 4:6, 롬 9:5).

유대교의 하나님인 이스라엘의 하나님은 만물 위, 곧 영원하신 하나님에 대한 예표이다. 곧 하늘에서 오신 인자, 예수 그리스도의 아버지의 모형이다. 모형 하나님을 섬기는 육적 이스라엘은 유일신인 하나님을 만물 안에 갇힌 신으로 만들어 버린다. 실체가 아닌 그림자인 우상을 섬기고 있는 것이다.

기독교의 유신론(유일신론)에서 신은 역사 뒤에서 역사를 움직이

【 여러 가지 신관 】

구분	내용	특성	비고
다신론	다자로서의 일자 One as Many	골라서 믿는 다원주의	선택신
일신론	다자 중의 최고 일자 One among Many	만물 안에 갇힌 신	만물 안
유일신론 유신론	다자를 초월하는 일자 One beyond Many	만물을 초월하는 일자, 무궁성, 통일성, 존재시원	만물 안, 만물 위
이신론	영지주의적 관념신 Gnosis, Deism	비인격적 존재, 추상 관념, 철학적이고 영적 지식	만물 위, 비인격

신다. 그리고 역사 안에 들어오셔서 역사를 진행하신다. 그러므로 만물 안에 들어오셔서 하나님의 뜻을 역사 속에서 다 이루시고 통일하셨고, 만물 위의 세계와 연합하시며 만물을 충만하게 하시는 하나님이시다.

기독교는 말씀과 계시의 종교이다. 계시가 담고 있는 '하나님과 인간의 관계성'이 가장 중요한 관심사요 우리 믿음의 내용이기도 하다. 그 관계를 맺는 작업을 '약속과 언약'이라고 한다. 이런 맥락에서 하나님 말씀을 우리 주 예수 그리스도의 말씀으로 알고, 거룩하신 성령이 성경 저자들을 통해서 기록하신 성경을 계시로 이해하고 고백하는 것이 신앙의 출발이다. 우리는 기록된 계시인 성경을 통해서 하나님의 활동성을 알게 된다. 사실 기록된 계시보다 기록되지 않는 계시가 많지만 성경은 계시로서 부족함이 없다(요 20:30). 그러므로 성경은 하나님의 자기 계시이며 최종 계시이고 궁극적인 계시이다.

성경에는 계시의 구조가 나타나 있다. 사건이 이루어지고 그 사건의 의미를 설명하는 형식을 가진다. 또한 성경은 '구속' 의 계시 활동이 담겨 있어서 '구속 역사' 라고 말할 수 있다. 이 말은 구속 언약은 '진행 과정' 이 있다는 뜻이다. 언약이라는 형식 자체가 역사에서 진행된다. 계시로서 언약이란 한마디로 '관계를 설정하는 것' 이다. 언약은 선택된 관계이며, 이 관계에서 두 당사자는 서로에 대하여 결속력 있는 약속, 즉 '엮이게 되는 것' 이다.

그러므로 언약은 두 당사자가 서로에 대해 구속력 있게 약속하는 선택된 관계를 말한다. 그렇게 묶이게 된 관계 속에서 소통한다. 따라서 계시는 인간과 소통하기 위한 채널이다. 언약은 그러한 채널을 그리스도로 나타냈기 때문에, 그 계시는 바로 예수 그리스도이시다. 언약의 주체자이자 완성자이신 분이 그리스도이시니 언약의 주인공이신 그리스도는 하나님의 약속 말씀을 이루시는 분이며, 이루시는 방식은 언약을 통해서다.

요약하면 율법을 포함한 모든 말씀은 하나님과 인간의 소통을 위한 연결고리인 계시이자 언약이며, 그 중보자이자 주인공은 그리스도인 것이다. 즉 계시의 주인공이며 계시의 내용은 그리스도이고, 언약 말씀은 계시이며, 그 말씀을 이루시는 분도 예수 그리스도가 되신다. 계시의 주체자가 예수 그리스도이시기에 우리가 계시를 이루고 언약을 지키는 것이 아니다. 단지 우리는 언약(말씀)을 이루신 그리스도 안에 참여하여 언약을 완성하신 그리스도를 증언하는 그리스도의 증인이다.

하나님은 하나님 뜻과 약속이 담긴 '창조 계시' 와 '구속 언약' 을 통해 역사 속에서 간섭하시고 목적을 알리신다. 따라서 언약은 하나님의 세상을 향한 목적이라는 관점으로 보면 '구약과 신약의 관계'를 아는 데 도움을 준다. 즉 언약을 따라가면 하나님이 계획하신 세상을 향한 목적을 이해할 수 있으며 그 목적을 이루기 위해 어떻게 하나님이 간섭하시는지를 알 수 있다. 따라서 언약은 성경의 가장 중심되는 메시지다. 다시 말해 하나님이 자기 백성과 맺은 언약을 이해하지 못하면 성경을 알 수 없다. 언약들이 성경 흐름의 뼈대라고 할 수 있으며 성경을 이해하는 데 필수적이기 때문이다.

'구속의 역사'는 하나님의 약속이 먼저 주어지고 그 약속을 이루어 가실 때 사탄의 조종을 받아 약속성취를 방해하는 인간들의 죄악을 역사 속에서 밝히 드러내어 심판하면서 약속하신 말씀을 이루고 하나님의 선택된 백성을 구속하시는 일로 진행된다. 그 약속이 이루어진 완성의 자리에서 약속의 성령을 보내시고 성령을 받은 주의 백성은 주님의 영광과 머리 되심을 증언하게 된다.

하나님께서 자신을 낮추셔서 역사 속에 있는 우리에게 찾아오셨다. 하나님은 우리를 창조하시고 우리를 찾아오셨고 언약을 통해 세상에 계속해서 간섭하신다. '성경'이라는 계시로 우리에게 자신의 존재와 그 내용을 드러내셨다. 계시 속에는 '신의 존재'도 있고 '존재의 내용'도 충만하게 담겨 있다. 그 계시를 통해서 언약을 주시고, 그 계시 언약을 성취하신 주인공이 누구신지를 선명하게 알려주는데, 그분이 바로 십자가 지신 예수님이다. 언약으로 출발해야 하는 이유가 여기 있다. '언약'이 아니고서는 언약의 완성이신 그리스도의 십자가로 우리를 찾아오신 '참 하나님'을 발견할 수 없다. 따라서 언약 밖의 하나님은 없는 우상에 불과하다.

구속사든 보편사든 우리가 역사를 정립하는 방법으로는 그리스도의 사역과 그 의미에 대해 온전히 받아낼 수가 없다. 그것은 인간이 역사나 사건 자체에서 계시를 읽을 수 있는 능력이 없기 때문이며 오히려 참된 계시를 배척하는 속성으로 살아가고 있기 때문이다. 여기에 하늘에서 오신 의인이 나타나야 한다. 십자가 사건은 엄밀히 말하면 인간들의 인식 근거로 여기는 구속사 위주의 사건이 아니라 다른 세계에 계신 분에 의한 말씀 성취 차원의 사건임을 뜻한다. 즉 예수 그리스도의 선포는 구속사를 완성해서 인간을 건지기 위함이 아니라 하나님의 모든 말씀을 이 그리스도 중심으로 다 이루었다는 데따른 차원의 선포이다.

성경은 예수 그리스도 중심이다. 하나님은 그리스도께 영광을 돌리게 해서 하나님이 영광받으시는 것이 성경의 주제이다(요 17:1). 사도 바울이 사도가 되기 전에 가지고 있던 신앙관이 바로 '유대교적 구속사'였다. 이러한 관점은 성경을 '하나님 나라' 중심으로 본다든지 또는 '하나님 나라 창조성 회복'을 중심으로 보고 주장하는 것들로 나타난다. 즉 이러한 것은 궁극적으로는 죄인인 인간이 구원 욕망을 가지고 구원을 목적으로 성경을 보는 것이기 때문에 참된 신앙관이라고 볼 수 없다.

예수님은 '때'(시간)를 목적으로 성취하신 분이 아니라 '말씀'을 성취하신 분이다. 단지 실시하신 '때'가 있다는 것은 분명하다. 하지만 그 특정한 때를 기다리기는 했지만 그 특정 '때'를 위해 오신 분은 아니라는 말이다. 이처럼 예수 그리스도의 인격이나 사역보다 구속사라는 시간적 요소를 절대적 계시의 내용으로 삼고자 하는 것은 유대교적인 사고의 틀을 가지고 예수 그리스도 말씀의 본질에 접근하려는 시도이다.

바리새인들의 말씀 해석은 시간의 흐름에 따라서 이루어진 것이다(마 22:41-46). 그러나 이러한 궁극적 목적을 지향하는 역사 인식이 도리어 메시아 앞에서 붕괴된다. 왜냐하면 예수님은 인간의 말씀 해석을 포함한 모든 것을 죄라고 규정짓고 부정해 버리셨기 때문이다.

구속사 해석에도 문제가 있다. 구속사의 함정이 무엇일까? 그리스도 중심을 보여주고자 일어난 십자가 사건이 역사의 중심을 보여주는 사건으로 변모된 것이다. 십자가 사건은 구속사 중심의 사건이 아니다. 만물 위의 다른 세계에 계신 분에 의하여 말씀을 성취하는 사건이다. 예수 그리스도의 복음 선포는 구속사를 완성하여 구원해 내는 것이 아니다. 하나님의 모든 말씀을 이 그리스도 중심으로 다 이루었다는 내용의 선포이다.

그러므로 구속사 체계나 신학 체계는 참으로 허구적이다. 그것은 구원 사건의 실제적 재현이 아니다. 흔히 이야기가 따라붙는 구속사라는 시나리오에 불과하다. 즉 실제 구원 사건의 발생을 매우 모호하고 낯설게 여기고 중심에서 주변으로 몰아내는 것이다. 이처럼 구속사의 가치는 구원 사건의 실제적인 발휘가 아니라 구원 사건의 의미를 수집하고 그것에 자기 구원을 대입해 그 구원을 확신해도 되는지를 확인하려는 욕구의 실현이다.

자신의 구원을 이 구속사에 적용하는 역사의식은 자신이 살아 있는 동안 사후세계를 확장하고 죽어가는 자신에게 영원한 의미를 부여하기 위한 예비 작업을 하는 것이다. 인간은 '역사'라는 구원의 방주를 지어 놓고 거기에 목숨을 걸고 편히 죽기를 원한다. 이렇게 마음속 영혼의 확장을 밖으로 꺼내어 존재하지 않는 곳에서 자아를 찾는다. 이것이 바로 '역사 만들기'다. 그래서 '허구'라고 할 수밖에 없다. 이 허구는 자신만의 이야기를 낳는다. 즉 역사는 전혀 없고 오직 '역사적 이야기'만 존재한다.

묵시라는 말은 역사의 시간순서와 연대순을 따르지 않고 시간을 초월하는 '영원'을 이루는 하나님의 언약 작용을 가리킨다. 역사적 의미를 지워가는 묵시적 활동 안에서 진리를 분별할 수 있다. 하나님의 언약 활동은 인간 육신의 욕망을 드러내는 것을 놓치지 않기 때문에 사람은 어떤 행위로도 의롭다고 할 수 없다. 하나님의 계시 언약은 인간의 역사의식을 단절(불연속)하고 하나님 역사의 지속적인 활동(연속성)을 이루어간다.

계시 작용에서는 시간 순서대로 일정하게 흐르지도 않는다. 구원의 서정도 시간 순서로 이루어지지 않는다. 어떤 시간은 천 년이 하루 같고 또 하루가 천년 같다. 어떤 시간은 하루이지만 천년처럼 길게 확대되기도 한다. 시간이 확대된다는 의미는 그 시간 속에 그만큼 많은 사건이 일어날 수 있다는 뜻이다. 단지 하루인데 천년이 걸려야 일어날 일들이 일어난다는 뜻이다. 천년이 걸릴 것 같은 역사가 하루 만에 이루어질 수 있고 한순간에도 천년의 변화가 일어나기도 한다. 예수 그리스도의 십자가 사건은 '그 순간'이 하나님의 시간(카이로스)이기 때문에 '수천 년' 인류 역사의 방향과 의미를 결정했다.

여기서 하나님이 의도하신 시간과 역사 및 하나님의 능력으로 의미 있는 사건의 시공간을 카이로스(kairos, historic)라고 말한다. 반대로 크로노스(chronos, historical)는 물리적인 시간으로 우리가 일상적으로 살아가는 시공간이며 자연의 법칙이 적용되는 시공간을 말한다. 이러한 주장엔 오스카 쿨만과 헤르만 리델보스가 있다. 성경은 하나님의 계시를 실제 역사와 철저히 결부된 것으로 본다고 주장했다. 묵시의 작용이 진행되는 중요한 순간인 구속적 사건의 문맥은 역사 바깥의 어떤 영적 영역이 아니라 실제 역사에서 일어난 것이다.

우리는 성경 전체를 영적으로 이해하지 못하기 때문에 그것을 모두 역사로 전환 시켜 놓고 그다음에 그 역사를 이해하는 방식으로 계시를 읽고자 하는 경향이 있다. 인간은 시공간에 얽매인 피조물이기 때문에 성경 본문을 구원 역사가 진행되는 역사적 맥락에서 이해하려고 하기 때문이다. 즉 자신의 행함으로 지난 역사를 계속 이어 나가면서 그것을 곧 구원의 반열에 참여한 것으로 간주하고 싶어 한다. 이렇게 되니 역사를 거꾸로 읽으면서 묵시 사건으로 통합시켜 버리는 사도들의 성경해석법을 이해하지 못하게 된다. 예수님 살해에 적극적이었던 그 당시 신학자들의 견해가 바로 이런 역사적 이해에 토대를 둔 성경해석법이었다. 그래서 역사를 통해서 구원을 확신하려 한다.

"요한이 그에 대하여 증언하여 외쳐 이르되 내가 전에 말하기를 내 뒤에 오시는 이가 나보다 앞선 것은 나보다 먼저 계심이라 한 것이 이 사람을 가리킴이라 하니라"(요 1:15).

"바리새인들이 모였을 때에 예수께서 그들에게 물으시되 너희는 그리스도에 대하여 어떻게 생각하느냐 누구의 자손이냐. 대답하되 다윗의 자손이니이다. 이르시되 그러면 다윗이 성령에 감동되어 어찌 그리스도를 주라 칭하여 말하되 주께서 내 주께 이르시되 내가 네 원수를 네 발 아래에 둘 때까지 내 우편에 앉아 있으라 하셨도다 하였느냐. 다윗이 그리스도를 주라 칭하였은즉 어찌 그의 자손이 되겠느냐 하시니 한 마디도 능히 대답하는 자가 없고 그날부터 감히 그에게 묻는 자도 없더라"(마 22:41-46).

"사랑하는 자들아 주께는 하루가 천 년 같고 천 년이 하루 같다는 이 한 가지를 잊지 말라"(벧후 3:8).

크로노스라는 시공간 속에 있는 우리가 만물을 초월하여 계시는 영원의 하나님과 만남이 이루어진다면 그 순간과 공간이 참 신앙의 자리이다. 그 만남의 순간이 시간과 역사의 한 점이기는 하지만 그것이 영원하신 하나님과 만남이므로 영원한 순간이며 영원으로 통합되는 것이다. 인간은 이 땅에서 '불안 속에 있는 실존자'로서 살아갈 수밖에 없다. 이러한 불안과 죽음 속에서 살아가는 인간은 그것을 해소하기 위해서 '영원의 거룩한 영역'을 등지고 오히려 상황의 지배를 받는 '시간적 영역'의 삶을 따라 살아가려는 속성을 가지고 있다. 마치 아버지 품을 두고도 돼지우리에서 살았던 탕자와 같은 삶이다. 그런 인간을 위해서 하나님께서 아들을 이 땅에 보내셨다.

영원, 곧 하늘에서 오신 인자인 예수 그리스도는 복음으로, 자신을 보고 들은 증거를 통해 자기를 믿는 자를 만물 위에 계신 하나님께로 인도한다. 만물 위에 계신 하나님께로 나아가는 것이 참신앙의 실재이다. 곧 영원에서 오신 그리스도 안에서 누리는 '영원의 세계'로 나아가는 것이다. 기독교는 십자가에서 높이 들리신 그리스도, 곧 만물 위에서 만물의 주가 되신 그리스도를 신앙하는 것이다(엡 4:6,

롬 9:5). 그러므로 예수 그리스도의 십자가는 만물 위, 영원하신 하나님에게로 들어가는 '영생의 문'이다. 영생을 얻은 자는 만물 위의 하나님과 연합되는 기쁨을 누린다.

언약에 있어서 아담 언약, 노아 언약, 아브라함 언약, 모세 언약, 다윗 언약이 어떤 독특성이 있는지를 파악하는 것을 우리는 '성경신학'이라고 부른다. 성경신학은 성경 전체로서 성경을 이해하는 데 충실하다. 이것은 '역사성의 관점'에서 파악하는 것이다. 그러나 어떤 언약이든 본질에서는 '하나의 언약'이다. 결국 모든 언약의 역사는 아들이신 예수 그리스도에게 초점이 맞추어질 때 진정한 의미가 있다. 이것은 '종말론적'이라는 말로 표현될 수 있다. 즉 역사 속에서의 성취를 향해 점진적인 성향을 지닌다는 것이다. '성취를 향해 접근해 가고 있다는 것'의 표현이다.

계시는 본래 하나인데, 성질상 계시의 역사성을 조금 더 구체적이고 입체적이며 유기적으로 이해하기 위해서 행위계시와 말씀계시로 나누어 볼 수 있다. 말씀계시는 사실 행위계시를 위해서 존재한다. 구속 사건이 말씀계시의 주체가 된다. 항상 말씀계시와 행위계시 사이에는 연관 관계가 있다. 말씀과 무관한 행위가 없고 행위와 무관한 말씀이 없다. 말씀계시는 행위계시에 대해 예언하고 설명하고 증언하는 기능이 있다. 이 자체가 '계시의 역사성'이다. 바꾸어 말하자면 예수 그리스도가 계시의 중심으로서 성경은 예수 그리스도의 구속 사건을 말씀을 통한 계시와 행위를 통한 계시로 나타낸다. 따라서 계시는 역사와 맞물려 있는 함수관계라고 볼 수 있다.

계시는 하나님이 자신을 우리에게 드러내시는 것인데 그 방식은 자신을 가리심을 통해서 드러내신다. 그렇지 않으면 거룩하신 하나님 앞에 설 자가 없기 때문이다. 그 가리는 수단으로 피조물의 '언어'를 사용한다. 피조물의 것으로 가린다는 것은 피조물의 존재적 성질이 반영된다는 것을 뜻한다. 하나님이 스스로 자신을 낮추어서 우리를 찾아오셨다는 것이다. 하나님은 무한하시지만 우리 마음이 그 광대무변한 영광에 압도되지 않도록 그 측정될 수 없는 아버지께서 아들 안에서 유한하게 되셨고 우리의 작은 척도에 맞추어 낮아지셨다. 하나님이 그의 인격에 피조물을 입으시어 나타나셨고 인간을 대신하여 십자가에 죽으심으로 구원을 이루셨다(빌 2:6-8).

말씀이신 그리스도에게서 나온 계시인 성경은 하나님의 최종계시이고 궁극적 계시이다. 성경은 완결된 계시이므로 신적 권위로 역사한다. 우리는 성경계시에 의존해서 하나님을 알고 구원에 이른다. 성경계시로 우리가 하나님께 다다르고 구원에 동참한다. 하나님은 세상을 구원하여 자기 백성 삼기로 하셨기 때문에 성경 속에 자기의 계시를 기록하게 하셨다. 하나님은 성경에 자신을 계시하시고 그의 경륜과 작정, 창조와 창조 후의 모든 것을 계시하셨다. 그러므로 우리는 성경에서 하나님을 아는 바른 지식을 얻는다. 하나님을 알고 섬겨 구원에 이르는 길은 성경의 저자이신 성령을 받아서 성경 계시의 가르침을 알고 거듭남으로만 된다.

계시는 하나님이 자기 자신과 자기의 작정을 알리심으로 이해해야 한다. 즉 하나님의 계시는 자기를 알리심이다. 창조가 하나님의 자기 계시의 시작이다. 계시는 계시자가 계시하므로 계시의 내용을 포함한다. 하나님이 계시의 주체로서 계시 작용을 통하여 계시의 내용을 전달한다. 그러므로 계시는 계시자, 곧 하나님에게서 유래한다.

그 계시는 하나님의 자기 계시이기 때문에 하나님과 일치한다. 즉 계시 된 대로 하나님은 존재하신다. 계시는 성부 하나님에게서 유래하고 아들 하나님, 곧 하나님의 로고스를 통해서 온다. 로고스이신 그리스도를 통해서 온 계시만이 아버지에게서 유래한 계시이고, 로고스를 매개해서 온 지식만이 참 하나님 지식이다.

그러므로 참된 계시는 사람에게서 나오는 것은 조금도 포함되지 않는다. 계시는 하나님께서 알려주시기 전에는 알 수 없는 내용이기 때문이다. 선지자를 통하여 나타난 계시가 참된 계시인지를 분간할 수 있는 일차적인 잣대는 그 계시의 성취 여부에 달려 있다(신 18:22). 그러나 이적이 행해졌다고 해서 계시가 이루어졌다고 무조건 받아들일 수는 없다(신 13:1-3). 언약의 역할이 들어 있어야 계시로서 받아들일 수 있는 것이다. 계시란 구약 때는 옛 언약이고, 신약 때는 새 언약으로 수행한다. 하나님의 약속과 어긋나는 것이면 그것은 가짜 계시가 된다. 따라서 계시는 이전에 주신 언약과 차이가 나면 참된 계시가 될 수 없지만 그 언약 내용이 앞의 계시를 성취하면서 더 나아가 이전보다 분명해지고 세밀화된다면 그 계시는 참된 계시라 할 수 있다.

계시 역사에 대한 해석은 먼저 구약의 언약에서 해석되어야 한다. 구약에서 역사의 의미는 시간으로 측정하는 것이 아니라 '죄악의 심도'로 측정하며 역사는 수평적으로 진행되기보다는 수직적으로 진행된다. 인간 타락으로 죄악의 정도가 깊어질수록 계시의 역사성은 증대되어 언약이 성취에 이르고 계시의 종점에 이르는 것이다.

따라서 계시는 시간의 완성도로 결정되는 것이 아니라 신적 인격으로 결정된다. 계시의 완성은 처음과 나중이 시간과 무관하게 결정되는 그런 세력권 속에서 이해된다. 천년이 하루 같고 하루가 천년 같은 묵시 세계는 그 자체로 이미 계시가 완성되었기에 나타나는 것이다. 계시 작용은 죄의 진원지가 밝혀지게 되어 있다. 죄가 있는 곳에 주님의 긍휼이 임하는 자리가 예수님께서 우리 죄를 대속한 곳이다. 언약이 성취되고 완료되는 장소가 십자가이다.

따라서 계시란 바로 언약이다. 옛 언약과 새 언약이 계시이다. 계시가 점진적이라고 하는 것은 계시가 언약을 점진적으로 확대 전개해 나가기 때문이다. 지속적이며 점진적인 계시는 나중의 새로운 계시가 옛것을 고정하거나 수정하거나 갱신하는 것이 아니다. 오히려 시일이 지나면서 계시에 새로운 내용을 보강하거나 더 많이 추가하신다. 하나님의 언약은 '창세 전에 협약한 내용'을 역사 안에서 펼쳐 가기 때문에 시시각각 수정하고 교정하고 갱신하는 것이 아니라 영원하신 목적대로 실행하시는 것이다. 계시가 구원의 작용을 하려면 성령께서 주관하셔야 한다. 성령의 주도하에 정리되고 기록된 계시를 우리는 '성경'이라고 부른다. 따라서 좁은 의미에서 계시는 오직 '성경'뿐이며 다른 모든 계시를 해석하고 판단하는 기준이 되는 계시이다.

계시란 계시의 주관자가 보여주신 대로 보인 결과이기 때문에 우리 생각으로 오류가 있느냐 없느냐를 판정할 수 없다. 단지 계시를 겸손하게 수용할 뿐이다. 계시는 예수 그리스도에게서 나온다. 성경은 정경의 확정으로 계시가 종결되었다. 정경은 사도 종결의 결과이며, 사도의 종결은 '복음 내용'을 종결하여 확정 짓겠다는 예수님의 의지를 천명한 것이다.

따라서 언약은 예수님이 어떤 분이며 어떤 일을 하셨는가를 가르쳐준다. 그래서 언약의 주인이신 예수님과 관계없이 자신의 생명(구원)을 얻기 위해서 성경을 보는 자들에게 성경은 닫혀있는 책이다. 성령께서는 임의대로 구원받을 자들에게 십자가가 선명하게 보이도록 하여 성경을 열어주신다. 성경은 처음부터 끝까지 일관되게 하나님 자신을 계시하신다.

이러한 계시는 하나님께서 자신이 약속하시고 성취하시는 '언약'에 집중되어 있다. 즉 하나님께서 언약이라는 방식으로 자신을 계시하셨고 당신의 뜻을 펼치셨다. 그리고 하나님과 인간의 관계를 '언약 관계'가 되게 하셨다. 이 언약의 계시가 없다면 기독교는 자연종교에 불과하다. 그리하여 세상의 모든 움직임은 존재 그 자체를 위해 움직이는 것이 아니라 '언약 완성을 위한 수단과 배경과 환경'으로서 역할을 하도록 움직이고 있다.

여기서 주목해야 할 사실은 계시를 주신 것은 인간의 능력으로는 알아보지 못하기 때문에, 즉 우리는 하나님을 찾을 수 없고 만날 수도 없는 무능력한 존재라는 것을 확실히 하려는 방편으로 우리에게 '문제가 있음'을 반증하는 것임을 기억해야 한다. 왜냐하면 하나님 쪽에서 인간 쪽으로 어떤 메시지를 주었다면 이것을 올바르게 해석할 수 있는 해석 능력이 있어야 하는데 인간에게는 전혀 없기 때문이다. 방송국에서 방송전파를 아무리 발사해도 이것을 잡아낼 수 있는 TV나 라디오 수신기 같은 장치가 없다면 우리가 방송을 보거나 들을 수 없는 것과 같은 이치다.

하나님이 열심히 인간에게 계시했는데 그것을 받는 인간이 깨달을 수 없다면 그 계시는 아무 소용도 없다. 그래서 모든 종교는 신이 인간과의 의사소통을 위해서 어떤 장치가 있다고 말한다. 그 장치의 예로 산과 바다 같은 대자연 혹은 인간의 이성이나 마음 및 그 밖의 이해가 가능한 문자 등을 제시한다. 그러나 성경은 여호와 하나님께서 인간을 구원할 목적으로 하나님의 뜻을 문자로 기록하고 주어졌기 때문에 주어진 성경을 인간이 읽으면 자연스럽게 하나님을 알고 구원받을 수 있다고 가르치지 않는다.

하나님의 말씀, 곧 성경은 하나님의 사람을 온전하게 하는 데 매우 유익한데(딤후 3:15-16), 그 온전하게 하는 방법이란 그것을 읽는 사람의 전부를 낱낱이 해부한다는 뜻이다(히 4:12-13). 마치 도살된 소를 부위별로 각을 뜨듯이 말이다. 성경을 읽는 사람이 마치 죽어버린 짐승처럼 하나님 말씀으로 해부될 때 비로소 하나님 말씀 앞에 숨겨져서 나타나지 않는 것이 없게 되고 온 천하 만물이 하나님 앞에서 벌거벗은 것처럼 드러난다. 따라서 성경의 이해는 살아 있는 인간을 상대로 하지 않고 죽어 있는 인간을 대상으로 한다. 이 죽은 인간들 가운데 하나님의 성령으로 살아난 사람만이 하나님 말씀으로 온전하게 되는 하나님의 사람이다. 바로 이점이 기독교가 다른 종교와의 차이점이라고 할 것이다. 모든 사람이 하나님 말씀 앞에서 죽었다는 사실을 전제로 한다는 점 말이다(사 6:9-12, 겔 37:1-5, 마 13:15).

이럴 때 다음과 같은 궁금증이 생길 수도 있다. 자비하신 하나님께서 창조 세계, 즉 대자연에 자신의 신성을 심어주셔서 누구든지 하나님을 알 수 있다는 말씀이 성경이 나와 있지 않은가? 하는 점이다. 소위 '일반 계시'라는 것이다. 다음 말씀을 보고서 니다나는 의문이다.

"하나님의 진노가 불의로 진리를 막는 사람들의 모든 경건하지 않음과 불의에 대하여 하늘로부터 나타나나니 이는 하나님을 알 만

한 것이 그들 속에 보임이라. 하나님께서 이를 그들에게 보이셨
느니라. 창세로부터 그의 보이지 아니하는 것들 곧 그의 영원하
신 능력과 신성이 그가 만드신 만물에 분명히 보여 알려졌나니
그러므로 그들이 핑계하지 못할지니라"(롬 1:18-20).

그렇다. 하나님께서는 자신의 영원하신 능력과 신성을 만드신 만
물에 분명히 보여 알게 하셨다. 그러나 문제는 인간에게 있다. 만물
을 통해서 사람에게 창조주와 피조물의 분명한 구별이 있다는 것과
자신의 불의에도 여전히 심음과 거둠, 추위와 더위, 여름과 겨울, 낮
과 밤이 쉬지 않고 돌아가는 것이 창조주의 은혜라는 점을 알고 감사
해야 하는데, 사람들은 하나님의 이러한 계시를 제대로 읽고 해석할
수 있는 장치가 아담의 범죄로 이미 고장이 난 상태이다.

이처럼 하나님과 인간의 유일한 '연결고리'인 계시의 언약인 말
씀은 존재하나 인간은 이를 제대로 해석할 수 있는 길이 완전히 봉쇄
되어 버렸다. 하나님 말씀을 제대로 이해할 수 있는 연결고리의 단절
상태(불연속), 이것을 가리켜 '죄'라고 하며 죄의 결과로 하나님께서
는 인간을 버리셨다(창 3:24). 흙이니 흙으로 돌아가라고 하셨다(창
3:24). 그 흙을 먹을 수 있는 권세를 사탄에게 허락하셨다(창 3:14).

창조주인 하나님과 피조물인 인간의 완전한 '단절 상태'는 피조
물인 인간의 죽음을 말한다. 그리고 인간의 죄로 말미암아 자연계 전
체가 하나님으로부터 저주받았다(창 3:17). 따라서 이제는 성경의
'계시 언약'이 없이 자연물 자체를 통하여 하나님을 알 수는 없다.
성경의 저자이신 성령은 선지자 등과 같은 통로를 통해서 만물에 담
긴 하나님의 신성과 놀라운 은혜를 성경에 기록했다. 결국 자연물이

하나님을 알 수 있는 '계시로서 역할'을 하는 것은 그러한 내용이 '성경에 담겨 있을 때만' 가능할 뿐이다.

따라서 별도로 '일반 계시'라고 구분하여 말할 필요 없이 성경만이 하나님의 계시로서 인간이 스스로 하나님을 알 수 없는 '죄의 상태임'을 알려주고 있다. 또한 계시 말씀이 이루어진 상태, 즉 십자가를 통하여서만 자연에서 예수님을 볼 수 있는데 창조된 자연마저도 주를 위해 존재한다는 것을 알게 된다. 그러므로 창조된 역사 속에서 주님의 일하심을 볼 수 있다. 하나님께서는 성경 말씀을 통해서 인간이 죽어 있다는 사실을 계속 증거하고 계신다. 자신이 죽었기 때문에 하나님의 온전하신 뜻을 이해할 수조차 없는 존재라는 것을 알 수 있도록 역사 속에서 여러 사건과 인물을 등장시키시는 것이다.

인간은 하나님(신)처럼 되고 싶은 욕망의 덩어리이다. 신처럼 되고 싶은 욕망은 죽음 없는 영원한 생존을 위한 투쟁과 그 투쟁으로 얻어진 소유물로 표현된다. 즉 자신이 신이기에 자신에게 유리한 것들이 진리가 되며 자신에게 유익한 것들인 소유가 증가하는 것을 보면서 자신의 존재가치를 확인하고 싶어 한다. 게다가 이런 사고방식은 모든 사람에게 아주 친숙한 것이어서 마음에 거리낌조차 없게 된다. 모든 사람이 간절히 원하고 바라는 돈, 명예, 권력, 건강은 결국 아주 친숙하고도 합법적인 소망의 대상이 되어버린다. 이렇게 왜곡된 인간의 가치관은 성경이라는 하나님 말씀 또한 자연스럽게 왜곡된 시각으로 본다. 성경 말씀을 통해 돈, 명예, 권력, 건강을 소유하는 방법을 알려고 한다. 성경 말씀은 신이 주신 것이기에 신이 소망하는 선한 것을 얻을 수 있도록 인도한다고 보는 것이다. 그리고 그 왜곡은 더 이상 부담스러운 것이 아닌 친숙한 것이 되고 만다.

사실 구원의 실상은 보이지 않는 믿음 외에 아무것도 없다. 즉 이 구원의 소유 여부를 알 방법이 없다. 그러다 보니, 이런 상황은 인간에게 내가 구원받았는지 안 받았는지 불안감이 들게 한다. 그래서 구원의 소유를 확실히 눈에 보이는 것으로 대체하고자 하는 욕망이 끝없이 발산된다. 이 욕망은 결국 구원이라는 말씀을 죽을 수밖에 없는 죄인을 살려내기 위해 기꺼이 아들을 내어주신 하나님의 은혜만을 의미하는 것이 아니라 그것에 덧붙여서 이 세상의 돈과 권력, 건강까지도 얻을 수 있다는 의미까지 포함하는 것으로 왜곡하게 만든다.

이를 정리해 보면 하나님은 인간이 이미 죽어 있는 상태이고 이를 살리기 위해서는 하나님의 은혜 외에는 없다는 것을 알리기 위해서 우리에게 말씀을 주셨는데 인간은 그것을 이용해서 스스로 살아남아 보겠다고 애를 쓴다는 것이다. 즉 하나님이 인간은 죽어야 하는 존재라고 하시는데 인간은 어떻게든 살아남아야 한다고 생각한다. 서로 완벽하게 충돌하는 상황이 발생한 것이다.

하지만 인간은 하나님과 이러한 완벽한 대치 상황을 인정하려 하지 않는다. 대신 나름대로 착하게 양심적으로 살거나 이성적으로 살고, 누군가를 도와주거나 성경을 열심히 읽고, 교회라는 곳에 열심히 출석하거나 헌금을 많이 하면서 전도와 기도를 많이 하면 하나님 쪽에서 감동해서, 혹은 불쌍해서 우리가 원하는 복을 주신다고 믿는다. 그래서 모든 성경을 자신의 동기부여용으로 삼고 행동강령 정도로 활용한다. 이러한 역사 속에 존재하는 인간과 이를 다루시는 하나님과의 관계로 계시 역사는 진행되고 있다.

▶ 계시 해석방법

하나님은 인간과 완전한 대결 상황을 아시기 때문에 창세 이전부터 특별한 계시 방법을 염두에 두셨다. 바로 말씀이 육신이 되는 방식이다.

"말씀이 육신이 되어 우리 가운데 거하시매 우리가 그의 영광을 보니 아버지의 독생자의 영광이요 은혜와 진리가 충만하더라"(요 1:14).

말씀이 육신이 되었다는 것은 인간에게 하나님에 대한 믿음이 얼마나 없는가를 알려주는 사건이다. 말씀이 육신이 되어 우리와 함께 거하셔도 우리는 그 하나님을 하나님으로 알지 못하는 상태에 있음을 이제 확실하게 하시겠다는 것이다. 인간은 말씀이 육신이 되신 한 분을 스스로 깨닫고 그분 말씀에 의지해서 살겠다고 자발적으로 결단하는 존재가 아니라, 자신이 상상해 온 하나님 상(象), 자신이 원하는 메시아 이미지인 우상을 버리지 못하고 오히려 그 우상으로 인해 말씀이신 존재를 죽이는 하나님의 원수라는 것이 유감없이 확인된다.

결국 말씀이 육신이 되었다는 것은 인간 쪽에서는 더 이상 변명의 여지가 없다는 하나님의 최후통첩이다. 최후라는 말은 이제 인간에게 남은 것은 오직 심판뿐이라는 뜻이다. 말씀이 육신이 되신 유일한 사람, 그 이름이 바로 예수 그리스도이다. 예수 그리스도로 말미암지 않고는 결코 하나님께 올 수가 없다(요 14:6). 왜냐하면 하나님의 아들이신 예수 그리스도와 예수 그리스도께서 소원하셔서 계시를 준 자 외에는 아무도 아버지 하나님을 알 수가 없기 때문이다. 결론적으로 하나님께서는 아들 예수 그리스도라는 유일한 계시 방법을 처음부터 확고부동하게 가지고 계셨다.

"내 아버지께서 모든 것을 내게 주셨으니 아버지 외에는 아들을 아는 자가 없고 아들과 또 아들의 소원대로 계시를 받는 자 외에는 아버지를 아는 자가 없느니라"(마 11:27).

예수 그리스도만이 하나님을 알 수 있는 유일한 계시라면 성경은 바로 이 예수 그리스도를 증거하는 책이다. 사람들은 성경을 통해서 직접 하나님의 영생을 얻으려고 하지만 성경은 오직 예수 그리스도만 증언하는 것이다.

"너희가 성경에서 영생을 얻는 줄 생각하고 성경을 연구하거니와 이 성경이 곧 내게 대하여 증언하는 것이니라"(요 5:39).

'계시 언약으로서의 성경'을 어떤 시각으로 보며 해석해야 하는지를 아는 것은 기독교의 존재와 연결된 매우 중요한 사항이다. 성경에 대한 바르지 못한 시각과 해석으로 기독교 본질이 무너지고 타 종교와 다를 바 없는 수준으로 전락해 버린 것이 기독교가 당면한 심각한 문제이다. 따라서 성경을 무엇을 중심으로 보느냐 하는 문제는 대단히 중요하다. 성경해석의 본질적 오류는 항상 '문제가 있는' 인간 중심으로 성경을 보는 것에 있기 때문이다. 인간은 죄인이기에 자신이 보는 시각도 항상 삐뚤어져 있다. 성경을 통해서 신학의 체제를 정립하는 과정에서도 오류가 생기게 된다. 모든 오류는 그 중심을 잘 못 잡았기 때문에 생기는 현상이다.

죄인으로 출생한 인간 중심적 사고방식은 자신의 꿈과 포부와 정복을 통해 자아를 실현하는 방향으로 목표를 잡게 된다. 무슨 활동을 하더라도 자기중심적 사고방식이 요구하는 소원을 무시하지 못하는 것이다. 예를 들어 '율법'이라는 주제를 말할 때 율법이 무엇이며 율법이 왜 있으며 이 율법을 가지고 어디에 이용할 것인가를 탐구하면서 결국 기대하고 있는 것은 자아를 확장하는 쪽으로 변질시켜 버린다. 더 많이 아는 자아가 됨으로써 자아의 존재적 의미가 더욱더 강해진다고 인식하는 것이다. 자아는 뭐든지 많이 확대해 가면서 모든 문제를 해결할 수 있는 해결 주체자로서 제구실할 수 있다고 자부한다. 그러나 이러한 사고방식이 죄에 오염된 생각이라는 사실을 스스로는 잘 파악하지 못한다.

성경해석을 하나님 중심의 해석과 사람 중심의 해석으로 구분해 볼 때 누구나 '하나님 중심의 성경해석'이 바른 해석이라고 할 것이다. 따라서 하나님 중심의 성경해석에는 '인간을 위한' 말이 튀어나올 수는 없다. 오히려 끊임없이 자기 존재를 추구하는 것이 곧 '죄'라는 사실을 폭로하며, 인간은 십자가에 피 흘려 대신 죽은 그리스도의 은혜를 높임으로써 하나님의 영광이 되기 위해 존재하고 있음을 선포하게 된다(고후 5:15).

그리스도의 십자가는 자아 중심의 사고방식인 인간의 존재가치를 무너뜨린다. 자신의 존재가치를 높이기 위해 사는 인간을 십자가라는 은혜의 세계에 속하게 함으로써 인간 존재의 무가치함을 드러내고 십자가만이 가장 가치 있는 것임을 알게 한다. 따라서 십자가에서 드러난 은혜의 세계에 눈을 뜬 그리스도인은 자신의 가치를 추구하지 않게 되고, 오히려 자신을 위하여 십자가를 지신 그리스도를 위해 새롭게 된 자신의 존재성을 알게 된다. 이것을 '새로운 피조물' 이라 말씀한다. 이들은 십자가의 관점으로 성경을 보게 된다. 그러면 십자가에 달린 그리스도가 선명하게 계시 되어 드러나기 때문에 성경 전체를 그리스도 언약의 완성인 십자가의 이루심으로 해석하게 된다. 이는 성령의 이끌림을 받은 사도들의 해석과 같다.

이러한 성경해석으로 볼 때 천지 만물은 인간을 위해 창조된 것이 아니라 창조의 주님이신 '주를 위하여' 창조되었다. 마찬가지로 구원에 있어서 그리스도인은 구원의 주님이신 '주 예수 그리스도를 위하여' 구원된 것이기에 자기 개인 구원을 위해 하나님을 수단으로 삼지 않는다. 성경을 보면서 '나의 구원을 위한 하나님' 을 찾는 것은 이단적인 구원론임이 밝혀진다. 이것은 자기 쪽에서 신을 찾아 자기 구원을 달성해 나가겠다고 하는 것인데, 이런 사고방식 자체가 죄의 결과로 인한 자기 몸부림일 뿐이다.

성경에 계시 되어 나타나신 하나님은 인간을 위해 일하시거나 존재하는 분이 아님에도 하나님 중심의 성경해석을 한다고 하면서 인간을 위한 하나님으로 가르치고 있다면 하나님 중심의 성경해석이 아니라 사람 중심의 성경해석이다. 여기서 하나님 중심의 성경해석이란 언약을 통하여 계시하신 그리스도로 성경해석이 이루어지는 것으로 한정된다. 사실 언약의 그리스도가 없는 하나님 중심의 해석이란 없다. 그리스도 중심의 성경해석은 그리스도가 역사 속에서 하나님의 뜻을 완성한 자리인 '십자가' 에서 시작하기 때문에 '언약의 십자가' 는 모든 인간을 죄인으로 보고 해석한다. 언약은 '모든 인간의 죄를 가지고 엮어 가는 관계로서 하나님의 긍휼을 주시고 나타내는 계시'이기 때문이다.

이러한 그리스도 십자가 중심의 성경해석은 이제는 그리스도인이라면 자기 유익을 구하는 것이 아니라 십자가로 이루신 하나님의 사랑을 확인하고 그 사랑 안에서 그리스도를 자랑하고 높이는 것이 자신에게 주어진 삶임을 밝혀준다. 이러한 계시의 성령을 받은 그리스도인은 오직 십자가의 은혜만을 증거한다. 그래서 하나님은 먼저 언약을 주시고 언약 백성을 만드셔서 언약에 참여하게 함으로써 자기 백성에게 언약의 '십자가 완성의 은혜'를 남기기 위해 일하신다. 이것이 '하나님 언약의 내용이자 완성'이며 성경은 처음부터 끝까지 이것을 나타내며 증거한다.

CHAPTER 02

하나님의
창조 계시와 약속

(1) 하나님의 뜻으로 충만한 창조와 아담

에덴동산 중앙에는 두 그루의 나무가 있었다. 중앙 또는 중심은 매우 중요한 근원 또는 원리가 차지하는 위치다. 동산의 중심이기 때문에 가장 높은 지점이기도 하다. 즉 가장 눈에 잘 띄는 곳이다. 동산 중앙에 있는 두 그루의 나무는 에덴동산으로 대표되는 하나님의 창조 세계를 다스리는 근본원리를 나타내는 것으로서 가장 잘 보이는 곳에 자리하고 있었다. 나무를 심으신 하나님께서 피조세계를 다스리는 근본원리를 한 그루의 나무가 아니라 두 그루의 나무로 나타내셨다면 오직 두 나무의 '상관성'을 통해서만 그 원리를 말씀하시겠다는 의미로 받아들일 수 있다. '상호관계'가 아니라면 두 그루가 아니라 한 그루의 나무로도 충분히 설명할 수 있기 때문이다.

이제 이 두 나무의 이름을 보면 하나님께서 피조세계를 다스리시는 근본적인 원리를 엿볼 수 있을 것이다. 아시다시피 두 나무의 이름은 선악을 알게 하는 나무와 생명나무다. 나무를 각각 따로 구분하여 그 이름의 의미를 직관적으로 이해하면 선악과나무는 피조세계를 선악으로 나누어 다스리시는 하나님의 공의(심판 또는 법)를 표현한 것이다. 생명나무는 이름에서 알 수 있듯이 피조세계에 생명을 공급하시는 하나님의 창조성(사랑 또는 은혜)을 드러내는 나무라고 할 수 있다. 더 중요한 것은 이 두 나무의 상호관계를 통해 나타나는 통일된 원리일 것이다. 즉 근본적인 원리가 두 개 있는 것이 아니라 둘로 보이는 원리들의 상호관계가 지향하는 '통합된 하나의 원리'가 있다.

그렇다면 두 나무의 상호관계는 어떻게 밝혀질까? 이에 대한 답변으로 다음 성경 구절이 유익하다.

"선악을 알게 하는 나무의 열매는 먹지 말라. 네가 먹는 날에는 반드시 죽으리라 하시니라"(창 2:17).

그런데도 만약 하나님께서 처음 아담에게 주신 생명이 영원한 생명(영생)이 아니라고 한다면 하나님께서 아담에게 선언하신 "선악을 알게 하는 나무의 열매는 먹지 말라. 네가 먹는 날에는 반드시 죽으리라 하시니라"(창 2:17)는 말씀은 아무런 의미가 없는 모순이 되고 만다. 왜냐하면 하나님이 아담에게 선언하신 죽음은 단순히 육신적인 죽음만을 의미하는 게 아니라 영원한 죽음을 의미하는 것이 분명하기 때문이다. 즉 하나님께서 아담에게 영생을 주시지 않고서 영생을 뺏을 수는 없는 노릇이기 때문이다. 다시 말하면 하나님께서 아담에게 선언하신 죽음은 하나님이 아담에게 주신 영생을 다시 빼앗으시겠다는 뜻이기에 "반드시 죽으리라"는 말씀의 경고는 아담에게 영생이 있을 때 가능한 경고라는 것이다. 이처럼 아담은 영생을 맛보며 지냈다.

생명나무가 비로소 의미가 있게 되는 시점은 인간이 선악과를 먹지 말라는 하나님의 명령을 위반한 결과로 발생하게 되는 '죽음'의 등장과 일치한다. 인간에게 죽음이 도래했을 때 생명나무는 드디어 인간의 욕망 대상이 된다. 즉 인간은 자신이 죄인 되어 죽음의 지배를 받게 되었을 때 비로소 자신의 생명이 누군가에 의해 '주어진 것' (은혜)이라는 현실의 벽을 실감하게 되는 것이다. 사도 바울은 이러한 관계를 이렇게 적고 있다.

"하나님이 모든 사람을 순종하지 아니하는 가운데 가두어 두심은 모든 사람에게 긍휼을 베풀려 하심이로다"(롬 11:32).

아담은 선악과와 생명나무의 '상호관계의 통일원리'를 설명하기 위한 소품으로 작용한다. 하나님께서 아담을 사용하여 모든 인간에게 말씀하시고자 하시는 것은 흙(아담이라는 이름의 뜻)은 생명으로 인도할 계명까지도 사망으로 인도하여 결국 그의 본질이 흙임을 드러낸다는 것이다. 즉 계명(하나님의 말씀)으로 말미암아 죄가 죄로 분명히 드러난다(롬 7:13). 그러나 흙이 흙으로 드러나는 것 자체가 끝이 아니다.

하나님은 죄를 죄로 분명히 보이게 하는 것만을 목적으로 하지 않으신다. 하나님의 목적은 흙이 흙인 줄 알게 하심으로(고전 15:49)

땅의 형상에 하늘의 형상이 어떻게 입혀졌는지 말씀하시는 것이다. 즉 죄를 죄로 명백히 지적하시고 하나님께서 변명할 수 없는 죄인을 어떻게 용서하셨는지를 온 우주에 선포하고자 하신다. 이것이 다윗이 말한 복과 같은 내용이다.

> "일한 것이 없이 하나님께 의로 여기심을 받는 사람의 복에 대하여 다윗이 말한 바 불법이 사함을 받고 죄가 가리어짐을 받는 사람들은 복이 있고 주께서 그 죄를 인정하지 아니하실 사람은 복이 있도다 함과 같으니라"(롬 4:6-8).

그러나 불행하게도 죄인들은 이미 드러난 속성을 숨김으로써 생명나무와 단절된 현실을 회피하려 발버둥친다. 모든 인간, 즉 모든 죄인에게 보편적으로 내재된 것 중에 선으로 분류되는 것, 거짓말하지 않는 것, 차례대로 줄 서는 것, 남에게 해를 끼치지 않는 것, 자기가 하기 싫은 일을 남에게 하지 않는 것 등으로 자신의 존재 의미를 찾는 것이다. 혹은 죽음이 스스로 끌어당기는 현실이 잘못된 것이라고 말하고 싶어한다. 이처럼 윤리를 가장한 죄인의 심리상태를 독백의 형식으로 대하면 다음과 같다.

> "내 안에 창조주의 선함이 담겨 있고 이 선한 것을 좇아 절제하고 훈련하고 용서하면서 최선을 다하고 있으니 생명나무로부터의 추방을 명령하신 하나님의 판단은 잘못된 것 아닙니까? 영원히 죽지 않는 존재 되게 하옵소서!"

인간은 태어날 때부터 생명나무를 그리워하는 상념에 빠져 있었다. 즉 그는 죽음의 공포를 피할 수 없다. 그러나 이왕 존재하는 마당에서 그 존재에 의미를 부여하고 그 존재가 정당함을 증명하기 위해 몸부림치는 것이 윤리와 도덕이다. 그러나 생명나무는 선악과를 먹을 수밖에 없는 아담을 전제로 한다. 즉 죄인을 죄인으로 만들고 죽은 자를 반드시 죽은 자로 여기는 것을 배경으로 죄인을 의롭게 하실 때 죽은 자를 살리신 분의 영광만이 뚜렷하게 나타날 것이다.

이처럼 선악을 알게 하는 나무와 생명나무의 관계는 '죽음 속에 숨겨진 생명'을 지향한다. 피조물에 의해 죽임을 당하신 분은 창조주, 즉 '십자가를 지신 예수 그리스도'시다. 에덴동산의 중앙에 우뚝 세워져서 피조세계를 다스리고 통일시키는 근본원리는 '예수 그리스도의 십자가'이다. 에베소서는 감격스럽지만 비밀로 숨겨진 하나님의 예정에 대해 증거하고 있다.

"찬송하리로다. 하나님 곧 우리 주 예수 그리스도의 아버지께서 그리스도 안에서 하늘에 속한 모든 신령한 복을 우리에게 주시되 곧 창세 전에 그리스도 안에서 우리를 택하사 우리로 사랑 안에서 그 앞에 거룩하고 흠이 없게 하시려고 그 기쁘신 뜻대로 우리를 예정하사 예수 그리스도로 말미암아 자기의 아들들이 되게 하셨으니 이는 그가 사랑하시는 자 안에서 우리에게 거저 주시는 바 그의 은혜의 영광을 찬송하게 하려는 것이라. 우리는 그리스도 안에서 그의 은혜의 풍성함을 따라 그의 피로 말미암아 속량 곧 죄 사함을 받았느니라. 이는 그가 모든 지혜와 총명을 우리에게 넘치게 하사 그 뜻의 비밀을 우리에게 알리신 것이요 그의 기

뻐하심을 따라 그리스도 안에서 때가 찬 경륜을 위하여 예정하신
것이니 하늘에 있는 것이나 땅에 있는 것이 다 그리스도 안에서
통일되게 하려 하심이라"(엡 1:3-10).

선악과와 생명나무는 모두 십자가를 지신 예수 그리스도 안에 있
다. 즉 십자가 지신 예수 그리스도 안에는 선악과나무와 생명나무,
두 그루의 나무가 모두 담겨 있다. 그래서 예수 그리스도 안에는 분
명히 정죄받아 마땅한 죄인들이 있지만 정죄함이 전혀 없다. 주홍같
이 붉은 죄가 너무나 분명하지만 흰 양털보다 더 희게 된다. 윤리로
뭉친 인간에게는 참으로 이해할 수 없는 일이며 의심할 수 없는 기적
이 날마다, 그리고 영원토록 만발하고 있다. 그래서 성령께서 바울에
게 입에서 입으로 거듭 고백하게 하신 것이다. '내가 뭐라고 더 말할
수 있겠는가?' 십자가는 하나님이 창조 세계를 다스리는 근본원리로
서 믿는 자의 마음에 자리 잡고 있기 때문이다.

"그러나 내게는 우리 주 예수 그리스도의 십자가 외에 결코 자랑
할 것이 없으니 그리스도로 말미암아 세상이 나를 대하여 십자가
에 못 박히고 내가 또한 세상을 대하여 그러하니라"(갈 6:14).

창세기 1장에서 십자가 지신 예수 그리스도는 등장하지 않는다.
말씀(하나님이 이르시되)만이 등장한다. 그래서 흔히 처음 창조 때의
세상에는 죄가 없어서 대신 죄 사함을 해줄 필요성이 없다고 생각한
다. 악이 전혀 없으신 하나님의 창조물에 악이 있을 리 없다는 생각
이다. 그러나 선악과라는 이름에서 추론할 수 있듯이 선과 더불어 악

또한 창조 때에 있었으며 선과 악 모두는 창조주의 영역이다. 결국 창세기 1장 안에는 아담의 죄와 이를 대속하시기 위한 예수 그리스도의 사랑까지 포함되어 있다. 이러한 내막을 골로새서가 밝혀주고 있다.

> "그는 보이지 아니하는 하나님의 형상이시요 모든 피조물보다 먼저 나신 이시니 만물이 그에게서 창조되되 하늘과 땅에서 보이는 것들과 보이지 않는 것들과 혹은 왕권들이나 주권들이나 통치자들이나 권세들이나 만물이 다 그로 말미암고 그를 위하여 창조되었고"(골 1:15-16).

그러므로 사람도 예수님의 십자가 죽으심을 증거하기 위해서 만들어진 자이다. 그래서 아담 곁에는 '죽음'이 초래하는 '선악과나무'가 꼭 심어져 있어야 한다. 그래서 창조에는 목적이 있다. 하나님 뜻으로 충만한 창조세계다. 하나님 뜻은 모든 영광을 예수 그리스도께 돌리는 것이다. 결국 모든 피조물은 예수 그리스도를 위해 창조되었다. 이러한 관점에서 보면 아담은 하나님의 형상으로 창조되었지만 참 하나님의 형상이신 예수 그리스도께 자리를 내어드려야 할 본보기 역할을 한다. 그 역할은 참 하나님의 형상이신 예수 그리스도의 사역인 십자가의 공로가 차지하는 비중이 과연 어느 정도인지를 보여주는 것이다. 사도 바울은 아담과 예수 그리스도의 관계를 다음과 같이 설명한다.

> "그러나 아담으로부터 모세까지 아담의 범죄와 같은 죄를 짓지 아

니한 자들까지도 사망이 왕 노릇 하였나니 아담은 오실 자의 모형이라"(롬 5:14).

아담의 범죄와 같은 죄를 짓지 않은 자라도 내가 행하든 행하지 않든 죄의 권세가 인간을 지배한다. 이는 내가 행함이 없이 순종하지 않거나 순종할 수 없는 죄인이라도 은혜에 의해 지배당하고 있음을 반증해준다.

"아담 안에서 모든 사람이 죽은 것같이 그리스도 안에서 모든 사람이 삶을 얻으리라"(고전 15:22).

그래서 모든 사람이 아담 안에서 죽은 것처럼 모든 사람이 그리스도 안에서 산다는 구조가 정확히 맞다.

"기록된 바 첫 사람 아담은 생령이 되었다 함과 같이 마지막 아담은 살려 주는 영이 되었나니"(고전 15:45).

결국 아담은 피조물로서의 살아 있는 생명체일 뿐이다. 산 영은 스스로 산 영으로 존재하는 것이 아니라 마지막 아담이신 예수 그리스도께서 살려주어야 사는 것이다. 그러므로 예수 그리스도는 '살려 주는 영', 즉 창조주의 영으로 표현된다. 아담은 피조물의 대표자로서 죄에 내어준 바 되고, 예수 그리스도는 창조주로서 그 죄인을 구원하셨다. 그리하여 모든 피조물이 예수 그리스도 안에서 하나로 통일되어 모든 피조물이 무릎을 꿇고 예수 그리스도의 이름을 찬양하게 될 것이다.

이 전체가 하나님께서 창조하신 뜻이자 목적이다. 하나님은 이 창조 목적을 포기하신 적이 없다. 그것은 사람을 위해 창조된 것이 아니라 예수 그리스도를 위해 창조되었음을 분명히 하고 있다. 그리고 성경은 이것을 증언한다.

하나님은 창조의 일을 하실 때 그의 아들 로고스를 창조주로 세워 일하게 하셨다. 로고스는 창조를 이루시므로 그는 창조의 중보자이다(롬 11:36). 창조의 중보자이신 로고스는 그의 창조로 말미암아 만물의 상속자가 되셨다(히 1:2, 골 1:17).

하나님은 창조와 함께 역사를 시작하셨고, 첫 번째 창조는 새 창조를 기대하며 그것을 향해 나아간다.

성경은 우리 인간이 하나님 뜻을 이해하도록 돕는 책이 아니라 '예수 그리스도'를 증거하기 위해 하나님 편에서 인간에게 주어진

【 창조와 새 창조 】

창조 세계

창조 안식 (완성)

말씀의 능력 (명령 - 순종 - 만족)

구원 안식 (완성) 처소
영원한 안식
진정한 하나님의 형상 (통치)

새 창조 세계

책이므로 인간의 방법인 과학적 논리로는 접근할 수 없다. 그러나 책을 받아 읽는 우리는 과학적인 접근을 통해 같은 결과가 반복될 때만 진리라고 명명하고 그것을 믿는 데 익숙해져 있다. 그러므로 인간의 손을 묶은 채 이것이 현실이고 진실이라고 해도 절대 받아들이지도 믿지도 않는 것이 인간의 의식 체계다. 그러나 문제는 지금 인간이 가지고 있는 과학이라는 방법론으로는 접근할 수 없는 영역이 있다는 것이다. 그것은 우주의 기원, 창조의 영역이다. '이러할 것이다'라고 과학적으로 유추할 수 있고 현재 존재하는 것 중에서 그 추론을 뒷받침할 수 있는 다양한 증거를 찾고 있으나 이것 자체가 바로 비과학적임을 반증한다.

창세기는 인간의 믿음과 하나님의 믿음이 과학의 한계 속에서 충돌하는 영역이다. 그러므로 어느 것을 믿음으로 읽느냐가 중요하다. 하지만 어느 것이 더 과학적이냐는 문제로 접근하는 것은 모순이며 적합하지 않다. 여기서 모순이라고 하는 이유는 하나님의 존재는 그가 만드신 것으로 증명되어 하나님이라고 주장하기 때문이다. 그러므로 우리가 성경 본문을 읽을 때 과학의 기준을 버리고 성경의 내용을 읽으면 된다.

인간은 창조에 있어 완전한 객체다. 아무것에도 관여하지 않았다. 존재하지도 않았다. 창조 과정 중 인간은 맨 나중에 창조되었다. 즉 창조는 완전한 하나님만의 작품이라는 선포다. 그리고 그 작품의 만족도는 창조주가 보시기에 "심히 좋았더라"는 것이다. '심히 좋았다'는 상태가 바로 '창조의 상태'다. 하나님께서 천지를 창조하시고 좋았다고 하셨을 때 하나님의 선하심이 창조된 세상에 잘 나타나서 보기에 좋았다고 하셨다. 그러므로 하나님 보시기에 좋은 것은 하나님이 '친히 지으신 것'이 보기에 좋은 것이다. 하나님께서 사람들이 인위적으로 무엇을 만든 것을 보는 것이 좋은 것은 아니다. 사람은 무언가 만들고 그것이 원하는 방식으로 나올 때 그것을 좋아한다.

또한 하나님은 천지를 창조하셨기 때문에 안식하신 것이 아니라 더 이상 행할 것이 없도록 마치셨기 때문에 안식하신 것이다. 그러므로 하나님의 안식이란 하나님의 일이 완성된 상태임을 알 수 있다. 하나님의 창조가 완성되었으므로 오늘을 복되게 하고 거룩하게 하신다. 그러나 이 안식일이 율법 일부가 되었을 때는 이미 인간의 죄로 인해 하나님의 안식은 방해받고 있었다. 문제는 그것이 창조주 보시기에 여전히 아주 좋은 상태에 있느냐 하는 것이다. 우리 인간이 생각해 보아도 아니다. 피조물의 이러한 모습은 '우리가 사는 상태'가 창조주 마음에 맞지 않는다는 것을 보여주는 기준이 된다. '아, 에덴동산이 좋았겠구나.' 단순히 '부럽다'가 아니라 창조주께서 보시기에 '지금 우리 모습이 왜 좋지 않지?'라는 질문을 던지는 것이 출발점이다.

그러므로 안식일은 미래에 '영원한 안식으로 어떻게 안식일이 올 것인지'를 나타낸다. 그래서 하나님이 새롭게 일하셔야 한다. 처음 창조가 인간의 죄로 인해 왜곡되었기 때문에 이제 하나님은 예수 그리스도를 통해 새로운 창조를 하신다. 새 창조의 역사를 통하여 허물과 죄로 죽었던 우리를 그리스도의 피로 살리신다. 창조의 안식에서 이제는 새 창조의 일을 하신다. 그래서 예수님께서 안식일에 일하시면서 "하나님께서 일하시니 나도 일한다"라고 말씀하신 것이다. 이 창조의 안식은 구원의 안식으로 발전하고 있음이 구약에 이미 계시되어 있다.

출애굽기에서 하나님은 우리가 애굽에서 구원받았기 때문에 안식일에 쉬라고 말씀하신다(출 20:11). 그렇다면 창조와 구원은 인간의 수고와 상관없이 주어진다는 의미로 보아야 한다. 우리가 하나님의 선하신 분의 공로로 창조 세계를 받는 것처럼 구원도 사람의 일이 아니라는 의미에서 하나님의 강한 손과 펴신 팔로 구원받게 된다.

신약에서는 안식일의 완성이 예수님이시기 때문에 더는 날과 달과 절기를 지키는 것이 아니라 예수님을 믿는 것이 안식일을 지키는 것이다. 그렇다면 "안식일을 지키라"는 하나님의 명령은 누구를 위한 것일까? 우리는 우리의 안식을 먼저 생각하지만 하나님은 자신의 안식을 먼저 살피신다. 그러므로 안식은 하나님의 안식에 우리가 동원되어 함께 안식을 누리는 것이다.

하나님께서 이스라엘을 구속하신 까닭은 하나님이 안식하실 처소를 만들기 위한 것이었다(출 15:17). 하나님이 자기 손으로 처소를 지으시고 그 일을 위하여 속량하셨다고 말씀한다. 요한복음 14장에는 예수님께서 처소를 예비하러 가신다는 말씀이 있다. 이 거처는 우리가 거할 집의 개념이 아니라 예수님께서 하늘로 올라가셔서 성령을 보내어 우리 안에 하나님이 거하실 처소를 예비하신다는 말씀이다. 그러므로 하나님께서 우리를 거처로 삼으셨다는 말씀은 출애굽 직후에 나온다. 이스라엘의 구원은 하나님이 구속하여 자기 거처로 삼으신 것이다(출 15:17). 신약성경에서 우리는 하나님의 성전이 되었다. 우리 몸은 우리 것이 아니다. 하나님의 거처가 되는 것이다. 그러므로 지금 하나님은 그의 처소를 준비하고 계신다. 그의 거처가 완성될 때 하나님은 안식하실 것이다(고전 3:16, 6:19).

여호와의 최종 목적은 인류를 구원하는 것이 아니다. 궁극적인 목표는 '하나님이 안식하시는 것'이다. 우리 주님께서 천지를 창조하시고 홀로 하신 일이 보기 좋았다고 하신다. 그러면 지금도 하나님이 좋다고 하실 곳은 한 곳뿐이다. 오직 주님 홀로 십자가를 지시고 이루신 십자가만이 하나님이 인정하시는 곳이다.

요한계시록의 관점에서 창세기를 보면 더욱 흥미롭다. 창세기에서 창조하신 후 "좋았다"라고 말씀하신 하나님은 계시록에서 그렇게 좋다고 하셨던 해와 별과 달의 빛을 잃게 하시고 핏빛으로 변하게 하시고 땅으로 떨어지게 하신다. 보기에 심히 좋다고 할 때는 언제고 그것이 마음에 들지 않아 모두 교체하시는 것은 또 무슨 변덕이란 말인가?

결국 하나님의 측면에서 볼 때 창세기의 "심히 좋았다"라는 말씀과 계시록의 심판 사이에는 매우 심각한 문제, 즉 창조 질서의 붕괴가 있었음을 알 수 있다. 그렇다면 우리가 주목해야 할 것은 '원래 창조의 상태와 현재의 상태가 왜 다른가?'라는 문제다. 이것은 하나님이 피조물을 새것으로 바꾸셔야 할 만큼 차이가 있다는 것이 아니겠는가? 그 차이를 해결하기 위한 역할을 하는 존재가 하나님인지 인간인지를 고민하여 나타난 것이 '구속 사역'이다.

또 하나는 이 피조물이 심판의 대상인데도 우리가 아직 심판받지 않고 평안하게 사는 것이 누구 덕분인가를 생각해야 한다. 이것을 '구속 역사적 관점'이라고 한다. 구속은 예수 그리스도가 십자가에 못 박히심으로 우리가 구원받은 사건을 의미한다. 그렇다면 우리는 왜 아직 태어나지도, 일어나지도 않은 예수 그리스도 십자가의 안경을 통해 창세기를 읽어야 할까? 그 이유는 모든 성경이 예수 그리스도를 증거하고 있기 때문이다(요 5:39). 여기서 우리가 말하는 '성경' 은 구약성경을 가리킨다. 신약성경은 예수를 증거한다고 따로 말할 필요가 없고 모두 예수 그리스도에 관한 것이다. 예수님께서 "이성경이 나를 증거한다"라고 말씀하신 이유는 구약성경을 예수 그리스도에 관한 이야기로 읽는다는 것이 인간에게는 근본적으로 불가능하기 때문이다.

구약을 문자 그대로 읽으면 여호와 하나님의 이야기, 이스라엘 조상과 왕들의 이야기, 선지자들의 이야기, 메시아 이야기가 예언에 등장하지만 구약은 예수님에 대한 증거로 읽히지 않는다. 그래서 구약성경을 생명으로 여기는 유대인들이 예수 그리스도를 배척한 것이다. 그렇다면 수천 년 전 태어나지 않은 예수의 십자가 처형과 부활의 영광을 성경의 저자들은 도대체 어떻게 알고 기록할 수 있었을까? 여기에 대한 해답이 베드로가 처음 적은 편지, 즉 베드로전서에 나와 있다.

"이 구원에 대하여는 너희에게 임할 은혜를 예언하던 선지자들이 연구하고 부지런히 살펴서 자기 속에 계신 그리스도의 영이 그 받으실 고난과 후에 받으실 영광을 미리 증언하여 누구를 또는 어떠한 때를 지시하시는지 상고하니라"(벧전 1:10-11).

성경은 성경의 모든 저자를 선지자로 지칭한다. 그리고 그 선지자들 안에는 머리와 마음에 있는 무언가를 증거하는 '그리스도의 영'이 있다. 증거의 내용은 그리스도 예수께서 받으실 고난과 후에 얻으실 영광에 관한 것이다. 즉 구약성경의 저자는 인간 자신이 아니라 그들 안에 계신 예수 그리스도의 영이다. 그래서 선지자들과 예수님께서는 이런 표현을 자주 사용했다. "귀 있는 자는 들을지어다!" 귀가 없는 사람이 있는가? 없다! 그렇다면 여기서 말하는 귀는 그냥 귀가 아닌 것이 분명하다. 여기서 말씀하시는 귀가 바로 '그리스도의 영'의 귀를 말한다. 그리스도의 영이 없으면 구약의 저자가 바로 그리스도의 영인 것을 알 수 없고 예수 그리스도를 깨닫지 못하게 되는 것이다. 결국 아무리 구약을 읽고 외워도 예수 그리스도를 발견하지 못하고 나에게 쓸모 있는 우상을 만들어 내는 것이다. 그 우상에게 아무리 여호와, 하나님, 예수님이라는 이름을 붙여도 우상일 뿐 아무 소용이 없는 짓이다.

인간 스스로 아무리 애써서 성경을 공부해도 이해할 수 없다는 말의 뜻이 바로 이것이다. 하나님께서 주신 그리스도의 영이 없다면 성경은 결코 예수 그리스도에 대한 기록으로 읽힐 수 없다. 즉 성경이 자신을 해부하고 죽이는 '칼'로 이해되지 않는다. 창세기는 모세가 기록했다. 더 구체적으로는 모세 안에 있는 그리스도의 영이 기록했다. 그렇다면 창세기의 어느 시점에서 그의 구속 역사적 관점이 드러날까?

처음 창조에서 인간의 죄는 하나님이 선하게 만드신 창조를 망쳤다. 그래서 엉망진창이 된 세상을 참된 안식을 위한 새로운 터전을 만들기 위하여 여호와의 개입으로 세상과 역사를 재편하려는 것이었다. 이제부터 역사의 모든 움직임은 창조 세계를 재편하려는 여호와의 수고와 그 흔적이 될 것이다. 본래 에덴동산을 세운 목적이 선악과를 금지함으로써 인간에게 하나님의 속성인 영생을 소유할 기회를 주는 공간을 마련해준 것에 있다. "선악을 알게 하는 나무의 실과를 먹지 말라"는 것은 피조물로서 영생에 참여하는 특권에 감사하라는 것이었다. 선악에 대한 금지가 없다면 하나님의 생명에 참여하는 은혜를 은혜로 여기는 것이 아니라 영생을 피조물의 고유한 속성으로 여길 것이기 때문이다. 마찬가지로 하나님의 창조 목적은 이스라엘 민족을 낳으신 여호와 하나님의 역사와 은혜를 드러내는 방향으로 진행된다. 여호와 하나님은 인간이 하나님의 속성인 영생에 참여하게 하셨고, 이것이 이스라엘 나라를 세우신 목적이기도 하다.

이제 죄를 범한 인류 역사에 원칙이 결정되었다. 그것은 바로 뱀의 후손과 여자의 후손 간의 대결장으로 보고 빈틈없이 그렇게 진행해 나가는 것이다. 뱀의 후손이란 배후에 누군가를 겨냥하여 공격하는 세력이 있다는 뜻이다. 여자의 후손도 같은 목적을 두고 있다.

창조 계시로 드러난 창세기의 처음부터 2장 3절까지(앞)와 2장 4절 이후(뒤)를 보면 '주어'에 아주 심각한 변화가 있다. 앞의 주어는 '하나님'이다. 그러나 후자의 주어는 '여호와 하나님'이다. 이 변화가 왜 그렇게 심각하냐고 묻는다면 앞 단락의 주제인 하나님은 모두가 생각하는 하나님(Elohim)이다. 플라톤과 아리스토텔레스 같은 그리스 철학자들은 원시 종교에 등장하는 절대자, 각 나라의 건국 신화에 등장하는 '하늘'과 '태양', 이단 종교에 등장하는 '그'는 초월적이고 전능한 절대자를 말한다고 한다. 인간이라면 누구나 상상하는 절대자가 천지를 창조하셨다는 뜻이기 때문이다. 그러므로 창세기 1장부터 2장 3절까지는 인간이 이해하기 매우 쉬운 내용으로 보인다. 하나님의 존재를 인정하는 사람들에게 창세기 1장은 언제나 열려 있다.

그러나 뒤의 주어는 하나님만이 아니라 '여호와 하나님'으로 명시되어 있다. 그 절대자의 '이름'이 바로 '여호와'이다. 여기서 '이름'의 기능은 매우 중요하다. 이름은 '존재하는 존재의 고유한 특성과 기능'을 의미한다. 앞(창 1:1-2:3)의 주어인 하나님의 개념을 여호와라는 이름으로 끌어들여 하나로 집약하고 있다. 이제부터 창세기는 하나님의 '존재'를 인정하는 자들에게는 완전히 닫힐 것이다.

이제 여호와라는 이름이 매우 중요해졌다. 그 이름으로 불리는 존재가 창조주이기 때문이다. 창조주의 이름이 확정되어 이제는 다르게 부를 수 없다. 즉 절대적인 영역에서 판단의 기준이 만들어진 것이다. 인간이라면 누구나 자유롭게 상상하던 절대의 영역은 이제 여호와라는 이름으로 인해 자유를 박탈당하고 철저하게 그 이름으로 '묶여야' 한다. 그렇다면 도대체 '여호와'라는 이름은 무엇을 의미하는 것일까? 하나님께서 처음으로 "내 이름은 여호와다"라고 알려주신 상대방은 창세기의 저자 모세였다. 하나님이 보시기에 모세는 누구인가? 하나님은 모세에게 어떤 역할을 맡기시겠는가? 이것을 알면 하나님께서 왜 여호와라는 이름을 모세에게 처음으로 알려주셨는지 이해할 수 있다.

모세는 죽음을 통해 태어났다. 당시 애굽 왕은 이스라엘 인구가 계속해서 증가하는 것을 막기 위해 남자아이를 죽이는 정책을 사용했다. 그래서 모세는 태어나자마자 죽임을 당하게 되는 운명에 처해 있었다. 모세의 운명은 온 이스라엘의 운명이요 모든 사람의 운명이다. 마찬가지로 우리도 태어나자마자 죽음을 향해 달려가고 있다. 그런데 이 모세가 살아난다. 오직 하나님만이 어머니마저 포기한 아기의 생명을 구하신다. 모세를 죽음의 위기 속에 몰아넣었던 애굽 왕의 딸을 하나님은 사용하신다. 모세는 그렇게 다시 태어났다. 하나님에 의해 생명을 건진 모세에게 하나님께서 맡기신 역할은 이스라엘과 애굽을 '구별하는 지팡이'였다. 모세는 하나님께서 택하신 백성을 인도하기 위해 사용하신 지팡이다. 그러므로 하나님은 모세에게 자신을 분명히 나타내셔야 했다. '지금 나를 붙들고 계신 분이 누구인가'를 모세는 알아야 했고 또한 하나님께서 알려주셨다.

고대 전쟁은 신의 전쟁이다. 신의 이름으로 치러지는 대리전의 성격이 있다. 당시 세상을 대표하는 애굽 신들을 다 죽이고 자기 백성을 거룩한 나라로 인도하실 구원자로서 참 하나님의 이름이 요구되는 시점이다. 그 이름이 바로 '여호와'다. 그러므로 '여호와'라는 이름의 나타남은 '구원하시는 하나님'의 나타나심이다.

창세기 2장 4절 이후부터 주어가 그냥 하나님에서 '여호와 하나님'으로 바뀐 것은 '창조 계시의 관점'이 죄인을 구원하시는 '구속 계시의 관점'으로 이어짐을 미리 알려주시기 위함이다. 무엇으로부터의 구원인가? 죄로부터의 구원이다. 하나님께서 모세에게 창세기를 쓰라고 명하신 이유는 현재 죄 가운데 있는 사람들을 누가 구원할 수 있는지 묻기 위함이었다. 즉 창세기를 기록한 목적은 인간이 죄인이라는 현실을 인식하는 것을 전제로 이 현실의 구원자이신 여호와 하나님을 알리는 것에 있다. 스스로 진정한 인간이 될 수 있는 잠재력을 가진 인간에게 그 구원의 가능성을 실현하기 위한 지침을 제공하려는 것이 결코 아니다. 결국 여호와라는 이름의 등장은 인간의 죄인임을 분명히 드러내고 죄인인 인간을 구원하시는 특정된 성격의 하나님을 나타내는 것이다.

그렇다면 여호와 하나님이 나타나신 이후의 창세기 이야기는 창세기 1장과는 사뭇 다르게 전개될 것이다. 앞으로 어떤 이야기들이 나올까? 여호와라는 이름이 암시하듯이 죄의 개념이 생겨나고 죄의 종이 되는 과정과 그 결과가 기록될 것이다. 그리고 그 죄를 심판하시는 끊임없는 '여호와 하나님의 열심'이 기록될 것이다. 죄를 심판하시는 여호와의 열심의 내용은 '언약' 또는 '약속'이라는 표현으로 나타나며, 아브라함, 이삭, 야곱과 같은 개인들은 언약을 담는 그릇, 혹은 등장인물로 나타나게 된다. 또한 이스라엘은 민족 단위로 확장된 언약을 담을 그릇이 된다. 여호와의 이름은 특정한 개인과 민족만을 대상으로 약속함으로써 구원에 관한 확증된 언약을 구체화하고, 그 구체화는 특정하지 않은 개인과 이방 민족에 대하여 보다 분명한 차별화를 통해 나타난다.

이러한 관점에서 창세기 전반부를 요약하면 에덴동산의 풍요로움을 하나님의 은혜로 여기지 못한 인간에게는 저주를 미리 방어할 수 있는 조건이 결코 아니었다. 그래서 하나님은 이보다 하나님의 '언약'으로만 감사하는 그런 상태를 기대하고 계셨던 것이다. 그러므로 창세기 1장은 죄짓기 전의 창조 모습을 이야기함으로써 죄로부터 구원받은 후의 세상이 어떠할 것인지를 미리 보여주는 방향성 역할을 하는 것이다. 이는 죄로부터의 구원이라는 하나님의 관점에서 기록된 것이며, 그 표시가 '여호와'라는 이름의 출현이라고 할 수 있다.

그리고 보면 죄는 창세기 1장과 요한계시록 22장, 즉 성경의 처음 장과 마지막 장에만 나오지 않으며 나머지 모든 장에 등장한다. 죄 없는 세상에서 시작하여 죄 없는 세상에 이르는 과정 곳곳에서 죄와 죄인들이 나타나고 그 죄를 해결하시는 이름은 구약의 여호와라는 이름이자 신약의 예수님이다.

여기서 여호와라는 이름과 예수라는 이름의 연결고리가 바로 '그리스도'라는 단어다. 그리스도라는 말은 '기름 부음을 받은 자'라는 뜻이다. 여기서 기름은 여호와 하나님께 인정받는 것을 의미한다. 즉

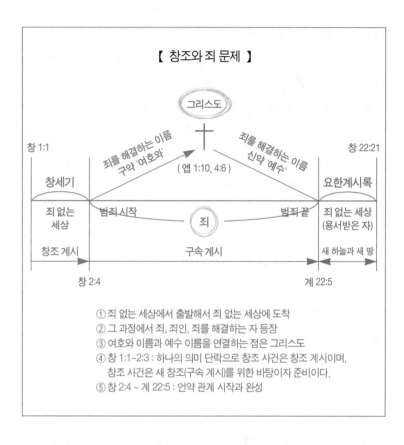

【 창조와 죄 문제 】

그리스도

창 1:1
죄를 해결하는 이름
구약 '여호와'
(엡 1:10, 4:6)
죄를 해결하는 이름
신약 '예수'
창 22:21

창세기 / 요한계시록

죄 없는 세상 / 범죄 시작 / 죄 / 범죄 끝 / 죄 없는 세상 (용서받은 자)

창조 계시 / 구속 계시 / 새 하늘과 새 땅

창 2:4 / 계 22:5

① 죄 없는 세상에서 출발해서 죄 없는 세상에 도착
② 그 과정에서 죄, 죄인, 죄를 해결하는 자 등장
③ 여호와 이름과 예수 이름을 연결하는 점은 그리스도
④ 창 1:1~2:3 : 하나의 의미 단락으로 창조 사건은 창조 계시이며,
　　창조 사건은 새 창조(구속 계시)를 위한 바탕이자 준비이다.
⑤ 창 2:4 ~ 계 22:5 : 언약 관계 시작과 완성

'예수 그리스도' 라는 호칭은 '구원의 하나님 여호와께서 유일하게 인정하시는 예수' 라는 뜻이다.

　여호와라는 이름의 등장 원인은 죄다. 이제 여호와라는 이름이 출현하게 되는 원인, 즉 '죄' 에 대해 이야기할 차례다. 왜 창조된 상태와 현재 상태가 이렇게 극단적으로 다를까? 그것은 인간의 죄 때문이다. 그러면 죄는 어떻게 생겨났는가? 아담이 하나님께서 금지하신 선악을 알게 하는 나무 열매를 먹었을 때 생기게 되었다. 그렇다

면 하나님은 왜 선악을 알게 하는 나무의 열매를 먹지 말라고 하셨을까? 그리고 인간은 왜 그 명령을 어겼을까?

이러한 질문과 답변에 등장하는 죄의 개념을 가지고 '선악을 알게 하는 나무'를 이야기해야 할 것이다. 성경의 중심이신 예수 그리스도는 죄를 해결하는 언약의 완성자이시다. 죄의 해결은 언약의 가장 중요한 기능이다. 죄 개념의 중심에 선악과가 자리하고 있다. 그렇기에 우리는 성경이 선악을 알게 하는 나무에 대해 말하는 바를 정확히 이해해야 한다. 창세기에 등장하는 선악과에 관한 말씀은 다음과 같다.

> "여호와 하나님이 그 땅에서 보기에 아름답고 먹기에 좋은 나무가 나게 하시니 동산 가운데에는 생명 나무와 선악을 알게 하는 나무도 있더라"(창 2:9).

> "선악을 알게 하는 나무의 열매는 먹지 말라. 네가 먹는 날에는 반드시 죽으리라 하시니라"(창 2:17).

선악을 알게 하는 나무 자체는 순종이나 불순종으로 인한 죄를 일으키지 않는다. 순종과 불순종의 판단기준이 되는 것이 '명령'이다. 즉 선악을 알게 하는 나무가 중요한 것이 아니라 그 나무의 열매를 먹지 말라는 '하나님의 말씀'이 중요하다.

그러면 선악을 알게 하는 나무의 열매를 먹지 말라는 하나님의 명령은 무엇을 의미하는가? 명령을 잘 이해하기 위해서는 먼저 명령을 내리는 하나님과 명령을 받는 사람이 어떤 존재인지, 두 번째로 내린 명령이 어떤 의도인지 알아야 한다. 명령을 내리는 쪽과 받는 쪽이 명령의 목적을 정확히 공유(소통)하지 않을 때 그 명령은 갈등을 일으키기 때문이다. 결국 이 갈등은 명령하는 쪽과 받는 쪽의 관계를 권력관계, 즉 계급관계로 인식하게 만들고 이러한 잘못된 인식은 명령받는 쪽에서 특히 더 강화된다.

그렇다면 먼저 선악과를 먹지 말라는 명령을 '하는 쪽'과 그 명령을 '받는 쪽'은 어떤 존재인지 살펴보겠다. 명령의 목적은 그 과정에서 명확해질 것이다. 명령을 '주시는 분'은 하나님이다. 그분은 창조주시다. 그는 전지전능하며 모든 존재의 원인으로서 자존하는 존재시다. 그분은 혼돈과 공허함이 있는 곳에 질서와 생명을 가져오셨다. 그리고 창조의 마지막 단계로 자신의 형상대로 사람을 창조하셨다.

> "하나님이 이르시되 우리의 형상을 따라 우리의 모양대로 우리가 사람을 만들고 그들로 바다의 물고기와 하늘의 새와 가축과 온 땅과 땅에 기는 모든 것을 다스리게 하자 하시고 하나님이 자기 형상 곧 하나님의 형상대로 사람을 창조하시되 남자와 여자를 창조하시고 하나님이 그들에게 복을 주시며 하나님이 그들에게 이르시되 생육하고 번성하여 땅에 충만하라, 땅을 정복하라, 바다의 물고기와 하늘의 새와 땅에 움직이는 모든 생물을 다스리라 하시니라"(창 1:26-28).

그렇다면 하나님은 왜 인간만 '하나님의 형상' 대로 창조하셨을까? 그것은 인간을 '온 세상이 하나님의 말씀으로 창조되었다' 는 증거물로 삼고 싶으셨기 때문이다. 누군가 "세상이 하나님의 말씀으로 지어졌다는 것을 어떻게 알 수 있습니까?"라고 묻는다면 하나님께서는 "보라! 하나님의 형상과 모양대로 지음받은 사람이 이 세상을 다스리고 있지 아니하냐?"고 대답하신다. 결국 이 세상이 하나님의 말씀으로 지은 바 되었다는 증인으로 삼고자 한 것이다. 그것이 바로 '인간의 사명'이다. 그렇다면 이 세상의 대표자인 인간은 자신이 하나님의 말씀으로 지음받았다는 것을 어떻게 알 수 있느냐 하는 문제가 남았다. 인간은 다른 피조물과 달리 자신이 하나님의 형상대로 지음을 받았다는 것을 어떻게 항상 인식할 수 있을까?

이 문제는 하나님 편에서 매우 중요한 문제다. 인간은 창조 목적, 사명을 잃어버리면 완전히 죽기 때문이다. 더욱이 인간의 죽음은 인간의 사명을 통해 하나님과 연결된 이 세상도 함께 죽이기 때문이다. 결국 인간이 사명을 망각하면 창조 자체가 엉망이 되고 말 것이다. 아담에게는 다른 피조물에 이름을 붙일 수 있는 은혜가 주어졌다. 그러면 이름을 받은 쪽이 이름을 붙여 준 쪽에 복종하고 봉사해야 한다. 아담이 이름을 붙여 주는 대상에는 각종 들짐승과 새뿐만 아니라 '여자'도 포함된다(창 2:19-23). 그 대신 모든 책임은 '이름을 붙이는 쪽'에게 있다. 그러므로 만약 타락의 사건이 일어나면 이 아담은 물론 '이름'을 받은 자(것)가 함께 타락하게 된다. 그리고 그 관계는 다 무너지는 것이다.

하나님은 또한 미래의 이스라엘 국가를 세울 때 자신의 이름을 사용할 수 있는 신을 보내셨다. 그분은 여호와시다. 그는 세상에서 '하나님의 이름'으로 불린다. 그러므로 이름을 받은 자는 하나님의 명령을 따라 철저히 행하는 자인데 '그 명령'이 다름 아닌 '언약'이다. 언약은 타락 후에야 주어진다. 여기서 선악과 금지조항을 언약으로 볼 수는 없다. 금지명령이 주어질 때는 죄가 뚜렷하게 등장하지 않았으므로 언약이라고 부르는 것은 자연스럽지 못하다. 그러므로 선악과 금지명령은 단순히 금지조항일 뿐이다.

하나님은 사람에게 "내가 말씀으로 이 세상을 창조하였다. 마음껏 누리며 살아라. 모든 피조물을 정복하고 다스리면서 창조주의 은혜에 감사하고 찬양해야 함을 항상 증거해라. 너는 내 형상대로 지음을 받은 줄을 잊지 마라" 하시고 아담에게 선악을 알게 하는 나무의 열매를 먹지 말라는 명령을 주신 것이다. 선악을 알게 하는 나무를 바라보며 아담은 자신에게 명령하신 분이 계심을 항상 의식할 수 있었다. 눈에 보이지 않는 절대적인 존재를 기억함으로써 그는 자기 사명이 무엇인지 깨닫고, 자신이 만물을 다스릴 수 있게 하신 권세를 주신 분이 바로 자신에게 명령하신 분임을 알 수 있었다. 선악과의 열매는 '누군가가 인간보다 위에 계신다'는 것을 알게 하는 상징물이며, 선악과 금지명령의 준수 여부가 생명과 죽음을 가르는 기준이라는 사실도 알 수 있도록 한 조치이다(창 2:17).

이 명령을 통해 우리는 '죽고 사는 것'의 진정한 의미를 알게 된다. 사는 것은 하나님의 말씀을 지키는 것이고 죽는 것은 말씀을 버리는 것이다. 아담은 이 명령의 '말씀 안'에 살고 있다. 즉 선악과의 '명령' 안에 있는 아담의 삶은 궁극적으로 온 세상이 하나님의 말씀으로 창조되고 유지된다는 사실을 보여준다. 이 사실은 신약성경에서 '예수 그리스도 안'이라고 기록하고 있다. 말씀이 육신이 되신 예수님이시기 때문이다. 그리고 예수님의 '안'(in)으로 들어가는 길은 오직 몸을 찢은 십자가의 공로를 통해서만 가능하다. 결국 '예수 그리스도 안'이라는 말은 '예수 그리스도의 십자가 안'이라는 말과 같다. 또한 선악과를 금하는 '명령'의 의미를 신약성경 용어로 표현하면 "사람은 오직 예수 그리스도의 십자가로만 살 수 있다" 또는 "인간의 사명은 예수 그리스도의 십자가만을 자랑하는 것이다"라고 말할 수 있을 것이다.

선악과를 따먹지 말라는 계명이 "사람은 오직 하나님의 말씀으로만 살 수 있다"라는 진리를 의미한다고 할 때 이 사실을 암시하고 표현하는 피조물이 바로 '생명나무'다. 선악과를 먹으면 정말 죽는다는 말은 선악과를 먹지 않으면 정말 산다는 말을 반대의 용어로 해석한 것이다. 이제 동산 중앙에 생명나무와 선악을 알게 하는 나무가 있는 이유를 짐작할 수 있다. 그것은 바로 '하나님의 말씀'이 생명을 결정하는 기준임을 알려주는 것이다.

그렇다면 왜 하지 말라는 형태, 즉 금지명령으로 표현되는 것일까? 첫째, 역으로 다른 모든 것이 '허용됨'을 나타낸다. 허락하는 명령의 내용은 이미 창세기 1장 28절에 선언되었다. 금지명령 속에서도 하나님의 은혜를 기억할 수 있다. 여기서 에덴동산은 인간에게 선악과 '금지명령'을 지키면서 하나님의 속성인 영생을 함께 누릴 수 있는 공간이라고 할 수 있다. 이것이 에덴동산이 만들어진 이유다. 선악과를 먹지 말라는 계명이 없었다면 피조물로서 영생에 참여할 수 있는 특권을 주신 은혜에 감사하기보다는 인간이 영생 얻은 것을 당연한 것으로 여길 것이기 때문이다. 창조를 통하여 '허락하신 피조물과 영생'을 은혜로 주신 것이라고 말씀하고 싶으신 것이다.

또한 금지명령은 명령 자체가 금지된 행동을 유지하는 상태가 계속되도록 한다. 다시 말해, 한 번으로 실행하여 끝낼 수 있는 것이 아니다. 명령의 유지가 지속되어야 하는 또 다른 표현은 명령의 대상물이 항상 느낄 수 있는 '먹는 것'이라는 점이다. 무엇을 먹을 때마다 먹을 수 있는 것과 먹지 말아야 할 것을 항상 염두에 두게 된다. 말씀을 지키는 것, 곧 말씀 안에 사는 것이 생명이라는 것을 가장 기본적이고 필수적인 생존의 행위인 먹는 것으로 구별하여 나타나도록 하신다.

성경에는 이처럼 먹는 것과 관련된 상징이 자주 등장한다. 이스라엘 백성이 애굽에서 탈출한 후 광야에서 먹었던 만나처럼, 예수님은 자신의 말씀을 생명의 떡으로 표현하셨고, 십자가에 못 박히시기 전날 밤에 자기 피와 살을 먹으라고 하셨는데 이것이 새 언약이다. 구약성경 신명기에는 이스라엘 백성이 광야에서 고난을 받은 이유가 "사람이 떡으로만 살 것이 아니요 하나님의 말씀으로 사는 존재"라는 사실을 그들에게 알려주기 위함이라고 기록되어 있다(신 8:3 참조).

이 점을 다시 한번 확인해주는 장면이 똑같은 광야에서 사탄이 처음 예수님을 시험하는 사건으로 신약성경에 나온다. "돌을 떡으로 만들어 먹으라"는 것이다. 이에 대한 예수님의 대답은 위의 신명기에서 인용하셨다. "사람이 떡으로만 살 것이 아니요 하나님의 입으로부터 나오는 모든 말씀으로 살 것이라"(마 4:4). 예수라는 인간이 정말 여호와의 기름 부음받은 '그리스도'인지 알아보기 위해 사탄이 제시한 첫 번째 시험이 "당신의 삶을 결정하는 것이 떡이냐, 말씀이냐"라는 점은 매우 의미심장하다. 즉 선악을 알게 하는 나무에 대한 금지 '명령'의 근본적인 목적을 확인하고 있다. 그것을 아는 자만이 참 인간이라는 것을 사탄도 알고 있다.

선악과 명령이 금령인 또 다른 이유는 '하지 말라'는 금지된 행위를 어기려면 적극적인 행동으로 나아가야 하기 때문이다. 약속을 어기겠다는 의지를 적극적으로 표출하도록 하여 '깜빡 잊었다'와 같은 모호한 변명을 차단하는 성질을 가지고 있다. 이로써 선악과를 먹는다는 것은 '의도적으로' 말씀을 어기는 것, 즉 인간 편에서 하나님과의 관계를 적극적으로 단절하는 것을 의미한다. 그래서 그 잘못에 대한 책임을 다른 누군가에게 전가시키는 것을 미리 방지하게 된다. "너희가 결코 죽지 아니하리라. 너희가 그것을 먹는 날에는 너희 눈이 밝아져 하나님과 같이 되어 선악을 알 줄 하나님이 아심이니라"(창 3:4-5)는 마귀의 말은 말씀 속에 '매이는' 것보다 '벗어나는' 것이 자신에게 더 유리하다는 암시를 준다. 그리고 인간은 말씀 밖에서 선악과를 바라보게 된다.

이처럼 말씀 밖에서 바라본 선악과는 자신을 굳건히 확립시켜줄 희망의 도구로 보이게 되고 결국 선악과를 취함으로써 세상에서의 자기 확립을 꾀하는 인간성을 드러내고야 만다. 이 인간성이 바로 마귀의 속성이며 하나님께서는 감추어져 있는 마귀의 속성을 드러내심으로써 모든 인간이 마귀의 속성을 가지고 살아가고 있음을 보게 하고자 하신다. 이것이 선악과의 존재 이유다.

이제 "여호와 하나님은 왜 선악을 알게 하는 계명을 범할 가능성을 미리 막지 않으셨나?"라는 문제가 남았다. 여호와 하나님께서는 하나님의 형상대로 사람을 만드셨다. 하나님 형상의 속성 중 하나가 바로 자율성이다. 여호와 하나님은 자율적인 인간과 관계 맺기를 원하셨다. 그는 기계적이고 비인격적인 관계를 원하지 않았다. 그 관계가 바로 성경이 자주 말하는 '사랑'이다. 누군가에게 최면을 걸거나 애초에 정해진 대로만 하도록 프로그램화된 사람과의 관계는 사랑이라고 하지 않는다. 사랑이라는 단어는 자율성을 기반으로 한다. 그러나 하나님에 대한 아담의 사랑이 자발적인지 아닌지를 알기 위해서는 앞서 언급한 바와 같이 하나님의 명령을 고의로 파괴할 가능성이 존재해야 한다. 명령을 의도적으로 파기할 가능성이 없다면 명령에 대한 자발적인 복종을 말할 수 없기 때문이다. 그렇게 되면 창조주 하나님과 그의 형상이자 피조물의 대표자인 인간과의 관계는 사랑의 관계라고 할 수 없다.

요컨대 하나님은 인간을 자신의 자율성을 닮도록 창조하셨고, 그 자율성을 바탕으로 인간과 사랑의 관계를 맺으셨다. 또한 자율성을 기반으로 한 '사랑의 관계'를 빛나게 하는 어두운 무대 장치로 바로 악을 존재하게 하셨으며 그러한 악을 인간이 선택할 수 있는 가능성까지 열어놓으셨다. 이런 점에서 예수님이 하나님의 참 형상이라는 신약의 말씀은 매우 중요하다. 세상의 어둠 속에서 화목제물로 드려진 빛나는 사랑이기 때문이다.

"그 아들 안에서 우리가 속량 곧 죄 사함을 얻었도다. 그는 보이지 아니하는 하나님의 형상이시요 모든 피조물보다 먼저 나신 이시니"(골 1:14-15).

"그 중에 이 세상의 신이 믿지 아니하는 자들의 마음을 혼미하게 하여 그리스도의 영광의 복음의 광채가 비치지 못하게 함이니 그리스도는 하나님의 형상이니라"(고후 4:4).

"옛적에 선지자들을 통하여 여러 부분과 여러 모양으로 우리 조상들에게 말씀하신 하나님이 이 모든 날 마지막에는 아들을 통하여 우리에게 말씀하셨으니 이 아들을 만유의 상속자로 세우시고 또 그로 말미암아 모든 세계를 지으셨느니라. 이는 하나님의 영광의 광채시요 그 본체의 형상이시라. 그의 능력의 말씀으로 만물을 붙드시며 죄를 정결하게 하는 일을 하시고 높은 곳에 계신 지극히 크신 이의 우편에 앉으셨느니라"(히 1:1-3).

하나님의 참 형상이신 예수 그리스도께서도 여전히 악의 존재와 그러한 악에 대한 인간의 선택 가능성과 씨름하고 계신다. 이 싸움의 한 측면은 광야에서의 사탄의 유혹과 십자가에 못 박히기 전에 겟세마네 동산에서의 기도였다. 그러나 예수 그리스도는 아버지 하나님을 온전히 의지하여 승리하셨다. 그는 한 마디도 자기 마음대로 하지 아니하고 아버지께 받은 대로 하셨다. 왜냐하면 말씀인 명령 자체가 영생이기 때문이다.

"나는 그의 명령이 영생인 줄 아노라. 그러므로 내가 이르는 것은 내 아버지께서 내게 말씀하신 그대로니라 하시니라"(요 12:50).

"나를 사랑하지 아니하는 자는 내 말을 지키지 아니하나니 너희가 듣는 말은 내 말이 아니요 나를 보내신 아버지의 말씀이니라"(요 14:24).

"나는 아버지께서 내게 주신 말씀들을 그들에게 주었사오며 그들은 이것을 받고 내가 아버지께로부터 나온 줄을 참으로 아오며 아버지께서 나를 보내신 줄도 믿었사옵나이다"(요 17:8).

이처럼 '하나님의 형상' 이라 함은 하나님과 같은 차원의 존재가 되어 막강한 권세와 권세를 휘두르는 것이 아니다. 오히려 '자기를 만드신 분에게 절대적으로 의존하는 사람' 을 의미한다. 그렇게 사는 것이 참 생명의 삶이다.

어쩌면 천국에 가서 신처럼 살고 싶거나 그런 마음을 갖고 싶을 수가 있다. 그런데 그 상상의 내용 대부분이 과거에는 할 수 없었던 정욕을 마음껏 발산하는 것이지 않았나? 그러나 아쉽게도 하나님의 형상대로 산다는 것은 나의 모든 정욕을 십자가에 못 박고 "오직 하나님 말씀만이 옳습니다. 아멘"(고후 1:20)하고 애통하며 부르짖는 자로 사는 것이다. 첫 아담은 그런 생명으로 살 수 없었다. 그러나 둘째 아담이신 예수 그리스도께서는 그러한 생명의 삶을 사셨다. 이것은 하나님의 형상대로 사는 원동력이 인간의 자기 절제나 인내나 '자유의지' 에 있는 것이 아님을 의미한다. 우리가 하나님의 형상대로 살 수 있게 하는 원동력도 '오직 하나님께만' 달려 있다. 하나님은 인간이 바로 피조물이라는 사실을 분명히 하신다.

오히려 첫째 아담(즉 인간)이 할 수 없었던 것을 둘째 아담(예수 그리스도, 즉 하나님)께서 성취해 주셨음에 감사해야 한다. 이러한 예수 그리스도의 공로를 죄인인 우리는 아무 대가 없이 은혜로 받은 엄청난 사랑에 감사해야 하지 않을까? 우리는 첫 아담이 실패했던 것에 주목해서 오히려 하나님을 비난할 것이 아니다. 만약 그러한 사람들이 있다면 여전히 '선악관' 에 얽매여 선을 행하고 악을 행하지 않는 자기 행위로 하나님께 나아가려고 하는 자다. 즉 자신이 선한 일도 못 하고 악한 일만 하는 죄인임을 깨닫지 못한 자이다.

우리는 종종 "아담이 선악을 알게 하는 나무를 먹을 줄 하나님이 아셨을까?"라는 질문을 한다. 그러나 창세기를 기록하게 하신 그리스도의 영, 저자의 의도는 그러한 질문에 논리적인 답을 주는 것이 아니다. 창세기의 저자 역할을 맡은 모세에게는 여호와라는 이름 자체가 '구원의 하나님'을 의미한다. 이는 자신이 여호와의 능력으로 구원받아야 살 수 있는 죄인이라는 현실을 절실히 실감하고 있다는 뜻이다. 이 죄인의 현실을 해결할 수 있는 절대자의 '은혜'를 설명하기 위해 '선악과 금지명령'이 등장한다. 원래 선악과 금지명령의 목적은 인간을 가두거나 함정에 빠뜨리는 것이 아니라 하나님과의 사랑의 관계를 표현하는 것, 즉 은혜의 표상이었다.

그러므로 창세기는 "왜 인간이 죄를 지을 수밖에 없는가?"라는 질문에 답하기 위해 쓰인 것이 아니다. '죄지을 수밖에 없는 인간을 구원하시는 하나님의 은혜가 얼마나 크고 놀랍고 대단한가'를 보여주기 위해 기록된 것이다. 선악과의 금지 '명령'은 지금도 여전히 그 목적을 충분히 수행하고 있다. 그 이유는 많은 사람이 그 명령 앞에서 하나님의 은혜를 발견하기보다 죄의 근원적 책임을 하나님께 돌리는 역할을 하는 도구로 사용하고 있기 때문이다. 하나님의 말씀에 순종하는 것이 인간이 존재하는 참된 길임을 깨닫는 상징으로서의 선악과로 바라보지 못하고, 오히려 자기 모순적인 하나님, 즉 인간을 놀리고 힘들게 하시는 하나님으로 선전하고 왜곡하고 있는 것이 오늘의 실정이다. 따라서 그 왜곡의 목적은 인간 자신이 스스로 생존 가능한 존재라고 우기는 것이다. 인간은 자신의 존재 의미가 있기 위해 신의 존재가치를 훼손하는 것을 서슴지 않는다. 이러한 인간의 죄성을 온전히 드러내기 위해 오늘도 선악과는 여전히 그 역할을 제대로 하고 있다. 바로 이 인간들이 죄 아래 갇혀 죽은 인간임을 확인하는 현장의 모습이다.

창세기 1장의 엘로힘 하나님 체제에서 아담은 세상을 다스리고 정복하는 일을 한다. 그렇다고 해서 그가 여호와께 합당하다는 의미는 아니다. 아담이 선악과 금지 '명령'을 어기면, 즉 선악의 체계 안에서 넘어진다면 그는 오직 육체인 흙으로 돌아갈 뿐이다. 공허와 혼돈 속으로 되돌아가면 이제 여호와 하나님은 완전히 다른 관점에서 인간을 다시 보실 것이다.

아담으로부터 이름이 붙여진 피조된 존재들은 아담을 바라보며 아담을 위해 존재해야 한다. 또한 하나님께서 주신 것을 당연히 누릴 권리가 있는 것으로 착각해서는 안 된다. 이 권리를 충분히 누릴 자격으로 취급하는 것을 성경에서는 '교만'이라고 한다. 인간은 자발적으로 명령을 어길 수 있는 개연성이 있으며, 이 말씀을 어길 수 있는 상황을 만들고 조장한 것은 사탄이다. 사람들이 금단의 열매를 탐하여 적극적으로 행동으로 옮기도록 도운 것은 사탄이었다.

이제 사탄에 관해 이야기할 때가 왔다. 사탄에 관해 말하기 전에 또 한 번 분명히 짚고 넘어가야 할 것이 있다. 성경 기록의 목적이다. 성경 기록의 목적은 오직 하나, 예수 그리스도를 증언하는 것이다. 그러므로 사탄이 어떻게 생겨났는지, 하나님과 사탄 중 누가 더 힘이 센지, 귀신과 악마와 사탄의 관계는 무엇인지 등등 사탄에 관한 온갖 호기심을 풀어 버리려는 해답으로서 성경을 대하면 안 된다. 성경은 그러한 질문에 직접 질문과 답변을 하는 책이 아니기 때문이다. 사실 이런 주제들은 하나님께서 우리에게 예수 그리스도를 정확하게 알게 하시면 저절로 풀리는 것들이다. 즉 사탄 또한 다른 모든 것과 마찬가지로 하나님의 약속을 선명하게 드러내기 위한 구성요소로서 들여 보내진 역할을 맡는다. 말하자면 예수님의 가치를 훼손하고 언약을 훼손하는 역할을 하기 위해 역사 속의 무대에 배치된 존재들과 그들의 사건임을 나타내고 있다.

성경은 사탄에 대한 초점이 모인 책이 아니다. 외계인이 있는지 없는지를 성경책이 이야기하지 않듯이 말이다. 사탄의 등장은 하늘의 전쟁, 그러니까 천사의 반란에 의한 것이라고 해석하는 것이 일반적이다. 이러한 주장은 다음 말씀을 기초로 생겨났다.

> "하늘에 전쟁이 있으니 미가엘과 그의 사자들이 용과 더불어 싸울 새 용과 그의 사자들도 싸우나 이기지 못하여 다시 하늘에서 그들이 있을 곳을 얻지 못한지라. 큰 용이 내쫓기니 옛 뱀 곧 마귀라고도 하고 사탄이라고도 하며 온 천하를 꾀는 자라. 그가 땅으로 내쫓기니 그의 사자들도 그와 함께 내쫓기니라"(계 12:7-9).

천사의 반역이 일어난 시기에 대해서는 의견이 분분하다. 여기서 간단히 언급해야 할 것은 '언제' 라는 단어다. 이것은 인간이 알고 있는 '시간의 개념' 으로 우주 전체의 흐름을 이해하는 것이다. 그러나 영의 세계를 육적 인간이 사용하는 시간으로 해석하고 '전후' 관계를 파악하려는 것은 모든 것을 이해하고 지배하려는 인간 욕망의 표현일 뿐이다.

'역사주의' 는 인간에게 '묵시의 세계', 즉 영적 세계가 '역사 세계' 인 인간의 세계에 어떻게 개입하는지를 인간에게 익숙한 시간 흐름(크로노스, chronos)의 '역사' 인 시공간의 개념으로 이해하려는 것이다. 이러한 역사주의적 관점에서 성경을 보면 큰 오류와 피해가 발생하게 된다. 역사 속에서 존재하는 죄인이 보는 시각으로 성경을 보면 이해되지 않는 부분이 많다. 유대인들도 마찬가지였다. 그래서 예수님께서 아브라함보다 먼저 있었다는 말씀에 바리새인들이 격분했던 것이다. 혈통적으로 따지면 아브라함은 예수님보다 시간 순서로 까마득히 앞선 먼 조상이기 때문이다.

> "예수께서 이르시되 진실로 진실로 너희에게 이르노니 아브라함
> 이 나기 전부터 내가 있느니라 하시니"(요 8:58).

다윗왕은 아직 태어나지 않은 예수님을 "나의 주"라고 표현하고 있다. 세례 요한도 서슴지 않고 우리가 사용하는 시공간 개념으로 보면 모순되는 말을 한다.

> "요한이 그에 대하여 증언하여 외쳐 이르되 내가 전에 말하기를
> 내 뒤에 오시는 이가 나보다 앞선 것은 나보다 먼저 계심이라 한
> 것이 이 사람을 가리킴이라 하니라"(요 1:15).

세례 요한은 자기보다 먼저 계신 분이 자기 뒤에 태어나신 예수님이라고 했다. "나중에 태어난 사람이 먼저 존재했다"라는 것은 역사주의적(historical) 관점으로는 도저히 해석할 수 없는 부분이다. 지혜의 성령 인도함을 받아서 역사주의를 벗어난 관점으로 사탄의 발생 부분을 생각해 보면 중요한 것은 사탄이 언제 생겨났는가가 아니라 사탄이 영적인 존재로서 역사 세계를 지배하고 있다는 사실이다. 즉 인간이 사탄에게 완전히 속아 넘어갔고, 인간 스스로 사탄을

이길 수 없다는 현실을 인정하는 것이 사탄에 대한 올바른 이해일 것이다.

그렇다면 하나님은 왜 사탄이 인류의 조상 아담에게 개입하도록 허락하셨을까? 아담은 장차 오실 예수의 모형(type)이 되기 때문에 장차 오실 예수의 본질을 '미리 보여주기' 위해서다. 즉 예수 그리스도가 사탄까지도 이기는 참 하나님의 아들이심을 대조(antitype)로 강조한다. 이것이 창조주와 피조물의 대조, 하나님과 인간의 대조이다. 이 '대조'를 통해 인간은 자신의 위치를 정확히 알게 되고 하나님은 자신의 영광을 스스로 얻게 된다.

아담이 장차 오실 예수님의 일대일 직접 대응되는 모형이 된다는 것을 이해하는 데는 여러 가지 어려움이 있다. 아담이 장차 오실 예수님의 모형이 된다는 것은 다음과 같은 의미이다. 아담이 지은 죄가 모든 인류의 죄가 되어 우리 모두 죄의 권세 아래 묶여 있는 것처럼 예수님의 십자가 사건이 모든 인류의 죄를 용서하여 우리를 은혜 아래로 인도했다는 점에서 아담과 예수님은 서로 대표성을 가진 '대조적 모형'(antitype)이라고 하는 것이다.

그러나 다음과 같은 어려움과 문제점이 있다. 왜 아담의 죄가 온 인류의 죄가 되었는가? 예수님의 십자가 처형이 왜 온 인류의 죄를 대속하는 것인가? 즉 아담의 행위와 예수님의 행위가 어떻게 개별성을 초월하여 모두에게 적용되는 '보편적 사건'이 될 수 있는가? 이것을 알기 위해서는 먼저 성경에 이해해야 할 것이 많다. 이 부분은 나중에 언급하도록 하겠다. 여기까지 요약하면 "처음 창조의 모습은 지금과 달랐다. 그 다른 이유는 죄 때문이다. 죄란 하나님의 말씀에 불순종한 상태를 의미하며, 이를 드러내기 위해 사용된 소재들이 선악과 나무와 사탄이다"라고 할 수 있겠다.

타락이란 인간이 자신을 하나님과 비교하여 자신의 힘으로 하나님과 같이 되려고 하다가 하나님께 저주받은 상태이다. 처음부터 하나님의 뜻을 펼치는 데 있어서 인간은 하나님의 영역을 침범해서는 안 되었다. 인간은 '삼위 하나님' 안에 섞일 수 없는 존재로 창조되었다(창 1:26, 3:22). 그런데 인간이 감히 하나님의 고유한 '우리'라는 영역에 개입해 들어가려고 한 것이다. 즉 하나님의 뜻을 이루실 분은 인간이 아니라 '삼위 하나님 사이인 우리' 안에 계신다는 것이다. 이 영역은 인간의 개입이 닫힌 영역이다. 그러므로 하나님의 일은 하나님이 직접 하신다는 뜻을 말씀하고자 하는 것이다. 인간의 도움이나 인간의 손길이 미쳐서는 안 된다.

인간은 '하나님의 형상'에 대하여 아는 지식이 철저히 단절되어 있고, 오직 '우리'라고만 언급된 '하나님의 세계' 안에만 존재한다. 하나님께서 '우리'라는 세계에서 인간을 찾아오셔서 인간을 포함하여 '우리'라고 부르시기 전에는 그 영역과 세계를 알 수 없다. 이 세계는 인간에게 닫혀있는 고유한 세계다. 계시의 영이 오셔서 보여주시고 알려주지 않으시면 인간이 아무리 노력해도 닿을 수 없고 알 수 없는 세계다. 그러나 나중에 성령님이 우리 안에 오심으로 '아버지와 아들과 성령이 거하시는 세계'가 '우리'라는 것을 우리가 참여하여 알게 되었다(요 14:17-20). 그러므로 하나님이 어떤 일을 완성하시고 인간을 부르시기 전에 '우리'의 세계는 닫힌 세계이고 인간은 도저히 '알지 못하는 하나님'인 것이다.

이제 죄지은 인간을 위해 하나님은 새로운 계시 영역, 곧 구속 계시 영역이 필요하게 되었다. 그러기 위해 하나님은 인간을 에덴에서 쫓아내어 저주가 무엇이며 죽음이 무엇인지 분명히 알기 원하셨다. 그리고 나중에 예수 그리스도께서 그들과 함께하심으로써 인간을 유혹한 사탄의 본래 속성과 의도가 예수 그리스도의 십자가 앞에서 그 악한 모습을 드러내게 하셨다. 그 악한 모습이란 인간이 저주받은 이 세상에서 자신이 신이 되고 싶어 다양한 방법으로 자신을 구하려는 모습임을 밝혀내는 것이다.

아담은 하나님과 인간의 사랑의 관계를 끊고 독자적인 권능세계를 세우려 하여 죄를 지었다. 한마디로 하나님과의 관계에 문제가 생긴 것이다. 그러나 인간은 이제 저주받은 모습으로 하나님과 새로운 관계로 들어갈 수 있는 상태에 들어서게 되었다. 새로운 관계에서는 약속이 주어지고 그 약속을 이행하기 위한 언약이 맺어진다. 그러므로 창조 계시는 구속 계시를 바라보고 기대한다. 이제 우리는 하나님께서 '언약'이라는 새로운 '관계'를 설정하여 나타내실 것을 보게 될 것이다.

(2) 인류 역사의 원칙인 위대한 약속

약속이란 내가 너와 한 말을 성실히 지키겠다는 의지의 표명이다. 사람 사이에도 약속은 중요하다. 중요한 약속을 어기는 사람은 불성실하고 위험한 사람으로 판단되어 멀리하게 되니 함부로 약속해서는 안 됨을 우리는 잘 알고 있다. 약속의 중요성을 강조하기 위해 '맹세'라는 단어를 사용한다. 그것을 지키지 않았을 경우 응분의 대가를 치르겠다는 매우 강한 의지의 표현이다. 그러나 영적으로는 사람은 약속할 수 있는 위치에 있지 않다. 약속이란 지킬 수 있는 자가 자신의 맹세로 확인하는 것이지만 사람에게는 맹세하여 약속을 지킬 수 있는 능력이 전혀 없다. 약속은 오직 하나님께만 속해 있는 것이다. 성경에 하나님께서 약속하신다. 사람의 힘을 의지하지 아니하시는 고로 자신보다 큰 자가 없으므로 자신에게 스스로 '맹세' 하시며 약속하신다.

"내가 나의 말을 지키겠다"는 약속은 그 약속을 말한 자가 지키는 것이지 그 약속을 들은 자가 지키는 것이 아니다. 약속은 약속을 행하는 자의 능력과 약속을 듣는 자의 믿음과의 뗄 수 없는 관계에서 이루어진다. 약속하신다는 의미는 그 말을 듣는 자가 능력 없음을 아시고 친히 이루시겠다는 의미이다. 그러나 약속을 말한 자의 말을 듣는 자가 믿지 않으면 그 약속은 의미가 없어진다. 그러면 범죄한 인간에게 하나님은 약속하시는 하나님으로 나타나신다.

여기서 질문 한 번 해보자. 인간의 타락에 여호와께서 참으로 개입하실 필요가 있었을까? 여호와께서 사람을 방문하지 않고 내버려 두신다고 해서 무엇을 잃게 되는가?

여기에 여호와의 행하심에 대하여 후대 이스라엘 민족이나 교회가 오해해서는 안 될 것이 있다. 여호와께서 인간을 구원할 목적으로 일하신다는 주장이다. 그것은 지극히 잘못된 생각이다. 왜냐하면 여호와의 최종 목적은 인류를 구원하는 것이 아니라 안식에 있다(창 2:1-3). 인간을 포함한 모든 피조물은 이 목표에 종속된다. 진노의 그릇과 긍휼의 그릇 양쪽을 다 지상에 존재하게 하시는 이유도 여기에 있다(롬 9:22-23). 여호와의 개입은 엉망진창인 세상을 새로운 안식의 터전으로 삼아 세상과 역사를 재정비하려는 것이었다. 이제부터 역사의 모든 움직임은 창조 세계를 재편하려는 여호와의 수고와 열심의 흔적이 될 것이다.

인류 역사의 원칙이 결정되었다. 역사는 뱀의 후손과 여자의 후손 대결장으로 진행될 것이다. 이러한 일의 진행을 위해서 하나님은 저주 아래 있는 세상에 놀랍고 큰 약속을 하신다. 저주 아래 있는 세상에 대한 하나님의 약속은 여자의 후손에 관한 것이다. 여자의 후손이 나타나 뱀의 머리를 상하게 할 것이라는 약속이다(창 3:15). 아담은 하나님의 약속이 생명과 연결되어 있음을 알고 여자를 모든 산 자의 어머니인 하와라고 불렀다(창 3:20). 여기서 '모든 산 자' 란 아담과 같이 하나님의 약속으로 말미암아 여자의 후손이 생명이 되는 줄 알고 그 후손을 바라고 기다리는 자들을 가리킨다. 결국 저주받은 세상에서 유일한 축복은 여자의 후손의 출현이다. 여자의 후손의 등장만이 저주에서 벗어날 수 있는 유일한 길이기 때문이다.

여자의 후손이 나타나 뱀의 머리를 상하게 하는 '약속성취' 는 축복의 사건이 된다. 그러므로 하나님의 축복에 참여한다는 것은 우리가 죄의 권세에 사로잡혀 저주 아래 있음을 알고 죄의 권세에서 자유하게 할 여자의 후손을 믿고 기다리는 것이다. 이들은 하나님의 선택과 예정으로 부르심을 받은 하나님의 백성이다. 하나님의 축복에 참여하는 것은 선택과 예정으로 이루어지므로 인간의 행위와 공로는 배제된다. 즉 자신의 행위와 업적을 자랑하는 것은 자신의 우월함을 드러내는 것이며, 그것이 '죄의 속성' 이기 때문에 하나님의 복된 나라는 '선택과 예정' 을 통해 자기 백성을 만들고 구원함으로써 자신의 행위를 거부하는 것이다.

여자의 후손이 뱀의 머리를 상하게 할 것이라고 하면 여자의 후손이 막강한 힘을 가진 영웅으로 등장할 것이라고 생각하기 쉽다. 뱀의 머리를 상하게 하려면 힘이 필요하다고 믿기 때문이다. 이것이 선악과를 먹은 인간이 생각하는 가치 기준이다. 그러나 여자의 후손은 강한 영웅이 아니라 '무력한 약자'이다. 여자의 후손이 오셔서 속수무책으로 붙잡혀 죽게 되자 메시아를 기다리던 모든 사람이 실망하게 되었다.

에덴동산에 있는 선악과와 생명나무는 실제 나무이다. 모든 피조물은 하나님께서 '그리스도'를 나타내기 위한 재료로 사용된다(골 1:16-18). 그러므로 생명나무를 예수님을 상징하는 것으로 여길 것이 아니라 '생명나무와 선악나무'를 예수님을 나타내는 것으로 보아야 한다. 즉 생명과 사망의 주관자이신 예수님의 기능을 보여주시려고 하나님께서 만드신 것이다. '선악과'가 사람만을 대상으로 한 것이라고 본다면 앞으로 나타날 '율법'은 사탄의 심판을 포함하여 선악과 기능의 연장으로서 약속의 성취와 관련이 있다(창 3:15).

그러므로 '여자의 후손에 대한 약속 뒤에 나오는' 약속들은 여자의 후손이 어떤 존재인지를 드러내는 기능으로 주어진다. 언약(약속)의 흐름을 따라 언약을 추적해 보면 여자의 후손이 어떤 존재인지 알게 될 것이다. 오늘날 우리는 그리스도인의 입장에서 하나님께서 언약으로 약속하신 여자의 후손이신 그리스도가 어떤 분인지를 알게 된다. 언약으로 계시된 여자의 후손 예수 그리스도가 참 구원자시다. 그러나 언약 없는 신을 찾거나 언약 없는 그리스도, 곧 예수를 불러 구하면 그것이 가짜 예수이다. 그러므로 언약과 언약의 성취로 오신 예수 그리스도만이 우리의 참 하나님이시다.

여자의 후손과 뱀의 후손의 신분이 계속해서 죄에 연루되어 결국에는 사탄이 여자의 후손을 죽이고, 사탄이 죽인 예수를 하나님께서 살리시고, 모든 권세를 아들 예수 그리스도에게 위임하시고, 그 아들이 사탄을 유황불에 던지는 것으로 이 모든 것이 끝난다. 성경 전체를 관통하는 '약속의 원리'를 고려할 때 이 약속을 지키는 분은 하나님이다. 하나님께서 약속을 지키신다는 확실한 증거는 예수 그리스도와 그의 십자가다. 구약성경 인물들의 다양한 삶의 길과 이스라엘 민족이 치른 무수한 전쟁을 통해 하나님은 당신의 약속을 구체화하고 밝히신다.

이제 약속과 언약 관계를 구분하여 생각해 보려고 한다. 하나님께서 원시 복음으로 알려진 '여자의 후손'을 선포하신 것은 하나님의 의지를 담은 '일방적인' 선포다. 이 일방적인 선언은 분명 하나님의 약속으로 받아들일 수 있다. 이 선언(declaration)은 그리스도에 대한 하나님의 약속(promise)이다. 물론 이 선언은 하나님께서 체결하신 언약들과는 차이가 있다.

언약 이전의 단계인 일방적인 '선언'으로 하나님의 약속이 주어졌다는 것은 이미 완성되었다는 뜻이다. 왜냐하면 약속은 하나님이 하시는 일이기 때문이다. 하나님은 식언치 않으시며 신실하시다는 속성이 반드시 약속을 성취하신다는 말이다. 그러니 약속은 완성품으로 주어지는 것이다. 반드시 이루어지고 말기 때문이다. 하나님의 약속 속에는 하나님의 의지만 담겨 있으며 인간의 의지와 각오는 소용이 없다.

약속을 이루시는 방식은 언약으로 나타났는데 옛 언약과 새 언약이다. 하나님의 새 언약인 십자가에서 구속 사역을 완성하신다.

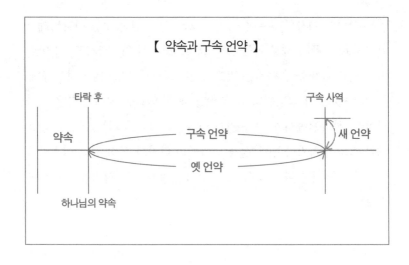

【 약속과 구속 언약 】

창세 전 협약에서 하나님과 예수님 간의 약속으로 이 약속을 위하여 만물이 만들어졌다. 약속이란 하나님의 일방적인 선포이기 때문에 그 약속이 누군가에게 떨어지면 그 사람의 자질이나 순종과 불순종과 상관없이 약속하신 하나님이 약속을 이루어 가시는 것이다. 그 약속을 이루어 내신 분이 예수님이다.

약속을 품고 있는 것이 언약이기에 언약은 약속보다 나중에 등장하게 된다. 인간의 죄와 더불어서 등장한다. 따라서 새 언약도 인간의 죄와 결부하여 나타나기에 새 언약은 예수님의 살과 피이다. 즉 예수님의 죽으심이 새 언약의 완성태로서 약속이 된다. 언약을 인간이 지켜서 구원될 수 없는 이유가 바로 이 사실(인간의 죄) 때문이다. 죄인은 자기 죄를 극복해서 죄 밖으로 나갈 수가 없다. 그래서 언약 안에 죄인으로 들어 있는 인간에게 약속되시는 예수님이 들어오셔서 피해자의 형식으로 자기 사람을 피투성이 된 채(같은 죽으심이라는 모습으로) 죄 밖으로 끄집어내시는 것이다. 이때 성도는 다음과 같이 고백하게 된다. "내가 언약을 지켰음이 아니라 예수님의 말씀 완성으로 구원되었노라"고 말이다.

>>> 창조 계시와 약속의 요약

이 세상은 예수 그리스도께서 하셔야 할 일을 위하여 창조되었다. 하나님은 예수님을 위하여 모든 피조물을 창조하신 것이다. 피조물들은 그 나름대로 하나님 말씀의 인도함을 받아 각 역할을 수행하게 된다. 이러한 가운데, 창세기 3장에 보면 사탄은 아담을 독립적인 존재로 살아가게 했다. 그렇게 되면 아담은 오직 '나를 위해 살고 나를 위해 죽고 내 영광만 취하고 생각하고 행동하며 죄 많은 인간의 삶' 을 살게 될 것이다. 이것은 로마서 14장 7~8절의 말씀과 대조되는 길이다. 그러므로 인간은 사탄에게 조종당하여 최종적인 순수한 절대자로 살고 절대자로 버텨나가게 되었다. 사탄은 인간이 스스로 존재하는 자로 행세하는 것이 예수님의 존재를 훼방한다는 것을 잘 알고 인간을 조종하고 있지만 인간은 이 사실을 모르고 살아가고 있다.

아담은 오직 예수만이 이 세상에서 선과 악에 대한 지식을 가지고 있다는 것을 몰랐다. 즉 선악과만 가진 아담과 같이 홀로 독립적인 존재가 아니었다. '선악을 알게 하는 나무가 생명나무와 관련이 있다' 는 사실은 하나님의 영원한 계획안에서 앞으로 하나님의 후속 조치를 통해 드러날 것이다. 즉 선악과 금지명령 위반이 인간에 의해 시작되면서 생명나무 열매를 먹지 못하는 후속 조치를 받게 된 것이다. 알고 보니 선악을 알게 하는 나무 자체가 생명나무의 복음적 의미와 관련이 있었다는 사실이 밝혀지게 된다. 아담이 선악과나무를 손댔을 때 드러난 생명나무와의 관계는 '약속' 과 '언약' 이라는 이름으로 펼쳐지는 '구속의 역사' 를 바라보게 되고 시작하게 된다.

생명나무는 선악과나무를 건드렸기 때문에 본래의 속성이 나타난 것이다. 즉 '죄가 무엇이고 생명이 무엇인가' 는 선악과나무 사건에 의하여 이루어지는 역사를 통해 장차 알려지게 된다. 아담은 하나님의 형상을 가진 존재가 아니라 오직 오실 예수님만이 참 존재이며 '참 하나님의 형상' 이심이 만천하에 알려지게 된다(골 1:15-16). 그러므로 오 직 예수님만이 '하나님의 참 형상이 여기 있다' 는 것을 우리에게 계시해 준다. 그것이 바로 '십자가의 죽음' 이며, 이것이 바로 하나님께서 보여주고자 하시는 하나님의 형상 과 속성이요, 자비와 용서 그 자체이다.

그러므로 용서가 먼저 주어지고 그 용서를 나타내기 위하여 나중에 죄가 발생함에 따 라 용서와 함께 그 용서의 의미를 알게 하신다(겔 16:62-63). 즉 죄를 지었기 때문에 용 서받는 것이 아니라 '용서하시는 분' 이 먼저 존재하고, '죄짓는 사건' 이 창세 후에 발 생하면서 그가 심판자이시며 구원자이심을 보여주는 것이다. 그러므로 세상 모든 일은 예수님이 주님임을 증거하기 위해 일어나는 사건의 다발이고 흐름이며 관계망이다.

하나님께서 천지를 창조하시고 만물을 주관하시는 이유는 '예수님의 주되심' 을 위한 '십자가 사건' 이다(빌 2:8-9). 이것은 태초의 '창조 계시 사건' 이 이미 '십자가 사건' 을 지향하고 있었다는 것을 의미한다. 이건 매우 중요하다. 그러므로 그 과정에서 창조에 관여하신 분만이 구원에도 관여하실 수 있다(요 6:39). 이러한 성경의 사실들이 사건의 다발로 묶여서 나온다. 그래서 구원을 말할 때도 '내가 구원받은 자' 라는 것을 자랑할 수 없고, '주님의 구원사건' 에 내가 휘말려 참여하는 것으로 표현되는 것이다. 성경의 사건에 나를 관련지어 보면 천지를 창조하신 예수님의 원수가 눈앞에 보이고, 우리를 사건으로 만드신 예수님이 사탄 마귀를 물리치고 굴복시키는 장면을 보게 된다. 여기 서 우리는 주님의 목격자가 될 뿐이다. 예수님의 승리를 직접 목격한 증인으로서 사건에 참여하게 하신 것이다.

십자가를 통과할 때 우리는 '존재' 로 나오는 것이 아니라 '사건' 으로 바뀌어 나오게 된다. 그렇게 되면 창세기 1장 1절을 포함하여 성경의 모든 말씀이 예수님의 '십자가에 못 박히신 것을 증거하는 내용' 이 된다. 그럼 우리는 어디에 있을까? 바로 말씀의 완성 안에 있다(골 3:3). 십자가 사건이 나오는 그 원천에서 우리는 십자가 사건과 연결되어 신약으로 와서 성령을 받고 '예수 그리스도 안' 에 있다. 그 안에서 성도는 '예수님을 증거하는 자' 로서 그리스도 몸의 지체를 이루게 된다. 동시에 그 속에서 '창조주 안' 에 있는 바가 된다. 즉 성도는 '세상의 모든 삶이 모형이요 그림자' 인 것이다. 모형과 그림자는 '예수님이 어떤 분인지' 를 보여주기 위해 잠시 존재한다(골 1:16-17).

그러므로 지금 십자가 사건과 관련하여 온 하늘과 땅이 움직이고 있는 것이다. 사건의 원천은 예수님이시다. 그러므로 하나님께서 천지를 창조하신 것을 알기 위해서는 예수님을 통해야 한다. 예수님을 경유해야 한다는 것은 예수님이 중보자로서 주관하셨던 사건 속으로 들어가는 것을 말하며, 그 사건이 바로 '십자가 사건' 이다. 성령이 임하면 십자가 사건 속으로 인도함을 받게 된다.

그러므로 창세기 1장 1절, "태초에 하나님이 천지를 창조하시니라" 는 말씀은 십자가 사건의 출발점이다. 천지창조 자체가 근원이 아니라 '십자가' 가 근원임을 나타내는 것이다. 즉 십자가를 미리 보여주기 위해서 깔아놓는 배경으로서 창조가 있는 것이다. 세상 모든 것은 예수님의 십자가를 나타내기 위하여 창조되었고 구원받은 백성도 예수님의 십자가를 증거하기 위하여 구원받은 것이다.

약속의 성취를 위한
구속 계시와 언약

(1) 구속 사역에 담긴 약속과 언약 관계

창조 계시에 나타난 바와 같이 인간은 사탄과 하나가 되어 죄를 지었지만 여자의 후손이 오셔서 사탄과 아담 사이의 연대(관계)를 끊고 결국 승리할 것이라는 약속이 주어진다. 이 약속을 이행하는 과정에서 다양한 형태의 언약이 등장한다. 그렇다면 창세기 3장 15절의 약속이 역사에 성취되는 데 어떤 장애물이 있으며 어떻게 진행될까?

창세기 3장 이후 성경의 나머지 부분은 하나님의 구속사역 이야기이다. 앞으로의 모든 언약과 하나님의 나머지 모든 사역은 우리의 구속에 관한 것이다. 아담은 하나님의 법을 지키지 못하여 저주받았지만 하나님은 그들을 완전히 멸절하지 않으시고 미래의 구원을 약

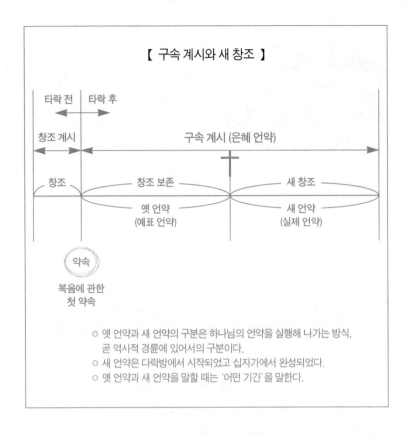

【 구속 계시와 새 창조 】

타락 전 | 타락 후

창조 계시

구속 계시 (은혜 언약)

창조 | 창조 보존 | 새 창조

옛 언약
(예표 언약)

새 언약
(실제 언약)

약속

복음에 관한
첫 약속

○ 옛 언약과 새 언약의 구분은 하나님의 언약을 실행해 나가는 방식,
곧 역사적 경륜에 있어서의 구분이다.
○ 새 언약은 다락방에서 시작되었고 십자가에서 완성되었다.
○ 옛 언약과 새 언약을 말할 때는 '어떤 기간'을 말한다.

속하셨다. 복음의 첫 번째 약속은 뱀의 저주로 시작하여 주어졌다. 창세기 3장 15절에 따르면 약속이 이루어지기 위해서는 몇 가지 요건이 필요하다. 뱀의 후손의 실체가 밝혀져야 하고, 그 뱀의 후손의 실체는 선과 악을 카테고리로 규정되어야 하며, 그 선악의 갈등에서 여자의 후손에 대한 공격이다. 그로 인한 상처가 생기고 더 나아가는 여자의 후손의 최종적이고 결정적인 보복이 이루어져야 한다. 이러한 요소를 모두 만족시키는 가운데 비로소 여자의 후손의 정체가 밝혀질 것이다.

창세기 4장에는 대결 가능한 배타적 인격을 가진 두 인물이 나온다. 하나님은 서로가 다르다고 판단할 수 있는 것을 '받아들일 수 있는' 희생과 '받아들일 수 없는' 희생의 형태로 결정하신다. 가인인지 아벨인지, 뱀의 후손인지 아닌지는 선과 악의 대결에서 누가 무엇을 하느냐를 보면 알 수 있다. 창세기 4장 7절에 하나님은 가인에게 죄가 문에 있으니 삼가라고 명하셨다. 그 죄가 가인을 표적으로 삼고 있기에 가인은 그 죄를 다스려야 할 위치에 있게 된다.

창세기 3장에서 인간에게 선과 악의 지식을 부여한 뱀은 가인을 그의 후손으로 선택했다. 이제 가인이 화를 낸다. 그 분노는 하나님의 일방적인 선택행위 때문에 일어났다. 가인은 하나님이 왜 나의 제사는 거절하고 동생의 제사는 받으셨는지 생각했다. 하나님은 두 사람이 양을 제물로 바쳐야 한다는 말씀을 미리 주신 적이 없다. 그들은 각 직업에 따라 적합한 제물을 선택했다. 그런데 왜 동생의 희생만 받아들이셨는가? 가인은 하나님의 일방적인 결정에 분노했다. 우리는 이스라엘 국가가 오직 선택에 의해서만 세워지는 것을 안다. 아벨이 가인보다 의로웠기 때문에 제사를 받으신 것은 아니다. 하나님께서 이러한 결정을 내리신 것은 두 형제가 하나님 약속의 실체를 실현하는 데 필요한 요소를 제공했기 때문이다. 이스라엘이 다른 민족보다 의로운 민족이 아닌 것과 같다(신 9:5).

하나님께서는 아벨과 가인이라는 두 형제를 통해 하나님 약속의 성취에 따라 선과 악의 기준을 재해석하고 계신다. 선은 하나님의 일방적인 결정에 대해 무조건 찬성하는 태도를 취하는 것이고, 악은 하나님의 일방적인 선택에 불만을 품는 태도를 의미한다. 즉 선과 악은 인간 개개인의 성실과 양심에 근거한 윤리적, 도덕적 개념이 아니라 하나님의 일방적인 선택 후에 이 약속을 성취하는 방법에 대한 하나님의 태도에 따라 결정된다는 것이다. 특히 아벨의 제물만 받는 것이 아니라 제물과 아벨 자체를 받는 것으로, 제물과 제물을 바친 사람을 하나로 합칠 수 있는 길이 있음을 암시하고 있다. 가인이 아벨을 죽인 것은 자기 자신뿐 아니라 자신의 열심을 통해 축복의 길을 찾아 나름의 방식으로 저주에서 벗어나려는 시도이다. 즉 가인이 아벨을 죽인 것은 하나님께서 '일방적인 선택으로 약속을 성취하고자 하시는 방식'을 완전히 무효화시키려는 의도가 담겨 있다.

그렇다면 가인은 죄가 문 앞에서 자신을 공격할 것을 미리 알고 있었음에도 왜 죄를 방어하거나 이기지 못했을까? 가인의 제사를 거절하신 하나님은 가인을 통해 약속의 또 다른 모습을 보여주시고자 하셨다. 선과 악의 제도 속에서 인간이 악을 물리치고 선을 택하는 능력을 잃어버렸음을 보여주셨다. 즉 인간은 선과 악을 알게 된 후에도 가인처럼 선을 나뭇잎으로 덮거나 거짓으로 합리화하기 때문에 악을 이기지 못한 것이다. 그래서 하나님께서 에덴동산에 계실 때 선악을 알게 하는 나무의 열매는 먹지 말라고 하셨던 것이다. 인간에게 필수적인 요소가 아니었기 때문이다. 선악과를 먹은 후 인간은 비정상적인 상태에 빠졌고, 그 혼돈의 체제를 극복할 힘이 전혀 없었다. 여기서도 아벨의 죽음은 비극적이었다. 땅에 대한 계속적인 호소와 그에 대한 보응은 셋의 후손인 노아를 통한 소위 '언약'에서 다룰 것이다(창 5:29, 6:18).

우리는 하나님께서 창세기 3장 15절에 말씀하신 여자의 후손의 성품과 그 반대의 성품을 나타내시기 위해 대조적인 모형을 사용하신다는 것을 알 수 있다. 그래서 하나님은 가인에 대한 복수가 개인적인 세력 다툼으로 이루어지지 않도록 특별한 표식을 해주어서 가인을 보호하신다. 창세기 3장 15절의 약속은 반드시 하나님의 원수 갚음이 있을 때 성취된다. 이러한 배경 때문에 하나님의 경륜 가운데 마귀와 악이 난무하고 성도의 마음에 악을 선호하는 충동이 생겼다. 이로써 우리는 가인의 계속된 생존과 아벨의 돌연한 죽음이 결코 그들 개개인의 구원에 초점을 맞춘 하나님의 구속 역사의 전개가 아님을 알 수 있다. 이점을 분명히 하면서 약속이 어떻게 성취되는가를 살피는 것이 중요하다.

창세기 4장의 가인의 족보와 창세기 5장의 셋의 족보를 비교해 보면 이들이 추구하는 목표가 다르다는 것을 알 수 있다. 가인의 후손은 약속을 무시하고 독립적인 선과 악의 제도를 가지고 스스로 지키고 보호하는 원칙으로 나가는 반면, 셋의 후손들은 하나님의 약속이 이루어지기를 기다리는 모습을 하고 있다. 특별히 이스라엘 민족은 하나님의 약속을 보여주는 역할을 하는 기능으로 나타난 민족이기 때문에 세상의 힘을 이용하거나 자기 방위 체제를 구축하기 위하여 힘을 모아서는 안 되는 민족이다.

그렇다면 오늘날 교회는 어떠해야 할까? 우리가 힘에 의지하지 않겠다고 선언하듯이 주님의 약속을 위해 우리 삶을 드려 주님께서 효과적으로 사용하실 수 있도록 하는 것이 교회의 본질이다. 하나님은 만유의 상속자이신 로고스, 즉 아들 하나님을 구속의 중보자로 세우셨다(히 1:1-3). 이분은 하나님으로서 구원의 중보자이시며, 피조물로 낮아지셔서 자신의 피조물을 구원하는 중보자가 되셨다. 하나님의 계시된 두 언약은 구약과 신약이다. 그리스도께서 오시기 전에 맺은 모든 언약은 오실 그리스도를 예표한다. 구약이 그리스도께서 오실 때까지 시행되었다면 신약은 그리스도께서 오신 후에 시행되었다.

이제 창조 계시의 과정에서 '약속이 선포' 되었으므로 새 창조와 함께 구속 계시의 언약, 즉 구약의 옛 언약과 신약의 새 언약이 아담 범죄 이후에 등장하게 된다. 따라서 그것은 새 아담을 구속하는 성격(언약 관계)을 띤다. 이것은 그가 오셔서 사람과 사탄의 관계를 끊고 사람을 하나님께로 돌이킨다는 뜻이다. 그리하여 돌이킨 사람은 오직 예수 그리스도만을 주로 시인하고 그의 공로를 찬양하고 감사하며 '하나님과 새로운 결속 관계' 로 연합하게 만드는 언약을 완전히 이루신 그리스도의 십자가를 바라보게 된다. 그러므로 우리는 하나님의 은혜를 받은 자로서 만물이 주를 인하고 주로 말미암고 주께로 돌아가는 줄을 알게 된다(롬 11:36). 그래서 오직 시작과 과정과 완성이 주님으로 인하여 주어진 은혜임을 알게 되고 탄성이 나오게 된다.

(2) 구속 사역을 위한 약속 실행 방법

▶ 언약의 목적 : 하나님을 위한 언약

'언약의 목적', 즉 하나님이 언약의 방식으로 일하시는 것은 인간의 행함과 무관하게 하나님의 일방적인 선택이다. 즉 하나님의 백성이 된 자들에게만 영생이 주어지도록 하여 영생을 얻은 그들로 예수 그리스도만을 주로 섬기게 하는 것이다. 이것이 언약으로 일하시는 하나님의 뜻이고 목적이라 할 수 있다. 그러므로 언약의 목적은 '예수 그리스도를 높이고 증언' 하기 위함이며 단지 '영생을 얻기' 위함이 아니다. 만약 언약이 하나님의 '거룩한 백성에게 영생을 주기 위함'을 목적으로 한다면 굳이 언약의 방식이 아니어도 택한 자기 백성에게 영생을 주면 될 것이다. 즉 자기 백성에게 영생을 주고 구원하시겠다는 것이 하나님 뜻이라면 이는 하나님께서 인간이 사탄의 유혹으로 선악과나무를 범하는 것을 왜 내버려 두셨는지에 대한 의문을 낳는다. 그러므로 구원 그 자체가 언약의 목적이 아닌 것이 분명하다.

그렇다면 우리가 구원 얻는 것은 언약의 실행 과정에서 언약 백성에게 주어지는 결과다. 언약을 실행하여 선택받은 백성에게 영생 주심을 통하여 '예수 그리스도가 어떤 분이신지' 알게 하고 '예수가 그리스도이심'을 증언하게 하는 데 목적이 있다. 하나님의 선택은 창세 전에 세워진 계획이다. 그리스도 안에서 택하여 사랑 안에서 거룩하고 흠이 없게 하시겠다는 것이 하나님의 예정이다. 하나님의 예정은 하나님의 거저 주신 은혜를 아는 백성이 되게 하는 것이고 그로 인해서 은혜의 영광을 찬송하게 하는 것이다. 따라서 거룩하고 흠이 없게 하시는 은혜를 아는 백성의 창조를 위해서 잠시 죄 아래 두신 것이 하나님의 의도다(엡 1:4-6). 그런데 은혜의 영광을 찬송하는 하나님의 백성은 인간의 뜻과 의지와 열심에 의해서 만들어지는 것이 아니라 하나님이 언약을 이루셔서 '새롭게 창조' 되는 것이다. 주님의 영광을 찬송하는 것을 목적으로 언약 백성을 만드는 것이다.

따라서 '언약 백성의 특징'은 자신의 행함과 공로를 높이는 것이 아니라 '자신이 죄인임을 아는 것이며 자신의 불의를 봄으로써 예수 그리스도와 언약으로 사랑 관계가 맺어진 것'을 아는 것이다. 그리고 이들은 죄인인 자신을 거룩하고 흠 없는 백성 되게 하신 분의 공로, 즉 언약을 이루신 십자가만을 높이고 자랑한다. 이것이 언약을 세우고 언약의 방식으로 일하시는 이유이다. 이 때문에 언약이 아니고서는 인간을 죄 아래 두신 하나님의 뜻을 알 수가 없다. 언약을 아는 자는 믿음이 자신에게서 나오지 않는다는 것을 알고 받아들인다. 그리고 언약이 아니면 인간은 생명과 상관없는 존재일 뿐임을 철저하게 자각한다. 또한 약속하시고 그 약속을 이루기 위해 언약으로 일하신 하나님을 알고 찬양한다.

하나님께서 자체적으로 능력을 발휘하여 하나님의 의가 우리를 소유하고 이끌게 되는데 그 결과 언약 백성, 즉 우리는 우리의 '죄악성'과 하나님의 '은혜성'을 동시에 드러내는 '의의 종'의 역할을 하게 된다. '의의 종'은 주님의 속죄 은총을 깊이 느끼며, 그로 인하여 죄의 깊이를 알게 되는 그곳에 은혜가 더욱 넘치는 것을 고백한다(롬 5:20). 이처럼 언약은 인간의 모든 가능성, 즉 노력과 열심을 동원하여 원하는 바를 이룰 수 있다는 생각을 철저히 배제하기 때문에 '언약으로 인한 믿음'은 자신을 부인하는 것으로 증거된다. 즉 언약이 증거하는 것은 인간의 실천력과 행함 및 능력이 아니라 하나님의 은혜와 능력이다. 하나님께서 다 이루셨다는 십자가가 '언약이 증언하는 내용'이다.

이렇게 언약이 증언하는 내용을 알고 믿으면 구원 백성이 된다. '구원이 유대인에게서 난다는 것'은 '하나님과 언약 관계에 있는 유대인'으로 이해할 수 있다. 유대인이라는 민족에 의해서 구원받게 된다는 것이 아니라 하나님과 '언약 관계에 있게 된 것'이 곧 '구원' 이라는 뜻이다(요 4:22). 그래서 이제는 유대인과 이방인도 하나님의 언약 관계에서만 구분되는데, 하나님과 언약 관계에 있는 것이 유대 인이고 언약 관계 밖에 있는 것을 이방인이라 한다. 민족적 유대인들 은 자신들이 아브라함의 후손이라는 자부심이 있었다. 유대인이라는 증거로 하나님의 규례를 따라 행하는 할례를 중요하게 여겼다. 유대 인과 할례라는 조건으로 인해 하나님의 백성으로 인정받으며, 그들 이 생각하는 참된 메시아가 오시면 자신들이 세상의 중심이 되는 영 광을 누리게 될 것으로 믿어 왔다.

하지만 바울은 유대인이 자부했던 모든 표면적 조건을 부인해 버 리고 이면적 유대인이 참된 유대인이며 할례 역시 육신이 아닌 마음 에 하는 것이 참된 것이라고 말한다(롬 2:28-29). 할례는 한번 행하 면 사라지지도 변하지도 않는다. 따라서 '마음에 할례를 행한다는 것'은 변하지 않고 사라지지도 않는 영원한 것이 마음에 박혀 자리 하게 됨을 뜻한다. 영원한 그것이 '언약'이다. 하나님이 세우신 언약 은 변하지 않고 사라지지 않으며 영원하다. 따라서 '언약을 믿는 것' 이 '마음에 할례를 행한 것'이고, 언약으로 오신 그리스도만을 바라 보며 모든 소망을 두고 그리스도만을 자랑하는 것이 믿음이다. 마음 에 이러한 할례가 있는 그가 진정한 유대인이다. 이 또한 언약을 중 심으로 해석했을 때만 이해되고 그 할례는 그리스도의 십자가로 드 러나게 된다.

언약은 무엇보다도 '하나님을 위한 언약'이다. 성경에는 언약 사 건이 다양하게 등장한다. 언약 사건은 '다양'하지만 언약이 다양한 것이 아니라 '하나의 언약'이 다양한 사건과 형태로서 하나님을 계시하며 하나님이 행하신 구속 사역을 증언하는 것이다. 여기서 한 가지 주지해야 할 사실은 언약은 하나님을 위해 존재한다는 것이다. 성경을 해석할 때도 '인간을 위한 언약'이 아니라 '하나님을 위한 언약'의 시각으로 접근하는 것이 매우 중요하다. 하나님을 위한 언약의 시각으로 바라볼 때 하나님 중심의 성경해석이 가능하기 때문이다. 하나님을 위한 언약이라는 말은 하나님의 구속 사역 또한 인간이 아닌 하나님을 위한 것이라는 의미가 된다. 하나님이 자기 백성을 구원하기 위해 아들을 보내시고 십자가에 죽게 하신 모든 일들이 인간이 아닌 '하나님을 위한 일'이라는 뜻이다.

구원이 인간을 위한 것이라면 하나님의 창조 역시 인간을 위한 것이어야 한다. 하지만 사도 바울은 만물이 '그리스도를 위해' 창조되었다고 말씀한다(골 1:16). 그리스도를 위한 창조이기 때문에 인간이 거주했던 에덴동산 역시 인간이 보기에 최상의 조건으로 창조된 것이 아니라 하나님께서 진행하실 사역을 하시기 위하여 배경으로서 보기 좋은 것이다. 따라서 에덴에서의 뱀, 곧 마귀의 등장은 에덴동산이 인간이 볼 때는 인간을 위한 것이 아니었음을 말해준다.

에덴에서 인간을 유혹했던 뱀은 하늘의 전쟁에서 패하여 땅으로 내어 쫓긴 마귀이다. 이는 하늘에서의 전쟁이 있었다는 것을 말해준다(계 12:7-9). 사실 타락 이전은 죄가 없는 상태이기 때문에 인간 구원이 필요 없는 영역이다. 그러나 타락 이전에도 영생에 대해서는 동일하게 약속되어 있다. 하나님은 이미 창세 전에 그리스도로 인해 택한 백성의 구원을 예정하셨기 때문이다. 따라서 영생은 타락 전후와 관계가 없다.

하나님의 구원 방식은 선택과 예정이다. 이것은 인간은 구원에 개입할 수 없다는 것을 말씀한다. 인간의 행함 자체가 구원과 무관하다는 것이다. 이처럼 인간의 공로와 의가 개입되지 않은, 오직 하나님의 뜻과 실행에 의해서만 완성되는 구원을 강조하여 말하는 것이 선택과 예정이며, 그 목적은 선택과 예정으로 구원된 백성으로부터 하나님이 영광의 찬송이 되게 하기 위해서다.

이미 선택된 사람의 관심은 내가 어디에서 무엇을 하도록 선택되었는지에 있어야 한다. 하나님의 목표는 거기에 있었다(칼빈이 잘못 생각한 것처럼 나 자신의 구원에 있지 않다). '그리스도 안'에서 선택되었다는 말은 선택자들이 그리스도에게 나타난 은혜를 목표로 살아야 함을 강조하는 것이다(엡 1:15-23). 이때만 '예정'이라는 개념도 동원된다. 개인의 구원을 집중적으로 강조하기 위해 예정의 개념을 도입해서는 안 되지만 하나님은 그리스도에 의해 새롭게 통일된 세계를 세우기 위해 우리의 참여를 예정하셨다. '예정'의 관심은 우리가 아니라 그리스도가 머리 되신 몸에 있다. 마지막 때에 그리스도의 몸을 세우기 위한 계획과 작전이 미리 있었다는 것을 '예정'으로 표현한다.

죄사함으로 나타난 은혜의 풍성함이 '찬송의 내용'이기에 세상은 죄로 시작될 수밖에 없다(엡 1:7). 죄가 존재해야 죄 사함이 가능하기 때문이다. 이것을 위해 땅으로 내어 쫓긴 마귀가 존재하는 상태에서 창조한 세계라 해도 인간이 마귀의 유혹으로 하나님 말씀에 순종하는 일에 실패하는 것이 나타날 수 있다. 질서정연한 창조 세계에서 피조물 마귀의 유혹으로 인해 질서가 파괴된 것이라고 보아도 마귀가 존재하는 한 혼돈과 공허와 흑암의 상태는 계속되는 것이다(창 1:1-2). 죄의 실체가 드러나게 하는 선악과나무는 혼돈, 공허, 흑암의 숨은 내막을 드러내는 역할을 하는 장치라 할 수 있다. 그 내막은 마귀의 유혹에서 드러났다.

마귀의 시험은 인간이 현재의 존재보다 나은 신적 존재가 된다는 것인데, 선악과를 먹는 날에는 하나님과 같이 된다고 유혹하여 인간으로 하여금 현재의 존재에 대한 결핍을 느끼게 한다(창 3:4-5). 그리고 신적 존재라는 우월성에 눈을 뜨게 한다. 결국 마귀의 유혹에 따라 선악과를 먹은 것은 '우월적 존재'가 되고자 하는 인간 욕망의 시작이고, 그것이 곧 혼돈과 공허와 흑암의 감추어진 모습이다. 이제 선악과를 따먹은 '죄의 실체'는 '우월적 존재가 되는 것'에 목적을 두는 것으로 드러났다. 그 때문에 하나님이 주신 자신의 존재에 대해서는 결핍을 느끼며 자신의 힘으로 결핍을 보충하고자 하는 길로 가는 것이다. 이것이 죄의 실체이고 '죽음의 상태'이며 '마귀에게 장악된 세상의 현실'이다.

우월적 존재가 되고자 하는 인간의 욕망은 교회에서도 예외 없이 나타난다. 참된 믿음이 아닌 종교적이고 윤리적인 행함을 내세워 자신의 우월한 거짓 믿음을 믿음이라고 우기며 다른 사람에게 보이고자 하는 것이 그것이다. 믿음마저 이용하여 자기의 우월감으로 살아가는 죽은 세상에 하나님은 아들을 보내셨다. 십자가 사건으로 죽음에서 자기 백성을 구하기 위해 아들을 희생하신 하나님 은혜의 풍성함을 찬송하게 하기 위해서였다. 이것이 세상을 창조하신 하나님의 계획이다. 이처럼 인간의 구원은 인간 자체의 영광을 드러내고자 하는 것이 아니라 하나님의 영광이 목적이기 때문에 '하나님을 위한 구원'(사 43:25)인 것이고, 이것을 언약으로 나타내신 것이기 때문에 '하나님을 위한 언약'이 되는 것이다.

하나님 은혜의 풍성함을 찬송하는 것은 우리에게 주어진 모든 것이 하나님에 의한 것임을 믿는 믿음에 의해서만 가능하다. 이러한 참된 믿음이 인간의 욕심에 의한 자아실현과 자기의 모든 것을 부인하게 한다. 따라서 믿음은 인간을 우월의 자리로 끌어가는 것이 아니라 낮아지신 예수님의 자리로 이끌어간다. 낮아지신 예수님의 자리에서 그동안 자신을 장악하고 있던 죄의 실상을 보게 되면서 예수님이 피 흘리신 십자가의 이유와 내막을 알게 되고 모든 것을 예수님의 공로로 돌리게 된다. 이것을 위해 성령을 보내신 것이고 성령으로 말미암아 '혼돈과 공허와 흑암'이 자신 본래의 자리임을 알게 된 인간이 그곳에서 자신을 구출하신 하나님의 은혜만을 높이게 하는 것이 하나님의 궁극적인 목적이다.

▶ 언약의 특성

언약은 어떻게 길을 가야 하는지를 보여준다. 언약의 본질 자체는 하나이지만 실행 과정은 여러 가지로 나타난다. 언제나 예수 그리스도는 동일하지만 예수님의 오심과 사역, 그리고 승천이 다른 것과 같다. 하나님이 사람들에게 언약을 주신다. 언약을 받은 아담, 노아, 아브라함, 다윗 등등. 그러나 하나님의 언약을 받은 이들은 결코 하나님의 언약을 이루지 못한다. 그렇기에 하나님의 언약을 이룰 자는 하나님의 아들 예수님이란 사실이 점진적으로 밝혀진다. 즉 애초에 하나님은 언약의 주인공인 아들이 친히 완성하도록 아들에게 언약을 주신 것이지 무능력한 사람에게 주신 것이 아님을 알게 하신다. 단지 언약을 담을 그릇으로 사람을 선택하여 등장시킴으로 그들을 언약에 무능자인 죄인으로 드러내면서 동시에 예수 그리스도를 언약의 완성자, 즉 약속을 이루시는 데 전능자이심을 높이는 방식을 사용하신 것이다. 따라서 성경의 중심은 바로 예수 그리스도가 인간의 죄를 해결하시는 언약의 완성자요, 또한 죄의 해결이라는 언약의 중요한 기능을 수행하시는 분이라는 것에 관심을 갖게 된다.

언약의 특성은 언약을 하나님이 실행하실 때 일방적이라는 것에 있다. 이 언약은 일차적으로 대등한 대상자가 참여하는 것이 아니기 때문에 하나님이 자신의 맹세로 '자신을 우리와 묶으셨다.' 이는 하나님께서 언약을 세우실 때 언약의 상대인 인간의 연약함을 아시고 하나님께서 일방적으로 엮어서 세우셨기 때문이다. 언약은 하나님께서 시작하시고 하나님께서 이루시기에 '일방적'이지만, 또한 하나님께서 인간을 언약의 대상자로 삼으신다는 면에서 '쌍방적'이다. 이것이 언약의 두 측면이다. 언약은 선택된 관계이며 두 당사자는 서로에 대해 결속 있게 약속함으로 '상호적'이라고 할 수 있다.

하나님께서 일방적으로 언약을 세우신 것은 애당초 인간에게서 성취할 능력이 나올 수 없기 때문이다. 그래서 언약은 '인간의 죄를 낱낱이 드러내고 그 속에서 약속을 통하여 선택된 인간에게 긍휼을 베풀기 위한 하나님의 일하심'을 내용으로 하는 '일방적' 특성이 있다. 이것이 언약의 특성임을 생각한다면 믿음을 인간이 추구하는 욕망과 소원을 이루어 주는 능력으로 아는 것은 언약에서 벗어난 생각이다. 따라서 자신의 힘으로도 얼마든지 믿음이 가능하다고 생각하는 인간은 언약의 필요성과 중요성을 느끼지 못한다. 이것은 성경에서 말씀하는 믿음이 아니라 일반적인 종교들의 우상 숭배 모습이다.

하나님께서 언약이라는 방식으로 자신을 계시하셨고 당신의 뜻을 펼치시기 때문에 하나님 중심의 성경해석은 성경을 언약 중심의 시각으로 이해했을 때만 가능하다. 따라서 '언약'이 빠진 성경해석은 하나님의 행하심이 아니라 인간의 행함이 중점이 될 수밖에 없고 자연히 그리스도 중심이 아닌 인간 중심의 해석으로 나타나기 마련이다. 여기서 '언약 중심'이라는 말은 언약은 그리스도가 이루어 내시기에 '그리스도 중심'이라는 말과 같다. 따라서 더 정확하게는 성경해석의 초점은 단순히 하나님에게 두기보다는 더 구체적으로 '언약의 하나님, 하나님께서 약속하신 분이신 그리스도'에게 초점을 두고 해석해야 한다. 단지 하나님께 두게 되면 율법을 해석할 때 왜 율법이 주어졌는지를 알 수 없다. 이것이 해명되지 않는 하나님은 허구적인 신에 불과하다. 하나님은 그리스도에게 율법의 요구를 통한 하나님의 뜻을 완성하게 하셔서 만유의 으뜸으로 세우고자 하시며, 그리스도가 영광받는 것을 기쁨으로 여기신다.

'언약의 초점'은 그리스도를 향하고 그리스도로 완성되는 것이다. 그런데 언약이 없는 상태에서도 단지 하나님의 행하심에 초점을 둔 성경해석이 있을 수 있다. 하지만 이러한 경우에, 하나님이 말씀대로 '그리스도를 통하여' 어떤 일을 행하시는 이유에 대해서는 전혀 알지 못하게 된다. 이것이 언약을 알아야 하는 이유이고 언약의 시각에서 성경을 해석해야 하는 당위성이라 할 수 있다. 이와 마찬가지로 언약의 십자가 없이 단지 '하나님 나라 중심'으로 성경을 해석하는 것이 문제가 되는 것도 같은 이유에서다.

예를 들면 에덴동산에 사탄이 존재하는 이유, 선악을 알게 하는 나무를 있게 하신 이유, 인간이 선악과 먹는 것을 두고 보신 이유, 하나님이 창조하신 세상을 심판하시는 이유에 대하여 '왜 그렇게 하시느지'를 '언약의 시각'으로 보지 않고서는 도저히 풀리지 않을 뿐만 아니라 하나님의 행하시는 일에 대하여 그 이유를 모르고 더 많은 궁금증이 생길 수밖에 없다. 그 결과 그냥 믿으면 된다는 맹신을 가져 오기도 한다. 가령, 가장 먼저 에덴동산에 사탄이 존재하지 않았다면 인간이 죄를 범하지 않았을 것이다. 그렇다면 인간이 구원받아야 할 필요 없이 에덴동산에서 계속 생명을 누리면 된다. 다시 말해서 하나님이 단지 인간의 구원을 위해서만 예수님을 보내시고 십자가에 죽게 하신 것이라면 굳이 십자가라는 방식이 아니라도 여러 가지 다른 방법을 제시할 수 있을 것이다. 즉 처음부터 사탄을 제거한 상태에서 에덴동산을 만들어 주면 좋을 텐데, 구태여 불필요한 일을 하시는 하나님이 문제라고 제기할 수도 있다.

그런데 이러한 생각 자체가 성경을 인간중심으로 보기에 나타나는 현상이다. 우리가 성경을 보면서 그러한 생각을 한다는 것 자체가 얼마나 '자기중심'적 존재인가를 보여주는 것이며 자기 구원을 위한 하나님을 찾고 나서는 것이다. 그런데 그러한 것마저 죄라는 사실이 언약에 의해서만 밝혀지고 드러나고 만다. 창세 전 삼위 하나님의 협약을 이루기 위한 창조 사역과 구속 사역의 목적을 알지 못하면 성경에서 언약으로 일하고 계시하신 하나님을 만날 수 없다. 따라서 성경을 언약의 시각에서 이해하고 해석하는 것은 언약의 완성자이신 그리스도께서 성령을 보내주시어 성령의 지혜로 알게 된 것이며 그리스도인이 하나님의 뜻을 알고 바른 믿음의 길을 가기 위해 필수적인 요건이라고 보아야 할 것이다.

▶ 저주와 축복

하나님 말씀을 거역하고 지키지 못한 자들은 저주를 받는다. 선악과나무의 금령을 어길 때 "반드시 죽으리라"(창 2:17)는 말씀대로 아담은 죽음과 저주를 선고받았다(창 3:17-19). 그러나 하나님은 반역한 백성을 불쌍히 여기시어 저주받은 자들을 내버려 두지 않고 구속 있는 언약을 통한 새 창조(구속)로 범죄하여 타락한 자들 중에 자기 백성을 새롭게 만들어 가는 일을 하신다. 이러한 바탕을 진행하기 위하여 선악과 사건 이후에 하나님의 저주가 내려지게 되었다. 하나님은 아담과 하와와 뱀, 그리고 세상을 저주하신다. 아담과 하와를 에덴동산에서 추방해 버리신다. 세상은 저주 아래 있게 된다. 하나님 보시기에 좋은 세상은 사라지고 죄의 속성만 있는 타락한 저주의 세상이 된다(창 3:14-19). 저주에 속한 세상의 결국은 심판이다. 이것을 구체적으로 보여준 사건이 노아 시대의 홍수 심판이다. 홍수 심판으로 세상은 자기 힘으로는 저주에서 벗어날 수 없음이 드러난다.

하나님의 저주는 저주 자체를 목적으로 하지 않는다. 최종적으로 끝나버린 심판의 저주가 아니다. 여자에게 잉태하는 고통과 해산하는 수고를 주셨고, 또 남편을 사모하면서 남편의 다스림을 받게 하셨다. 선악과를 먼저 따먹은 여자에게 주신 하나님의 형벌이다. 또 여인은 남편을 사모하지만 남편은 아내의 마음을 헤아리는 것이 아니라 자신의 목적을 위해 이용할(다스릴) 뿐이다. 아담에게는 종신토록 수고하여야 그 소산을 먹을 것이라고 말씀하셨다. 인간은 평생 먹을 것을 염려하며 고통 속에서 살아갈 수밖에 없다는 것이다. 부자라고 해서 생존을 염려하지 않는 것이 아니다. 인간은 먹는 것으로 생명을 지속할 수 없음에도 먹을 것에 혈안이 되어 살아가는 자체가 형벌이다.

뱀에게는 모든 육축과 들의 모든 짐승보다 더욱 저주받아 배로 다니고 종신토록 흙을 먹을 것이라고 하셨다. '배로 다니고 흙을 먹을 것'이란 말씀은 온몸을 땅에 밀착한 채 살아가는 것을 저주라고 말씀하신 것이다. 다시 말해 뱀이 이것을 통해 형벌, 즉 고통을 받게 하셨다는 의미가 아니라 저주의 삶은 땅(세상)과 밀착되어 살아가는 것임을 뜻하는 것이다. 우리가 땅의 법칙만 따르고 땅의 것만 의지하며 살아간다면 뱀처럼 저주받은 삶을 사는 것이다.

이처럼 하나님의 저주인 형벌은 '세상이 죄 아래 있음'을 알려준다. 그리고 자기 힘으로는 저주에서 벗어날 수 없는 인간의 무능을 알게 하시며 자기 백성을 죄에서 구출하기 위해 보내신 '여자의 후손'을 고대하게 한다. 이런 의미에서 저주에는 세상에 구원자로 오실 후손을 기다리게 함으로 죽음에서 생명으로 건지시기 위한 은총이 담겨 있다고 할 수 있다. 따라서 '저주'는 저주를 축복으로 만들어 내는 새로운 등장인물을 소개하며 하나님의 계시인 '언약의 실체'를 나타내 보이는 데 좋은 도구가 된다. 하나님은 그 '저주를 축복으로 전환하는 근거가 언약 속에 들어 있다'는 것을 언약의 성취 과정에서 보여주심으로써 새 창조(구속)의 사역이 창조 사역보다 더 큰 신비요 은혜의 역사임을 알려 주신다.

이같이 하나님의 언약에 의한 사랑에 온 피조물이 감사와 영광을 돌리게 하는 것이 저주와 형벌의 목적이다. 따라서 에덴에서의 추방은 최종적인 저주가 아닌 다시 돌아올 것을 전제로 하고 있다. 마치 집을 나간 탕자 비유처럼, 아버지 집을 나가서 새로운 생명을 얻게 하시기 위한 하나님의 사랑의 조치라고 볼 수 있다.

인간이 신이 되고자 하는 것 자체가 하나님의 창조의 뜻에 어긋나는 것이다. 그러나 이를 바탕으로 새로운 창조가 시작된다. 새 창조는 새로운 인간의 탄생을 수반한다. 이 작업은 필연적으로 기존의 것을 부정하고 붕괴하는 작업과 병행하여 일어난다. 하나님은 해체의 역사도 하시고 새 창조의 역사도 하신다. 무너짐 없이는 새 창조의 역사가 없다. 인간도 마찬가지다. 인간은 하나님의 형상이었는데 이 형상도 무너져야 한다. '새로운 하나님의 형상'으로 바뀌어야 한다. 그러나 '새로운 하나님의 형상'은 '기존 하나님의 형상'이 소멸되는 과거의 증거를 계속해서 가지고 있다. 이것이 바로 '아담의 형상'이다. 오늘날 인간이 '아담의 형상'으로 존재하는 이유는 바로 약속의 구체적인 성취가 남아 있기 때문이다. '아담의 형상'은 약속을 이루는 재료가 된다. 인간은 왜 사는가? 아니 그 사람은 왜 살아 있는가? 하나님의 약속을 이루시기 위함이다. 약속을 담은 '약속의 창조물'이 되었다. 언약의 상대자로서 저주는 언약에 의해 축복의 대상이 되기도 하고 저주의 대상이 그대로 남기도 한다. 축복받은 인간과 저주받은 인간의 탄생으로 하나님께서는 영광을 받으신다. 따라서 인간의 범죄는 언약을 구성하는 목적 안으로 끌려들어 가게 된다.

▶ 언약 백성

언약의 하나님은 인간에게 언약을 세우시고 언약으로 일하신다. '하나님의 백성이 누구인가'에 대해서도 '언약 안에서' 확인된다. 따라서 언약 밖에서 인간이 생각하는 하나님의 백성다움이란 인간에게 있는 종교적 습성에 의한 주관적 생각일 뿐이며, 세상에서 통용되는 선과 의로움으로 인정하고 있는 '윤리와 도덕'을 바탕으로 나름대로 하나님의 백성이라고 착각하는 것일 뿐이다.

하지만 하나님은 언약을 원칙으로 세워 자기 백성을 찾으신다. 하나님께서 말씀하시기를 "내 언약을 따르지 않는 자는 저주를 받을 것이며 내 목소리를 순종하고 나의 모든 명령을 따라 행하면 너희는 내 백성이 되겠고 나는 너희의 하나님이 되리라" 하셨다. 여기에서 복과 저주의 판단기준은 '언약'이다. 누구든 언약을 지키지 않으면 저주를 받는다. 이스라엘이라 해도 예외가 아니다. 이스라엘이라는 선민사상의 민족성이 그들에게 임하는 저주를 막아주는 의가 되지 못한다.

구약 역사를 통해서 이스라엘을 인간을 대표하는 언약의 상대자로 선택하였는데도 그들에게서 의는 조금도 나타나지 않았다. 의가 없는 자는 언약의 약속대로 오직 저주만 임하게 되는데, 이러한 저주 받은 인간을 대신하여 그리스도께서 수행하신 언약 완성을 통하여 그 '저주를 축복'으로 전환하신다. 그 근거가 되는 언약 안에 그들이 들어 있음을 보여줌으로써 언약에 의한 하나님의 사랑과 긍휼에 구원받은 언약 백성은 감사와 영광을 돌리게 된다.

따라서 모든 인간은 하나님과 맺은 언약을 친히 하나님께서 이루심으로 저주가 축복으로 전환되는 혜택을 받든지 아니면 영원히 저주받는 대상으로 남든지 둘 중의 하나가 된다. 언약 밖에 있는 것이 저주이고 언약 안에 있는 것이 생명이 된다. 이스라엘은 '생명이 되는 언약이 무엇인가'를 증언하기 위한 도구로 존재하게 되는데, 그런 의미에서 이스라엘은 '언약의 나라'인 것이다.

교회가 세상의 종교와 다른 이유는 하나님과 성도가 언약 관계에 있기 때문이다. 언약 안에 있는 것이 교회이며, 교회는 하나님의 언약을 세상에 증언해야 할 도구로 존재한다. 십자가 역시 언약 안에서 성령에 의해서 해석될 때만 복음이 되는 것이며, 언약 밖에서 해석하는 십자가는 그저 인간의 구원을 위한 도구로만 존재할 뿐이다. 그래서 언약 밖에서 해석하는 십자가는 단지 자기 구원을 위한 수단과 용도로 자신이 주체가 되어 잠시 사용하고 폐기 처분할 뿐이다. 성경에 나타나는 '언약의 십자가'는 이와는 전혀 다르다. '십자가'라는 말을 한다고 모두 같은 십자가가 아님을 알아야 한다.

이렇게 인간 중심으로 십자가를 해석하고 이해하면 하나님 중심으로 십자가를 증거하고 십자가 복음으로 은혜에 감격하며 신앙생활을 하는 자가 한없이 어리석게 보이면서 십자가만 붙들고 십자가 밑에서만 머물러 있는 자라고 조롱하게 된다. 하지만 오히려 그러한 생각이야말로 십자가를 알지 못하는 것으로서 지극히 인간중심으로 해석한 결과이다. 이것은 바로 복음의 광채인 십자가를 멀리하게 함으로써 생명 되신 예수 그리스도의 '언약의 십자가 안'에서만 누릴 수 있는 생명을 누리지 못하게 만드는 마귀의 조종 아래 있는 상태이다. 마귀는 예수님의 공로인 십자가를 무용지물로 돌리기 위하여 안간힘을 쓰고 있다는 사실을 직시해야 할 것이다.

따라서 '성령께서 증거하는 '언약의 십자가'를 경험하지 못한 자들은 자신의 '종교적 열심'으로 신앙을 갖고자 한다. 이들은 결국 십자가에서 나오는 놀라운 부요함을 맛보지 못한다. 그래서 십자가 밖에서 또 다른 것을 신앙으로 확보하려는 욕구를 유감없이 발휘한다.

이것이 교회가 언약 완성의 십자가가 없는 일반 종교의 수준으로 전락한 모습이다.

세계는 모두 하나님께 속해 있다. 하나님께 속했다는 것은 생명에 속했다는 뜻이 아니라 세상 만물과 심지어 천사와 사탄까지도 하나님의 권세 아래 있다는 뜻이다. 그러나 하나님께 속한 세계 중에서도 은혜의 왕국인 하나님의 소유가 된 제사장 나라, 거룩한 백성에게만 영생이 주어진다(출 19:5-6).

(3) 구속 사역을 위한 언약의 흐름

하나님이 역사 안에서 언약을 주셔서 자기 백성을 어떤 식으로 만들어 내고 관계를 맺으시는지를 보여주는 하나님의 계시는 '창세 전 협약'에 기초를 두고 있다. 창조 세계를 배경 삼아 역사 속에 펼쳐지는 과정인 언약에는 흐름이 있다. 따라서 어떻게 길을 가야 하는지를 보여주는 성경을 통해 언약의 전개 방식을 살펴보고자 한다. 하나님의 구속 역사는 중요한 지점마다 언약을 새롭게 변화시켜 갈 때 특정 언약의 시대에서 다른 언약 시대로 전환될 때면 하나님이 자기 백성과 다른 방식으로 관계를 맺는다는 사실을 알 수 있다. 이전 언약보다 나중 언약이 더 구체적이고 점진적으로 나아가는 과정을 밟는다. 즉 새로운 언약을 맺게 될 때는 이전 언약을 새롭게 흡수 통합하기 위하여 진행 방법에 있어서 이전의 언약과는 '단절과 연속'의 과정을 겪게 된다. 그래서 언약의 본질적 실체는 하나이지만 언약 시행 방법은 차이가 있다. 이는 언약의 본질에서는 연속성을

【 성경의 주요 언약 】

구분	형태	특징	표지	텍스트	비고
창조 계시		안식	선악나무 생명나무	창 1:1-창 2:3 엡 3:9	처음 창조
주어진 약속	상징	메시아 중심	원시 복음	창 2:4-계 22:5 창 3:15	계획된 언약
구속 언약	노아 언약	땅 보존	무지개	창 9:8-17	정결한 짐승의 희생
	아브라함 언약	땅, 자손, 복	할례	창 15, 17장	할례받은 자식의 희생
	모세 언약	땅 소유	안식일	출 19:5-6 출 20장 이하	언약궤 위의 피
	다윗 언약	영원한 나라 왕위	아들	삼하 7장 대상 17:14	성전과 선지자 고난
	새 언약	영생	세례	렘 31:27-34 마 26:27-30 눅 22:20	십자가 죽음과 부활
이행된 약속, 성취	실체	그리스도 완성	완성 복음	요 19:30 마 27:51 엡 2:14-18, 4:6-8 고후 1:20 히 10:10	완성된 새 창조

가지고 있지만 시행 방법은 불연속성이라는 의미이다.

구약에서는 이미지와 그림자 및 모형이라고 표현되는 물질적이고 임시적인 것들이 장차 신약에서는 십자가 사건으로 표현되는 실재적

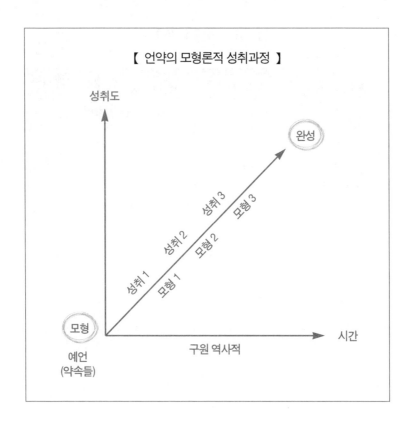

【 언약의 모형론적 성취과정 】

성취도

완성

성취 3
성취 2
성취 1
모형 3
모형 2
모형 1

모형

시간

구원 역사적

예언
(약속들)

인 영적 차원으로 나타난다. 그러나 여기서 주의할 것은 우리가 보통 성경을 볼 때 희미한 그림자를 통해서 빛을 보는 방식, 또는 구약에서 출발해서 신약으로 진행할지라도 궁극적으로는 언약을 이루신 그리스도의 빛으로 구원역사를 되돌아보는 사도들의 방법을 따라야 한다는 점이다. 이는 그리스도의 영을 받은 사람들이 기록(벧전 1:10)한 계시의 말씀이기에 그리스도 완성의 성령을 받지 않고는 구약 창세기부터 해석이 안 되기 때문이다. 즉 예수님께서 십자가에서 "다 이루었다"(요 19:30, 계 21:6)고 하신 복음의 내용이 시공간을 넘어 적용되는 '그리스도의 완성'이라는 열쇠를 통해서 성경을 이해해야 한다는 것을 의미한다. 신구약 어느 시대나 장소에 매이지 않는 언약 성취의 복음이 현재를 살아가는 우리에게도 제한 없이 적용되기 때문이다.

〉〉〉 c o v e n a n t _ 1

은혜 언약의 출발인
아담 언약

▶ 아담 언약의 배경

　　성경은 하나님께서 창조 사역을 말씀으로 이루셨다고 기록하고 있다. 이것은 말씀 그 자체가 갖는 중요함을 언급한 것이다. 창조의 능력을 발휘할 수 있는 것이 바로 말씀이고 온 천지가 말씀의 기초위에 자리 잡고 있다면 하나님과 피조물의 만남 자리도 말씀일 수밖에 없다. "보기에 좋았다"라고 하신 말씀은 피조물이 말씀대로 있을 때 한하여 유효하다. 이처럼 성경이 처음부터 말씀의 중요성에 대하여 부각시키고 있는 이유는 '하나님과 인간과의 관계 성립' 역시 말씀 이외에 결코 다른 것으로 대체될 수 없음을 강조하기 위해서다.

　　하나님께서 인간을 통해 이 세상을 지배하고 통치하게 하는 그 모든 행사도 하나님의 일방적인 의중에서 나온 것이기에(창 1:26) 하나님의 형상대로 된 피조물인 인간이 좋았더라는 평가를 받으려면 본래 하나님의 의중에 일치된 상태를 유지해야만 한다("그대로 되니라" 창 1:30).

'복'이라든지 '거룩'이라든지 '안식'이라고 하는 것은 하나님 보시기에 그 피조물이 만족스러운 상태에 놓여 있을 때를 표현하는 방식이다. 만약에 현 세상이 혼란과 무질서가 개입되어 있다고 한다면 이는 필시 최초의 창조된 모습은 아닐 것이다. 그 원인은 인간이 하나님께서 내려주신 말씀을 위배했기 때문이다.

처음 세상은 인간이 말씀을 지키는 경우 행복이 극치에 이르는 세상이었고 다른 피조물과의 관계, 부부 사이도 정상이었다. 그런데 그것이 말씀에 대한 위배로 말미암아 저주와 심판, 분열과 갈등, 불안과 죽음이 초래되었다. 여기서 또다시 하나님 말씀이 갖는 의의가 부정적 측면에서 재확인된다. 말씀에 대한 거절은 반창조(反創造)로 내려가는데 '반창조'란 소멸이나 무(無)로 되돌아가는 것이 아니라 창조 이전의 무질서와 혼돈으로 전환되는 것을 말한다(창 1:2, 2:7, 3:19).

창조사역에서 말씀의 역할은 세계를 무질서에서 질서로 전환시키고(1일, 2일, 3일의 사역), 비어 있는 질서를 채우시고(4일, 5일, 6일의 사역), 그 채워진 존재에 축복하사 팽창하고 확산되도록 하셨다. 그런데 인간의 범죄로 말미암아 이 체제가 와해되고 다시 무질서로 돌아가게 되었다. 여기에 말씀을 극복하고 등장한 것이 있으니 바로 여호와께서 주신 약속이다(창 3:15). 여자의 후손이 나타나 말씀에 도전하는 세력을 와해시키고 다시는 하나님의 창조정신과 충돌되는 것이 없게 하시겠다는 것이다.

그 후 세계역사는 여자의 후손이 등장한다는 약속이 어떻게 이어지며, 어떻게 성취되는가에 초점을 맞추어 진행된다. 하나님께서 세상을 그쪽으로 유도해 가신다. 또한 약속에 기대를 거는 자들도 하나님의 이러한 역사관에 보조를 맞추어야 한다. 이제부터 인류가 활동하고 쉬는 터전인 땅은 그 모든 변화가 약속을 위한 역사적 배경과 공간으로서만 의미가 주어진다.

인간들이 만나고 투쟁하고 갈등을 일으키고 몸부림치고 애쓰고 죽고 죽이는 사건 하나하나는 결코 약속의 내용과 무관한 것이 아니다. 창세기 4장에 나타난 가인이 아우를 죽이게 되는 살인사건의 경우를 봐도 그렇다. 가인의 살인 이유는 하나님께서 일방적으로 아벨의 제사를 받았고 가인의 제사는 거절한 데 있다. 하나님의 선별에 대한 가인의 불만 표시였다.

그러나 땅은 이러한 가인의 행위를 수용할 수가 없어 하나님께 호소한다. 말씀에 어긋나기 때문이다. 하나님은 가인을 그 땅에서 추방하고 아벨을 대신하여 셋을 낳게 한다. 이것이 바로 '여자의 후손이 주어지는 방식'이다. 즉 하나님이 생각한 여자의 후손만이 하나님의 선택으로 인해 죽은 자들을 대신할 수 있는 가치가 있다. 아벨을 대신한다는 말은 아벨의 죽음에 하나님께서 뜻을 갖고 계신다는 증거이다.

역으로 가인의 보호는 아벨의 죽음이 어떠한 사고방식을 지닌 자로부터 당한 피해인가를 증명하기 위한 시도이다. 여기에 약속의 실체가 보인다. 하나님이 생각한 약속의 후손은 오직 하나님이 선택한 자에 한하고 그렇게 선택된 분은 하나님의 선택에 반기를 드는 자로부터 희생당하는 경험을 갖게 된다. 셋의 가문이 무사히 이어지는 것을 보며 비로소 사람들은 약속의 하나님이신 여호와의 이름을 찬양하게 된다(창 4:26). 약속의 계보는 또한 인간들이 저주받은 땅에서 고생스럽게 수고하는 어려움도 해결해주는데(창 5:29) 노아의 등장이 바로 그 해결책이다. 땅의 질서를 회복한다는 말은 인간들의 범죄로부터 땅을 지킨다는 의미이다.

▶ 아담 언약의 내용
- - - - - - - - - - - - - - -

약속이 먼저 주어지고 나서 그다음으로 약속을 이루기 위한 언약이 주어진다. 약속은 창세기 3장 15절에서 이미 주어졌다. 그러므로 죄악이 들어온 이후에 심판과 함께 은혜를 시작하는 노아 언약(창 6:18)이 처음에 주어진다. 따라서 천지창조부터 언약이라고 바로 들어가게 되면 약속과 언약을 구분하는 신약성경의 사도 바울의 증언과 다르게 된다. 그래서 하나님의 창조 회복에 중심을 두고 성경을 보기 위하여 '창조 언약'이라는 틀을 만들어 언약을 소급하여 확장하는 것은 바람직하지 않다. 또한 인간 구원을 위한 신학을 전개하기 목적으로 '창조 회복'으로 언약을 전개하는 것도 주의해야 한다. 따라서 언약은 노아 언약에서 시작되기 때문에 '아담 언약' '창조 언약' '행위 언약'과 같은 용어는 사실 자연스럽지 못하다.

그러나 아담도 인간의 대표로서 언급되므로 아담의 후손을 대표하는 차원에서 소급 적용해보면 하나님의 언약을 위하여 창조되었으므로 '아담 언약'이라는 말이 나오지 않아도 언약이 담겨 있는 것이다. 그래서 우리는 아담 언약을 말할 수 있다. 아담의 범죄는 언약을 이루는 목적에 영향을 미치게 된다. 즉 아담의 범죄가 언약을 구성하는 데 언약 구성 재료로 활용된다고 볼 수 있다. 그 목적은 태초부터 예수 그리스도를 향하여 통일되도록 예정되었으므로(엡 1:9-10), 아담은 언약을 시작하는 역할을 한다. 최종 목적이 이미 계획되어 있으므로 그 목적은 아담의 죄보다 앞선다는 차원에서 쉽게 이해할 수 있다.

그래서 아담과 관련해서는 언약이라는 단어 자체는 사용되지 않지만 뒤에 나오는 선지서인 호세아서에 따르면 '아담은 언약을 어겼다'고 하는 이야기가 나온다. 이 이야기는 비록 하나님이 언약이라는 단어는 사용하지 않지만 아담과 하나님은 언약 관계에 있었다는 것으로 해석될 수 있다. 아담은 모든 인류의 대표이기 때문이다.

"그들은 아담처럼 언약을 어기고 거기에서 나를 반역하였느니라" (호 6:7).

이스라엘과 유다가 다 하나님께 범죄하였는데 아담처럼 언약을 어겼다고 한다. 여기서 아담을 그냥 사람으로 보는 것이 자연스럽다. 그러나 사람의 대표가 아담이기에 아담으로 보아도 무방하다. 아담이 받은 금지명령은 선악과에 대한 것이다(창 2:17). 한 가지 금령이지만 이것은 죽고 사는 문제를 다루는 출발이므로, 이러한 첫 아담 이야기가 있어야 마지막 아담으로 자연스럽게 연결된다. 그러므로 아담 언약은 행위 언약이 아닌 은혜 언약의 출발점으로 볼 수 있다.

또 다른 관점에서 보면 호세아 6장 7절에서 '그들이 아담(범죄한 것)처럼 언약을 어기고'라고 할 때 언약이라는 용어는 해당되지 않는다. 호세아 선지자 세대의 사람들의 언약 위반이 하나님을 무시한다는 면에서 아담의 범죄나 다를 바 없다. 그러나 '아담이 언약을 어긴 것처럼'을 문자적으로 보면 마치 아담 언약을 언급하는 것처럼 보인다. 아담이 범죄하여 넘어진 유혹은 그때나 지금이나 항상 우리에게 놓여있으며, 또한 아담의 범죄로 인하여 모든 사람이 범죄 아래 있게 되었다.

> "이 세상이나 세상에 있는 것들을 사랑하지 말라. 누구든지 세상을 사랑하면 아버지의 사랑이 그 안에 있지 아니하니 이는 세상에 있는 모든 것이 육신의 정욕과 안목의 정욕과 이생의 자랑이니 다 아버지께로부터 온 것이 아니요 세상으로부터 온 것이라. 이 세상도, 그 정욕도 지나가되 오직 하나님의 뜻을 행하는 자는 영원히 거하느니라"(요일 2:15-17).

이 유혹을 이길 자는 아무도 없다. 오직 예수님만이 이 유혹을 이기신다. 예수님께서 40일 금식 후에 사탄에게서 받은 유혹은 에덴동산에서 아담과 하와가 받은 유혹과 같은 것이다. 먹음직하고 보암직하고 이생의 자랑이 되는 것이다. 돌로 떡을 만들어 먹는 것, 성전 꼭대기에서 뛰어내리는 것, 세상의 영광을 준다는 마귀의 유혹을 말씀으로 물리치신다. 따라서 처음 아담과 마지막 아담의 세계가 어떠함을 대조적으로 볼 수 있다.

> "그러므로 한 사람으로 말미암아 죄가 세상에 들어오고 죄로 말미암아 사망이 들어왔나니 이와 같이 모든 사람이 죄를 지었으므로

사망이 모든 사람에게 이르렀느니라. 죄가 율법 있기 전에도 세상에 있었으나 율법이 없었을 때에는 죄를 죄로 여기지 아니하였느니라. 그러나 아담으로부터 모세까지 아담의 범죄와 같은 죄를 짓지 아니한 자들까지도 사망이 왕 노릇 하였나니 아담은 오실 자의 모형이라"(롬 5:12-14).

"한 사람이 순종하지 아니함으로 많은 사람이 죄인 된 것같이 한 사람이 순종하심으로 많은 사람이 의인이 되리라. 율법이 들어온 것은 범죄를 더하게 하려 함이라. 그러나 죄가 더한 곳에 은혜가 더욱 넘쳤나니 이는 죄가 사망 안에서 왕 노릇 한 것같이 은혜도 또한 의로 말미암아 왕 노릇 하여 우리 주 예수 그리스도로 말미암아 영생에 이르게 하려 함이라"(롬 5:19-21).

아담 안에서 죄인 된 우리는 아들 안에서 하나님과의 관계가 새롭게 되는 의로운 상태가 된다. 말하자면 아담 아래서 사망이 왕 노릇 하고 예수님 안에서 생명이 왕 노릇 한다. 이것은 개인의 어떤 행동을 말한 것이 아니라 세상 전체의 구조를 말한 것이다. 그러므로 사람의 필요를 채워주기 위해 성경이 있는 것이 아니다. 이 세상이 어떤 구조로 돌아가는가를 보아야 한다. 그것이 지혜이다. 지혜가 부르며 명철이 소리를 높인다(잠 8:1). 이 지혜는 천지를 창조하기 전에 이미 있었다. 하나님께서 천지를 창조하실 때 그 곁에 있어서 창조자가 되어 날마다 그 기뻐하시는 바가 되었다(잠 8:30). 이 지혜를 요한복음에서는 '말씀'이라고 한다.

"태초에 말씀이 계시니라. 이 말씀이 하나님과 함께 계셨으니 이 말씀은 곧 하나님이시니라. 그가 태초에 하나님과 함께 계셨고 만물이 그로 말미암아 지은 바 되었으니 지은 것이 하나도 그가 없이는 된 것이 없느니라. 그 안에 생명이 있었으니 이 생명은 사람들의 빛이라. 빛이 어둠에 비치되 어둠이 깨닫지 못하더라"(요 1:1-5).

지혜는 말씀이다. 지혜의 말씀은 바로 예수 그리스도시다. 만물이 창조되기 전에 하나님의 세계에 말씀이 계셨다. 만물 위의 세계에는 만물이 아니라 말씀이 계신다. 여기에서 말씀은 로고스이다. 이 로고스는 '만물을 창조하신 그리스도'이자 창조 전에 '선재 하신 그리스도'이다. 요한복음은 "태초에 말씀이 계시니라"라는 구절로 시작하고, 요한일서는 "태초부터 있는 생명의 말씀"이라는 구절로 시작한다. 그러므로 로고스(Logos)는 곧 생명의 말씀이며 생명의 말씀은 생명을 계시하는 말씀이다. 생명의 말씀으로서 로고스는 생명의 본체이신 하나님을 계시하는 말씀이다.

따라서 예수님은 창세 전부터 계신 분으로 천지를 창조하셨다. 예수님이 말씀이며 생명(빛)이다. 그런데도 사람들은 예수님을 알아보지 못했다. 그 이유는 사람 안에 생명(빛)이 없었기 때문이다. 이 말씀이 바로 예수님이시며 예수님 안에 생명이 있다. 이 생명이 사람의 빛이며 이 빛이 사람에게 비추어지는데 사람들은 전혀 깨닫지를 못한다. 즉 사람 속에 참된 생명이 없다는 것이다. 말하자면 지혜도 없고 말씀도 없다. 그래서 하나님 말씀을 듣고 믿을 수 있는 사람은 아무도 없다. 그러나 인간으로서는 어떠한 방법으로도 불가능한 일이지만 하나님은 '하나님의 언약' 대로 이루어 내신다.

> "기록된 바 첫 사람 아담은 생령이 되었다 함과 같이 마지막 아담
> 은 살려 주는 영이 되었나니"(고전 15:45).

첫 아담의 범죄로 모든 사람이 죄와 사망의 종이 되었다. 그러나 마지막 아담은 살려주는 영이 되신다. 따라서 마지막 아담이신 예수 님은 하나님의 모든 언약의 최종 완성의 자리인 십자가로 다 이루시 고 예수 그리스도 안에서 새로운 피조물을 만들어 내신다. 이것이 언 약대로 일하시는 모습이다. 이러한 언약을 따라 신실하게 이루어 내 시는 그 주님을 우리가 믿게 되는 것 역시 하나님께서 언약에 신실하 시기 때문이다.

첫 사람 아담이 생령이 되었다는 것은 하나님이 흙으로 사람을 지으시고 생기를 코에 불어넣으시니 사람이 생령이 된 것, 즉 '만들 어진 생명'을 말한다. 하나님이 처음 아담을 만들 때는 생령의 상태 였다. 생령의 상태라는 것은 '죽음이 없는 상태'를 말한다. 그 말은 아담이 선악과를 먹지 않았다면 죽음이 없는 생령의 상태가 계속 유 지되었을 것이라는 뜻이다. 다시 말해서 처음부터 죽음이 있는 몸으 로 지음받지 않았다는 것이다. 어쨌든 하나님이 아담을 생령이 되게 하셨는데, 선악을 알게 하는 나무를 범함으로 죽는다는 것은 하나님 이 처음 만드신 아담과 '다른 몸'이라는 뜻이 된다. 즉 '죄 있는 몸' 이 된 것이다. 그리고 죄가 죽음으로 작용하게 된 인간의 현실이 몸 이 죽고 흙으로 돌아가는 것으로 나타냈다.

하지만 하나님이 예수 그리스도를 통하여 만드신 다른 세계인 천

국은 '죄짓지 않는 몸'이 아니라 '죄를 용서받은 몸'만 허락되는 세계로 지으셨다. 그래서 천국에서는 죄를 용서하신 예수님의 공로에 의한 은혜로 감사하고 기뻐하는 그리스도인으로서 대접받는다. '죄 없는 몸'으로도 천국에 갈 수 없다면 죄짓지 않도록 힘을 써야 한다거나 윤리와 도덕으로 바른 삶이 있는 그리스도인으로 만들고자 하는 모든 것이 헛수고가 된다. 결국 이러한 사태는 성경에서 말씀하는 천국을 제대로 알지 못하면서 안다고 착각하고, 하나님이 만드신 천국이 아니라 '인간이 상상하는 천국' 생각에 빠져서 발생하는 것이다.

마지막 아담은 '살려주는 영'이 되었다는 말을 잘 생각해 보라. 마지막 아담은 예수님이다. 예수님이 '살려주는 영'이라면 살려주는 영이 함께함으로 산 자가 된다. 이들이 신령한 사람이고 하늘에 속한 자들이고 하늘에 속한 이의 형상을 입은 것이다. 이 모든 것은 예수님이 다시 오시고 부활했을 때 비로소 이뤄지는 것이 아니라 예수님이 영으로 오신 지금 '현재의 일'이다. 그래서 바울은 지금의 상황을 우리의 참된 현실로서 말하고 있다.

창세 전에 하나님께서 사람에게 주고자 하신 생명은 아담에게 주신 '피조 된 생명'(창 2:7)이 아니라 '그리스도로 인하여 태어난 생명'인 아들 안에 있는 생명, 곧 영생이다(딛 1:2). 하나님이 사람에게 주고자 하신 영생은 창세 전부터 하나님이 신실하게 약속하신 것이다. 하나님이 사람을 지으신 목적은 아들 안에 있는 생명을 주시기 위함이다. 이 생명이 영생이며 영생의 본질은 유일하신 참 하나님과 그가 보내신 자 예수 그리스도를 아는 것이며, 그와 사귐이다(요 17:3, 요일 1:3). 주님과 교제하며 사랑의 나라, 아들의 나라를 누리는 것이다. 이것은 바로 영원 전 세계를 알고 아들이 아버지 안에서 보았던 영광에 우리가 참여하는 것이다.

> "만일 너희 속에 하나님의 영이 거하시면 너희가 육신에 있지 아
> 니하고 영에 있나니 누구든지 그리스도의 영이 없으면 그리스도
> 의 사람이 아니라"(롬 8:9).

누구든 그리스도의 영이 있다면 그는 살려줌을 받은 자이다. 즉
죽은 자에서 산 자가 된 것이다. 육의 몸으로 심고 신령한 몸으로 다
시 살아난 것이다. 이들이 바로 성령받은 자이다. 그리스도의 영에
의해서 그리스도의 사람이 되었기에 세상이 자랑하는 것들은 쓸모없
는 것이 된다. 세상의 기준이 아무 가치 없는 것으로 던져지는 영의
세계가 된다. 이것이 하늘에 속한 자로 사는 것이다.

> "또 그리스도께서 너희 안에 계시면 몸은 죄로 말미암아 죽은 것
> 이나 영은 의로 말미암아 살아 있는 것이니라. 예수를 죽은 자 가
> 운데서 살리신 이의 영이 너희 안에 거하시면 그리스도 예수를
> 죽은 자 가운데서 살리신 이가 너희 안에 거하시는 그의 영으로
> 말미암아 너희 죽을 몸도 살리시리라"(롬 8:10-11).

고린도전서 15장 45절 말씀에서 예수님이 살려주는 영이 되었다
는 것이나 로마서 말씀에서 예수 그리스도가 세상에 오셔서 무슨 일
을 하셨는가(자기 백성을 저희 죄에서 구원하시는 일) 하는 것은 같
은 내용이다. 예수님이 하신 일은 죽은 자를 살리신 것이다. 이 말은
인간이 스스로 살고자 하는 모든 일은 헛수고라는 뜻이 된다. 천국은

인간이 관여할 수 있는 일이 아니고 전적으로 살려주시는 예수님의 일이며, 예수님이 행하신 일을 알고 그 일이 감사가 되는 사람에게만 적용되기 때문이다. 따라서 예수님이 하신 일에는 마음 두지 않고 자신이 스스로 행한 일로 자기 이름의 영광을 얻고자 하는 것은 종교 단체의 활동일 뿐이다.

신약성경은 약속을 어긴 것의 모형인 첫 아담과 약속을 이루어 낸 실체이신 마지막 아담을 대조시킨다. 그러나 첫 아담이 마지막 아담보다 먼저가 아니다. 첫 아담은 마지막 아담의 속성과 본성을 드러내는 모형이기 때문이다. 이것이 중요한 것은 곧 예수님의 위상을 단지 인간의 죄를 처리하시는 전문가나 수단으로 여겨서는 안 된다는 점을 가르쳐주기 때문이다. 인간 역사 세계에서는 '시간상으로는' 첫 아담이 예수님보다 먼저이지만 '존재상으로는' 예수님이 먼저 계셨다. 이로써 마지막 아담이신 예수님은 우리를 살려주는 영으로, 죄와 관계된 언약을 이루셔서 언약 백성의 주가 되셨다.

>>> 아담 언약의 요약

아담 언약의 용어가 시간상으로 먼저 주어진 것이 아니지만 인류 전체 대표로서 모든 사람이 언약 관계에 있다는 측면에서 아담 언약은 받아들여질 수 있다. 로마서에서 사도 바울은 아담의 대표성을 언급하면서 비록 우리가 사탄의 시험 때 에덴동산에 없었을지라도 우리가 모두 아담 안에서 죄를 범했다고 말한 바 있다(롬 5:12). 그러나 선악과 금지 계명을 행위 언약의 의미로서 아담에게 적용하는 것은 온당치 않다고 본다. 왜냐하면 창조 시부터 이미 은혜 언약이 시작되었기 때문이다. 은혜 언약은 먼저 은혜가 주어지고 다음에 계명이 주어지는 형태를 띠고 있다.

그러므로 아담 언약도 은혜 언약이다. 이것은 인간이 타락하기 이전에 이미 삼위 하나님의 '창세전 협약' 속에 인류를 구원하는 내용이 들어 있기 때문이다(엡 1:4-7). 즉 인간의 범죄는 그 자체가 저주 심판으로 끝나는 것이 목적이 아니라 새 창조를 위한 동기로 작용하게 되므로 하나님은 범죄한 인간들에게 먼저 용서의 은혜를 주시고 용서받은 자로서 하나님의 은혜가 얼마나 놀라운지를 알리고 예수 그리스도 증인으로 살아가도록 하셨다.

【 각 언약들의 진행표 】

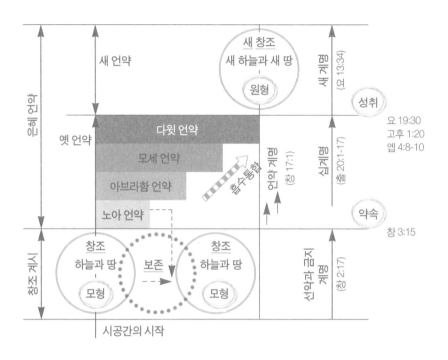

>>> covenant_2

땅의 질서를 회복한
노아 언약

▶ 노아 언약의 배경

노아 언약의 중요한 특징을 파악하기 위해서는 아담의 타락과 노아의 출현 사이의 흐름을 살펴보는 것이 유익하다. 축복은 만족할 만한 속성이 준비되어 있고, 그것을 선포하고 펼치기를 원할 때 하늘에서 주어지는 능력이다. 창세기 1장의 속성은 창조적인 차원에서 하나님께서 홀로 창조하신 작품이므로 만족스러웠다고 선언하고 있다. 그러나 창세기 9장까지 진행되는 과정에서 뱀과 인간에 의해 창조적 차원의 아름다움이 파괴된 이후 하나님은 만족하실 수 없었다. 그러나 이제는 노아 언약을 통해 새로운 만족을 보여주고 있다. 노아 언약에서는 '피'를 중심으로 언약을 맺는다. '피'의 가치를 전파하는 새로운 언약 세계의 전개를 알리는 복이 시작된다. 이제 다시 번성하고 충만하라고 하셨다. 물론 이것은 누군가가 순종해야 하는 명령은 아니지만 말씀 자체가 능력이 되어 이 땅에서 작용하는 것이다.

창조 계시와 노아 언약의 차이점은 노아가 드린 희생제물의 피가 은혜의 핵심으로 나타난다는 점이다. 선한 자, 악한 자, 나그네 된 자, 불신자들이 노아 언약의 은혜인 희생제물의 덕을 얻었으니 더 이상 핑계를 댈 수 없게 되었다(마 5:45, 롬 1:20). 에덴의 풍요로움은 인간이 하나님의 저주를 미리 방어하기 위한 요건이 결코 아니었다. 이제 잘살든 못살든 하나님은 하나님의 언약에 감사하는 모습을 기대하고 계신다. 우리는 생존을 위해 존재하는 자가 아니라 언약의 하나님께서 언약에 따라 일을 꾸준하게 추진하신다는 것을 증명하는 자들로 택함을 받았다. 그래서 모든 것이 하나님의 은혜로 언약대로 진행됨을 고백한다.

아담이 타락한 후 악은 빠르게 퍼졌다. 이 사실은 가인이 질투심 때문에 동생 아벨을 죽인 무서운 범죄에서 분명해진다(창 4장). 땅이 아벨의 피로 덮였고 그 피가 하나님 앞에 복수를 호소하였다. 하나님은 가인을 저주하셨다. 그러나 아담과 하와는 셋째 아들 셋을 낳았다. 그리고 셋의 출생 이야기에 이어 그의 족보가 소개되고(창 5장), 6장에서는 악의 급속한 확산이 언급된다. 가인의 족보는 범죄자로 이어지고 셋의 족보는 경건한 자로 이어진다.

이 두 족보는 분명히 구분되어 하나님께 순종하는 사람은 '하나님의 아들'이라 불릴 수 있고, 순종하지 않는 사람은 '사람의 딸'이라 할 수 있다. 그런데 두 후손의 혼인으로 두 혈통이 뒤섞이게 되었고, 그 결과 가인의 혈통적 죄가 셋의 후손까지 삼켜 온 세상이 극심

【 창조 계시와 노아 언약 비교 】

구분	창조 계시		노아 언약	
시작	땅이 물과 혼돈, 창조 질서와 형성	창 1:2	땅이 물로 가득, 물이 감소, 새로운 시작과 보존	창 8:13-19
번성	생육하고 번성, 새와 기는 것과 짐승 창조	창 1:20-25	새들과 기는 것과 짐승들이 번식	창 8:17-19
계절	낮과 밤 구분, 해와 달 창조	창 1:14-18	심음과 거둠, 추위와 더위, 여름과 겨울, 낮과 밤	창 8:22
복	생육하고 번성	창 1:28	생육하고 번성	창 9:1,7
통치	아담과 하와에게 세상 통치	창 1:26	노아와 그 아들들에게 세상 통치	창 9:2
음식	열매와 채소	창 1:29	짐승 고기 포함	창 9:3
인간 형상	하나님의 형상	창 1:26	하나님의 형상 유지	창 9:6
약속	창조 계시	창 3:15	구속 언약	창 9:9-17
대상	아담과 하와	창 1:27-28	노아, 육체를 가진 모든 생물	창 9:15

한 죄에 빠지게 되었다.

그러나 노아는 은혜를 입었고 하나님과 노아의 관계는 하나님의 은혜 안에 있음을 말해준다(창 6:5). 이런 가운데 하나님께서 다시는 악을 제지하지 아니하시며 영원히 사람과 함께하지 않겠다고 하셨다(창 6:3-8). 그때 인간의 욕망은 점점 더 커지고 사악해져 갔다. 그래서 하나님은 그의 피조물을 홍수로 멸하기로 결정하셨다.

▶ 노아 언약의 내용

        언약을 말할 때 대부분 성경에 처음 등장하는 '노아 언약'으로 시작한다. 그러나 그것은 세상이 창조되기 전부터 존재했던 삼위 하나님 간의 의논인 '창세 전 협약'인 '하나님의 약속'에 근거한다. 역사상 존재하는 우리 그리스도인은 예수님을 먼저 인식하고 성경을 보게 된다. 예수 그리스도 안에서만이 성경이 생명의 복음임을 알 수 있기 때문이다. 예수 그리스도 밖에서 성경을 보면 지식이나 정보 획득에 불과하다. 그래서 우리가 복음을 알고 전할 때 하나님께서 십자가를 통하여 예수님을 주와 그리스도로 삼으셨다는 것을 전하게 된다. 예수님의 십자가를 통해 주님과 그리스도를 믿는 것은 우리가 현재의 시공간에서 아는 것과 영원 전 약속된 것을 연결하는 것이다.

        인간의 죄가 땅에도 저주를 몰고 왔다. 인간의 범죄로 인해 가축과 짐승의 죽음까지 초래되었다. 인간의 타락으로 땅이 오염되었을 때 하나님께서는 그것을 정화하려고 하신다. 땅은 처음부터 죄를 용납할 수 없었다. 이것은 이 땅에 사는 사람들이 반드시 알아야 할 철칙이다. 이스라엘 민족이 다른 민족을 정복하고 진멸시키는 정당성은 그 땅을 정결하게 하는 데 있었다(민 35:34). 그러면 죄란 정확히 무엇인가? 땅을 더럽히는 모든 것이다. 땅을 더럽히는 것은 무엇인가? 선의 지배를 받지 않는 악이다. 결국 창세기 4~6장까지의 기록은 인간이 악을 이길 수 없다는 내용의 증거들이다. 범죄한 인간은 육체가 되고 하나님의 영이 함께하지 않기 때문에 악이 득세할 수밖에 없다. 땅은 악과 함께할 수 없다. 이것은 타락한 인간세계 자체가 땅과 화합할 수 없는 위치에 있다는 뜻이다. 그들 사이에는 안식이 없다. 쉼이 있다면 그것은 분명 외부로부터 은혜가 개입한 결과일 것이다. 그 개입은 '노아 언약'이었다.

하나님께서는 창세기 3장 15절의 약속이 이루어지기까지 인류가 멸망하지 않을 것이라고 '노아 언약'으로서 맹세하셨다. 인류를 파멸에서 보호하기 위해 제정되었기 때문에 '보존 언약'이라고 부를 수 있다. 이 언약은 아담과 하와가 선악을 알게 하는 계명을 어긴 후의 이야기에 기초하고 있다. 죄가 인류를 뒤덮으면서 세상은 무너지기 시작했다. 가인의 동생 살해와 라멕의 잔인함과 오만함은 악이 우세하다는 것을 증명이라도 하는 것 같다(창 4:23-24). 창세기 5장의 죽음에 대한 끊임없는 언급은 죄와 사망이 지배하게 되었음을 말한다. 창세기 6장에 나오는 하나님의 아들들과 사람의 딸들의 이야기는 악의 순조로운 진행을 확인시켜 주며, 인간의 마음속에 있는 악의 깊이와 범위는 충만하고 만연해 있다. 이런 세상에 거룩함을 나타내시고 원수를 멸하시기 위하여 하나님은 심판을 홍수로 보내셨다.

"여호와께서 사람의 죄악이 세상에 가득함과 그의 마음으로 생각하는 모든 계획이 항상 악할 뿐임을 보시고"(창 6:5).

이것은 인간에 대한 하나님의 선언이다. 하나님께서 죄로 정의하는 것이 하나님과 우리의 관계에 있어서 하나님의 기준이다. 하나님 중심이 아닌 인간 중심의 생각과 계획은 다 죄가 된다. 우리는 아담과 하와의 후손으로 태어난 인간이기 때문에 본질적으로 마음으로 생각한 모든 계획은 악할 뿐이다. 하나님은 이런 사람들을 물로 심판하신다. 그러나 심판 이후의 인간은 심판 전보다 나아지지 않는다. 심판 후에도 마음의 모든 계획은 여전히 악하다. 그렇다면 우리는 홍수 심판이 무엇을 의미하는지 주목해야 한다. 세상에 대한 하나님의 심판은 광범위했지만 오직 한 사람 노아만이 주님의 은혜를 입고 하나님과 동행했다(창 6:8-9). 그리하여 하나님께서는 노아와 그의 가족에게 방주를 지으라고 지시함으로써 임박한 재앙에서 노아를 은혜롭게 구해내셨다(겔 14:14, 20). 나중에 우리는 노아가 믿음으로 하나님과 동행하였다는 것을 알게 된다(히 11:7).

"이것이 노아의 족보니라. 노아는 의인이요 당대에 완전한 자라. 그는 하나님과 동행하였으며"(창 6:9).

노아가 의인이었고 그의 신앙생활은 당대에 온전한 사람으로 인정받을 만큼 철저했으며 하나님과 동행하면서 하나님의 말씀대로 방주를 짓는 일에 순종했다는 데에서 구원의 조건을 찾으면 안 된다. 그렇게 되면 우리도 노아처럼 하나님과 동행하며 순종하는 믿음의 삶을 살아야 구원받는다는 잘못된 결론에 이르게 된다. 성경은 노아가 당대에 의인이요 완전한 사람이었다고 증거하고 있다. 우리가 성경을 통해 분명히 알고 있는 것은 하나님께서 노아를 당시의 의인으로 인정하셨다는 사실이다. 노아의 의인 됨은 우리가 일반적으로 생각하는 사람이나 윤리적 행위에 근거한 것이 아니다.

"노아는 여호와께 은혜를 입었더라"(창 6:8)는 "노아는 의인이었다"는 사실과 대조된다. 결국 노아를 향한 하나님의 은혜는 그의 의가 아니라 구원을 위한 하나님의 계획적인 섭리에 근거한 것이다. 그러므로 하나님께서 노아와 그의 가족을 구원하셨다는 사실은 노아가 그의 의로움 때문에 은혜를 받았다고 단정할 수 없다. 즉 노아는 하나님께서 은혜를 베푸셨기 때문에 의인으로 인정받았다. 노아가 의인으로 인정받은 것은 메시아에 대한 믿음과 관련이 있다. 아담 이후 그는 하나님께서 약속하신 '여자의 후손'을 통해서만 인간의 삶이 의미가 있음을 '믿음'으로 알았고 하나님께서는 그것을 노아의 의로 인정해 주셨다.

그러나 그 시대에 온전하다고 일컬어지고 하나님과 동행한 의인은 노아의 모든 가족이 아니라 노아였다. 그런데 하나님은 왜 노아의 가족이 방주에 들어가도록 허락하셨을까? 하나님께서 노아의 믿음을 보고 그의 가족을 구했을까? 그렇게 되면 '아버지가 신앙생활을 잘하면 집안이 구원받는다'는 비성경적인 주장이 가능해진다. 그래서 이러한 문제는 언약으로 해결된다. 노아 가족의 구원은 노아의 행위와 상관없이 하나님의 언약에 의한 것이다. 구원의 자격이 있어서 노아에게 언약을 주신 것이 아니며, 노아도 심판받은 자들과 다를 바가 없는 존재였다. 그러나 노아의 믿음은 하나님의 은혜를 받은 결과였다. 하나님은 노아와 그의 가족을 심판에서 구원하기로 작정하시고 그들에게 하나님을 믿는 믿음의 길로 인도하는 은혜를 주셨다. 그리고 노아의 개인적인 의가 아니라 '노아와 맺은 언약'으로 노아와 그의 가족이 방주에 들어갈 수 있었다.

"내가 홍수를 땅에 일으켜 무릇 생명의 기운이 있는 모든 육체를 천하에서 멸절하리니 땅에 있는 것들이 다 죽으리라. 그러나 너와는 내가 내 언약을 세우리니 너는 네 아들들과 네 아내와 네 며느리들과 함께 그 방주로 들어가고"(창 6:17-18).

세상은 모두 심판받는데 특별히 노아의 가족만 구원받는 내용에서 언약이라는 말이 등장한다. 노아 가족의 구원이 언약과 연결된 것이다. 이 때문에 언약을 무시하고 노아와 가족의 구원을 생각하면 결국 노아에게서 구원의 조건을 찾게 된다. 물 위의 방주에서 노아가 경험한 것은 '죽음으로부터의 구원'이었다. 자기 외에 모든 인간이 죽어 마땅한 것이 아니라 노아 자신도 심판받아야 마땅한데 하나님이 방주에 들어가게 하셨기 때문에 살았다는 경험을 갖게 되었다. 여기서 주목할 점은 노아가 방주를 지었지만 마음대로 방주에 들어갈 수는 없다는 점이다. 즉 노아는 방주의 주인이 아니었다. 만약 방주를 지은 노아에게 방주의 소유권이 있었다면 자기 가족 외에도 더 많은 사람을 들어가도록 했을 것이다. 오히려 동물을 태우는 것보다 차라리 사람들을 더 많이 태워 구원시키는 것이 사랑이라고 할 수 있을 것이다.

노아는 방주를 지었지만 방주는 하나님에 의해 통제되었다. 그래서 언약을 세운 노아와 그의 가족 외에는 아무도 허락되지 않았다. 결국 구원은 하나님의 언약으로 구분되며 전적인 하나님의 선택으로만 허락된다. 노아의 방주는 언약적 죽음만이 이 세상에 생명으로 나타난다는 사실을 보여주는 작은 환경이다. 노아의 가족은 '그 환경 안에서' 생명을 얻었다. 오늘날의 성도들이 '그리스도 안에서' 영생을 얻는 것과 마찬가지다. 이처럼 언약으로 구원받은 줄 안다면 자신을 보지 않고 언약을 맺으시고 이루신 하나님의 은혜를 바라보게 될 것이다. 자신을 돌아보지 않는다는 것은 자신의 자랑거리가 될 수 있거나 자신의 의라고 여겨질 수 있는 것을 가치 없는 것으로 본다는 것과 같은 말이다.

이렇게 언약을 세워 이루심으로 말미암아 우리를 구원하실 수 있게 하신 하나님의 은혜만이 더욱 빛나게 된다. 이것이 바로 '언약의 세계'이다. 저자 모세는 노아로 시작하는 새로운 시작과 아담과 하와의 첫 창조를 대체하여 새 시대와 새 창조의 세계로 가는 교두보역할을 한다. 하나님은 언약을 다 이루기까지 역사가 끝날 때까지 홍수로 멸하지 않겠다고 맹세하셨다. 그러므로 역사는 창세기 3장 15절의 약속이 이루어질 때까지 보존된다. 노아 언약은 구속 사건이 완전히 성취될 때까지 세상의 존속을 보존한다는 점에서 피조물 보존 언약이라 할 수 있다. 이러한 창조 보존을 배경으로 구속역사가 시작된다. 구속은 약속된 구원이 이 세상에서 실현되도록 창조의 맥락에서 일어난다.

인간의 근본적인 특성은 홍수 심판 이후에도 변하지 않았다. 그것은 여전히 악했고 인간의 경건과 선함에 근거하지 않았다(창 8:21). 하나님은 세상이 끝날 때까지 자연 질서의 혼돈 속에서 세상이 계속될 것이라고 '노아 언약'에서 약속해주셨다. 홍수의 심판으로 인간의 근본적인 결함이 새롭게 되지 않았기 때문에 인간의 통치를 통해 악을 억제하셨다. 인간 사회는 까닭 없이 다른 사람의 생명을 앗아가는 자들을 죽음으로 조치하도록 했다(창 9:6). 즉 살인을 금지하셨다. 죄가 세상에 들어오고 얼마 지나지 않아 세상은 죄로 가득한 모습을 드러낸다. 하나님 없는 세상은 스스로 멸망을 향해 가는 세상이었다.

하나님은 인류를 홍수로 심판하신 후에 그들과 언약을 맺으셨다. 이 언약의 대상은 '너희와 너희 후손과 모든 생물'이다(창 9:9-16). 홍수로 모든 생물을 멸하지 않겠다고 약속하신다. 그래서 심음과 거둠, 추위와 더위, 여름과 겨울, 낮과 밤이 계속될 것이라고 약속하셨다(창 8:22). 창세기 3장 15절의 약속은 계속되는 '출산과 추수'에 영향을 미친다(창 3:16-18). 그러므로 계시 언약의 성취는 자연의 존속(보존)과 밀접한 관련이 있다. 인류가 죄로 인해 타락하고 죄가 세상에 만연하더라도 여자의 후손에 대한 약속을 포기하지 않겠다는 약속이다.

하나님은 "사람의 마음의 계획하는 바가 어려서부터 악함이라"(창 8:21)고 말씀하셨다. 이것은 좋은 생각과 계획이 사람에게서 나올 수 없다는 것을 의미한다. 세상은 이러한 진단을 받아들이지 않는다. 세상은 나름대로 선을 행하고 선한 삶을 살려고 애쓰기 때문이다. 그것이 우리가 인간 사회의 질서를 위해 쌓아온 윤리와 도덕이다. 윤리와 도덕은 선하다고 여기고, 윤리와 도덕의 관점에서 생각하기 때문에 선을 행할 수 있는 인간으로 판단하게 된다.

홍수의 심판을 통과해도 인간이 변하지 않는다면 그 심판은 반복된다고 생각할 수 있다. 그래서 홍수의 심판으로 드러나는 것은 어느 시대에나 존재하는 아담과 하와의 후손들이 저주 아래 있고 그 심판은 당연하다는 점이다. 심판이 거듭되어도 하나님께 원망할 수 없다. 하나님의 심판은 악한 존재에 대한 당연한 조치이기 때문이다. 그러나 그때 창조는 심판을 위한 창조가 된다. 심판을 위해 창조되었다면 성경은 홍수의 심판으로 끝날 수 있다. 그러나 다행스럽게도 '심판과 함께 언약'이 등장한다.

"노아가 여호와께 제단을 쌓고 모든 정결한 짐승과 모든 정결한 새 중에서 제물을 취하여 번제로 제단에 드렸더니 여호와께서 그 향기를 받으시고 그 중심에 이르시되 내가 다시는 사람으로 말미암아 땅을 저주하지 아니하리니 이는 사람의 마음이 계획하는 바가 어려서부터 악함이라. 내가 전에 행한 것같이 모든 생물을 다시 멸하지 아니하리니"(창 8:20-21).

다시는 사람 때문에 땅을 저주하지 않으시겠다는 것이 하나님의 일방적인 계획이다. 그러나 이것은 인간의 악에 대해 묻지 않고 맹목적으로 저주하지 않는다는 의미는 아니다. 정결한 짐승과 정결한 새에게서 취한 번제의 향기를 받으시고 하나님은 노아를 저주하지 않겠다고 하셨다. 이를 보면 저주를 이기는 힘이 '정결한 제물의 희생의 피'에 있음을 알 수 있다.

세상의 창조, 인간의 범죄, 노아 시대의 홍수와 불에 의한 세상의 멸망은 최후의 심판을 향해 달려간다(벧후 3:5-7). 그때까지 하나님은 세상을 보존하고 인류를 유지하겠다고 약속했지만 악이 인간의 마음을 지배하면서 인류의 전망은 암울해 보였다. 이에 대하여 '아브라함 언약'은 인류의 만연한 악에 대한 새로운 전환기에 들어오게 된다.

'노아 언약'은 노아의 구원만을 위한 언약이 아니었다. 단순히, 노아 가정의 구원이라면 노아 가정을 처음부터 방주 없이도 물 한 방울도 젖지 않게 할 수 있을 것이다. 그러나 실제로는 노아와 그의 가족도 심판받은 자와 같이 예외 없이 홍수 속에 놓였다고 볼 수 있다. 그러나 구원받은 자들로서 유일한 차이점은 이른바 '은혜를 받았다' (창 6:8)는 의미와 '방주'의 의미를 연결하기 위해 노아와 그의 가족이 방주에 들어가 심판의 때를 통과했다는 것이다. 노아와 그의 가족이 심판의 때를 무사히 넘기면 그들에게는 중요한 일이 있다. 하나님의 은혜를 대대로 전해주는 것이다. 그동안 있었던 하나님의 일을 증언하는 것이다.

홍수 심판의 목적은 땅을 정결하게 하기 위함이다. 이는 그 위에 사는 백성에게 안식(노아)을 주기 위함이다. 그렇다면 노아의 후손들은 이 원칙을 지켜야 한다. 노아와 그의 가족의 구원은 그들이 심판을 통과하면서 주어진 결과라고 할 수 있다. 그래서 노아의 가족들은 그들 자신의 구원을 전파해야 하지만 오히려 맹렬한 심판을 전해야 한다. 심판 사실은 과거의 일이 분리되는 것이 아니라 구원과 함께하는 현재의 일이다. 구원을 말하기 위해서는 심판을 배경으로 해야 한다. 오직 심판만이 구원의 합당한 의미가 있는 것이다. 즉 우리는 구원을 선포하기 위해 구원받은 것이 아니라 심판을 선포하기 위해 구원받았다. 심판의 증인으로 구원받는 것과 같다.

그러면 노아의 가족은 어떻게 구원받았는가? 노아와 그의 가족이 은혜를 받았다고 하는데, 은혜를 받았다는 말은 구원의 근원이 그들 안에 있는 것이 아니라 다른 곳에 있다는 뜻이다. 그게 또 어디일까? 노아의 방주에도 심판이 있었다. 노아가 심판을 받은 것이 아니라 정결한 짐승과 새를 잡아, 즉 심판을 받아 하나님께 향기로운 번제로 드린 것이다. 이 희생은 노아 홍수의 전체적인 모습을 보여준다. 분명히 노아의 방주에는 더러운 짐승과 새들도 있었다. 왜 그들은 구원받아야 할까? 부정한 짐승을 태웠다는 이야기는 노아와 하나님 사이의 '언약의 핵심'을 보여주기 위한 재료(도구)로 사용하려는 것이다. 즉 정결한 것이 대신 희생되어 더러운 것이 깨끗하게 되는 구원을 받는 것이다.

이는 장차 정결한 의인의 죽음을 예표하고 있는데, '의인의 죽음'이 언약의 핵심이다. 여기서는 정결한 짐승과 새를 제물로 바치는 것으로 나타났지만 이와 같은 방식의 희생 원칙에 따라 아브라함 언약에서도 희생의 실체가 더욱 뚜렷이 드러날 날이 올 것이다.

악은 저주로 갚아야 마땅하지만 정결한 짐승 제물의 희생으로 땅의 질서가 새롭게 되었다. 이 '땅의 법칙'은 소위 조직신학적으로 표현하면 '일반은총'이고 성경신학적으로 말하면 '노아 언약'이다. 현재 모든 인류가 예수님을 믿든 아니 믿든 관계없이 '노아 언약'의 혜택을 누리고 있는데도 그것을 알지 못하고 있다. 이러한 정결한 짐승의 희생, 즉 장차 나타날 예수님의 십자가를 모르면 심판을 받아도 변명의 여지가 없다는 이야기가 된다.

그들이 하나님을 알되 하나님을 영화롭게 하지 아니하는 죄로 인하여 더 이상 하나님을 원망할 수 없게 되었다(롬 1:21). 그뿐 아니라 마태복음 5장 45절에 나오는 '악인과 선인을 구분하지 않고 해를 비취게 하는 긍휼'도 노아 언약에서 나온 것임을 증언하는 말씀이다. 어찌 한국에 복음이 일찍 들어오지 않았던 조선시대 이전에는 누굴 믿어야 했냐고 불평할 수 있을까? 노아 언약 전후에 등장하는 방주, 노아의 가족, 무지개, 부정한 짐승, 정결한 동물, 까마귀, 비둘기 등 모든 것은 심판과 언약을 통한 구원을 나타내는 재료들이다. 그 재료들은 노아 언약이 정결한 짐승의 희생을 나타내고 설명하기 위하여 모세 언약에 등장(레위기 11장)하는 정한 것과 부정한 것, 특히 먹을 수 있는 것과 먹을 수 없는 것을 구별함으로써 '정결한 희생제물'을 소개할 용도로 사용되는 것이다.

노아의 세 아들은 정결한 희생제물로 부정한 것의 살아남을 전해야 하는 의무가 있었다. 이 세 아들이 저주의 자녀와 축복의 자녀로 나뉘게 된 것은 노아 언약이 영원하기 때문이다. 저주와 축복이 나누어지는 사건이 후에 나오는데, 아버지 노아의 부정한 수치를 드러내고자 했던 함은 저주를 받게 된 반면, 셈은 물러서서 아버지의 부끄러움을 이불로 덮어줌으로써 노아 언약의 성격과 아버지에게 나타난 여호와의 역사를 고스란히 반영한다. 셈의 행동은 그런 영을 주신 하나님의 은혜에 감사하는 표현이었다.

또한 땅이 '은혜로 덮여 있다'는 사실을 말하고 있는데 땅의 원리를 따르지 않는 함은 그 자체로 고생하며 살아야 한다는 사실에 대해서도 말씀하신다. 이로써 이스라엘 민족은 은혜를 모르는 함의 자손인 가나안에 대한 정복이 마땅함을 다시 한번 확인하게 된다. 하나님의 일의 근본 목적이 이 땅에 안식을 가져오는 것이기 때문에 이스라엘도 그 원칙을 따라야 한다.

"하나님이 노아와 그와 함께 한 아들들에게 말씀하여 이르시되 내가 내 언약을 너희와 너희 후손과 너희와 함께 한 모든 생물 곧 너희와 함께 한 새와 가축과 땅의 모든 생물에게 세우리니 방주에서 나온 모든 것 곧 땅의 모든 짐승에게니라. 내가 너희와 언약을 세우리니 다시는 모든 생물을 홍수로 멸하지 아니할 것이라.

땅을 멸할 홍수가 다시 있지 아니하리라"(창 9:8-11).

　노아와 맺은 하나님의 언약은 다시는 모든 생물을 홍수로 멸하지 않겠다는 것이었다. 그리고 언약의 증거로 무지개를 보여주신다. 노아 언약으로 말미암아 '세상은 그 언약으로 보호' 된다. 심판이 당연하지만 그 가운데도 언약으로 보존된다. 언약의 효과로 말미암아 생명이 보존된다는 이 은혜를 잊지 말라는 것으로 무지개를 보여주셨다. 하나님께서 언약을 세우셨다는 것은 언약의 말씀대로 꼭 행하신다는 뜻이다. 그러므로 하나님은 인간의 악과 상관없이 세상을 심판하지 않으신다. 언약을 세우시고 그 언약대로 행하시기 때문이다. 그렇다면 인간이 심판받지 않고 존재하는 것은 언약 덕분이고, 그런 의미에서 언약은 하나님의 은혜로 드러난다. 언약은 하나님의 은혜다.

　그러므로 자신 안에서 저주받을 악의 실체를 본 그리스도인이라면 자신이 존재할 가치도 없고 이유도 없으며, 자신의 존재가 '자신을 존재하게 하신 하나님의 은혜'로 인한 것임을 알게 될 것이다. 이처럼 언약을 은혜로 알게 된 그리스도인들은 언약 안에서 은혜의 자랑만 할 수밖에 없다.

　"내가 넘치는 진노로 내 얼굴을 네게서 잠시 가렸으나 영원한 자비로 너를 긍휼히 여기리라. 네 구속자 여호와께서 말씀하셨느니라. 이는 내게 노아의 홍수와 같도다. 내가 다시는 노아의 홍수로 땅 위에 범람하지 못하게 하리라 맹세한 것같이 내가 네게 노하지 아니하며 너를 책망하지 아니하기로 맹세하였노니 산들이 떠나며 언덕들은 옮겨질지라도 나의 자비는 네게서 떠나지 아니하며 나의 화평의 언약은 흔들리지 아니하리라. 너를 긍휼히 여기시는 여호와께서 말씀하셨느니라"(사 54:8-10).

홍수로 멸하지 않겠다는 하나님의 맹세는 인간을 의식한 것이 아니다. 사람의 범죄와 상관없이 하나님의 자비는 이스라엘을 떠나지 않고 화평의 언약은 흔들리지 않는다. 이것은 언약을 통하여 하나님의 사랑과 긍휼의 견고함을 가르치시는 것이 하나님의 뜻임을 말해준다. 비록 우리가 저주 아래 있는 죄인이지만 하나님의 사랑으로 굳게 붙드는 것이 구원에 이르는 길이다. 그리고 그 사랑은 그의 아들의 십자가를 통해 성취된다.

아담의 범죄로 피조세계의 만족과 안식이 깨져 새로운 안식의 세계를 위한 자리를 마련하셨다. 주님의 거처에 대해서 노아 언약은 '셈의 장막'과 그 장막에 거하실 하나님에 대해 이야기한다. 하나님께서 물로 인간을 심판하신 후 관심을 가지셨던 것은 그가 거하실 장막이었다. 왜냐하면 그 장막을 통하여 '여자의 후손'이 오셔서, 창세기 3장 15절 말씀대로 하나님의 영광을 더럽히고 모든 인간을 그의 수하에 두는 사탄을 심판할 것이기 때문이다. 즉 하나님의 아들들이 사람의 딸들과 통혼한 것은 하나님의 거처, 곧 장막의 기능을 세워야 할 언약의 백성이 하나님을 떠나 사람의 딸들의 세상을 자기들의 거처로 삼아 자기만족을 추구하였기 때문이다. 노아 시대의 타락한 인간이 하나님을 떠난 것은 '하나님의 거처'를 없애는 것과 마찬가지다.

하나님은 노아와 그의 택한 자손들 가운데 지을 장막에 대하여 미리 말씀으로 계시하셨다(창 9:26-27). 노아 홍수를 통해 주신 하나님의 언약은 셈의 장막을 지어 하나님이 거하실 장막을 만들고 확장하여 야벳이 셈의 장막에 거하게 하심으로 하나님의 영광을 회복하는 데 초점을 맞추고 있다. 여기서는 '여자의 후손과 인자와 임마누엘과 교회'와 관련이 있다. 셈의 장막에 거하겠다고 언약으로 선포하신 것은 하나님께서 택하신 백성 가운데 거하실 것을 예표하신 것이다. 이스라엘 백성을 애굽에서 인도하여 내사 여호와의 기업의 산에 거하게 하신 것과 같이 예수 그리스도를 믿고 구원을 얻을 백성이 십자가의 피로 말미암아 세워지는 교회가 될 것이다(출 15:12-17, 신 33:27, 시 91:9-10, 요 14:2-3,20, 17:21-26).

결론적으로 우리가 복을 받는다는 것은 하나님께서 만족하실 만한 속성이 마련되었을 때 가능하다. 창세기 1장에서 하나님은 창조적인 수준에서의 속성으로 만족하셨다고 하셨다. 오직 하나님 홀로 창조하신 작품이기 때문이다. 그러나 창세기 9장이 진행됨에 따라 창조적인 차원의 아름다움은 뱀과 인간에 의해 망가졌기에 하나님은 새로운 만족을 위하여 다른 차원으로 새로운 창조를 하시는 계기가 된다.

그러나 하나님은 노아를 통해 새로운 만족을 보여주셨다. 그것이 바로 '노아 언약'이다. 노아 언약을 시작으로 '피'를 중심 삼고 언약을 맺는다. 인간은 피에 관여할 입장이 되지 않으며, 새로운 언약의 복이 피의 가치를 전파하는 데서 시작된다. 이 노아 언약의 목적에 부합하는 환경으로서 은혜의 내용은 마태복음 5장 45절과 같이 선인과 악인을 가리지 않고 비를 내리게 하는 것이다. 즉 악인과 선인을 피의 은혜로 덮어 가려서 마치 '은혜의 이불'로 덮어준 결과로 산다는 것을 보이는 것이다. 이는 장차 예수 그리스도 십자가의 용서로 살아가게 될 성도들의 넘치는 은혜를 미리 알리는 것이다. 창조 때와 마찬가지로 하나님께서는 이제 다시 번성하고 땅에 충만하라 말씀하셨다. 말씀 자체가 능력이 되어 땅에서 작용한다.

창세기 1장과 9장의 차이점은 노아가 드린 희생제물의 피가 '은혜를 베푸는 것'의 핵심으로 등장한다는 점이다. 즉 이방인과 불신자들도 노아를 통한 제사의 혜택을 받고 있으니 그 누구도 하나님이 없다고 변명할 수 없다(롬 1:20). 노아 언약을 통해 알 수 있듯이 대자연도 언약을 위하여 섬기고 움직이고 있으며 자연계는 언약 중심으로 돌아가고 있다. 노아 언약의 본질은 노아의 삶이 아니라 하나님이 그에게 베푸신 희생제물의 죽음이다. 이 죽음은 하나님이 예비하신 생명이며, 노아와 함께 방주에 들어간 '정결한 짐승'이 담당한 것이다.

노아와 그의 가족은 새로운 시작을 한다. 노아는 아담처럼 동산에 있었고 아담처럼 동산에서 죄를 지었다. 방주에서 나온 노아는 포도를 심고 포도주를 마시고 취하여 장막에서 벌거벗은 채 잠을 잤다(창 9:20-21). 노아의 세 아들 중 하나인 함은 이 벌거벗은 모습을 보고 형제들에게 알리며 노아를 모욕했다. 그러나 형제인 셈과 야벳은 뒤로 물러나서 아버지의 벌거벗은 것, 곧 수치를 덮어주었다. 노아는 술이 깬 후 이 사실을 알고 함의 행동에 대해 함의 아들 가나안을 저주했다(창 9:22-25). 그는 홍수심판 때 방주로 살아남은 것이 그들의 허물을 덮는 하나님의 은혜라는 사실을 잊었다. 함이 아버지의 허물을 덮지 못한 것은 장차 우리의 죄와 허물을 덮으실 하나님의 은혜를 모독하는 것과 같다. 그러나 노아는 셈의 하나님을 찬양한다. 셈을 찬양하지 않고 셈의 하나님을 찬양한 것은 셈의 이러한 덮어줌의 행동이 하나님께서 하신 일이기 때문이다. 하나님께서 셈이 이렇게 행동하도록 배후에서 이끄셨기 때문이다. 허물을 덮어주는 것은 하나님의 사랑이다(창 9:18-27).

그러므로 최후의 심판은 율법대로 심판하는 것이 아니라 하나님의 은혜를 믿지 아니하고 우리의 죄와 허물을 위하여 십자가를 지신 예수님의 은혜를 무시한 것에 대한 심판을 가리킨다. 덮는 은혜가 얼마나 중요한지를 보여준 것이었다.

노아는 창조가 시작된 후 아담이 타락한 것과 매우 흡사하다. 노아와 그의 가족의 경우처럼 인간의 마음에 뿌리를 내린 죄는 신속하게 끊임없이 퍼졌다. 하나님은 세상을 보존하기로 작정하셨지만 노아 이후의 세상은 여전히 낙원이 아니었다. 노아의 가족도 아담의 가정과 같은 문제를 가지고 있었다. 다시 한번 저주받을 자와 축복받을 자를 구분하여(창 9:25-27) '약속'(창 3:16)을 이루어 가신다. 역사가 흘러감에 따라 인류는 다시 위기의 정점을 향해 나아가고 있다. 그들은 자신의 이름을 떨치기 위해 바벨탑을 쌓았다(창 11:4). 바벨탑은 하나님 없이 그들의 계획과 목적을 성취하기 위해 하늘에 닿는 탑이었다. 인간의 눈에는 하늘에 닿는 탑이 중요해졌다.

인류는 노아의 후손으로부터 퍼진다. 홍수 심판 이후에도 인류는 바벨탑을 통해 자신의 악함을 드러내고 하나님께 교만을 드러냈다. 그러나 하나님은 인간 노력의 보잘것없음을 아시고 그들의 노력을 비웃으셨다(창 11:5). 홍수심판은 인간의 본성을 드러냈고 하나님을 버린 것에 대한 합당한 조치였다. 변치 않는 인간의 타락한 마음은 인간이 스스로 해결할 수 없는 한계상황에 처해 있음을 보여주며, 동시에 인간 외부에서 해결책을 제시하지 않으면 모두가 창조의 목적을 그치고 멸망에 이르게 된다는 것을 보여주었다.

하나님께서 세상을 보전하시고 인류를 붙드시겠다고 약속하셨지만 악이 인간의 마음을 지배하였기 때문에 인류의 앞날은 더욱 어두워져 갔다. 그러나 하나님은 노아 언약을 통해 인류와 피조물을 보존하시겠다는 것을 보여주셨다. 또한 이 노아 언약은 구속의 계획이 전개될 무대를 마련하고 구속의 뜻을 실행하실 무대를 구체적으로 보여주신 것이다.

이제 하나님께서는 정결한 짐승의 희생을 통해 세상과 인류를 보존하는 노아 언약보다 더 분명하고 뚜렷한 아브라함 언약을 제공하셔서 영원한 약속이 파멸로 끝나지 않도록 더욱 깊이 개입하게 된다. 노아 언약은 앞으로 모세 언약에서 성막과 제사 제도를 통해 구체적으로 보여주시며, 제사에서 흐르는 제물의 피는 장차 하나님의 희생을 계시하며, 대신 희생하심으로 자기 백성의 모든 죄를 덮으시는 예수 그리스도의 긍휼하심과 자비하심을 미리 증거하는 것이다.

창세기 10장에 나오는 바벨 지역은 유명한 고대 영웅 니므롯의 고향이자 함의 땅이기도 하다(창 10:10). 그곳에서 니므롯은 그의 왕국을 설립했다. 그러나 그의 왕국의 근본적인 목적은 무엇인가? 전 세계에 그의 이름을 높이고 심지어 하늘에 닿게 하는 것이다.

이런 정신은 철저하게 노아 언약에 어긋난다. 땅은 이런 나라를 용납할 수 없다. 왜냐하면 하나님의 은총이 필요 없는 나라, 그래서 스스로 힘을 키우고 스스로 땅 위의 행복한 삶을 누리려는 나라, 그런 나라가 번성하는 것을 하나님은 허락하지 않으셨다. 그래서 그 나라는 산산이 부서지고 전 세계에 흩어지게 되었다. 그러므로 오늘날 세계의 모든 나라는 이러한 목적으로 흩어져서 세워진 세속적인 나라다. 바벨탑 쌓는 것을 하나님께서 막은 것은 단순히 그것을 제거하기 위한 심판의 조치가 아니라 새로운 은혜의 나라 성격을 구별할 수 있는 좋은 대비적 배경으로 삼으신 것이다. 하나님이 진정으로 창대하기를 원하시는 나라는 '노아 언약'에 합당한 은혜만이 충만한 나라이며, 그 나라는 이후에 아브라함을 택하여 이루게 될 것이다.

>>> 노아 언약의 요약

▶ 노아 언약의 특징

처음으로 등장한 언약이 노아 언약이다. 노아 언약으로 땅의 회복과 땅의 안식을 가져온다. 이 땅은 언약이 완성될 때까지 보존되어야 한다는 내용을 담고 있다. 일명 '보존언약'이라고 할 수 있다. 언약을 이루어 가는 무대를 확보하는 것이다. 피조세계는 하나님의 구속계획이 전개되는 무대이다. 그러나 세상의 창조, 인간의 범죄, 노아 시대의 홍수와 불에 의한 세상의 멸망은 최후의 심판을 향해 달려간다(벧후 3:5-7).

일반은총이라고 불리는 노아 언약은 특별계시에 포함되어 있다(시 19:1-6, 골 1:14-17). 사실 일반 계시와 특별 계시를 구분할 필요는 없다. 노아 언약(창 9:12-17, 롬 1:19-21, 마 5:45, 행 14:16-17)에 의해 모든 사람은 다 하나님을 알고 있다. 단지 죄가 인간세계를 뒤덮고 있기 때문에 이방인들에게는 천국이 허락될 수 없는 것이다.

땅의 보존, 사계절 심음과 거둠 및 덮어줌의 은혜가 정결한 짐승과 새의 희생으로 인한 것이다(창 8:21-22). 홍수 심판 후에 정결한 짐승의 희생에 의한 덮어줌의 은혜는 '피'의 언약의 시작을 알려주고 있다. 피의 은혜를 모르는 자들은 심판을 위하여 보존하며 은혜를 아는 자들은 심판 속에서 구원하시겠다는 것이다. 그때까지 하나님은 세상을 보존하고 인류를 유지하겠다고 약속했지만 악이 인간의 마음을 지배하면서 인류의 전망은 점점 암울해져 간다. 이에 대하여 노아 언약을 흡수 통합하는 '아브라함 언약'은 인류의 만연한 악에 대한 새로운 언약으로 나타나게 된다.

여호와 하나님은 노아를 통해 언약을 세우는데(창 6:18) 그 언약으로 말미암아 땅을 회생(회복)시킨다. 언약이라는 것은 창세기 8장 21~22절에 나와 있는 것처럼 노아의 의

(義)를 담보로 하여(창 6:9) 그가 드리는 제사를 흠향하시는 방식을 두고 말하는데, 이는 인간들이 생각하는 것이 어려서부터 항상 악하기 때문에 이 언약이 동원될 수밖에 없다. 노아 역시 언약 안에서만 구원이 가능한 이유는 그와 그의 가족도 완전하지 못하기 때문이다(창 9:20-27).

이처럼 하나님은 노아 언약(노아가 아님)을 땅의 중보자로 삼아 땅의 질서를 회복하셨다. 노아의 선택 또한 하나님의 은혜에 기인된 것이다(창 6:8). 여기서 중요한 것은 노아라고 하는 인간이 중보자 역할을 하는 것이 아니라 노아와 맺은 하나님의 언약, 즉 말씀 자체가 중보자의 역할을 한다는 사실이다. 노아가 드린 번제 속에는 정결한 짐승을 골라 하나님께 드림으로써(창 8:20) 부정결한 짐승(창 7:2)의 구원도 가능하게 되었다는 희생과 은혜의 사상이 들어 있다. 이로써 땅은 언약에 의한 언약의 땅이 되었고, 그 이후 땅 위에서 생존하고 번식하고 복을 받으면서(창 9:1) 살게 된 모든 피조물은 노아 언약의 은혜를 바탕으로 하여 땅에 사는 것이 되기 때문에 만약 그 은혜에 대적하는 생각을 하게 되면 같은 원리로 인하여 땅의 저주를 받게 된다.

어느 날, 노아가 포도주에 취하여 나체로 잠든 사건이 벌어졌다. 셈은 노아의 하체를 덮어줌으로써 은혜의 원리를 바로 이해한 자로 인정받는다. 여기서 은혜의 원리란 중보자의 공로에 관한 이해이다. 하나님께서는 멸망될 세상 가운데에서 노아를 중보자로 선택하셨고 노아를 중심으로 방주 사역을 이루셨다. 결국 노아의 가족은 노아로 인하여 구원받게 된 것이다. 그러므로 노아의 수치는 그들 모두의 수치이며, 노아의 실수는 가족 모두의 실수가 되는 것이다. 이것이 바로 은혜 공동체의 특징이다.

노아는 셈에게 그런 행동을 하게 한 하나님을 찬양한다(창 9:26). 그뿐만 아니라 야벳을 창대하게 하여 셈의 장막에 들게 하고, 함으로 셈의 지배를 받게 하여 땅의 질서를 유지한다. 가나안 족속에 대한 셈 족속의 정복에 대한 정당성은 이로써 부여된 것이다.

인간은 자신들의 힘의 결집에 따라서 땅 위에서 팽창과 복의 창출을 시도해 보지만 은혜의 땅에서 그 땅의 속성과 배치되는 일이기에 하나님은 그러한 인간들의 뜻을 거부하고(창 11:1-9), 오직 하나님이 일방적으로 선택해서 은혜의 땅에 합당한 의인으로 만들어나가기 위해 세운 아브라함 족속만이 창대할 것이라고 예고한다(창 12:2).

▶ 새 언약과의 관계

노아 언약과 새 언약의 관계를 살펴보면 노아 언약의 주요 목적은 하나님의 구속이 실현되도록 배경을 삼도록 세상을 보존하는 것이다. 죄가 개입된 상태에서 처음 등장하는 언약이 노아 언약이다. 정결한 짐승의 희생을 통해 나타난 피는 장차 하나님의 희생을 계시하며, 예수 그리스도의 대신 죽으심으로 자기 백성의 모든 죄를 덮으시는 긍휼하심과 자비하심을 미리 증거하는 것이다.

노아 언약과 함께 하나님께서 말씀하신 생육하고 번성하라는 명령과 세상을 다스리라는 명령이 장차 언약의 완성자이신 예수 그리스도 안에서 새 언약으로 최종 성취가 된다. 그때는 많은 사람이 새로운 세계에 대해 공의와 사랑에 따른 통치를 행사하시는 예수 그리스도를 통해 구원을 누리면서 구속하신 주 예수 그리스도의 십자가를 찬양하게 될 것이다.

>>> covenant_3

믿음을 가르쳐주는
아브라함 언약

▶ 아브라함 언약의 배경

이제 땅과 인간 보존으로 구속의 배경이 되는 땅의 언약
(노아 언약)하에서 인간언약(아브라함 언약)으로 나아간다. 그리스도
인은 장차 언약의 완성자이신 예수 그리스도를 위한 삶을 살도록 부
르심을 입게 된다. 아브라함 언약에서 이스라엘이 나온다. 언약이 먼
저이고 후손이 나중이다. 즉 언약이 '언약 자손' 을 만들어 내는 것이
다. 언약이 후손들을 존재하게 하는 근원이다. 언약 백성은 언약에
의해 살기도 하고 죽기도 한다.

하나님은 철저하게 아브라함과 맺은 언약을 근거로 하여 이스라
엘을 다스리신다. 그래서 애굽에서의 구원이 이스라엘의 조상인 아
브라함과 하신 언약에 의해서 이루어진다. 아브라함 언약은 창세 전

협약에 뿌리를 두고 있다. 아브라함 언약은 장차 예수 그리스도께서 이루신다. 이는 십자가로 이루신 예수 그리스도 안에서 언약 자손들이 나온다는 것을 말해주고 있다. 예수 그리스도로 새롭게 창조된 자들이 성도이고 언약의 후손들인 것이다.

구속이 성취될 수 있는 조건을 제공했고 하나님은 노아에게 생육하고 번성하라고 명하셨고, 그들은 축복을 받았다. 그런데도 바벨탑 이야기(창 11:1-9)에서 보았듯이 노아 시대 이후에도 여전히 악이 지배했다. 홍수의 심판은 하나님을 저버린 데 대한 합당한 조치였지만 인간의 변치 않는 타락과 악은 인간 스스로 해결할 수 없는 한계가 있었다. 이제 다시 더 큰 악에 휘말리려는 세상 가운데 하나님의 은혜가 나타난다. 하나님이 개입하셨다. 하나님은 아브라함을 택하시고 부르셨다(수 24:2-3). 이러한 악의 지배 가운데 있는 저주는 창세기 12장에서 아브라함에게 약속하신 대로 아브라함과 그의 후손을 통해 바뀌게 된다.

이 약속은 땅, 후손, 축복의 세 부분으로 나눌 수 있다. 첫째, 하나님은 땅을 약속했다. 아브라함의 소유가 될 새 땅을 보여주시겠다는 하나님의 약속과 함께 그는 자신이 살던 땅을 떠났다(창 12:1). 아브라함은 하나님의 지시에 따라 이주한 후 그 땅이 가나안이라는 말을 들었다(창 12:7, 17:8). 아브라함의 후손이 차지할 땅은 "애굽 강에서부터 그 큰 강 유브라데까지"(창 15:18)로 묘사되어 있다. 땅에 대한 약속은 이삭(창 26:3)과 야곱(창 28:13-15, 35:12)에서도 재확인되었다. 하나님은 아브라함의 후손 이스라엘을 애굽에서 해방하심으로 그 땅에 약속을 이루셨다(출 3:13-17, 6:3-9). 여호수아의 지도 아래 아브라함에게 약속된 땅의 성취는 대부분 이루어졌다. 이스라엘이 가나안을 소유하게 되었고, 하나님은 이스라엘에게 하신 약속을 이루셨다(수 21:44-45, 24:13,18-19). 아브라함에게 주신 땅 약속은 솔로몬 시대에 성취되었다(왕상 4:21).

둘째, 후손을 약속하셨다. 여호와께서는 아브라함의 후손이 '큰 민족'(창 12:2)이 될 것이라고 약속하셨을 때 후손들이 '강한 나라'(창 18:18)를 형성할 것이라는 사실도 약속하셨다. 별과 같이 많을 것이라고 약속하셨다(창 15:5). 그리고 이 약속은 아브라함이 '여러 민족의 조상'(창 17:4)이 될 것이기 때문에 더욱 확장된다. 왕국에 관해서는 하나님께서 아브라함에게 구체적으로 왕들이 아브라함과 사라에게서 나올 것이라고 말씀하셨다(창 17:16). 이 약속은 아브라함이 이삭을 모리아산에 바친 사건 이후에 다음과 같이 재확인되었다. 아브라함의 후손에 대해서는 "내가 네게 큰 복을 주고 네 씨가 크게 번성하여 하늘의 별과 같고 바닷가의 모래와 같게 하리니 네 씨가 그 대적의 성문을 차지하리라"(창 22:17)고 하셨다.

여기서 우리는 아브라함의 후손이 원수를 물리치고 번성하여 땅을 다스릴 것이라는 약속의 수많은 후손과 그 성격을 파악할 수 있다. 이것은 여자의 후손이 아브라함의 후손이 될 것이며 그들이 뱀과 그 후손을 다스릴 것임을 알려준다(창 3:15). 신약성경은 예수 그리스도가 아브라함의 후손(갈 3:16)이며 약속의 진정한 상속자이심을 가리킨다. 약속의 후손과 백성에 대한 약속은 예수 그리스도 안에서 장차 현실이 될 예수 그리스도의 통치를 예표한다. 후손에 대한 약속은 이삭(창 26:4)과 야곱(창 28:14, 35:11)에게 확증(재확인)되었다.

출애굽 초기에 후손에 대한 언약의 약속이 놀라운 방식으로 일어나고 있었다(출 1:7). 이러한 약속에도 당시 이스라엘은 여전히 애굽에서 노예생활을 하고 있었고, 아브라함에게 하신 약속은 솔로몬 통치 기간에 절정에 달했다(왕상 4:20). 앞으로 무슨 일이 있어도 후손에 대한 하나님의 약속은 취소되지 않고 성취될 것이다.

셋째, 모든 민족이 아브라함으로 말미암아 복을 받는다(창 12:3). 만민의 복에 대한 약속은 아브라함(창 18:18, 22:18), 이삭(창 26:4), 야곱(창 28:14)에게 재확인되었다. 이 약속은 아담과 하와(창 1:28), 노아(창 9:1)에게 하신 축복의 약속을 이어간다. 만민의 축복이라는 주제는 시편과 예언서에서 두드러진다. 아브라함의 축복이 이스라엘에만 국한되지 않았다는 것은 주목할 만하다. 이 축복이 온 세계로 확장되기를 소망할 수 있기 때문이다. 아브라함을 통하여 온 세상이 하나님의 영광을 나타내는 모습으로 변화된다. 창세기 3장 15절의 약속은 아브라함의 후손을 통해 온 세계에 미치게 될 것이며 신약은 이 약속이 예수 그리스도 안에서 성취되었음을 가리킨다(갈 3:16).

▶ 아브라함 언약 내용

하나님이 아브라함에게 약속한 내용은 "내가 지시하는 땅에서 너는 복의 근원이 되고 너의 가문은 팽창할 것"이라는 사실이다. 그러나 막상 아브라함이 약속의 땅에 도착했을 때는 기근이 한창이었다. 그래서 아브라함은 그 땅을 떠나 애굽으로 내려갔다. 거기서 그는 복의 근원으로서 살아남기 위해 아내를 바로왕에게 상납하고 자신을 보호했다. 하지만 애굽에서 아브라함이 발견한 사실은 자신에게 약속한 여호와라는 신은 애굽의 바로왕까지 다스리고 계시다는 것이었다. 거기서 아브라함은 이 약속은 자신이 만들어 나가는 것이 아니라 여호와께서 홀로 자기(아브라함)를 사용하여 이루신다는 것을 알게 된다. 그는 조카 롯에게 에덴동산 같은 땅까지도 양보하면서 자신의 신앙 노선을 따라간다(창 13:8-10).

그 뒤 가나안 땅에서 도시 왕국끼리 전쟁이 있었는데 조카 롯이 사로잡혔기에 아브라함도 참여하게 되었다. 아브라함은 자기 집에서 기른 사병을 이용하여 승리하고 돌아올 때 소돔 성의 왕과 살렘 성의 왕 멜기세덱을 동시에 만나게 된다. 살렘 왕 멜기세덱은 가나안 땅의 소산물인 떡과 포도주를 갖고 나와 아브라함을 축복하며 이번 전쟁을 아브라함에게 붙여서 승리하게 한 지극히 높으신 하나님께 찬양한다. 여기에 대해 아브라함은 이번 전쟁의 승리의 배후에 자기에게 약속하신 여호와 하나님께서 관여한 것으로 여기고, 그 제사장에게 십일조를 드림으로 그의 하나님에게 예속됨을 고백한다. 동시에 소돔 왕으로부터는 어떠한 전리품도 거절한다. 이것은 이번 전쟁이 자신의 힘으로 승리한 전쟁이 아니라 여호와께서 승리한 여호와의 전쟁임을 선언하는 행동이다.

아브라함이 자기 가족을 해치는 자를 치는 것은 결국 자기 소관이 아니라 하나님 약속의 수행이라는 차원에서 이해해야 한다. 아브라함에게 여호와가 방패이자 상급이 되는 것은 전쟁이라는 경험을 통해서 확인된다(창 15:1). 이런 여호와를 무조건 신뢰하게 되니 이는 노아의 순종과 맥을 같이하는 것이다. 그래서 그는 여호와로부터 '의인'라는 칭호를 듣게 된다(창 15:6, 6:9).

하나님은 이러한 아브라함을 노아의 경우처럼 언약의 본질로 세우려고 한다. 즉 복의 근원이 되게 하는 언약이다(창 15:8). 그 내용은 가나안 땅의 정복과 차지이다. 즉 죄에 대한 의의 승리를 낳게 하는 언약이다(창 15:16). 이것이 바로 아브라함에게 약속한 복의 실체이다. 즉 복이란 인간을 죄로부터 해방하고 죄를 극복하도록 한다. 아브라함에게서 나오는 자손이 이 일을 수행하게 될 것이다. 하지만 이 자손은 결코 인간의 자연적인 생식능력에 의존된 자손이 아니다. 하나님이 그런 방식을 거부하는 이유는 그 자손의 출생을 두고 인간들이 사이에 공과에 대한 시비가 일어나기 때문이다(창 16:4).

그 누구나 자신의 공로라고 내세울 수 없게 하는 것이 아브라함 언약에 적합한 인물이 된다. '구별되었다, 또는 거룩하다'는 징표(할례)가 아브라함 언약의 속성을 나타내는 것이라면(창 17:13-14) 그 할례 정신을 영원히 구현할 수 있는 자식이 태어나야 한다. 거룩 또는 의인의 존속이 왜 그리 중요한가 하는 것은 소돔과 고모라에 대한 불심판에서 생생하게 드러난다. 의인이 하나 없는 소돔과 고모라의 최후 시점에서 롯만이 생존할 수 있었다는 것은 복의 근원의 자격으로 서 있는 아브라함을 생각해서 하나님이 취한 조치였다(창 19:29).

악에서의 건짐이라는 그 행위의 배후에는 대리 의인이 자리잡고 있다. 이상의 사실은 아브라함이 그랄 왕 아비멜렉에게 아내를 주었을 때도 마찬가지로 드러나는데 자칭 의인인 아비멜렉 가문에(창 20:4) 갑자기 태가 닫히는 사건이 발생한다. 이는 고의는 아니었지만 남의 아내(사라)를 그 왕이 취하려고 했기 때문이다. 이때 하나님이 나타나셔서 아브라함의 존재가치를 깨닫게 하시는데 그 내용이 "그가 너를 위하여 기도하지 아니하면 너는 죽게 되고 만약 기도하게 되면 태가 열리게(복이 회복된다) 된다"는 것이다. 이상의 사실을 미루어 봐서 죽은 태의 열림이 바로 '복의 회복'을 말하는 동시에 그 복은 자신의 그 어떤 행위로도 쟁취할 수 없음을 나타낸다.

같은 방식으로 드디어 사라의 태가 열리면서 이삭이 태어난다. 이삭이 태어남으로 약속 사역의 중심이 이삭으로 옮겨짐과 동시에 복의 옮겨짐에 있어 어떤 '특정한 모습'을 구성하게 된다. 소위 장자권(또는 복의 상속권)이 약속성취를 추진하는 데 있어서 어떤 역할을 하는지가 아브라함과 이삭의 관계에서 수립된다. 복의 근원으로서의 아브라함과 그 복을 전수받게 될 이삭 사이에 서로 무엇을 알게 되며 무슨 변화가 수반되는 것일까? 하나님은 아브라함에게 사랑하는 독자 이삭을 제물로 제사 드리라고 요구했다. 아브라함은 이러한 요구에 순응했다.

여기서 아브라함은 다음과 같은 생각을 하게 된다. 즉 장자란 바로 하나님과 인간의 관계가 정상화되도록 번제의 제물로 등장하는 것이라는 사실이다. 가인과 아벨의 제사에서 볼 수 있듯이(창 4:4-5) 노아의 경우도 마찬가지다(창8:21). 장자의 희생을 통해서 복은 인간 세상에 주어진다. 그러나 일단 여호와의 이러한 지시를 경외하는 것으로 복은 주어지고(창 22:12), 실상은 번제의 제물은 따로 존재한다. 하나님이 친히 준비하신 것으로 말이다(여호와 이레). 이 제물 이외에 그 어떠한 제물도 복의 근원으로서 가치가 없다(창 22:14).

아브라함의 시선은 이제 '여호와 이레'를 지향하는 여호와의 사역에 모아진다. 복의 근원은 바로 거기서부터 나온다. 이삭의 존재는 바로 '여호와 이레'를 가르치기 위해 준비되었다. 그 속성과 역할이 복에 끼치는 영향을 알리기 위함이었다. 아브라함은 이제 자기에게 기대를 거는 것이 아니라 오직 '여호와 이레'를 바라보는 믿는 자의 '표본'으로서 위치하게 된다. 자기는 믿음의 대상이 아니라 다만 믿는 자의 선조로서의 위치만을 점하고 있을 뿐이다. 하나님은 이렇게 자기의(아브라함의) 이름과 존재를 동원하여 아브라함 언약이라는 것을 만드셨다. 이는 마치 노아를 이용하여 노아 언약을 세운 것과 같다. 이렇듯 아브라함과 이삭의 사이에서 복의 전수는 장자에게만 주어지고 그 장자란 바로 여호와께서 자신의 언약을 표현할 수 있도록 선택하신 자이다. 그렇지 않을 경우에는 복을 제공하는 아브라함 언약은 내용상 성립될 수 없다.

복은 이제 아브라함의 순종을 근거로 이삭을 사용하여 아브라함에게 준 약속을 이루게 한다(창 22:16-18). 아브라함은 이삭에게 나타난 언약의 모습을 죽었다가도 여호와께서 친히 준비하신 일 때문에 다시 살아나는 것으로 보았다. 즉 그는 자손의 번창과 대적의 문을 여는 것을 부활의 시각으로 다시 보게 된 것이다(창 22:17-18).

수많은 자손이란 바로 이삭처럼 다시 살아난 자의 많음이요, 대적이란 바로 인간으로부터 죽음을 초래하게 한 세력을 두고 말한다. 그래서 사라가 죽고 난 뒤에 아브라함은 자신과 사라의 부활을 기약하면서 그 땅을 앞당겨 자기 소유로 삼고자 나선다. 정식으로 값을 주고 소유함으로 후일에 이 땅을 차지했을 때 법적으로 소유권 시비가 없도록 하는 것이다(창 23:18). 이제 아브라함은 이 가나안 땅에서 나그네나 이방인이 아니다(창 23:4). 아브라함은 가나안 땅이 하나님의 약속에 의해 언젠가는 언약 자손의 땅이 될 것을 이미 맛보고 있다.

아브라함 언약은 이삭을 통해 내용이 보다 풍부해지고 구체화되었다. 아브라함의 하나님은 이제 이삭의 하나님도 되신다. 앞으로 이삭의 운명은 번제의 제물로서 여호와께서 친히 준비하신 자의 모습을 띠면서 진행된다. 그의 후손은 번제 제물이 되었던 운명에 동참하게 된다.

여호와께서 친히 준비하신 것으로 말미암아 번제가 열납되었다. 이제 언약의 복이 인간 세상에 지속되는 것이다. 그러므로 이삭 언약(아브라함 언약)이 존속하는 한 죽음의 세력은 번제물에 속한 백성을 이길 수 없다. 장자란 이처럼 세상을 위한 화해제물로서 인간이 저지른 범죄에 대해 책임지는 존재로 나타나게 되며 장자의 방법은 하나님이 제시한 언약을 존속시키는 것 뿐이다.

창세기 24장 60절에 보면 이삭으로부터 나온 자손이 원수의 성문을 열 수 있는 복을 받게 된다. 그러나 실제로 리브가는 아기를 낳지 못한다(창 25:21). 그렇다면 원수의 성문을 열 수 있는 자는 여자의 자연적인 출산력의 개입 없이 태어난 자식일 것이다. 이것 또한 언약의 요소로 들어간다.

이삭이 가진 아기는 하나가 아니라 둘이다. 원수의 성문을 여는 장자는 그렇지 못하는 자의 조상과 함께 태어나게 되며, 또한 그쪽을 섬김으로 오히려 장자로서 입증되는 운명을 갖게 된다(창 25:23). 하지만 정작 그 두 아들(에서와 야곱)뿐 아니라 두 아들의 부모까지도 각자의 기호에 따라 살아간다. 야곱이나 리브가나 이삭은 언약 편에 서서 살아가는 것이 아니라 자기편에서 장자권을 이해하려고 했다.

야곱은 장자권을 팥죽으로 뺏을 수 있다고 여기고 있으며 이삭은 먼저 난 자를 자연적 장자로 보고 있고, 더 나아가서 창세기 12장 3절에 근거하여 자신이 복의 근원이므로 자기의 기쁜 뜻대로 자기가 좋아하는 것을 만들어 오는 자를 축복하고자 한다(창 27:4). 에서는 아예 장자권의 의미도 모르고 있으며, 리브가는 속임을 통해서라도 자기가 사랑하는 야곱에게 장자권을 줄 수 있다고 여겼다.

　이삭이 받은 언약은 이와 같이 인간의 무지 안에서 자기중심적인 인간의 죄를 드러내는 것이다. 이로써 언약은 인간들의 무지와 인간적인 생각을 고발할 수 있는 증거와 여지를 확보하게 된다. 즉 하나님이 언약을 이루시는 방식과 인간이 생각한 언약의 성취 방법 사이의 차이점이 바로 언약의 고발 요소의 핵심이다. 언약은 빼앗고 속임 당하는 그런 혼란 속에서 진정한 희생자와 섬기는 자가 누군가를 알게 하는 역할을 한다. 또한 앞으로 이 세상에 나타날 민족도 섬기는 자를 잇는 민족과 섬김을 받기 원했던 자를 추종한 후손들의 민족으로 양분될 것임을 잘 보여준다.

　야곱과 에서의 갈등 속에서 인간적인 선입감으로 언약을 이해한 이삭의 한계가 드러난다. 하지만 하나님은 이삭의 시도를 좌절시킨다. 그 이유는 진정한 언약 속의 장자는 자연적인 출산시기(누가 먼저 태어났느냐)와 무관함을 보이기 위함이다. 장자는 언약의 의미와 실재를 나타낼 수 있는 자라야 한다.

　이삭의 부족함에도 이삭에게 많은 재산증식이 일어난다. 땅은 확장된다. 이유는 단 하나, 이삭이 언약이 갖는 영향력 안에 있기 때문이다(창 26:1-33). 그만한 영향력을 가진 축복이 야곱에게 돌아가자 에서는 야곱을 제거할 의사를 가지게 된다. 여기서부터 야곱의 환난은 시작된다. 그러나 환난의 원인이 에서의 악함 때문만은 아니다. 야곱은 그동안에 자기가 자라온 배경을 이루었던 세계에서의 복의 개념을 그대로 보유하고 있었다. 이것 또한 환난의 원인인 것이다.

　야곱이 사탄적 복의 개념을 포기하지 않고 있다는 것은 그가 삼촌 라반의 집에서 일하는 동안 무엇을 목표로 했는가를 보면 잘 알 수 있다. 야곱의 인생 목표는 자신의 소유물이 번창하는 것이었다. 부유한 자가 되는 것이었다(창 30:43).

야곱의 이러한 악마적 복 관념은 그가 아버지 집에서 떠난 후 벧엘에서 체험했던 신비한 경험 안에서도 여전히 유지되었는데, 이러한 착각에는 몇 가지 원인이 있다. 첫 번째 원인은 창세기 27장 28절에서 아버지 이삭이 자기에게 축복하기를 풍부한 곡식과 포도주를 준다고 한 것에 있다. 둘째 원인은 마치 이 사실을 확인이라도 하듯이 하나님께서 벧엘에서 하늘과 연결된 사다리를 보여주신 사건이다. 야곱은 천사들이 사다리 위아래를 분주하게 왕래하는 것과 하늘의 복이 마구 자신에게 떨어지는 광경을 직접 목격했다. 세 번째 원인은 네 자손이 온 땅에 편만할 것이라는 소리까지 실제 들었기 때문이다(창 28:14).

그러나 그 축복(창 27:29)은 하나님께서 야곱에게 주신 축복이 아니라 '야곱 언약'에게 준 축복이었다. 왜냐하면 야곱에게는 많은 형제가 없기 때문이다. 야곱 자신도 그 언약 안에 있음으로써 복을 누리게 되는 것이다. 실제 이 언약은 요셉에게서 이루어진다.

벧엘에서 하나님은 아브라함이나 이삭처럼 야곱도 복의 근원이 되게 하신다. 그 목적을 이루기 위해서 하나님께서 야곱을 떠나지 않고(창 28:15) 아브라함 언약의 연장 차원에서 변화시켜 나아가신다. 즉 하나님이 친히 준비하신 진정한 장자로 삼는 것이다. 야곱에서부터 시작하여 하나님이 그를 이스라엘로 변화시키실 때까지 말이다.

하나님이 "그와 함께하신다"는 말은 천사를 그에게 보내겠다는 말과 같다(창 32:1). 많은 무리의 천사가 야곱을 지키게 되며 야곱이 어디를 가든지 '동행'하게 된다. 언약의 성취는 하나님이 천사를 보내어 이루어 나가시는데 다만 야곱을 사용하실 뿐이다.

요약하면 창세기 12장, 15장, 17장에는 하나님께서 아브라함을 부르시는 이야기가 나온다. 먼저 하나님은 아브라함에게 고향과 친척과 아버지의 집을 떠나 하나님이 지시할 땅으로 가라고 말씀하고 언약을 맺으신다.

"내가 너로 큰 민족을 이루고 네게 복을 주어 네 이름을 창대하게 하리니 너는 복이 될지라. 너를 축복하는 자에게는 내가 복을 내리고 너를 저주하는 자에게는 내가 저주하리니 땅의 모든 족속이 너로 말미암아 복을 얻을 것이라 하신지라"(창 12:2-3).

아브라함은 하나님의 말씀을 따라 롯과 함께 하란을 떠난다. 그리고 자식이 없으니 종 엘리에셀을 후사로 삼을 수밖에 없다고 푸념했다. 그런데도 하나님은 아브라함과 언약을 맺으신다.

"여호와의 말씀이 그에게 임하여 이르시되 그 사람이 네 상속자가 아니라 네 몸에서 날 자가 네 상속자가 되리라 하시고 그를 이끌고 밖으로 나가 이르시되 하늘을 우러러 뭇별을 셀 수 있나 보라. 또 그에게 이르시되 네 자손이 이와 같으리라"(창 15:4-5).

그리고 또 하나님께서는 아브라함과 언약하신다.

"내가 내 언약을 나와 너 사이에 두어 너를 크게 번성하게 하리라 하시니"(창 17:2).

이 아브라함 언약에서 우리는 왜 같은 언약이 반복적으로 나타나는지 의아해할 수 있다. 언약은 하나님이 세우시고 하나님이 이루신다. 아브라함이 지켜야 할 언약이라면 언약을 잊지 말고 이행하라고 재촉한다는 의미에서 거듭 강조할 수 있다. 그러나 하나님께서 이루신 언약이라면 굳이 반복해서 말할 필요가 없다고 생각할 수도 있다. 그러나 언약이 거듭 나타나는 데에는 분명한 이유가 있다. 그것은 약속을 믿지 않기 때문이다.

아브라함을 아는 그리스도인이라면 누구나 그를 '믿음의 조상'이라고 부른다. 마태복음에 나오는 예수님의 족보는 "아브라함과 다윗의 자손 예수 그리스도의 세계"(마 1:1)로 시작하므로 아브라함은 믿음을 이야기하는 중요한 위치에 있다고 할 수 있다. 그리고 사도 바울이 로마서에서 믿음을 말할 때 아브라함에 대해 말한 것을 보면 '믿음이 무엇인지' 알려주는 사람이 바로 아브라함이라고 할 수 있다. 아브라함의 삶 자체가 '아브라함을 알면 그의 믿음을 안다'고 말할 수 있을 만큼 믿음의 증거로 제시된다. 그러나 여기서 주의할 점은 아브라함을 처음부터 성급하게 믿음의 사람으로 규정해서는 안 된다는 것이다. 아브라함의 아버지는 데라였고 데라는 우상을 섬겼다.

"여호수아가 모든 백성에게 이르되 이스라엘의 하나님 여호와께서 이같이 말씀하시기를 옛적에 너희의 조상들 곧 아브라함의 아버지, 나홀의 아버지 데라가 강 저쪽에 거주하여 다른 신들을 섬겼으나"(수 24:2).

아브라함만 하나님을 믿은 것인지, 우상 숭배 집안에서 우상을 섬기기도 했는지는 분명하지 않으나 아브라함이 아버지 집을 떠나 하나님이 지시하시는 땅으로 가라는 명령을 따랐음을 생각하면 그것은 아브라함이 하나님을 알았다는 것을 증명한다. 그러나 분명한 것은 아브라함이 아버지 집을 떠나 하나님의 말씀을 좇았다고 해서 그때부터 그의 믿음이 위대했을 것이라고 생각할 수 없다는 점이다. 이것이 언약이 반복되는 이유이다. 창세기 12장에서 아브라함은 큰 민족을 이루고 복을 주어 그 이름을 창대하게 하겠다는 언약을 받았다. 그리고 언약을 이루실 하나님만을 믿고 의지하라고 아브라함에게 말씀하신다.

"아브람아 두려워하지 말라. 나는 네 방패요 너의 지극히 큰 상급이니라"(창 15:1).

그러나 아브라함은 "주 여호와여 무엇을 내게 주시려 하나이까?"(창 15:2)라고 말했다. 자식이 없다고 했다. 자손이 없을 때 큰 나라를 이루고 큰 이름을 만들겠다 하는 말이 무슨 소용이 있느냐는 것이다. 이를 보면 아브라함은 언약을 세우신 하나님이 언약을 이루신다는 것을 믿지 않았음을 알 수 있다. 하나님은 다시 아브라함에게 그의 후손이 하늘의 별과 같을 것이라고 약속하셨다. 결국 언약의 반복은 아브라함이 언약을 제대로 믿지 않았다는 뜻이다. 언약을 세우신 하나님은 제물을 쪼개고 타는 횃불을 쪼갠 고기 사이로 지나게 하셨다(창 15:9-18). 인간은 언약을 이룰 수 없기 때문에 하나님은 고기 조각 사이에 직접 횃불을 통과시키신다. 짐승을 토막 내듯 목숨을 걸고 언약을 맺는 것이다. 하나님은 아브라함과 언약을 맺으셨고 그 언약의 성취는 아브라함을 가나안 땅에 인도하심으로 이루어졌다. 이것은 예수님의 십자가가 최종적으로 이루게 될 자리이다(마 27:51-53).

이런 점을 보면 하나님은 아브라함에게 언약의 주체는 하나님이시며, 언약을 믿는 것이 아브라함의 일이라는 것을 보여주고자 하셨다는 것을 알 수 있다. 그러나 창세기 16장에서 아브라함은 하갈과 동침하여 이스마엘을 낳는다. 그는 하나님의 언약이 그의 자녀 없이는 무의미하다고 생각하여 스스로 그의 자녀를 얻으려 했다. 이러한 행적을 보시고 하나님은 창세기 17장에서 아브라함에게 보다 구체적인 언약을 주셨다. 그러므로 언약을 반복하는 과정에서 아브라함의 믿음의 부족함을 확인할 수 있다.

"아브람이 구십구 세 때에 여호와께서 아브람에게 나타나서 그에게 이르시되 나는 전능한 하나님이라. 너는 내 앞에서 행하여 완전하라"(창 17:1).

인간의 행함에는 완벽함이 없다. 하나님 앞에서 완전한 행함을 실천할 수 있는 사람은 단연코 없다. 그러나 아브라함에게는 행하여 완전하라고 요구하시는 이유가 있다. 완전한 행함은 하나님의 언약을 믿는 것이다. 언약을 세우신 하나님이 언약을 이루실 것이라는 믿음이 우리를 하나님의 언약 안에 지키게 하신다. 하나님의 언약 안에 있는 자가 구원받는 자임을 생각할 때 언약을 믿는 것이 완전한 행함이다. 즉 하나님은 자기 백성에게 언약에 대한 믿음 외에 다른 것을 요구하신 적이 없다.

그러나 언약에 대한 믿음도 인간의 힘으로는 불가능하다. 인간은 처음부터 하나님의 언약을 믿는 것이 아니라 자신의 의지와 노력을 믿기 때문이다. 아브라함 언약은 그런 자들이 참된 믿음을 알고 믿음 가운데 지키도록 하나님께서 개입하시고 가르치신다는 것을 보여준다. 그래서 "나는 전능한 하나님이다"라고 말씀하신 후에 "너는 내 앞에서 행하여 완전하라"고 말씀하신 것이다. 다시 말하면 하나님의 전능하심은 아브라함으로 하여금 하나님의 언약을 믿게 하심으로 증명된다. 오늘날 우리가 그리스도를 믿는 믿음 안에 있다면 그것은 하나님의 전능하심의 결과이다. 결론적으로 믿음에는 우리의 힘이 개입할 수 없다.

하나님은 아브람의 이름을 아브라함으로 바꾸신다(창 17:5). "내가 너를 여러 민족의 아버지가 되게 함이니라"라고 하셨다. 하나님께서 아브라함을 열국의 아버지가 되게 하신다는 것이다. 그런 면에서 아브라함이라는 이름은 바뀌기 전 문제가 있는 흔적을 포함하고 있다. 아브라함이라는 이름에는 언약을 이루시는 하나님을 믿지 않았다는 뜻이 담겨 있기 때문이다.

하나님은 아브라함과 다시 한번 할례 언약을 세우시고 언약의 표징으로 할례를 말씀하신다(창 17:9-11). 할례는 남자의 생식기 끝에 있는 표피를 잘라내는 것이다. 이것은 육체의 힘으로 자손을 생산할 수 없다는 것을 의미한다. 즉 하나님이 약속하신 민족의 번영은 인류의 번성이 아니라 하나님의 약속으로 일어난 새로운 민족의 번성이다. 이런 의미에서 할례는 불신앙의 표시이다. 이스마엘을 낳아 자기 힘으로 언약을 이루려 했던 아브라함의 불신앙이 할례를 통하여 그의 몸에 새겨졌으니 이는 언약이 하나님의 뜻으로 이루어진 것임을 잊지 아니하려 하심이다. 결국 할례는 아브라함을 부끄럽게 하고 하나님이 약속하신 아브라함의 후손이 사람의 육체로 나는 것이 아님을 말씀하고 있다.

그러나 유대인들은 할례 자체를 하나님의 백성이 되는 표징으로 오해했다. 하나님은 아브라함에게 약속의 아들로 이삭을 주셨다. 사라가 수태하지 못하자 아들을 주심은 그가 아브라함과 사라에게서 육체로 난 아들이 아니라 하나님의 약속으로 주신 아들임을 알게 하려 하심이다. 약속이 이루어지는 것은 하나님의 전능하심이다. 할례의 의미는 전능하신 하나님을 육체가 아닌 약속으로 믿는 것이다. 그런데 유대인들은 할례 자체를 하나님 백성이 되는 증표로 오해했다.

"그러므로 너희는 마음에 할례를 행하고 다시는 목을 곧게 하지 말라"(신 10:16).

"네 하나님 여호와께서 네 마음과 네 자손의 마음에 할례를 베푸사 너로 마음을 다하며 뜻을 다하여 네 하나님 여호와를 사랑하게 하사 너로 생명을 얻게 하실 것이며"(신 30:6).

마음의 할례는 인간의 모든 가능성이 끊어지는 것을 의미한다. 그리스도인조차도 자신 안에서 무언가의 원인과 가능성을 찾고자 하는 유혹을 받는다. 자기 행동으로 하나님을 기쁘시게 할 수 있다는 생각에서 벗어날 수 없다는 것이다. 행동하지 않으면 믿음이 떨어질까 불안에 빠질 수 있다. 이것은 주 하나님을 사랑하는 것이 아니다. 주 하나님을 사랑하는 것은 주께서 하신 모든 일을 받아들이고 기뻐하는 것이다.

이삭이 제물로 드려졌다는 사실은 이삭과 같이 하나님의 약속으로 탄생한 아브라함의 후손을 위하여 하나님께서 제물로 바칠 숫양을 대신 준비하시리라는 계시이다. 이삭은 자기가 짊어지고 간 장작으로 불살라져야 하는데 하나님이 예비하신 양이 대신 불살라졌다는 것은 그 양이 이삭과 연합하여 이삭을 대신하여 희생된 것을 의미한다. 그런 점에서 이것은 장차 하나님의 언약으로 번성할 아브라함의 후손을 위하여 하나님께서 제물로 바칠 양을 준비하시고 대신 제물로 바칠 것임을 드러내는 사건이라고 볼 수 있다.

즉 아브라함 언약은 창세 전에 이 땅에서 하나님과 아들 사이에 일어난 일을 펼쳐 놓은 것이며, 모리아산에서 아브라함과 이삭의 관계를 통해 증명하고 있다. 모리아산의 숫양은 여호와께서 마련하신 것이며 이스라엘의 실상을 보여준다. 이것을 중심으로 하나님의 심판과 축복이 진행된다. 숲속의 숫양은 하나님께서 친히 준비하신 제물이다. 하나님은 이 사실을 숨기시고 아브라함에게 이삭을 제물로 바치라고 명령하신다. 하나님의 지시에 순종해서 아브라함과 이삭이 여기에 참여했다.

이 둘은 아버지와 아들 관계이다. 아브라함은 이삭을 하나님과 맺은 언약을 이룰 자로 보았다. 그런 이삭을 하나님은 죽음의 문턱까지 내몰았다. 그러나 하나님께서 준비하신 것이 있었고 준비된 제물을 통해 사망의 길이 생명의 길로 바뀌었다. 즉 아브라함 언약은 하나님의 준비가 없이는 이루어질 수 없다는 것이다. 아브라함 언약은 하나님의 것이지 아브라함의 것이 아니다. 아브라함과 이삭은 그곳에서 죽는 것으로 참여자에 불과했다. 언약을 받은 아브라함과 이삭은 장차 언약으로 나타나실 아버지와 아들의 관계를 미리 알았다. 아버지께서 아들을 버리신다는 약속이 성취되어 사망의 세계에서 생명의 세계로 옮겨지는 것을 가리킨다(요 5:24).

아브라함 언약이 이삭과 야곱에게 이어지면서, 아브라함에게 약속된 민족이 어떤 자손으로 채워질 것인지를 보여준다. 하나님께서 이삭과 야곱에게 하신 일은 '어떻게 자기 백성을 만드시는가'를 보여주신 것이다. 여기서 잠시 정리하자면 하나님은 먼저 언약을 주신다. 그리고 언약을 성취하는 과정에서 더 나아가 다 성취(완성)한 가운데서, 언약을 이루시는(또는 이루신) 내용의 목격자로 참여시켜 언약 백성을 만들어 내시고, 그 백성으로 하여금 하나님이 홀로 이루신 언약 성취를 만방에 알리라는 사명을 주신다.

그리스도인들은 하나님께서 행하신 일을 보며 믿음은 사람의 힘으로는 결코 불가능한 것을 배우고 하나님이 행하신 일을 기뻐하며 감사해 한다. 우리 자신을 생각할 때 우리는 구원의 불가능만을 본다. 그런데도 하나님은 언약을 이루신다. 그 언약의 성취는 그리스도의 십자가사건을 통하여 이루어졌다. 이 모든 것을 두고 하나님의 전능하심이라고 말씀한다. 즉 하나님은 모든 것에 전능하시다. 하지만 우리에게 주어진 계시로 나타나신 하나님은 언약을 주시고 이루시는 데만 전능하시다. 왜냐하면 언약 성취로만 우리를 구원하기로 약속하셨기 때문이다. 그러므로 언약 밖에서 하나님의 전능하심을 의지하여 언약과는 상관없이 하나님을 부르는 것은 우상을 부르는 것과 같다. 여기서 더 구체적으로 말하면 언약의 십자가(언약 완성) 없이 하나님을 믿는 것은 믿음이 아니다.

>>> 아브라함 언약 요약

▶ 아브라함 언약의 특성

아브라함 언약에서는 은혜가 먼저이고 계명이 뒤따른다. 즉 15장에서 아브라함이 여호와를 믿었기 때문에 그것이 그의 의로 여겨졌고, 14년 후인 17장에서 할례를 제정하고 언약을 맺었다. 유대인과 이방인을 포함한 믿음, 그러므로 은혜언약은 율법의 공로로 얻는 것이 아니라 은혜의 선물인 믿음으로 받는 것이다. 신약성경에서 사도 바울은 의롭게 되는 것은 율법의 행위에서가 아니라 믿음으로 말미암은 증거로 이것을 사용한다. 할례의 표(창 17장)를 받는 것은 할례받기 전의 믿음(창 15장)으로 말미암아 의를 확증하는 것(롬 4:11)이다. 그러므로 율법에 속한 자가 상속자이면 믿음은 헛되고 약속도 헛것이다(롬 4:14).

그렇다면 아브라함과 맺은 언약은 율법의 계명과 아무 상관이 없는 것일까? 그렇지 않다. 하나님은 아브라함에게 "내 앞에서 행하여 완전하라"(창 17:1)고 말씀하셨다. 또한 "여호와의 도를 지켜 의와 공도를 행하게 하려고 그를 택하였나니"(창 18:19)라고 하신다. 그러나 아브라함이 하나님 앞에서 완전하여 언약에 들어간 것이 아니요 그가 여호와의 도를 지켜 의와 공도를 행하여 언약에 들어간 것도 아니다. 하나님이 먼저 그를 택하시고 그와 언약을 맺으셨다. 언약 안에 들어온 그에게 하나님 앞에서 완전하기를 요구하시고 그를 향하신 목적이 의와 공도를 행하는 일임을 알려주셨다. 사실 아브라함은 실패했고 이러한 명령에 미치지 못했다. 그러나 그 약속을 이루신 분은 하나님이셨다.

요약하면 하나님이 아브라함을 먼저 찾아오시는 것으로 시작된다. 그리고 아브라함은 아무 공로 없이 의를 얻었다. 언약 안에서는 의와 공도를 목적으로 삼는다. 그러나 아브라함의 부족함에도 성취하는 분은 아브라함이 아니라 하나님이시다. 아담을 통해 내려온 저주가 아브라함을 통해 바뀐 것은 하나님께서 아브라함에게 땅과 후손과 만민의 축복을 약속하셨기 때문이다. 그 땅은 이스라엘이 여호수아와 솔로몬의 지도력 아래 가나안 땅을 정복했을 때 성취되었다. 이러한 땅의 약속은 마침내 예수 그리스도 안에서 실현되었다. 그 후손은 이삭과 이스라엘 자손과 다윗 혈통의 왕이다. 그 약속은 아브라함의 참된 아들 예수 그리스도 안에서 이루어지며, 믿음으로 예수 그리스도께 속한 자들은 아브라함의 후손이다. 아브라함에게 베푸신 축복은 예수 그리스도 안에서 온전히 이루어지며, 그를 통하여 모든 민족이 아브라함의 가족이 된다.

아브라함 언약에는 족보적 요소(할례)가 있는데 새 언약에서는 없어졌다. 아브라함 언약의 무조건적인 은혜와 조건적인 계명 사이의 긴장은 예수 그리스도 안에서 해결된다. 아브라함 언약은 이 언약을 이루시는 이는 예수 그리스도이시고 예수 그리스도 안에서 항상 완전하게 이루어지므로(고후 1:20) 무조건적인 은혜이며, 하나님께서 아브라함에게 맹세하신 것은 예수 그리스도 안에서 현실이 되었다.

▶ 새 언약과 아브라함 언약의 관계

아브라함 언약의 기본 요소는 땅, 후손, 복이다. 아브라함에게 약속된 땅은 가나안이었지만 새 창조 안에서 그 땅 약속은 예수 그리스도 안에서 실현되었다. 예수 그리스도의 십자가에서 언약이 완성되어 땅의 약속, 곧 새 언약이 온 우주에 확장되어 온 우주가 하나님의 도성과 성전이 될 것이다(계 21:1-22:5).

아브라함의 참 자녀(갈 3:6-9, 롬 4:9-12, 히 2:16)라 함은 예수 그리스도를 믿음으로 말미암아 하나님의 백성이 된 것이 새 언약에서 분명 나타난다. 그러므로 아브라함의 후손이 하늘의 별과 바다의 모래와 같이 많게 되리라는 약속은 예수 그리스도의 십자가 승리와 부활의 결과로 부어주신 성령의 역사로 이루어진다. 아브라함이 복을 받은 이유는 그의 순종이었지만 여전히 하나님의 요구에는 미치지 못했다. 따라서 아브라함에게 하신 약속은 예수 그리스도 안에서 성취된다. 하나님의 어린 양이 온 피조물을 다스리실 것이며, 아브라함에게 약속된 세계적인 복이 이루어질 것이다. 그리하여 아브라함 자손이 세상 만민에게 복을 줄 것이다. 그는 예수 그리스도시다.

>>> covenant_4

율법의 완성을 추구하는
모세 언약

▶ 모세 언약의 배경

하나님께서 먼저 이스라엘 백성을 찾아오시어 이스라엘 백성의 공로 없이 어린 양의 희생(피)으로 구원하셨다. 이는 마치 하나님께서 아브라함을 먼저 찾아오시고 아무 공로 없이 그의 방패와 상급이 되어주셨던 것과 같다.

"나는 너를 애굽 땅, 종 되었던 집에서 인도하여 낸 네 하나님 여호와니라"(출 20:2)에서 언약의 본질이 나타난다. 아브라함에게 주셨던 "너와 네 후손의 하나님이 되리라"고 하셨던 약속이 바로 그것이다. 아브라함에게나 이스라엘 백성에게나 이 언약의 실체(본질)는 율법으로 된 것이 아니라 하나님의 은혜로 된 것이다. 따라서 유업은 율법에서 난 것이 아니라 약속 때문이다(갈 3:18). 만일 율법 때문이

204 | 그리스도 중심 언약

라면 하나님은 그 전의 약속을 폐하셨을 것이다. 하지만 하나님의 언약은 계속 남아 있다. 하나님이 모세에게 아브라함의 하나님, 이삭의 하나님, 야곱의 하나님으로 나타나셨다. 이는 아브라함 언약과 마찬가지로 '언약의 하나님'으로 나타나신 것이다. 그래서 성경은 아브라함 언약과 모세 언약을 분리하지 않고 연장선상에서 생각한다(시 105:8-10).

모세 언약을 마치 아브라함 언약과 무관한 것처럼 완전히 분리하여 행위언약으로 따로 존재한다고 이해한다면 은혜 언약인 아브라함 언약에 행위에 근거한 율법적 언약이 구원을 이루는 데 더해진 것과 같다. 이러한 구별은 모세 언약을 공정하게 다루지 않았기 때문이다. 아브라함 언약과 모세 언약 사이의 긴밀한 관계가 있다(출 6:3-8). 이스라엘을 해방시켜 땅으로 인도하시겠다는 여호와의 약속은 아브라함 언약을 성취시킨다. 그리하여 여호와께서 그들의 하나님이 되시고 그들은 하나님의 백성이 될 것이라는 언약이 이루어진다. 아브라함 언약과 이삭과 야곱이 누리는 언약 관계는 모세 언약으로 이어진다. 여호와께서 모세에게 나타나실 때(출 3:1-10), 아브라함과 이삭과 야곱의 하나님이심을 강조하여 모세 언약, 즉 이스라엘의 언약이 아브라함과 연속됨을 이해하게 하신다.

동일한 것이 신명기에서도 목격된다(신 7:7-9, 민 4:36-38, 9:5). 그곳에서 모세는 여호와께서 이스라엘을 그의 백성으로 삼으셨고 그의 주권적인 선택과 족장들과의 언약 때문에 그들을 애굽에서 해방시켰다고 설명한다. 모세 언약과 아브라함 언약은 형태는 동일하지는 않지만 밀접하게 관련되어 있으며 많은 연속성을 가지고 있다.

다음으로 예레미야는 아브라함 언약과 모세 언약을 연결한다(렘

11:2-5). 하나님은 이스라엘을 애굽에서 해방시키시고 그들과 언약을 맺으시어 두 언약에서 아브라함에게 자기 백성의 하나님이 되신다는 약속을 이루셨다. 이스라엘과 맺은 언약의 본질은 여호와께서 자기 백성을 구원하고 보호하신다는 것이다. 두 언약 사이의 연관성은 분명하다. 이스라엘이 시내산 언약을 지키므로 아브라함 언약의 약속이 보장되기 때문이다.

또 다른 증거는 이스라엘과 맺은 언약이 율법주의적인 것이 아니라 은혜로운 것임을 확증한다. 하나님은 이스라엘과 언약을 맺기 전에 그들을 애굽의 종살이에서 속량하시고 이스라엘을 자기 백성으로 삼으셨다. 구체적으로 하나님은 이스라엘을 해방시켜 그의 백성이 되게 하시고 자신을 그들의 하나님으로, 그들을 자기 아들로 삼으셨다(출 4:22-23).

▶ 모세 언약의 내용

이 언약의 은혜로운 성격은 여호와께서 언약을 맺기 전에 이스라엘에게 보여주신 은혜를 상기시켜 준다(출 19-24장). 하나님은 애굽 사람들을 심판하시고 이스라엘을 독수리 날개로 업어 여호와께로 인도하셨다(출 19:4). 여호와께서는 이스라엘에게 자기 백성이 되려면 먼저 이러한 명령에 순종할 것을 요구하시지 않았다. 반대로 이스라엘은 여호와의 은혜에 합당한 일을 하지 않았지만 하나님께서 이스라엘을 종살이에서 건져내셨고, 그 후에 이스라엘에게 계명을 주셨다.

【 언약과 계명 】

구 분	언약 관계		계명 수여
창조 계시	창조 복	창조계시 에덴동산	계명 (선악과 금지)
시내산 언약	출애굽 구원	언약 시내산	계명 (십계명)
새 언약	그리스도의 구원	새 언약 시온산	계명 (새 계명)

십계명을 주시기 전에 여호와께서는 이렇게 말씀하신다.

"나는 너를 애굽 땅, 종 되었던 집에서 인도하여 낸 네 하나님 여호와니라"(출 20:2).

언약의 조항이 요청되기 전에 여호와 언약의 자비와 은혜가 자세히 설명된다. 계명을 지키라고 요구하시는 하나님은 요구에 앞서 하나님의 은혜와 긍휼을 베푸셨다. 즉 하나님의 은혜와 긍휼이 하나님의 요구보다 앞서고 계명을 뒷받침하는 것이다.

모압 언약(민 29:1)은 시내산 언약의 반복이다. 그 요구사항들이 시내산에서 맺은 언약과 다르지 않기 때문이다. 모압에서 모세는 언약을 반복했다. 이것은 여호수아에도 나타난다. 여호수아는 그 땅을 정복한 후 이스라엘 백성이 아브라함과의 언약으로 애굽에서 나온 후에 그 땅을 차지하게 된 것은 여호와의 은혜라고 자세하게 설명하고 나서 여호수아는 백성에게 여호와를 섬길 것인지 다른 신을 섬길 것인지를 물었다. 이스라엘은 여호와를 섬기겠다고 맹세했다. 이를 근거로 여호수아는 그들과 언약을 맺었다(수 24:25). 여기에 언약의 조항이 제시되었고 언약의 증거가 돌에 새겨졌다(수 24:25-27). 시내산에서의 모세 언약은 다시 세겜 언약으로 새롭게 반복되었고 그 언약을 지킬 것을 맹세하였다.

선지자의 사명은 이스라엘 백성이 언약을 어겼을 때 그들을 고소하는 것이었다. 호세아 선지자는 여호와께서 자기 백성을 소송(논쟁)하신다고 말한다. 언약을 어긴 것은 십계명의 내용 때문이었다(호 4:1-2). 또한 언약 소송은 미가서에서도 찾아볼 수 있다. 여호와는 그의 백성을 노예 상태에서 해방시키고 그들의 필요를 공급하겠다고 약속함으로써 유익을 주셨을 뿐이지만 이스라엘은 율법이 요구하는 공의와 자비와 친절을 베풀지 않았다. 그들은 겸손히 하나님과 동행하기를 거절했다(미 6:8).

선지자 예레미야는 여호와께서 그들과 맺으신 언약을 유다에게 상기시키고 그 언약의 조건에 순종하지 않는 자들에게 저주를 선언한다(렘 11:3). 유다는 여호와의 계명을 주의하여 순종하지 못한 채 여호와의 목소리에서 돌아섰다(렘 11:8). 유다와 이스라엘 모두 다른 신을 섬기고 언약을 어겼기 때문에 언약의 저주를 받게 된다(렘 11:10-

【 구원과 언약에 관한 말씀 】

구원 후 언약 체결	약속 (하나님의 은혜)	성경 구절
언약 조항	의무	출 20-23장, 신 12-26장
언약의 축복과 저주	지킴 혜택, 어김 책임	레 26장, 신 26-28장
언약 증거	성전이나 언약궤에 보관	출 25:16, 40:20, 민 10:2,5, 왕상 8:9, 대하 5:10

11). 다른 곳에서 예레미야는 여호와께서 자기 백성을 심판하시는 이유를 이렇게 요약한다.

> "그들이 대답하기는 이는 그들이 자기 하나님 여호와의 언약을 버리고 다른 신들에게 절하고 그를 섬긴 까닭이라 하셨다 할지니라 (렘 22:9).

그런 다음 우리는 이스라엘이 여호와에 대한 충성을 새롭게 하고 맹세하는 것을 본다. 이러한 상황은 요시야왕이 유다를 통치할 때 분명하게 드러난다. 요시야는 유다의 마지막 왕 중 한 사람이었고 나라는 멸망의 길을 가고 있었다. 백성들은 놀랍게도 언약을 어겼다. 선지자들은 유다의 불순종 때문에 언약의 저주가 임박했다고 선언했다. 요시야는 언약서를 발굴하자마자 성전에서 언약의 말씀을 읽게 했다(왕하 24:2). 요시야는 시내산 언약을 반복했다.

"왕이 단 위에 서서 여호와 앞에서 언약을 세우되 마음을 다하고 뜻을 다하여 여호와께 순종하고 그의 계명과 법도와 율례를 지켜 이 책에 기록된 이 언약의 말씀을 이루게 하리라 하매 백성이 다 그 언약을 따르기로 하니라(왕하 23:3).

모세 언약은 공식적으로 피의 제사로 시작되었다. 피의 일부는 제단을 정결하게 하기 위해 제단 위에 뿌려졌고(출 24:6) 백성에게도 뿌렸다. 이스라엘은 죄인이었기 때문에 여호와와 언약을 맺기 전에 피로 깨끗해져야 했다.

"모세가 그 피를 가지고 백성에게 뿌리며 이르되 이는 여호와께서 이 모든 말씀에 대하여 너희와 세우신 언약의 피니라"(출 24:8).

여호와께서 모세에게 모든 규례와 계명을 선포하셨고 이 계명은 모세가 백성에게 낭독하는 '언약서'에 명시되어 있고 이스라엘은 이 규정에 화답하여 지켜 행할 것을 맹세한다. 즉 이스라엘은 충실한 동반자가 될 것을 약속했다(출 24:7). 하나님과 이스라엘의 언약 교제는 언약을 깨뜨리면 제사 드릴 수 있는 여지가 있기 때문에 완전한 순종에 의존하지 않았다. 이스라엘은 더럽혀졌고, 피가 없이는 여호와와 언약을 맺을 자격이 없었다. 우리는 또한 구속의 필요성을 언약의 은혜와 희생을 통한 죄의 씻음으로 본다.

이 제사가 레위기 1~7장에 기록되어 있고, 레위기 16장의 절정은 이스라엘의 모든 죄가 용서되는 속죄일이다. 따라서 언약은 이스라엘을 하나님과의 교제 안에 있게 한다. 그리하여 모세와 이스라엘 장로들이 기념하는 식사로 언약을 맺는다(출 24:9-11). 이 언약식은 이삭과 아비멜렉(창 26:30), 야곱과 라반(창 31:54)의 경우에서 볼 수 있듯이 반복적으로 이루어졌다.

이스라엘과의 언약 의무는 십계명에 요약되어 있다(출 20:3-17, 신 5:7-21). 다른 계명과 언약 조항은 십계명의 확장이었다. 그러면 왜 모세의 율법을 주셨을까? 질문이 생길 것이다. 그것은 아브라함에게 말씀하신 "내 앞에서 행하여 완전하라"(창 17:1)의 확장이다. 이스라엘은 또한 언약 백성으로서 율법을 계명으로 받았다. 아브라함에게 온전한 행실을 요구하고 할례를 요구한 것은 행위언약이 아니며, 하나님께서 율법을 주셨고 순종을 요구하신 것도 행위언약의 반복이 아님을 주의 깊게 받아들여야 한다.

우리는 언약이 특별한 징표로 표시되어 있음을 볼 수 있다. 노아 언약의 경우 구름 사이에 무지개가 있었다. 아브라함 언약은 할례로 표시되었다. 모세 언약은 십계명과 안식일이다. 언약의 표징으로서의 안식일의 역할은 가장 긴 계명이며(출 20:8-11, 신 5:12-16), 계명 목록의 핵심이다. 안식일을 두 번 반복하는 것(출 31:13,17)은 영원한 언약(출 31:16)을 의미하는 '영원한 표징'(출 31:17)이다.

이스라엘은 여호와의 백성으로서 세상에 대한 하나님의 복을 중재하고 '제사장 나라와 거룩한 백성'(출 19:6)이 되도록 부르심을 받았다. 만국에 여호와의 이름을 선포할 사명을 이스라엘에게 주신 것이다. 이스라엘과 맺은 이 언약은 언약의 조항과 율법에 다른 민족과 구별되는 조항이 포함되어 있기 때문에 특별하다. 예를 들어 다른 민족이 먹는 많은 음식이 이스라엘만 구별하여 먹도록 제한되어 있다(레 11:1-44). 언약의 표징인 안식일도 다른 민족과 구별된다.

율법은 하나님의 택하심과 부르심의 목적으로 생각해야 한다. 그러므로 모세 언약은 행위언약이 아니다. 율법은 우리를 하나님의 진노 아래 가두고 우리의 비참함을 드러낸다(롬 3:19-20). 율법은 우리의 비참함을 깨닫게 하고 은혜(구원)가 얼마나 큰 주님의 일인지를 깨닫게 한다. 비참한 사람이 어떻게 하나님을 만날 수 있을까? 성막과 제사가 필요하다. 하나님과 관계를 맺는 교제가 있는 곳이다. 그래서 레위기는 시내산 언약의 일부이다. 율법이 없어도 죄는 죄요 사망을 가져온다. 그러나 율법이 알려졌을 때 범법으로 인해 죄가 죄로 여겨졌다(롬 5:13). 율법은 은혜 언약을 뒷받침한다. 즉 은혜가 얼마나 큰지를 알려주는 역할을 한다. 그러므로 아브라함 언약과 모세 언약은 대조되는 것이 아니라 함께 있는 것이다.

언약과 분리된 율법의 정죄의 직분과 아브라함 언약의 대조를 마치 시내산 언약과 아브라함 언약이 대조를 이루는 것으로 보는 착각이 있다. 신약은 구약을 버리지 않는다. 그림자가 실체로 나타나듯이 이 일을 구약성경의 성취로 이루시는 분은 우리 안에서 선한 일을 시작하신 분이다(빌 1:6). 율법을 완성하고 완성하려는 목표는 결코 우리를 떠나지 않는다(롬 13:9-10). 모세 언약은 복음을 예표하고 지시했다. 그것은 복음에 위배되지 않는다. 모세 언약의 모든 측면은 예수 그리스도 안에서 성취되었으며 모든 측면이 그분께로 향했다. 모세 언약은 이스라엘이 애굽에서 구속된 후에 성립되었다. 그러므로 모든 민족을 이스라엘의 거룩하신 하나님께로 인도하기 위하여 예비하신 은혜로운 언약이다.

모세 언약은 '시내산 언약'에서 체결되었고(출 20-25장), 모압 평지에서 새롭게 해석되어 모압 언약으로 반복되었다(신명기). 모세 언약은 아브라함 언약을 바탕으로 연장되는 언약으로서 나타날 언약 백성은 뱀의 후손과는 구별된 거룩한 백성이어야 하며, 그러한 거룩함이 있을 때 이 땅에 축복을 가져올 수 있다. 모세 언약의 축복은 약속의 땅을 차지하는 것으로 지속되었다. 모세 언약으로 인한 심판의 저주는 약속의 땅에서 추방되는 것이었다.

⊙ 시내산 언약

모세 언약은 하나님께서 아브라함과 이삭과 야곱에게 세우신 언약과 연결된 내용이다. 하나님이 아브라함과 언약하신 대로 이스라엘 백성은 때가 되어 출애굽을 한다. 출애굽 사건은 결코 이스라엘 백성이 독립운동해서 쟁취한 것이 아니다. 하나님께서 자기 언약을 기억하셨기에 그들을 출애굽 시키신 것이다. 그들은 그저 육신의 안락을 추구하는 자들이었다. 그런 상태가 지속되지 못하도록 바로의 마음을 강퍅하게 하셔서 고역을 가중시키자 그제야 부르짖었고 그 부르짖음을 들으신 하나님은 자기 맹세를 기억하셨다.

"하나님이 그들의 고통 소리를 들으시고 하나님이 아브라함과 이삭과 야곱에게 세운 그의 언약을 기억하사 하나님이 이스라엘 자손을 돌보셨고 하나님이 그들을 기억하셨더라"(출 2:24-25).

이처럼 아브라함과 이삭과 야곱에게 세우신 언약을 기억하심으로 시작되는 것이 모세 언약이다.

"여호와께서 이르시되 내가 애굽에 있는 내 백성의 고통을 분명히 보고 그들이 그들의 감독자로 말미암아 부르짖음을 듣고 그 근심을 알고 내가 내려가서 그들을 애굽인의 손에서 건져내고 그들을 그 땅에서 인도하여 아름답고 광대한 땅, 젖과 꿀이 흐르는 땅 곧 가나안 족속, 헷 족속, 아모리 족속, 브리스 족속, 히위 족속, 여부스 족속의 지방에 데려가려 하노라. 이제 가라. 이스라엘 자손의 부르짖음이 내게 달하고 애굽 사람이 그들을 괴롭히는 학대도 내가 보았으니 이제 내가 너를 바로에게 보내어 너에게 내 백성 이스라엘 자손을 애굽에서 인도하여 내게 하리라. 모세가 하나님께 아뢰되 내가 누구이기에 바로에게 가며 이스라엘 자손을 애굽에서 인도하여 내리이까. 하나님이 이르시되 내가 반드시 너와 함께 있으리라. 네가 그 백성을 애굽에서 인도하여 낸 후에 너희가 이 산에서 하나님을 섬기리니 이것이 내가 너를 보낸 증거니라"(출 3:7-12).

이스라엘의 고통을 보고 부르짖음을 듣고 근심을 알고, 내려가서 건져내어 인도하여 데려가려 한다고 한다. 그래서 시내산에서 하나님을 섬기게 하시겠다는 것이다. 모세 언약은 이스라엘의 출애굽에서 시작된다고 할 수 있다.

"여호와께서 모세에게 이르시기를 내가 이제 한 가지 재앙을 바로와 애굽에 내린 후에야 그가 너희를 여기서 내보내리라. 그가 너희를 내보낼 때에는 여기서 반드시 다 쫓아내리니"(출 11:1).

애굽의 바로는 아홉 가지의 재앙을 겪었으면서도 이스라엘 내보내기를 거절한다. 재앙으로 인해 고통을 겪을 때는 죄를 지었으니 용서해달라고 하면서 이스라엘을 보내줄 것처럼 하다가 재앙이 멈추면 또다시 본래의 완악함을 드러내며 보내지 않기를 반복한다. 바로가 이스라엘을 보내는 것을 거부하는 것은 자기 이익과 자존심 때문이라고 볼 수 있다. 이스라엘의 노동력은 애굽에 많은 도움이 되었다. 그리고 나름대로 자기 신을 섬기고 있는 바로가 이스라엘 민족의 신인 여호와가 말씀하셨다는 모세의 말만 듣고 이스라엘을 보낼 수는 없었던 것이다. 바로는 여러 재앙을 겪으면서 이러한 속성을 드러내었다. 따라서 재앙은 단지 애굽을 고통스럽게 해서 이스라엘을 보내도록 하기 위한 것이라기보다는 '바로의 속성이 드러나게 하기 위한 것'으로 보아야 한다. 주목할 것은 완악한 바로의 속성을 드러내서 '이스라엘 또한 바로와 다르지 않음'을 나타내고자 한 것이 재앙에 담긴 의미라는 점이다.

하나님은 모세에게 한 가지 재앙을 내린 후에야 너희를 여기서 내보낼 것이라고 말씀한다. 한 가지 재앙은 열 재앙 중 마지막 재앙을 말한다. 그런데 '마지막 재앙' 또는 '열 번째 재앙'이라고 하지 않고 '한 가지 재앙'이라고 말씀하신 것에 초점을 둘 필요가 있다. 왜냐하면 아홉 가지의 재앙과 열 번째 재앙은 현격한 차이가 있기 때문이다. 아홉 가지 재앙으로는 '바로의 속성'이 드러난다. 그리고 바로의 속성에 대한 '하나님의 심판'을 열 번째 재앙으로 보이시는 것이다. 만약 애굽에 내려진 재앙의 목적이 단지 이스라엘의 출애굽이라면 번거롭게 열 재앙을 내릴 이유가 없다. 처음부터 견딜 수 없는 강력한 재앙을 내려서 애굽을 굴복시키면 되기 때문이다.

이런 점에서 보면 애굽에 내린 재앙은 단지 출애굽이 목적이 아니라 하나님 말씀에 순종하지 않고 순종하는 척하다가도 또다시 자기 유익을 따라 흘러가는 바로와 같은 완악한 인간의 속성을 보게 하시고 그런 속성을 가진 인간에 대한 심판을 선언하시는 것으로 볼 수 있다. 바로의 속성으로부터 이스라엘 민족도 자유로울 수 없다. 더 나아가 이스라엘만이 아니라 모든 인간에게 바로의 속성이 있다. 따라서 '모든 인간이 죽음에 해당된다' 는 것을 보이는 것이 한 가지 재앙, 즉 장자 죽음이다.

하나님은 애굽 땅의 모든 처음 난 것을 치신다. 처음 난 것은 모든 것을 대표하는 대표성을 지닌다. 따라서 처음 난 것을 치신다는 것은 애굽의 모든 것을 치신다는 뜻이 된다. 이것을 통해서 바로의 완악한 속성으로 존재하는 애굽은 하나님의 심판을 받아야 한다는 사실이 뚜렷해진다. 이스라엘도 바로와 다르지 않기 때문에 그들 역시 장자의 죽음에서 자유로울 수 없다. 그래서 장자의 죽음에서 벗어날 수 있는 길을 주시는데 그것이 어린 양의 피를 집 좌우 문설주와 인방에 바르는 것이다(출 12:7). 하나님이 애굽 땅을 칠 때 어린 양의 피가 표적이 되어 그 피를 봄으로써 재앙이 내리지 않게 된다(출 12:13). 장자 재앙은 애굽 사람과 이스라엘 사람을 구분하는 것이 아니라 피가 표적이 되어 심판 여부가 결정된다. 이스라엘 사람이라 할지라도 어린 양의 피의 표적이 없다면 심판에서 벗어날 수 없다. 결국 이스라엘이 애굽의 심판에서 벗어나 하나님이 약속하신 땅을 향해 갈 수 있게 된 것은 어린 양의 피로 말미암아 실현된 것이다.

어린 양의 피는 하나님의 낮아지심, 즉 희생을 의미한다. 이것을 '하나님의 구속' 이라고 한다. 하나님의 희생으로 자기 백성을 구원하신다는 하나님의 뜻과 의지가 어린 양의 피로 증거된 것이다. 이스라엘은 어린 양의 피, 하나님의 희생으로 살게 되었고, 따라서 어린 양의 피의 은혜를 망각한다면 그는 이스라엘이라 할 수 없다. 이것을 이스라엘에게 남겨두기 위해 세워진 것이 유월절이다. 즉 유월절은 '너희는 무엇으로 존재하는가' 라는 물음에 대한 답을 나타낸다. 아브라함과 이삭과 야곱에게 세운 그 언약을 기억하사 이스라엘을 돌보시는 것이다. 언약하신 대로만 행하시는 하나님이다. 이스라엘은 열 재앙과 어린 양의 피를 통과하고 홍해를 건너게 된다. 언약이란 '하나님의 동행' 이라는 의미가 담겨 있다. '여호와라는 언약의 하나님' 이 등장하여 애굽에 있던 이스라엘 사람을 인도하여 조상에게 약속한 땅으로 데려가겠다고 하신다(출 6:2-9). 여기에서 '인도한다' 는 말이 나오는데, 언약에 따라 인도하시는 형식이 바로 '모세 언약' 이다.

출애굽기 6장에서 여호와의 나타남과 애굽에서 연이어 벌어지는 일이 순전히 여호와 하나님의 일방적인 계획에 의해 추진된다. 이 일방적인 계획이 언약이라는 형식으로서 진행되는 것이다. 따라서 홍해의 갈라짐과 약속의 땅으로 들어감은 언약 성취 과정의 하나로 봐야 한다. 하나님은 일을 추진하는 데 언약을 동원하시는 이유가 있다. 언약으로 맨 마지막에 나타난 국가는 언약에 의해서만 통치되고 유지되는 국가가 된다. 언약이 아니면 생겨나지 않았을 국가이다. 하나님의 언약 없이 생겨난 국가가 하나님으로부터 인정받으려면 하나님의 의에 합당한 수준까지 도달해야 한다. 그러나 출애굽 사건에서 밝혀졌듯이 언약이 없는 애굽이라는 나라는 하나님 앞에서 징벌의 대상으로 남게 된다. 다만 언약과 연계된 국가인 이스라엘만이 사랑의 대상이 된 것이다. 하나님은 언약에 따라 일하신다. 그렇기에 이 우주에 언약 없이 하나님과 관계(묶임, 엮임)를 가질 수 있는 나라는 없다. 따라서 언약의 등장은 언약이 없는 세상 모든 나라를 하나님이 부정하신다는 의미가 담겨 있다.

이처럼 언약이란 하나님께서 선택한 자들을 자기 백성으로 삼으시려는 의도에서 나온 표현 방식이다. 따라서 언약 속에는 다음의 두 가지 내용이 내포되어 있다. 첫째는 이 세상 그 누구도 스스로 하나님의 백성으로서 자격이 있는 자는 없다는 것이고, 다음으로는 다만 언약을 주셔서 이 하나님의 언약 성취 안에 있는 자들만이 하나님의 백성이라는 것이다. 이 두 가지 내용을 성취하기 위해 하나님은 버림 속에서 남김의 일을 열심히 수행하고 계신다. 따라서 그들을 향한 언약의 하나님은 하나님이 원래 제시한 의와 거룩의 기준에 의해서 '버려짐'과 '다시 찾음'을 반복하게 된다.

백성들 속에 언약이 존재하기 위해서는 백성들이 언약 발생에 깊숙이 관여한 바가 되어야 한다. 백성과 무관한 일방적 언약 통보는 언약이 지니고 있는 공동운명체의 발생을 막기 때문에 공동운명체가 되려면 백성들에 의해 사건이 일어나야 한다. 그 과정에서 언약의 요건이 이루어지게 된다. 모세 언약은 이것을 보여준다. 모세는 이것을 위해 시내산을 여러 번 오르내린다. 모세가 십계명을 받기 위해 처음 시내산에 올라갔다 내려올 때 그의 손에는 아무것도 들려 있지 않았다. 그는 그냥 십계명을 외워서 내려온 것이다. 돌판이 없었다. 그 시내산에서 모세는 거룩을 체험했다. 그 거룩을 기준으로 무엇이 죄이며 무엇이 의가 되는 줄을 알게 되었다. 출애굽기 19장 6절에서 말하는 '거룩한 백성'의 의미를 알게 된 것이다.

그는 산에서 내려와서 자기가 들은 모든 것을 낱낱이 기록했다.

모세가 첫 번 계명을 받으러 올라갈 때 모세 외에 그 누구도 시내산에 가까이할 수 없었다. 하나님은 너무나도 거룩한 분이기 때문이다. 그래서 모세는 제사를 드리면서 그것을 평지인 지상에서 반복한다. 말씀을 선포하고 희생의 제물을 드림으로 하나님이 함께하시기를 바랐던 것이다. 거룩한 분과 이스라엘 백성 사이에서의 정결한 희생 제사가 중보가 되어 그 충돌을 해소해 주고 있는 것이다.

> "주께서 백성을 인도하사 그들을 주의 기업의 산에 심으시리이다. 여호와여 이는 주의 처소를 삼으시려고 예비하신 것이라. 주여 이것이 주의 손으로 세우신 성소로소이다. 여호와께서 영원무궁하도록 다스리시도다 하였더라"(출 15:17-18).

위 내용은 이스라엘이 출애굽하고 홍해를 건넌 후에 모세의 찬양 내용이다. 출애굽 시킨 목적이 이스라엘 백성을 위한 것이 아니라 '여호와의 처소를 삼기 위한 것'이다. 출애굽의 목적은 이스라엘을 애굽의 종살이에서 해방시키는 것이 아니다. 하나님의 처소 삼기 위하여 구속하신 것이다. 오늘날도 많은 사람이 구원을 이해할 때 자기 중심적인 구원을 생각한다. 세상에서 힘들고 고생스러우니 이런 고생이 없는 천국에 가면 좋겠다고 한다. 이런 사람은 천국에 가도 자신이 주인 노릇할 사람이다. 사실 그런 천국은 없다. 이런 천국을 꿈꾸고 출애굽한 이스라엘 백성은 광야에서 원망만 한다. 이러한 이스라엘 백성과 시내산에서 언약을 체결하심을 통하여 인간의 죄가 무엇인지 밝히 보여주셨다.

이러한 '하나님의 처소'란 그리스도인이다. 그래서 예수님은 이

처소를 만드시고 그 처소가 만들어지면 자기 백성을 자기에게로 인
도한다고 하셨다. 그 처소란 하나님 아버지와 예수님이 하나인 그 관
계 속에 넣어주신다는 것이다. 그것을 위해서 성령을 보내신 것이다.
예수님께서 지상에 계실 때 아버지와 자신이 하나라고 하신 것도 성
령으로 하나 되심을 의미한다.

> "내가 아버지께 구하겠으니 그가 또 다른 보혜사를 너희에게 주사
> 영원토록 너희와 함께 있게 하리니 그는 진리의 영이라. 세상은
> 능히 그를 받지 못하나니 이는 그를 보지도 못하고 알지도 못함
> 이라. 그러나 너희는 그를 아나니 그는 너희와 함께 거하심이요
> 또 너희 속에 계시겠음이라. 내가 너희를 고아와 같이 버려두지
> 아니하고 너희에게로 오리라. 조금 있으면 세상은 다시 나를 보
> 지 못할 것이로되 너희는 나를 보리니 이는 내가 살아 있고 너희
> 도 살아 있겠음이라. 그날에는 내가 아버지 안에, 너희가 내 안
> 에, 내가 너희 안에 있는 것을 너희가 알리라"(요 14:16-20).

과연 내 안에 예수님이 계시고 예수님이 내 안에 계시는가? 이것
이 하나님의 처소로 삼으신 자의 일차적인 모습이다. 우리 안에 아들
이 있으면 영생이 있다. 이것이 빼앗기지 아니할 영원한 복이다.

다음은 출애굽한 이스라엘이 시내광야에 이르렀을 때 하나님이
모세를 산으로 부르시고 언약을 체결하는 모습이 나온다.

> "세계가 다 내게 속하였나니 너희가 내 말을 잘 듣고 내 언약을 지
> 키면 너희는 모든 민족 중에서 내 소유가 되겠고 너희가 내게 대

하여 제사장 나라가 되며 거룩한 백성이 되리라. 너는 이 말을 이스라엘 자손에게 전할지니라"(출 19:5-6).

이스라엘이 하나님의 언약을 지키면 이스라엘은 모든 민족 중에서 하나님의 소유가 되고 하나님에 대해 제사장 나라가 되며 거룩한 백성이 된다는 말씀이다. 이 말씀은 결국 언약을 지키지 않는 이스라엘은 참된 이스라엘이 아니며 하나님의 소유된 거룩한 백성도 아니라는 뜻이 된다. 이것을 보면 하나님의 언약이 의도하는 것은 '하나님의 소유된 거룩한 백성 만들기'에 있음을 알 수 있다. 이스라엘은 자신들을 하나님의 백성으로 간주하고 있다.

하지만 하나님께서는 언약을 동원하여 거룩한 자기 백성을 만들고자 하시는 것이다. 다시 말해서 오직 하나님의 언약 안에서만 하나님의 거룩한 백성이 존재하게 된다는 것이다. 현대 교회가 인간의 행함을 기준으로 해서 하나님의 백성 됨을 판단하려고 하는 것은 결국 하나님의 언약 밖에서 성경을 해석하기 때문이다. 하나님 나라에는 하나님의 소유된 거룩한 백성이 있다. 그런데 이 거룩한 백성은 하나님의 언약을 지켰을 때 발생한다. 하나님의 율법을 모세를 통해 전해 들은 이스라엘 백성은 일제히 응답한다.

"여호와께서 명령하신 대로 우리가 다 행하리이다"(출 19:8).

'제사장 나라'는 제사장이 통로가 되어 하나님과의 만남이 이루어지는 나라라는 뜻이다. 인간의 행함으로는 하나님을 만날 수 없다. 장차 영원한 제사장으로 오실 분이 예수 그리스도이므로 우리에게 하나님과의 만남은 예수 그리스도의 피로써 이뤄질 것을 예표하고 있다. '언약의 피'가 하나님이 원하시는 '의'가 되며 언약의 피를 믿는 자가 하나님께 거룩히 여김을 받는다. 따라서 제사장 나라는 언약의 피로 오신 예수 그리스도를 믿고 경배하는 나라이다.

그러나 이스라엘은 언약을 지키는 일에 있어서 실패한다. 따라서 그들은 하나님의 백성이 아니라 저주의 백성으로 드러난다. 이것으로 그 어떤 인간도 하나님의 언약을 지켜서 하나님의 거룩한 백성이 될 수 없음이 증거된다. 언약에 있어서 이스라엘에게 주어진 역할이 바로 이것이었다. 언약의 완성자는 이스라엘이 아니라 예수님이다. 이것은 "모세가 그 피를 가지고 백성에게 뿌리며 이르되 이는 여호와께서 이 모든 말씀에 대하여 너희와 세우신 언약의 피니라"(출 24:8)는 말씀에서 드러난다.

언약의 피는 거룩한 제물의 피를 말한다. 즉 이스라엘의 행함으로 언약이 지켜지는 것이 아니라 거룩한 제물이 흘린 피가 거룩한 백성이 되게 하는 것이다. 그리고 언약을 지켜서 거룩한 백성이 되는 것이 아니라 언약의 피를 믿음으로 거룩한 백성이 된다. 즉 언약의 완성자로 오신 예수 그리스도의 피를 믿음으로 하나님의 소유된 거룩한 백성이 되는 것이다. 이것을 새 언약이라고 한다. 그리고 새 언약에 의해서 하나님의 거룩한 백성이 만들어지고, 하나님의 거룩한 백성은 언약의 완성자로 오신 예수 그리스도의 의를 믿으며 예수 그리스도를 왕으로 섬기는데, 이것이 곧 하나님 나라이다.

이러한 언약과 하나님 나라의 관계에서 본다면 하나님 나라는 언약 안에서만 이해될 수 있다. 언약 밖의 인간은 오직 자기 구원에만 관심을 두게 된다. 따라서 언약 밖에 있는 자들이 말하는 하나님 나라는 결국 종교적 상상력으로 창안해 낸 극락세계로 드러날 뿐이다. 언약 안에서만 하나님 나라가 있고, 이 나라는 언약의 피, 즉 언약의 완성자이신 예수 그리스도의 피가 중심이라는 것을 알 수 있다.

"너 모세만 여호와께 가까이 나아오고 그들은 가까이 나아오지 말며 백성은 너와 함께 올라오지 말지니라. 모세가 와서 여호와의 모든 말씀과 그의 모든 율례를 백성에게 전하매 그들이 한 소리로 응답하여 이르되 여호와께서 말씀하신 모든 것을 우리가 준행하리이다. 모세가 여호와의 모든 말씀을 기록하고 이른 아침에 일어나 산 아래에 제단을 쌓고 이스라엘 열두 지파대로 열두 기둥을 세우고 이스라엘 자손의 청년들을 보내어 여호와께 소로 번제와 화목제를 드리게 하고 모세가 피를 가지고 반은 여러 양푼에 담고 반은 제단에 뿌리고 언약서를 가져다가 백성에게 낭독하여 듣게 하니 그들이 이르되 여호와의 모든 말씀을 우리가 준행하리이다. 모세가 그 피를 가지고 백성에게 뿌리며 이르되 이는 여호와께서 이 모든 말씀에 대하여 너희와 세우신 언약의 피니라"(출 24:2-8).

그리고 하나님은 다시 모세를 산으로 부르시고 십계명과 함께 그들이 지켜야 할 율례를 선포하신다. 하나님의 율례를 이스라엘에게 전하자 이스라엘은 또다시 한 소리로 준행하겠다고 말한다(출 24:3). 모세는 하나님의 모든 말씀을 준행하겠다는 백성들의 응답을 들은 후에 산 아래에 제단을 쌓고 이스라엘 열두 지파대로 열두 기둥을 세웠고 이스라엘 자손의 청년들을 보내어 여호와께 소로 번제와 화목제를 드리게 한다. 그리고 모세는 피를 가지고 반은 여러 양푼에 담고 반은 제단에 뿌렸으며 언약서를 가져다가 백성에게 낭독하여 듣게 하니 그들은 또다시 반복해서 응답한다(출 24:7). 백성의 응답을 들은 모세는 그 피를 가지고 백성에게 뿌리며 선포한다.

"모세가 그 피를 가지고 백성에게 뿌리며 이르되 이는 여호와께서 이 모든 말씀에 대하여 너희와 세우신 언약의 피니라"(출 24:8).

이처럼 모세 언약은 상호 의사를 물어서 쌍방 간 동의하에 체결된다. 모세가 언약 중재자가 되어서 하나님 말씀을 백성에게 전하고 백성의 뜻을 하나님께 전하여 서로 언약을 체결한 것이다. 바로 '피의 언약'이다. 이스라엘 백성이 모세가 여호와의 말씀을 전하여 주니 그 언약에 동의하고 언약서를 낭독하고 소를 잡고 피를 받아서 뿌린다. 언약의 피라고 한다. 피로 체결한 언약이기에 생명을 건 언약이다. 피는 곧 생명이기 때문이다. 이렇게 언약이 체결된 후에 모세와 아론과 나답과 아비후와 이스라엘 장로 칠십 인이 올라가서 하나님을 뵙게 되는데 하나님은 그들에게 손을 대지 아니하셨고 그들은 하나님을 뵙고 먹고 마셨다(출 24:10-11). 하나님을 뵙고도 죽지 않고 함께 먹고 마신 이것이 '언약의 피의 은혜'이며, 피의 은혜로 누리는 혜택이다. 그러므로 모세 언약은 은혜 언약이다.

하지만 이스라엘은 아직 언약의 피에 담긴 의미를 모르고 있다. 하나님의 희생이 자신들을 살린다는 것을 언약의 피를 보면서도 모른다. 그들은 자신들이 하나님의 말씀을 모두 준행하면 된다고 쉽게 생각한다. 그리고 준행할 수 있다고 생각했다. 그러나 사실은 이런 그들에게 십계명과 율례를 주신 것은 하나님의 말씀을 준행하게 해서 구원하고자 하는 것이 아니라 준행할 수 없는 인간의 무능력과 죄를 보게 하고자 함이었다. 이것이 '율법을 주신 하나님의 의도'이다.

하나님은 이스라엘에게 언약으로 다가오신다. 이것은 이스라엘을 언약으로 구원하시겠다는 것을 의미한다. 언약이 '하나님의 구원 방식'이라는 것이다. 이 말은 하나님이 세우신 언약은 인간의 어떤 불의와 행위에도 취소되지 않고 반드시 성취된다는 뜻이다. 따라서 하나님의 언약 외의 방식으로 이루어지는 구원은 없으며 인간의 어떤 행위도 개입될 수 없다.

언약의 피는 제물의 피이며 반은 제단에 뿌려지고 반은 백성에게 뿌려진다(출 24:8). 이것은 이스라엘의 구원이 말씀을 준행함으로써 이루어지는 것이 아니라 제단에서 피 흘려 죽은 제물의 피로 이루어진다는 것을 의미한다. 즉 언약의 피가 백성의 구원을 책임진다는 것이다. 따라서 언약의 피 앞에서 이스라엘 백성이 꼭 알아야 하는 것은 자신들이 스스로 말씀을 실천함으로 성취되는 구원은 없다는 사실이다. 그것을 위해 율법이 주어졌다. 이것을 알리기 위하여 돌판이 주어졌다.

"여호와께서 모세에게 이르시되 너는 산에 올라 내게로 와서 거기 있으라. 네가 그들을 가르치도록 내가 율법과 계명을 친히 기록한 돌판을 네게 주리라"(출 24:12).

여기서 '가르친다'는 것이 새삼 중요하다. 구체적인 모양과 형체로 되어 있는 십계명이 적힌 돌판이 있음으로써 특별히 그 무엇을 가르치고자(소통하고자) 하셨던 것이다. 모세가 이 돌판을 받으러 다시 시내산에 올랐을 때 '성소를 지으라'고 명하셨다(출 25:8). 성소란 하나님이 그들 가운데 함께할 수 있는 지상의 공간이다.

> "거기서 내가 너와 만나고 속죄소 위 곧 증거궤 위에 있는 두 그룹 사이에서 내가 이스라엘 자손을 위하여 네게 명령할 모든 일을 네게 이르리라"(출 25:22).

하나님은 이제 성소인 속죄소(증거궤) 위에서 이스라엘 백성과 만나시겠다는 것이다. 그 성소 제일 깊숙한 곳에 '증거궤'가 안치되고 그 위에서 하나님이 이스라엘과 만나시겠다는 것이다. 아울러 제사장이 세워져야 하고 성막도 성소를 보호하기 위해 지어져야 한다. 모든 것이 증거궤를 겨냥해서 만들어진다. 말하자면 지금까지는 하나님께서는 모세와는 만났지만 그 이외에 이스라엘 누구와도 만나지 않았다. 거룩하지 않으면 그 누구라도 죽기 때문이다. 그러면 모세가 대신해서 하나님과 자주 만나면 될 것 같은데, 새삼스럽게 모든 백성 속에 하나님이 친히 나타나시겠다는 의도가 있다.

모세가 하나님을 만난 것은 시내산 위에서다. 그런데 이제는 시내산 위가 아니라 산 아래인 평지이다. 모세가 다시 시내산에 올라갔을 때 하나님의 방침이 달라진 것이다. 모세만 만나는 게 아니라 모두와도 만나겠으니 만날 조치를 사전에 지상에서 해야 된다는 것이다. 거룩하신 하나님과 더러운 죄인이 이 땅에서 함께할 수 있는 특별한 방안이 언약 백성에게 주어진다. 증거궤 위에서는 만날 수 있다는 것이다. 증거궤를 알면 언약을 알 수 있다. 하나님이 모세에게 돌판을 만들어 주시니 모세가 산을 내려온다(출 31:18). 산 위에서 만든 돌판의 내려옴은 직접 하나님께서 낮은 곳으로 찾아오심으로 이해할 수 있다. 그런데 백성들이 언약을 깨고 있다.

> "백성이 모세가 산에서 내려옴이 더딤을 보고 모여 백성이 아론에게 이르러 말하되 일어나라. 우리를 위하여 우리를 인도할 신을 만들라. 이 모세 곧 우리를 애굽 땅에서 인도하여 낸 사람은 어찌 되었는지 알지 못함이니라. 아론이 그들에게 이르되 너희의 아내와 자녀의 귀에서 금 고리를 빼어 내게로 가져오라. 모든 백성이 그 귀에서 금 고리를 빼어 아론에게로 가져가매 아론이 그들의 손에서 금 고리를 받아 부어서 조각칼로 새겨 송아지 형상을 만드니 그들이 말하되 이스라엘아 이는 너희를 애굽 땅에서 인도하여 낸 너희의 신이로다 하는지라(출 32:1-4).

백성이 아론에게 "우리를 위하여 우리를 인도할 신을 만들라"고 한다. 이것이 바로 우상 숭배의 특징이다. 출애굽의 목적은 하나님의 자기 처소 삼기 위함이다. 그런데 지금 이스라엘 백성은 하나님을 위한 이스라엘이 아니라 이스라엘을 위한 하나님을 만들어 내라고 한다. 그리고 언약이 체결되었다고 금송아지 앞에서 먹고 마시고 뛰어논다. 그러나 돌판에 기록된 바와 같이 하나님은 너희를 위하여 어떤 형상도 만들지 말라고 하셨다(출 20:1-5). 우리가 흔히 말하는 우상 숭배 금지의 말씀인데 무엇이 우상인가? '어떤 형상도 만들지 말라'는 것보다 더 중요한 말씀이 '너희를 위하여'이다. 즉 나를 위하여 만들어 내면 그것이 형상이든지 아니든지 우상이라는 말씀이다. 그래서 골로새서 3장 5절에서는 탐심이 우상 숭배라고 한다. 탐심을 가지고 하나님을 섬기고 탐심을 가지고 교회를 만들어 낸다면 이것이 다 우상 숭배이다.

하나님과 피로 맺은 언약을 40일도 되지 않아서 배반하고 자기들을 인도한 신이라고 만들어 낸 것이 금송아지이다. 소를 신으로 섬기는 것은 풍요와 다산을 기원하는 이방의 우상이다. 그런데 그런 소를 황금으로 만들었으니 오늘날의 황금만능주의와 똑같은 우상을 숭배하는 것이다. 그런데 놀랍게도 그런 금송아지를 무엇이라고 부르는가? '너희를 애굽에서 인도하여 낸 여호와 하나님'이라고 한다. 이들은 십계명 1계명에서 3계명까지를 어기고 있었던 것이다. 말하자면 언약과는 전혀 거리가 먼 애굽적인 방식으로 '여호와를 위한 축제'를 벌이고 있었다. 이러한 이스라엘 백성의 반역을 모세가 보고 들고 있던 언약의 돌판을 황급히 던져 깨뜨리고야 만다. 모세가 들고 있던 돌판을 깨뜨린 이유가 있다.

"내가 돌이켜 산에서 내려오는데 산에는 불이 붙었고 언약의 두 돌판은 내 두 손에 있었느니라. 내가 본즉 너희가 너희의 하나님 여호와께 범죄하여 자기를 위하여 송아지를 부어 만들어서 여호와께서 명령하신 도를 빨리 떠났기로 내가 그 두 돌판을 내 두 손으로 들어 던져 너희의 목전에서 깨뜨렸노라. 그리고 내가 전과 같이 사십 주 사십 야를 여호와 앞에 엎드려서 떡도 먹지 아니하고 물도 마시지 아니하였으니 이는 너희가 여호와의 목전에 악을 행하여 그를 격노하게 하여 크게 죄를 지었음이라. 여호와께서 심히 분노하사 너희를 멸하려 하셨으므로 내가 두려워하였노라.

그러나 여호와께서 그때에도 내 말을 들으셨고"(신 9:15-19).

이처럼 모세가 돌판을 던져 깨뜨린 것은 백성들의 죽음을 사전에 막기 위함이었다. 만약 그 돌판이 깨어지지 않았다면 이스라엘 백성 전체가 다 진멸되어야 한다. 진멸의 장소는 그 돌판에 기록된 십계명의 내용을 그대로 배반한 현장일 것이다. 돌판이 깨어짐은 말씀의 깨어짐이다. 장차 말씀이 육신으로 오실 예수 그리스도께서 십자가에서 깨어짐으로 자기 백성의 죄가 용서받는 것임을 율법을 통하여서도 명백하게 보여주고 있다. 다음으로 금송아지를 깬 것은 하나님께서 아론을 죽이려 하셨기 때문에 취한 태도였다.

"여호와께서 또 아론에게 진노하사 그를 멸하려 하셨으므로 내가 그때에도 아론을 위하여 기도하고 너희의 죄 곧 너희가 만든 송아지를 가져다가 불살라 찧고 티끌같이 가늘게 갈아 그 가루를 산에서 흘러내리는 시내에 뿌렸느니라"(신 9:20-21).

모세의 이와 같은 행위는 모세가 시내산에서 보고 왔던 성소의 의미를 알고서 한 행위였다. 돌판을 서둘러 없앰으로 이전 상태로 되돌려서 백성들을 살려내고자 했던 것이다. 금송아지 사건이 마무리되고 난 뒤 모세는 하나님과 이스라엘 간의 계약이 깨어진 것에 대해서 탄식하며 용서를 구한다. 이것은 조금 전에 깨어진 돌판으로 인해 이스라엘과의 단절이 발생된 것에 따른 것이다.

"모세가 여호와께로 다시 나아가 여짜오되 슬프도소이다. 이 백성이 자기들을 위하여 금 신을 만들었사오니 큰 죄를 범하였나이다. 그러나 이제 그들의 죄를 사하시옵소서. 그렇지 아니하시오면 원하건대 주께서 기록하신 책에서 내 이름을 지워 버려주옵소서"(출 32:31-32).

하나님은 모세의 기도를 받아주시되 조건이 붙는다. 깨진 돌판을 이제 모세가 자기 손으로 직접 만들어야 한다. 이점은 앞으로의 언약이 '하나님과 모세와의 언약으로 좁혀졌기 때문에' 이스라엘 백성 누구든지 모세의 말을 듣지 아니하는 사람은 광야 길에서 탈락된다는 것을 암시한다.

"이르되 주여 내가 주께 은총을 입었거든 원하건대 주는 우리와 동행하옵소서. 이는 목이 뻣뻣한 백성이니이다. 우리의 악과 죄를 사하시고 우리를 주의 기업으로 삼으소서"(출 34:9).

지금 하나님과 교류할 수 있는 통로는 모세밖에 없다. 그래서 모세는 마지막 남은 자신의 몸을 담보로 하여 언약 회복을 요청하였다. 말하자면 백성의 모든 죄를 자신이 대신 책임질 테니 백성의 죄를 짊어진 자신과 하나님이 단독으로 재계약이 성사될 수 있도록 탄원하는 것이다. 버림받았던 백성들이 모세로 인해, 돌판을 다시 만든 사람으로 인해 '되찾음'이 발생한다. 모세가 돌판 둘을 처음 것과 같이 깎아 만들어 손에 들고 시내산에 오르니 여호와께서 그 판에 십계명을 기록해 주셨고, 모세는 그 판을 가지고 산에서 내려오니 그 얼굴이 여호와의 말씀으로 인하여 광채가 났다(출 34:29).

드디어 모세는 하나님의 지시대로 지상에서 성소와 성막을 만들게 된다. 그리고 그 중심 되는 법궤 안에는 '깨어진 이후에 다시 만든 돌판'이 들어 있다. 이 '깨어졌다가 다시 회복된 돌판'에 의하여 새로운 언약체제를 통해 이스라엘은 움직이게 된다. 증거궤의 뚜껑인 속죄소에서 피가 대제사장에 의해서 뿌려진다. 거기에서 하나님은 이스라엘과 만나고 또 동행하게 된다. 구름 기둥과 불기둥이 그 위에 솟아올라 있는 것이다.

이미 백성들이 십계명을 다 알고 있지만 구태여 깨어질 수 있는 '돌판'을 만들라고 하신 것은 모세 언약의 진정한 실체를 '가르치기' 위함이다. 하나님은 첫 번째 돌판이 깨어지고 나서 모세를 불러 친히 '새 돌판'을 만들라고 하신다. 이렇게 하여 거룩한 분의 '깨어짐'과 '되찾음'에 의해서 이스라엘은 언약의 공동체가 된다. 이러한 거룩한 분의 의지를 알고 있는 모세가 들고 있는 돌판을 깨뜨리게 되었고 지상에서 새로운 언약의 책임자인 모세가 직접 그 돌판을 다시 만들게 되었다. 이제부터 이스라엘은 모세에게 예속된 공동체로 존재하게 된다. 하나님은 모세를 보아 그들과 동행하신다. 모세는 또 아론에게 안수함으로 제사장 제도를 모세에게 예속되게 한다. 따라서 이스라엘은 계속 이 지상에서 유일한 거룩한 공동체가 되었다.

죄악된 이스라엘 백성에 의해서 깨져버린 돌판이지만 그 돌판은 모세의 희생이 첨가된 형식으로 백성과 운명을 같이 하게 된다. 성소 깊숙이 놓인 '증거궤' 안에는 백성들이 하나님의 말씀을 어긴 흔적인 돌판이 들어 있고, 그 증거궤 위에 제물의 피가 뿌려짐으로 하나님이 백성을 용납하신다는 점을 기억해야 한다. 이처럼 계명을 어기고 깨뜨린 자들을 자기 백성으로 감싸주시는 하나님의 긍휼이 바로

'언약의 내용' 이고, 이러한 희생은 하나님이 친히 이 땅에 오셔서 십자가에 죽으심으로 완성된다.

모세 언약은 성막과 제사 제도를 통해 구체적으로 보여진다. 제사에서 흘려지는 제물의 피는 하나님의 희생을 계시하며, 하나님이 대신 희생하심으로 자기 백성의 모든 죄를 덮으시는 긍휼하심과 자비하심을 증거하는 것이다. 따라서 율법을 지킨다는 것은 제물의 피로 증거되는 하나님의 희생을 믿으며, 그 희생 앞에서 자신의 불의함을 깨닫고 그 모든 것을 용서하신 긍휼과 자비하심에 감사하는 것이기에 모세 언약에서 율법과 복음은 결코 충돌되지 않는다. 그래서 모세가 이스라엘 백성에게 말씀을 지켜 행하라고 하는 것은 실천적 의미에서가 아니라 '자신의 희생으로 모든 죄를 용서하신 그 사랑과 은혜를 믿는 것' 을 뜻한다. 말하자면 하나님께서 자기 백성에게 '소통하는 내용' 으로서 말씀하시는 것이다.

그렇다면 하나님의 사랑과 은혜를 믿지 않는 것은 이스라엘 백성처럼 '준행할 수 있다' 고 하는 것이기에 누구든 자신의 행함을 내세우고 자랑하는 것은 불신앙이라고 결론 내릴 수밖에 없다. 오늘도 우리 죄를 율법으로 살피시면 누구도 감히 설 수가 없다. 모든 율법의 저주를 대신 짊어지신 그 십자가만이 우리 구원의 소식이 됨을 우리는 영원히 전하며 찬양해야 할 것이다.

◉ 모압 언약

이제 인간은 자신의 행위로는 왜 복을 받을 수 없는지를 구체적으로 살펴보고자 한다. 복을 받을 수 없을 뿐 아니라 하나님의 모든 계명을 준수해야만 주어지는 의에 이를 수도 없다.

> "네가 네 하나님 여호와의 말씀을 삼가 듣고 내가 오늘 네게 명령
> 하는 그의 모든 명령을 지켜 행하면 네 하나님 여호와께서 너를
> 세계 모든 민족 위에 뛰어나게 하실 것이라"(신 28:1).

우리가 아주 잘 아는 신명기 말씀이다. 들어가도 복을 받고 나가도 복을 받는다는 말씀이다. 그런데 그런 복을 받기 위해서는 반드시 조건이 있다. 이런 조건이 충족되어야 복이 주어지는 것이 율법이다. 그 조건이란 여호와의 명령을 지켜야 하는데 모든 명령을 지켜야 한다. 여기서 분명하게 '모든 명령'이라고 한다. 모세 오경에서만 하나님의 명령인 무엇을 하라, 하지 말라는 계명이 613가지라고 한다. 따라서 사람이 율법의 행위로서 복을 받고 의롭게 되려면 613가지의 모든 명령과 규례를 하나도 어김없이 항상 다 지켜야 한다는 말씀이다. 만약 그중에 하나라도 지키지 못하면 어떻게 되는가? 지킨 것만큼 인정하여 주고 나머지는 다른 것으로 보충하여 만들어 내는 것이 아니다. 세상의 법은 그렇게 통할지 모르지만 전능하고 절대적인 하나님 앞에서는 결코 통할 수 없다.

> "네가 만일 네 하나님 여호와의 말씀을 순종하지 아니하여 내가
> 오늘 네게 명령하는 그의 모든 명령과 규례를 지켜 행하지 아니
> 하면 이 모든 저주가 네게 임하며 네게 이를 것이니(신 28:15).

여호와께서 명령하시는 모든 명령과 규례를 지켜 행하지 아니하면 이 모든 저주가 임할 것이라고 한다. 모든 명령과 규례를 지켜 행하면 복을 받지만 만약 하나라도 지키지 못하면 저주를 받는데, 그 저주의 내용이 복의 내용보다 양적으로 세 배가 넘는다. 복의 내용은 1~14절이지만 저주의 내용은 15~68절이다. 이러한 율법을 받은 이스라엘 백성은 복을 받기는커녕 저주를 받았다. 이 많은 율법의 조문을 완벽하게 다 지켜 행할 자가 아무도 없기 때문이다. 그런데 이런 율법을 다 지킴으로 율법의 의로는 흠이 없다고 하는 자들이 초대교회 때 있었다. 이들이 서기관과 바리새인들이다. 그러나 이들이 지킨 율법이라는 것도 랍비들의 해석으로 인하여 장로들의 유전과 전통이 가미되었기에 적당하게 타협을 이룬 것이었다. 그 결과는 입술로는 하나님을 사랑한다고 하지만 그 마음으로는 자신의 이익을 좇은 것이지 율법의 정신과 뜻을 제대로 지킨 것이 아니었다.

따라서 율법과 선지자가 요구한 마음을 다하고 성품을 다하고 뜻을 다하여 하나님을 사랑하고 이웃을 자기 몸처럼 사랑하는 것에는 결코 이를 수가 없었다. 율법을 지킨다고 한 것이 오히려 자기만 사랑한 것임이 예수님 앞에서 다 들통났다. 따라서 율법을 지켜서 스스로 의롭다고 여긴 자들이 예수님을 죽이게 되었다. 그래서 예수님께서 율법의 뜻과 의미를 말씀하시고 그 율법을 완성하실 분이 자신임을 증거했을 때 사람들은 어떻게 하면 예수를 죽일까를 의논하다가 결국 십자가에 못 박아 죽인 것이 율법을 지키려는 유대인들의 모습이다.

그런데 오늘날도 여전히 사람들은 율법을 지켜서 복을 받으려고 한다. 그러한 법칙 중에 구약의 율법도 아닌 여러 가지 법을 지킴으로 복을 받는다고 한다. 구약성경 전체를 통하여 이스라엘 백성은 율법의 행위로서 복을 받은 것이 아니라 저주를 받은 것인데 그 저주란 바로 예수 그리스도를 배척한 것이다.

> "무릇 율법 행위에 속한 자들은 저주 아래에 있나니 기록된 바 누구든지 율법 책에 기록된 대로 모든 일을 항상 행하지 아니하는 자는 저주 아래에 있는 자라 하였음이라"(갈 3:10).

인간은 율법을 지켜서 복을 받지도 못하고 의롭게 되지도 못한다. 사도 바울은 율법의 행위에 속한 자들은 저주 아래 있는 자라고 하였다. 그 이유는 기록된 바, 즉 율법에 기록이 되었다는 말씀이다. 모든 율법을 항상 지켜 행하지 아니하면 저주 아래 있는 것이다(신 27:26). 따라서 인간의 어떤 율법적인 행함으로 의에 이르고자 하면 복을 받는 것이 아니라 저주를 받게 된다는 말이다.

> "누구든지 온 율법을 지키다가 그 하나를 범하면 모두 범한 자가 되나니 간음하지 말라 하신 이가 또한 살인하지 말라 하셨은즉 네가 비록 간음하지 아니하여도 살인하면 율법을 범한 자가 되느니라"(약 2:10-11).

온 율법을 지키다가 하나를 어기면 모두 범한 자가 된다. 여기서는 간음과 살인만 말하지만 613가지의 모든 명령과 규례를 다 지키다가 하나면 어기면 모든 것을 다 어긴 것이 되기에 인간이 자기 행위로 의롭다 함을 받으려고 한다면 저주 아래 들어가는 것이다. 그러면 어떻게 하라는 것일까?

"그리스도께서 우리를 위하여 저주를 받은 바 되사 율법의 저주에
서 우리를 속량하셨으니 기록된 바 나무에 달린 자마다 저주 아
래에 있는 자라 하였음이라. 이는 그리스도 예수 안에서 아브라
함의 복이 이방인에게 미치게 하고 또 우리로 하여금 믿음으로
말미암아 성령의 약속을 받게 하려 함이라"(갈 3:13-14).

따라서 예수님께서 나무에 달리신 것은 신명기 21장 23절 말씀
에 의하면 저주받은 죽음이다. 율법을 어려서부터 달달 외우다시피
배우는 유대인들에게 십자가에 달려 죽은 예수님은 저주받아 죽은
것이다. 자신이 율법의 행위로 의롭다고 여기는 자들은 그 저주받은
죽음이 자신의 저주를 대신 받은 것이라고는 결코 믿을 수가 없었
다. 따라서 십자가에 못 박혀 죽으신 예수가 다시 살아나셨고 주와
그리스도가 되셨다는 것을 믿는 것은 성령이 아니고서는 불가능한
일이다.

그러나 예수님께서 부활, 승천하신 후에 아버지께로부터 성령을
받아 성령을 부어주시는 분이 되셨다. 이렇게 아버지와 아들로 인하
여 성령이 임한 자들은 십자가에 못 박히신 예수님이 자기 백성의 저
주를 대신 받았음을 알고 믿게 된다. 이렇게 믿게 되는 사람은 사람
의 행위로 되는 것이 아니라 창세 전의 협약이 역사 시공간 안에서
언약대로 성취되는 것이다.

"이 약속들은 아브라함과 그 자손에게 말씀하신 것인데 여럿을 가

리켜 그 자손들이라 하지 아니하시고 오직 한 사람을 가리켜 네 자손이라 하셨으니 곧 그리스도라"(갈 3:16).

이것이 아브라함이 받은 영원한 복이다. 예수 그리스도를 믿음으로 의롭다 함을 받는 것이다. 따라서 이제는 율법의 행위로가 아니라 오직 믿음으로 의롭다 함을 받고 사는 것이다. 이것이 아브라함이 받은 복이며 모세가 말하고자 한 궁극적인 복이다. 아브라함 언약 다음에 모세 언약이 주어진 것은 아브라함이 왜 자신의 행함이 아니라 하나님의 선물인 믿음으로만 의롭다 함을 받아야 하는지를 보여준다. 따라서 율법의 기능이란 이미 주어진 은혜를 알도록 죄로 심히 죄 되게 하는 것이다. 율법을 통하여 죄를 알게 되고 예수 그리스도를 믿어야 한다는 사실을 알게 하신다. 모든 사람이 율법을 통하여 죄 아래 갇혔다는 사실을 알게 하시고 그런 자들을 오직 예수 그리스도 십자가의 능력으로만 구원하여 내심으로 예수 그리스도의 십자가 외에는 자랑할 것이 없는 자로 만드신 것이다.

지금은 모든 언약이 완성된 새 언약 시대이다. 오직 예수 그리스도의 희생으로 인하여 우리가 의롭다 함을 받고 영원한 생명을 선물로 받아서 살아간다. 그런데도 사람들은 이러한 은혜의 선물보다는 자신의 행위로 다른 사람과의 차별을 드러내려고 한다. 이것은 예수님 십자가의 공로보다는 자신의 가치를 더 챙기고 싶은 죄인의 욕망이다. 이런 욕망을 부추기는 많은 말이 있다. 그중 하나가 "구원은 은혜로 받지만 복은 행함으로 받는다"라는 말이다. 그러나 복은 예수님을 믿음으로 말미암아 주어지는 것으로, 십자가의 피 공로를 믿음으로 의롭다 함을 받고 영생을 얻는 것이다. 이것이 진정한 복이다.

사람의 선행이나 양심적인 행동으로 하나님의 의에 이를 수 없다. 인간의 어떤 선행으로도 의에 이를 수 없다는 사실을 하나님은 아브라함과 그의 후손을 택하셔서 계시로 보여주셨다. 왜 하나님의 의는 아브라함처럼 은혜의 선물인 믿음으로만 주어지는지를 먼저 아브라함을 통하여 보여주신 것이다. 그리고 아브라함이 믿음으로만 의롭다 함을 받았음을 보여주시기 위하여 모세에게 율법을 주셔서 구약 이스라엘 역사 속에서 인간의 행위가 어떤지를 보여주셨다.

모세를 통하여 율법을 받은 이스라엘 백성에게 예수님이 오실 때까지 약 1,500년 동안 어떤 일이 일어나는가? 율법을 제대로 지키지 못하였기에 북이스라엘은 앗수르에 멸망하고 남유다는 바벨론에 멸망한다. 그러나 하나님의 언약은 영원하시기에 바벨론에 포로로 잡혀갔지만 그 남은 자들이 돌아온다. 이들은 돌아와서 스스로 자기반성을 한다. 그리고 이렇게 남의 나라에 포로로 잡혀가고 나라가 힘이 없는 것은 율법을 지키지 않아서 그렇다는 것으로 결론을 낸다.

신명기 말씀을 보면 모든 율법을 다 지켜 행하면 머리가 되고 꼬리가 되지 않는다는 말씀이 있다. 따라서 바벨론 포로에서 돌아와서 율법을 철저하게 지키자는 운동이 일어난다. 이 운동이 '바리새파 운동'이다. 그런데 그 결과가 율법을 완성하러 오신 예수님을 죽이려고 의논하고 결국은 십자가에 못 박아 죽였다는 사실은 큰 충격이다. 이를 통하여 율법을 지킨다고 한 자들이 결국 어떤 죄인인지가 극명하게 드러났다. 따라서 율법을 주신 이유가 성령이 임하고서 밝히 드러난다. 예수님께서 십자가에서 죽으시고 부활 승천하신다. 하나님과 예수님으로부터 성령이 부어진다. 그 성령을 받은 사도들이 신약을 기록한다.

"우리가 알거니와 무릇 율법이 말하는 바는 율법 아래에 있는 자들에게 말하는 것이니 이는 모든 입을 막고 온 세상으로 하나님의 심판 아래에 있게 하려 함이라. 그러므로 율법의 행위로 그의 앞에 의롭다 하심을 얻을 육체가 없나니 율법으로는 죄를 깨달음이니라. 이제는 율법 외에 하나님의 한 의가 나타났으니 율법과 선지자들에게 증거를 받은 것이라"(롬 3:19-21).

율법을 주신 이유는 이 말씀만 보아도 너무나 분명하다. 율법 아래 있는 자들에게 말하는 것인데 왜 율법을 주신 것인가? 모든 입을 막고 온 세상으로 하나님의 심판 아래에 있게 하기 위하여 율법을 주셨다는 것이다(롬 11:32). "율법으로 말미암는 의를 행하는 사람은 그 의로 살리라"(롬 10:5)는 말씀도 있지만 그 누구도 율법을 온전히 지켜 의롭게 될 자는 없다. 율법으로는 죄를 깨닫는다. 이것이 율법의 기능이다. 율법은 진노를 이루게 하나니 율법이 없는 곳에는 범법도 없다고 한다(롬 4:15). 따라서 율법은 '사람이 죄 아래 갇혀있다'는 사실을 알게 한다. 그런데도 율법을 받은 자들은 이 사실을 알지 못하고 율법을 지켜서 스스로 의에 이르고자 했다. 그러나 이 율법을 받아서 전하여 준 모세는 율법을 지키지 못할 것을 이미 알았다.

"내가 그들의 조상들에게 맹세한 바 젖과 꿀이 흐르는 땅으로 그들을 인도하여 들인 후에 그들이 먹어 배부르고 살찌면 돌이켜 다른 신들을 섬기며 나를 멸시하여 내 언약을 어기리니 그들이 수많은 재앙과 환난을 당할 때에 그들의 자손이 부르기를 잊지 아니한 이 노래가 그들 앞에 증인처럼 되리라. 나는 내가 맹세한 땅으로 그들을 인도하여 들이기 전 오늘 나는 그들이 생각하는 바를 아노라"(신 31:20-21).

율법을 주신 이유는 '너희는 율법을 지키지 못하는 죄인'임을 깨닫게 하시려는 것이다. 따라서 율법의 행위로는 어느 누구도 하나님의 의에 이를 수 없다.

"모든 사람이 죄를 범하였으매 하나님의 영광에 이르지 못하더니 그리스도 예수 안에 있는 속량으로 말미암아 하나님의 은혜로 값없이 의롭다 하심을 얻은 자 되었느니라. 이 예수를 하나님이 그의 피로써 믿음으로 말미암는 화목제물로 세우셨으니 이는 하나님께서 길이 참으시는 중에 전에 지은 죄를 간과하심으로 자기의 의로우심을 나타내려 하심이니 곧 이때에 자기의 의로우심을 나타내사 자기도 의로우시며 또한 예수 믿는 자를 의롭다 하려 하심이라. 그런즉 자랑할 데가 어디냐 있을 수가 없느니라. 무슨 법으로냐. 행위로냐. 아니라. 오직 믿음의 법으로니라. 그러므로 사람이 의롭다 하심을 얻는 것은 율법의 행위에 있지 않고 믿음으로 되는 줄 우리가 인정하노라"(롬 3:23-28).

하나님께서 모든 사람을 순종하지 아니하는 가운데 가두어 두셨다고 한다. 이것이 율법의 기능이다. 어느 누구도 스스로 순종하여 의에 이를 자가 없다. 하나님이 자기 백성을 구원하는 방식은 긍휼이다. 긍휼이란 불쌍히 여겨서 구원한다는 말이다.

"하나님이 모든 사람을 순종하지 아니하는 가운데 가두어 두심은 모든 사람에게 긍휼을 베풀려 하심이로다. 깊도다. 하나님의 지혜와 지식의 풍성함이여, 그의 판단은 헤아리지 못할 것이며 그의 길은 찾지 못할 것이로다. 누가 주의 마음을 알았느냐 누가 그의 모사가 되었느냐. 누가 주께 먼저 드려서 갚으심을 받겠느냐. 이는 만물이 주에게서 나오고 주로 말미암고 주에게로 돌아감이라. 그에게 영광이 세세에 있을지어다. 아멘"(롬 11:32-36).

하나님은 언약의 성취 내용인 긍휼로만 구원하신다. 이것은 인간의 어떤 행위로도 구원이 불가능함을 보이신 것이다. 만약 행위로 의에 이르고자 한다면 그것은 자기 자랑이 되기 때문이다. 하나님의 천지창조의 목적도 하나님의 영광이며, 하나님의 아들이 영광을 받는 것(요 17:1)이 곧 하나님의 영광이다.

"너희 안에 이 마음을 품으라. 곧 그리스도 예수의 마음이니 그는 근본 하나님의 본체시나 하나님과 동등됨을 취할 것으로 여기지 아니하시고 오히려 자기를 비워 종의 형체를 가지사 사람들과 같이 되셨고 사람의 모양으로 나타나사 자기를 낮추시고 죽기까지 복종하셨으니 곧 십자가에 죽으심이라. 이러므로 하나님이 그를 지극히 높여 모든 이름 위에 뛰어난 이름을 주사 하늘에 있는 자들과 땅에 있는 자들과 땅 아래에 있는 자들로 모든 무릎을 예수의 이름에 꿇게 하시고 모든 입으로 예수 그리스도를 주라 시인하여 하나님 아버지께 영광을 돌리게 하셨느니라"(빌 2:5-11).

예수님의 이름 앞에 무릎을 꿇는 것이 하나님께 영광이 된다. 스스로 하나님과 같이 되려고 한 것이 근원적인 죄이다. 구원이란 십자가 지신 예수 그리스도 앞에 무릎을 꿇는 것이다.

>>> 모세 언약 요약

▶ 모세 언약의 특징

한마디로 모세 언약은 행위언약이 아니라 은혜 언약이다. 이는 아브라함 언약의 연장이다. 모세 언약이 추구하는 율법의 완성은 레위 지파로 고정되어 있다. 그러면 한 레위 지파 안으로 고정되어야 하는 모세 언약은 무엇인가? 모세 언약은 희생 제도의 영속성이다. 제사장 나라로서 제사 제도를 지속하는 것이다. 출애굽기 19장 6절에 따르면 이스라엘은 왕과 같은 제사장 나라이다. 만약 제사장이 흔들리면 이스라엘이 끝난다는 뜻이다. 엘리 제사장이 깨어질 때 이스라엘의 제사장 계열은 끝나게 될 것이다.

언약을 받은 이스라엘 언약 백성은 애굽을 떠나 가나안 땅을 기업으로 받고 온 세상에 복을 나타내게 된다. 그리고 제사장 나라와 거룩한 백성으로서 충성할 언약을 세웠다 (출 19:1-8). 하나님은 십계명을 주어 백성들에게 요구하셨다. 율법은 하나님의 거룩하심을 드러낼 뿐 아니라 이스라엘의 거룩함의 부족을 비추는 거울이기도 하다. 이런 의미에서 율법은 복음과 모순되는 것이 아니라 복음을 예표한 것이다. 우리를 그리스도께로 인도하는 몽학선생이기 때문이다. 따라서 하나님 율법의 중요한 기능 중 하나는 은혜와 복음과 구속의 주님을 제시하는 일이다.

또한 의식법 등은 상징과 모형을 통해 실재이신 예수 그리스도를 가리킨다. 신약성경은 그 의식들이 예수님의 사역을 통해 실현되고 완성되었음을 계시하고 있다. 그렇기 때문에 구약의 의식은 십자가의 성취 이후에는 더 이상 지키지 않는다. 그것들은 그 자체를 넘어선 그리스도 안에서 통일로 성취를 지향하며 일단 성취되면 그 용도가 사라진다. 따라서 모세 언약의 모든 요소는 복음을 지향한다. 그들은 복음에 위반되는 것도 아니고 복음을 대체하는 것도 아니다. 모세 언약은 복음을 예시했고 복음을 향했다. 그러므로 복음과 상반되지 않는다. 그것은 복음에 대한 하나님의 마지막 계시의 기초인 것이다. 모든 언약에는 조항과 요구 사항이 있다. 그러나 그 조항을 어겼다고 하더라도 노아 언약은 계속되고 아브라함 언약은 성취되게 되어 있다.

그러나 모세 언약의 성취는 다윗 언약으로 새롭게 편입된다. 모세 언약은 행위언약 관점으로 보면 영원히 지속되는 것(연속성)이 아니다. 형식적이고 행위적인 면에서, 이 언약의 임시적인 성격(단절성, 비연속성)은 그것이 이스라엘이라는 한 나라에 국한되었다는 것이다. 그래서 그들은 하나님의 아들로서 하나님의 통치를 세상에 알리는 역할을 맡았다. 특히 모세 언약은 그들에게는 처음부터 비관적이었다(신 29:4). 하나님은 이스라엘 백성에게 그분의 말씀을 이해하고 보고 들을 수 있는 능력을 허락하지 않으셨다. 이스라엘이 저주를 받을 것이라는 사실은 여러 곳에서 나타난다(신 28:45, 30:1-3, 31:16-17, 31:29). 모세의 노래는 이스라엘 미래의 저주를 증언하기 위해 신명기 32장에 기록되었다. 하나님은 이스라엘에게 그들이 순종하지 않으면 언약의 저주를 경험하게 될 것이라고 경고하셨다(레 26:14-44, 민 27:15-26, 28:15-69).

이스라엘이 포로의 저주를 받은 것은 시내산 언약을 지키지 않았기 때문이다. 모세 언약은 은혜 언약이었지만 여호와께서는 이스라엘에게 그 요구 사항을 지킬 능력을 주지 않으셨다. 이것은 애초부터 인간이 지켜야 할 문제가 아니라 지킬 수 없는 인간의 실존을 알고 장차 언약을 성취하실 분을 고대하게 하려는 것이다. 이런 점에서 언약과 이스라엘의 상황을 계속 살펴보자.

여호수아가 언약을 맹세하고 반복할 때 이스라엘의 역사를 예언한 바와 같이 북왕국과 남왕국이 언약을 어기고 결국 포로로 잡혀갔다(수 24:19-20). 이스라엘은 율법이 요구하는 것을 지키지 않았기 때문에 그 땅에서 쫓겨났다. 이스라엘이 언약이 요구하는 것을 지키지 못했다면 그들은 '언약을 어긴' 것이다(레 26:15).

모세 언약에서 제사장이 하나님께 인정받지 못한다면 하나님은 제사장 제도를 대치할 방편을 두시는데 그것이 바로 왕 제도이다. 결국 다른 제도의 등장은 모세 언약이 그 새로운 제도 안으로 흡수된다는 것을 의미한다. 이는 모세 언약을 비롯하여 모든 언약이 이스라엘 백성이 이루기에는 불가능하여 모세 언약의 형식은 붕괴되지만 언약의 내용은 영원한 것이다. 그러므로 모세 언약은 인간이 이루어 낼 수 없는 것을 분명히 알려주고(소통), 지켜내지 못하는 인간의 실존은 축복받기보다는 오히려 저주의 심판을 받아야 하는 존재임을 분명히 드러내는 것이다. 이러한 심판 속에서 언약을 이루어 내시는 하나님의 언약 성취에 의하여 언약 백성이 만들어지고 축복받는 백성이 나타난 것은 하나님의 일방적 은혜로 말미암은 것이다(롬 11:32).

열왕기하 17장은 북왕국이 포로로 잡혀간 이유를 자세히 설명하면서 그들이 징벌받은 이유가 여호와의 언약을 어겼기 때문임을 강조한다(왕하 17:15,35,38). 즉 언약의 계명을 어겼기 때문에 포로로 잡혀간 것이다.

"이는 그들이 하나님 여호와의 말씀을 듣지 아니하고 그의 언약과 여호와의 종 모세가 명령한 모든 것을 따르지 아니하였음이더라"(왕하 18:12).

선지자 시대가 되면 아브라함 언약의 성취 전망이 어두워진다. 선지자들은 이스라엘이 언약을 어긴 것을 자세히 설명하는 언약 소송에서 다가오는 '심판'을 선포했다. 그러나 하나님은 항상 말씀을 지키시며, 아브라함 언약은 모세 언약에서 성취를 이루어내고 다윗 언약에서 더 나은 성취를 이루며 궁극적으로 새 언약으로 완전히 성취될 것이다. 이스라엘은 시내산에서 맺은 언약을 깨뜨렸지만 이스라엘에게 예레미야와 다른 선지자들도 그들의 마음에 율법을 새길 '새 언약'(렘 31:31-34)을 예언했다. 이스라엘의 모세 언약 실패는 이스라엘의 실패이지 하나님의 실패는 아니다. 모세 언약이 다윗 언약 속으로 흡수되어 다윗 언약으로 통합되고 마지막 새 언약이 필요하게 만들기에 충분했다.

바울은 율법의 기능에 대해 말하면서 율법이 죄를 포함하는 것이 아니라 죄를 촉진한다는 점을 분명히 한다. 율법은 범법함을 인하여 더하여진 것이라고 한다(롬 5:20). 율법이 생명을 낳지 못하였다고 한다. 하나님께서 이스라엘을 종살이에서 해방시키셨으니 우리는 언약 계명을 지키기를 바라기 전에 사랑과 은혜를 베푸시고 계명을 주신 하나님이 누구신가를 기억하게 하기 위한 소통으로서 모세 언약을 이해해야 한다. 은혜가 얼마나 크신 하나님이신지 알게 하는 역할이 모세 언약이며 은혜 언약으로서 아브라함 언약의 연장으로 보아야 한다. 모세 언약을 행위언약으로 이해하면 안 되는 것이다.

율법을 어기면 저주의 심판을 받지만 여기서 끝나는 것이 아니라 심판 속에서 새 언약으로 구원하시고 긍휼을 베푸시는 하나님을 알게 된다면 율법은 복음이며 은혜 언약이 된다. 그러나 만약 심판 속에서 긍휼을 얻지 못한 자들에게는 심판 그 자체이기에 행위언약으로 여기게 될 것이다.

▶ 새 언약과 모세 언약의 관계

이제 모세 언약과 새 언약의 관계를 살펴보고자 한다. 이 관계는 연속성과 불연속성 중 하나이다. 언약의 성취로 연속되는 경우와 단절로 취소된 경우가 있다. 이러한 연속과 불연속의 문제는 모든 언약에 대해서도 마찬가지이다. 아브라함 언약이 성취되면 이 언약의 혈통적인 원리가 상실되기 때문에 불연속성도 있게 된다. 육신의 할례는 더 이상 필요하지 않다. 모세 언약의 육체적 할례는 마음의 할례로 성취됨으로써 육체적 할례는 단절(붕괴)된다. 마찬가지로 제사를 위하여 요구된 제물은 모형이며 원형인 그리스도의 희생을 가리킨다. 원형이 나타나면 모형은 사라진다. 이스라엘을 다른 민족과 구별시킨 정결법과 음식법은 하나님의 백성이 살아야 할 거룩함을 가리킨다(고전 5:6-8, 벧전 1:15-16). 장막과 성전은 참 성전이신 예수 그리스도 안에서 완성되었다(고전 3:16, 엡 2:19-22, 벧전 2:4-8).

모세 언약을 살펴본 바에 의하면 "이스라엘은 언약을 지키지 못했다. 그래서 심판받았다. 순종하지 못해서 저주를 경험할 수밖에 없었다. 우상을 섬기고 언약을 어긴 결과 이방 나라에 포로로 잡혀갔다. 모세가 명하는 모든 것을 따르지 아니하였다"로 인간의 한계상황을 분명히 하고 있다. 인간의 무능력으로 언약과 율법을 지켜낼 수 없는 자로 갇히게 된다. 그러므로 옛 언약은 새 언약을 가리키며 새 언약을 기대하게 한다. 인간을 대표하는 이스라엘 백성으로서는 지킬 수가 없어서 심판과 저주를 안고 새로운 언약 속으로 끌려 들어가게 된다. 구약에서 이스라엘은 선민으로 하나님의 통치 아래에서 다른 민족과 구별되었다. 그러나 새 언약 안으로 모든 민족이 구별됨이 없이 통합되어 들어가게 되면 그 속에서 모든 언약을 성취하신 분(예수 그리스도)에 의해서 새로운 피조물인 언약 백성이 최종적으로 탄생하게 된다.

그래서 신약은 구약이 새 언약의 도래와 함께 끝났다고 분명히 가르치고 있으며, 바울은 구체적으로 모세 언약을 '옛 언약'이라고 여겼다. 히브리서는 이스라엘과 맺은 첫 언약이 낡았다고 말한다(히 8:13). 옛 언약은 새 언약을 가리키는 역할을 해 온 것이다. 옛 언약에서 이스라엘은 다른 민족과 구별되는 민족국가였다. 그러나 새 언약으로 새롭게 창조된 하나님의 백성 이스라엘은 유대인과 이방인을 포함한 모든 민족으로 구성되어 있다. 옛 언약에서 이스라엘은 하나님의 장자였지만(출 4:22-23), 새 언약에서는 예수님이 하나님의 아들이시므로 아들 안에서(그리스도 안에서) 언약 백성인 하나님의 자녀로, 예수님을 믿음으로 말미암아 새롭게 탄생한 것이다. 옛 언약에서는 율법이 돌판에 기록되었지만 새 언약에서는 성령으로 말미암아 성도의 마음에 율법이 기록된다.

모세 언약에서 나타난 '제사장 나라'는 제사장이 통로가 되어 하나님과의 만남이 이루어지는 나라이다. 인간의 행함으로는 하나님을 만날 수 없다. 장차 영원한 제사장으로 오실 분이 예수 그리스도이므로 우리에게 하나님과의 만남은 예수 그리스도의 피로써 이뤄질 것을 예표하고 있다. '언약의 피'가 하나님이 원하시는 '의'가 되는 것이고 언약의 피를 믿는 자가 하나님께 거룩히 여김을 받는 것이다. 따라서 제사장 나라는 언약의 피로 오신 예수 그리스도를 믿고 경배하는 나라이다. 그러나 이스라엘은 언약을 지키는 일에 있어서 실패한다. 따라서 그들은 하나님의 백성이 아니라 저주의 백성으로 드러난다. 이것으로 그 어떤 인간도 하나님의 언약을 지켜서 하나님의 거룩한 백성이 될 수 없음이 증거된다. 언약에 있어서 이스라엘에게 주어진 역할이 바로 이것이었다. 따라서 언약의 완성자는 이스라엘이 아니라 예수 그리스도시다. 언약의 완성자로 오신 예수 그리스도의 피를 믿음으로 하나님의 소유된 거룩한 백성이 되는 것이다.

>>> covenant_5

긍휼과 사랑으로 제사 완성을
이루는 다윗 언약

▶ 다윗 언약의 배경

　　다윗 언약은 모세 언약에 계시된 언약의 피, 즉 제사 제도를 통한 구원의 방법을 구체적으로 보여주는 역할을 하게 된다. 모세 언약이 추구한 율법의 완성이 어느 지파 안으로 고정되어 있을까? 모세 언약에는 어떤 한 지파 안으로 고정이 되어야 비로소 완성된다는 전제가 깔려 있다. 그런데 이러한 지파가 실패한다면 그 제도를 벗어 버리고 모세 언약이 그 새로운 제도 안으로 흡수된다. 그러므로 신약에서 여전히 제사장 제도 속에서 살아가는 이스라엘과 이스라엘의 왕으로 오신 예수그리스도의 충돌을 언약의 연속성 가운데서 보여준다. 율법과 새 율법의 차이 또한 그러하다.

"세계가 다 내게 속하였나니 너희가 내 말을 잘 듣고 내 언약을 지키면 너희는 모든 민족 중에서 내 소유가 되겠고 너희가 내게 대하여 제사장 나라가 되며 거룩한 백성이 되리라. 너는 이 말을 이스라엘 자손에게 전할지니라"(출 19:5-6).

즉 왕 제도 안으로 들어와야 하는 것이다. 그러니 일단 제사장 제도는 왕 제도는 아니다. 제사장은 왕이 아니고, 단지 왕 같은 제사장일 뿐이다. 왕은 따로 있고 제사장은 그냥 중간 매체이다.

구약에서 메시아가 해야 할 일은 이스라엘의 통수권자로서 자신의 역할을 다하는 것이다. 세상 나라의 왕은 그의 모든 정치적, 군사적, 외교적 능력을 총동원하여 그의 백성을 보호하고 국가의 권력을 확장하고 발전시킬 책임이 있다. 그러나 이스라엘 왕은 달라야 한다. 그것은 이스라엘이 하나님과 언약을 맺은 상태이기 때문이다. 이른바 '거룩의 법칙'을 떠나서는 참 이스라엘이 될 수 없기 때문이다. 그래서 이스라엘의 왕 메시아가 해야 할 일은 언약이 이스라엘 전체에 흐르고 넘치도록 하는 것이다.

구약의 선지자들에 따르면 이스라엘은 진정한 메시아를 기다려야 한다. 이것은 메시아가 현재 이스라엘에 부재하고 있음을 의미한다. 메시아가 없기 때문에 빈자리를 채워야 한다는 이야기이다. 그러면 그 당시 이스라엘 왕은 누구인가? 이 왕들은 진정한 메시아로서 부족하였다. 그래서 현재 있는 왕 말고 장차 나타나게 될 왕 그분이 두 번씩이나 지상을 방문해야 모든 일이 마무리된다는 이론이다.

여기서 다시 한번 이스라엘 왕의 임무를 정리해 보면 이렇다. 이스라엘의 왕은 그의 언약을 이 땅에서 펼치고 성취할 것이다. 참 메시아가 오시기 전에 지상 왕들의 부족함을 먼저 살피면 참 왕이 제대로 할 수 있는 일이 비교를 통해 드러날 것이다. 그러면 이 땅에 나타난 최초의 이스라엘 왕은 누구일까? 모범 사례는 누구일까? 여기에 두 사람이 등장한다. 하나는 사울이고 다른 하나는 다윗이다. 하나님은 사울왕과 다윗왕의 관계 속에 이스라엘을 두시어 참된 이스라엘 왕의 형상을 이루시기 원하신다.

이스라엘에 왕이 있기 전에 하나님은 이스라엘 전체에 모세 언약을 요구하셨다. 모세를 통해 맺은 언약의 정신이 이루어지기를 간절히 바랐다. 그러나 이스라엘 백성은 여지없이 그 약속을 어기곤 했다. 이러한 약속을 저버리는 그들의 정신은 여호와가 왕이기를 거부하는 것이다. 그들이 여호와와 맺은 언약을 무시하는 행위는 결국 '왕' 형태의 정치적 구조를 요구하는 것으로 귀결될 수 있다. 이스라엘의 왕을 요구하는 것은 언약 국가를 포기하고 세상 국가로 전환하려는 취지와 통한다. 아브라함 언약의 완성인 모세 언약은 지상의 어떤 왕도 인정하지 못한다는 정신에서 나온 것이다. 그런데도 그들이 찾는 것은 하나님의 언약적 통치가 아닌 인간의 통치였다.

세상 나라에서는 자기를 구원한 자의 다스림을 받는 것이 일반적이다. 이스라엘도 마찬가지다. 이스라엘을 애굽에서 구원하시고 가나안 땅에서 적들로부터 건져낸 것도 여호와 하나님이셨다. 그러나 그들은 마치 사사라는 직분을 가진 인간이 자신들을 건져낸 것처럼 여기고 있었다. 사사기 8장 22절에서 백성은 기드온 사사가 이스라엘을 구원한 것처럼 말하면서 그들의 왕이 되어 달라고 요청한다. 물론 기드온은 강하게 반대했다. 그러나 기드온의 아들 아비멜렉이 백성의 편에 서서 스스로 왕으로 행세하다가 실패했다. 이처럼 당시 상황에서의 구원은 타락한 이스라엘 가운데 언약적 이스라엘만을 구원하고 유지하는 것이라고 볼 수 있다.

사사 사무엘이 늙자 백성이 다시 왕을 찾았다. 하나님은 그들에게 왕을 세우도록 허락하셨지만 조건이 붙었다. 즉 왕은 실제로 이스라엘을 구원할 수 있어야 하며, 구원의 능력은 왕의 고유한 자질이 아니라 왕과 하나님 사이의 정상적인 언약 관계에서만 가능해지도록 하는 것이다. 그때 백성들은 왕의 운명을 함께한다. 왕이 하나님 보시기에 언약대로 움직이면 백성도 복을 누리지만 왕이 범죄하면 그 효과가 백성에게까지 미치게 된다. 이것은 신명기 28장의 모세 언약에 따른 것이다(삼상 12:25).

이제부터 각 개인이 하나님 앞에서 책임져야 하는 언약 관계는 한 왕이 전체를 책임지기 때문에 백성의 운명이 개별 왕의 운명에 철저하게 종속되는 언약 관계에 놓이게 되었다. 그러나 이스라엘은 아직 본격적인 왕 체제에 진입하지 못했다. 사울왕은 하나님께 인정받지 못한 왕이었기 때문이다. 그 증거로 사울왕의 아들 요나단은 왕위를 계승할 수 없다. 즉 사울의 혈통은 언약의 왕족으로 인정되지 않는다. 여기에 진정한 첫 번째 왕인 다윗왕의 독특한 활동이 나타나게 된다.

하나님은 언약의 진정한 왕을 나타내시기 위해 가짜 왕을 없애는 과정을 마련해 주신다. 이 땅에서 하나의 언약이 이루어지기 위해서는 비언약적 요소 제거가 선행되어야 한다. 이것이 언약의 원칙이다. 언약의 원칙은 크게 두 가지로 나눌 수 있다. 현재 죄에 대한 심판이 이루어지고 그 심판을 감행하신 자 위주로 새 시대가 열린다는 것이다.

이처럼 사울이라는 거짓 왕을 근절하기 위해서는 먼저 진짜 왕이 지상에 나타나야 하고, 그런 다음 비언약적 요소를 모두 심판한 자가 왕으로 다시 나타나서 왕으로서 본격적으로 통치할 수 있어야 한다. 하나님은 이스라엘에 두 왕을 동시에 두시고, 한쪽이 다른 쪽을 무너뜨리는 과정을 보여주셨다. 이 모든 과정은 사실 언약의 실현을 위한 내용이다. 언약의 시작과 마무리는 그 가운데 이미 존재하는 비언약에 대한 공격과 심판으로 이루어진 활동으로 나타난다.

앞서 언급한 바와 같이 이스라엘 왕은 하나님과의 언약 체계를 통해 이 땅에 처음 나타난 언약 왕이다. 그렇다면 왕이 해야 할 사명은 언약을 이루는 것이었다. 여기서 우리는 언약의 심판을 시작한 왕과 최종적으로 참 승자를 드러내는 자가 동일 인물이어야 한다는 원칙을 발견할 수 있다. 왕은 최후의 심판이 끝날 때까지 한시도 땅에서 눈을 떼지 않고 계속 일한다는 원칙이 있다. 그렇다면 마지막으로 같은 인물이 역사에서의 모습은 어떻게 등장할까? 똑같이 영광스러운 모습일까, 아니면 극명한 대조로 나타날까?

그 패턴은 사울왕과 다윗왕의 모습에서 찾아볼 수 있다. 시편 22편에서 알 수 있듯이 진정한 언약의 왕이 취할 수 있는 유일한 태도는 기도로 하나님께 전적으로 의존하는 것이다. 그는 하늘의 하나님이 그 문제를 해결하게 하고 그분의 승리가 되기 위하여 자신은 고난 속에 버려지게 된다. 그러한 믿음만이 모세 언약의 본질을 드러낼 수 있기 때문이다. 시편 40편 6절에서 다윗은 하나님이 제사와 예물을 기뻐하지 아니하시며 번제와 속죄제는 요구하지 아니하신다고 말한다. 하나님께서 모세 언약을 통해 참으로 구하신 것이 상한 심령과 통회하는 심령임을 알게 된다(시 51:17).

거룩함은 인간이 결코 창조할 수 없는 것이며, 동시에 거룩한 나라는 인간의 능력 밖에 있다. 참으로 거룩한 나라를 바란다면 제대로 된 왕은 홀로 백성의 죄를 짊어지고 회개할 수밖에 없을 것이다. 이 일을 할 수 있는 자만이 진정한 메시아이며, 언약이 없는 나라들은 그러한 메시아에 의해 지상에서 심판받고 멸망하게 된다. 다윗은 왕위에 오른 후 이 사실을 알고 최초로 왕의 언약을 따르는 선지자가 되었다(삼하 22장, 시 110편). 즉 '진정한 메시아! 서둘러 오세요!' 멜기세덱의 반열을 따라 오시는 메시아만이 진정한 메시아임을 고백하게 된다.

말할 필요도 없이 다윗의 선견지명이 그에게 일어난 왕의 언약의 기준이었다. 다윗의 예언에 이어 모든 선지자들이 메시아를 소개하고 참 다윗의 후손을 언급했다. 다윗의 후손은 다윗이 제대로 발견한 신적 메시아를 의미한다. 그리고 메시아의 역할은 둘로 나뉜다. 지상의 고난, 즉 백성의 죄를 대리하는 행위와 비언약 세력의 공격으로 인한 고난, 그리고 두 번째로 최후의 심판을 동반한 참된 메시아의 정체가 언급되는데, 최후의 심판과 함께 영광스러움이 드러난다.

아브라함 언약과 다윗 언약의 관계를 이해할 때 다음 시편이 유용한다. 시편 72편은 분명히 메시아에 관한 시편이다. 여기서 시편 기자는 백성에게 복을 줄 공의와 능력을 하나님의 아들에게 주시기를 여호와께 기도한다.

"그가 바다에서부터 바다까지와 강에서부터 땅 끝까지 다스리리니 광야에 사는 자는 그 앞에 굽히며 그의 원수들은 티끌을 핥을 것이며 다시스와 섬의 왕들이 조공을 바치며 스바와 시바 왕들이 예물을 드리리로다. 모든 왕이 그의 앞에 부복하며 모든 민족이다 그를 섬기리로다"(시 72:8-11).

특히 놀라운 것은 여기서 기대되는 만민의 축복과 통치이다. 시편 기자는 여호와 하나님이 다윗과 맺은 언약에 따라 자신의 기도가 응답될 것임을 확신한다. 아브라함 언약은 창세기 3장 15절에 제시된 약속이었기 때문에 다윗 혈통의 왕이 아브라함에게 맺은 민족들의 축복에 대한 약속은 왕에게서 성취될 것이며 먼지를 핥는 적들은 뱀에 대한 승리를 암시했다. 아브라함에게 약속된 만민의 축복(창 12:3)에 대한 언급은 다음 시편에 잘 나타나 있다.

"그의 이름이 영구함이여 그의 이름이 해와 같이 장구하리로다. 사람들이 그로 말미암아 복을 받으리니 모든 민족이 다 그를 복되다 하리로다"(시 72:17).

아브라함에게 주신 만민의 복의 약속은 다윗의 한 아들을 통하여 성취될 것이다. 다윗 언약은 원래 아브라함 언약과 관련이 있으며, 다윗의 한 아들은 아브라함에게 하신 약속이 성취되는 수단이 될 것이다.

선지서에 나오는 다윗의 약속은 외면적으로는 이스라엘 민족이 이방 나라 통치자들에게 포로로 잡혀가는 것으로 끝이 난다. 심지어 제2성전에서도 다윗 후손인 유대인 지도자가 통치권을 행사하는 모습은 보이지 않는다. 왕들이 여호와의 언약을 어기고 왕권이 무너짐에 따라 다윗 언약은 끝나가는 것처럼 보였다. 그러나 그것은 우리에게 새로운 소망을 준다(대하 21:7). 선지자들도 새로운 다윗이 올 날을 기대했다(사 9:6-7).

앞으로 올 다윗 혈통의 왕은 아담의 참된 아들이자 참 이스라엘이 될 것이며, 이전의 모든 다윗 혈통 왕들이 의도했던 것을 성취할 것이다. 아담에게 처음 주어진 피조물에 대한 다스림은 이 아들의 통치를 통해 실현될 것이다. 하나님의 통치 아래서 인간의 삶을 특징짓는 정의와 공의를 이 왕을 통해서 볼 수 있다.

> "여호와의 말씀이니라. 보라. 때가 이르리니 내가 다윗에게 한 의로운 가지를 일으킬 것이라. 그가 왕이 되어 지혜롭게 다스리며 세상에서 정의와 공의를 행할 것이며 그의 날에 유다는 구원을 받겠고 이스라엘은 평안히 살 것이며 그의 이름은 여호와 우리의 공의라 일컬음을 받으리라"(렘 23:5-6).

포로된 이스라엘의 멸망이 임박한 것처럼 보이더라도 예레미야는 다윗왕조에 신뢰를 심어준다(렘 33:17-21). 언약의 말씀에는 무조건적인 성격이 있기 때문이다. 이스라엘처럼 쉽게 약속을 어길 수 있지만 여호와께서는 약속을 어기지 않을 것이라고 말씀하셨기 때문이다. 또한 에스겔 선지자도 이스라엘 왕들의 죄악이 종말을 내지 아니하고 다윗왕 혈통의 통치를 기대한다고 말씀하고 있다.

> "내가 한 목자를 그들 위에 세워 먹이게 하리니 그는 내 종 다윗이라. 그가 그들을 먹이고 그들의 목자가 될지라. 나 여호와는 그들의 하나님이 되고 내 종 다윗은 그들 중에 왕이 되리라. 나 여호와의 말이니라"(겔 34:23-24).

호세아 선지자도 다윗 혈통을 위하여 불태웠고(호 3:5), 아모스 선지자도 '다윗의 장막'을 다시 세울 것을 약속하였고(암 9:11), 스가랴 선지자는 다윗의 집에 자비가 임할 날을 기대했다(슥 12:10-13:1). 이처럼 다윗 혈통 왕의 통치 약속은 이스라엘의 새로운 탄생과 공의와 긍휼로 나타나게 된다.

▶ 다윗 언약의 내용

다윗 언약은 다윗과 같은 왕의 공로로 다른 이들이 구원 받는다는 법칙이 적용되는 것이 특징이다. 이것은 다윗이 본보기가 되어 다윗처럼 살아야 구원받는다는 의미가 아니다. 다윗 언약은 한 왕의 신앙에 의해 그에 소속된 전 백성이 구원의 혜택을 누리는 것을 말한다.

다윗 언약은 모세 언약에 계시된 언약의 피, 즉 제사를 통한 구원의 방법을 구체적으로 보여주었다고 할 수 있다. 즉 다윗의 왕권은 영원할 것이다. 물론 이것은 다윗 가문을 통해 왕권을 물려받는 것이 아니라 '다윗의 자손' 언약 아래 오시는 참된 왕을 의미한다. 그러므로 다윗은 이스라엘의 진정한 왕이 아니라는 뜻이다. 그런데도 다윗을 택하여 이스라엘의 왕으로 세우신 것은 다윗의 후손으로 오실 참 왕이 어떻게 오시는지를 보여주는 역할을 한다.

다윗 언약 이전에 아브라함 언약의 내용은 땅과 후손이었다. 언약대로 이스라엘 백성은 가나안에 들어갔으나 아브라함에게 약속한 땅을 다 차지한 것은 다윗왕 때였다. 하나님은 이 다윗왕과 언약을 맺으시고 다윗의 후손과 그 왕위를 대대로 세우신다. 다윗 언약은 장차 예수 그리스도께로 연결될 것이다.

여기서 우리가 다윗을 제대로 알기 위해서는 먼저 사울을 보아야한다. 사울은 백성의 요구로 왕이 되었다. 사무엘이 늙었을 때 사무엘의 자녀들은 사사가 되기에 합당하지 않았다. 기도하기를 쉬는 죄를 범하지 않겠다고 약속한 사무엘마저 자식을 잘못 가르쳤다. 사무엘이 기도를 쉬지 않겠다고 하는 것은 이스라엘과 하나님 사이의 중보자 역할로서 기도를 쉬지 않았다는 뜻이다. 이런 기도는 로마서 8장에서 성령님이 성도 안에서 말할 수 없는 탄식으로 기도하시는 것과 예수님께서 하나님 보좌 우편에서 쉬지 않고 기도하시는 것으로 보아야한다.

사사로서 사무엘의 사역이 끝날 무렵 이스라엘 백성은 왕을 세워 달라고 요구했다. 그러자 사무엘은 백성들에게 매우 실망한 것 같다. 그런데도 하나님은 사무엘에게 말씀하신다.

"우리에게 왕을 주어 우리를 다스리게 하라 했을 때에 사무엘이 그것을 기뻐하지 아니하여 여호와께 기도하매 여호와께서 사무엘에게 이르시되 백성이 네게 한 말을 다 들으라. 이는 그들이 너를 버림이 아니요 나를 버려 자기들의 왕이 되지 못하게 함이니라. 내가 그들을 애굽에서 인도하여 낸 날부터 오늘까지 그들이 모든 행사로 나를 버리고 다른 신들을 섬김같이 네게도 그리하는도다. 그러므로 그들의 말을 듣되 너는 그들에게 엄히 경고하고 그들을 다스릴 왕의 제도를 가르치라"(삼상 8:6-9).

왕을 원하는 것은 이스라엘 백성의 요구사항이었다. 이스라엘의 모든 장로가 모여 라마에 있는 사무엘에게 이르러 "그에게 이르되 보소서. 당신은 늙고 당신의 아들들은 당신의 행위를 따르지 아니하니 모든 나라와 같이 우리에게 왕을 세워 우리를 다스리게 하소서"(삼상 8:5)라고 요구하였다. 하나님이 그들과 늘 함께하셨음에도 그들은 하나님을 바라보지 않고 세상 영웅 같은 왕을 세워 생존의 문제를 해결하려 했다.

> "사무엘이 백성에게 이르되 모세와 아론을 세우시며 너희 조상들을 애굽 땅에서 인도하여 내신 이는 여호와이시니 그런즉 가만히 서 있으라. 여호와께서 너희와 너희 조상들에게 행하신 모든 공의로운 일에 대하여 내가 여호와 앞에서 너희와 담론하리라"(삼상 12:6-7).

이스라엘을 애굽 땅에서 인도해 낸 분은 모세와 아론이 아니라 하나님이셨다. 그러므로 이스라엘은 자기를 인도하시는 분이 여호와 하나님이심을 믿으면 되는데, 사람의 외모를 보며 나이 든 사무엘 대신 이방 나라처럼 자신들을 책임질 왕을 요구한 것이다. 사무엘은 왕을 구하는 이스라엘 백성이 밀을 추수할 때 여호와께서 천둥과 비를 보내어 왕을 구하는 큰 죄를 깨닫게 하신다고 했다.

이에 대해 이스라엘 백성은 사무엘에게 "당신의 종들을 위하여 당신의 하나님 여호와께 기도하여 우리가 죽지 않게 하소서. 우리가 우리의 모든 죄에 왕을 구하는 악을 더하였나이다"(삼상 12:19)라며 자신들의 죄를 인정한다. 하나님이 보내신 우레와 비로 밀을 추수할 수 없게 되자 그들은 생존을 위해 왕을 찾는 것이 여호와 앞에 죄악임을 알게 되었다. 이를 통해 우리는 하나님이 이스라엘의 '생존 문제'가 아니라 '죄 문제'를 위해 이스라엘과 함께하신다는 것을 알 수 있다.

"사무엘이 백성에게 이르되 두려워하지 말라. 너희가 과연 이 모든 악을 행하였으나 여호와를 따르는 데에서 돌아서지 말고 오직 너희의 마음을 다하여 여호와를 섬기라. 돌아서서 유익하게도 못하며 구원하지도 못하는 헛된 것을 따르지 말라. 그들은 헛되니라. 여호와께서는 너희를 자기 백성으로 삼으신 것을 기뻐하셨으므로 여호와께서는 그의 크신 이름을 위해서라도 자기 백성을 버리지 아니하실 것이요. 나는 너희를 위하여 기도하기를 쉬는 죄를 여호와 앞에 결단코 범하지 아니하고 선하고 의로운 길을 너희에게 가르칠 것인즉 너희는 여호와께서 너희를 위하여 행하신 그 큰 일을 생각하여 오직 그를 경외하며 너희의 마음을 다하여 진실히 섬기라. 만일 너희가 여전히 악을 행하면 너희와 너희 왕이 다 멸망하리라"(삼상 12:20-25).

이스라엘이 구하는 왕은 실로 쓸모없고 그들을 유익하게 할 수도 구원할 수도 없다. 이스라엘에 왕이 없을지라도 하나님은 이스라엘을 자기 백성 삼으신 것을 기뻐하셨으므로 하나님은 자기 이름을 위해서라도 자기 백성을 버리지 않으셨다. 이것을 이스라엘이 믿어야 했다. 죄 문제는 제사장에 의해 해결되고, 죄 문제가 해결되면 이스라엘은 부족함이 없고 왕을 찾을 필요가 없다. 그러므로 이스라엘은 그들이 구하는 왕의 다스림을 받기를 원하며 왕을 구하는 죄가 크다는 것을 알고 그들의 죄를 해결해 줄 제사장을 두신 것이 하나님의 은혜임을 제대로 깨달아야 했다. 그러나 하나님의 은혜를 아는 길로 가지 못했다.

여기에서 이스라엘 백성의 현실이 어떠했는지를 잘 알 수 있다. 그들이 왕을 원한 것은 여호와 하나님을 그들의 왕으로 섬기지 않겠다는 것을 뜻한다. 눈에 보이지 않지만 율법과 선지자를 통해 말씀하셨고, 출애굽과 가나안 정복을 통해 여호와 하나님이 함께하심을 보여주셨다. 그런데도 여호와를 버렸다. 왕을 세우면 오히려 백성은 왕의 신하가 되어 어려움을 당한다고 해도 왕을 요구했던 것이다. 하나님은 이스라엘 백성이 출애굽 때부터 지금까지 항상 이러하였다 하시고 그들에게 그들이 원하는 왕을 주라고 하셨다(삼상 8:22).

그리하여 주어진 왕이 사울이었다. 사울은 다른 사람들보다 키가 크고 힘이 셌다. 사울은 처음에는 겸손했지만 왕이 되고 여러 전투에서 승리하면서 교만해졌다. 그리고 전쟁의 승리를 여호와께 돌리지 않고 자기의 기념비를 세우는 짓을 했다. 그는 여호와의 말씀에 순종하기보다 그의 이름에 더 관심이 있었고 백성들 앞에서 영광받기를 원했다. 이에 대해 하나님께서는 이런 사울을 폐하시고 하나님 마음에 맞는 왕을 세우실 것이라고 말씀하셨다. 그리고 다윗을 마음에 두셨다. 하나님 마음에 맞고 합한다는 것은 다윗의 마음이 선천적으로 선하다는 뜻이 아니다. 백성들이 원하던 왕인 사울을 대조적으로 비교하기 위해 하나님께서 마음에 적절한 자를 택하셨다는 것이다(삼상 13:14).

"그 후에 그들이 왕을 구하거늘 하나님이 베냐민 지파 사람 기스의 아들 사울을 사십 년간 주셨다가 폐하시고 다윗을 왕으로 세우시고 증언하여 이르시되 내가 이새의 아들 다윗을 만나니 내 마음에 맞는 사람이라. 내 뜻을 다 이루리라 하시더니"(행 13:21-22).

다윗은 사울에 비해 하나님 마음에 합한 사람이었고, 사울은 백성이 원하던 왕으로 보통 사람보다 키가 클 뿐만 아니라 싸움을 잘하는 훌륭한 장군이기도 했다. 백성들은 만세를 부르며 사울왕을 따랐다. 반면 다윗이 하나님께 기름 부음을 받았을 때 그는 소년이었다. 사무엘이 이새에게 아들들을 하나님의 제사에 데려오라고 부탁했을 때 다윗은 참석조차 허락받지 못한 어린아이였다. 그런 다윗이 기름 부음을 받은 이유는 하나님께서 일하시는 방법이 어떤 것인지를 보여줄 적임자였기 때문이다. 그러므로 우리는 다윗에 대해 말할 때 그를 영웅으로 말해서는 안 된다. 성경은 어떤 인간도 영웅으로 만들지 않는다. 물론 처음에는 골리앗을 무찌르고 사울은 천천이요 다윗은 만만이라는 찬송을 듣고 화려하게 나타났지만 이것은 다윗의 위대함이 아닌 '다윗과 함께하신 여호와의 이름'이 승리했음을 보여주는 것이다. 하나님께서 다윗을 통하여 언약을 어떻게 이루실 것인지를 미리 보이시기 위함이다.

다윗은 기름 부음을 받고 골리앗을 물리쳤다. 많은 사람이 다윗이 골리앗을 이긴 것을 극적으로 묘사하지만 그의 승리는 주님의 기름 부으심으로 인한 것이다. 골리앗은 키가 3m가 넘는 큰 체구를 가진 사람으로 무게가 60kg 나가는 창을 휘두르는 힘이 센 사람이다. 그는 이스라엘 백성이 원했던 키 크고 막강한 왕 사울과도 비교할 수 없을 정도의 용사였다. 그러나 소년 다윗이 골리앗을 물리쳤다는 사실은 한마디로 이스라엘 백성이 의지하고 있는 것이 무엇인지를 고

발당하는 것이다. 즉 세상의 힘을 의지하고 있던 그들에게는 새로운 경험이었다. 다윗이 만군의 여호와의 이름으로 골리앗을 물리치고 사울에게 보고하자 사울의 아들 요나단이 다윗을 알아보았다. 요나단 자신도 이미 여호와의 전쟁을 경험했기에 전쟁이 자기 힘으로 싸우는 것이 아님을 알고 있었다.

> "요나단이 자기의 무기를 든 소년에게 이르되 우리가 이 할례받지 않은 자들에게로 건너가자. 여호와께서 우리를 위하여 일하실까 하노라. 여호와의 구원은 사람이 많고 적음에 달리지 아니하였느니라"(삼상 14:6).

여호와의 구원은 사람이 많고 적음에 의해서 결정되지 않는다. 오늘 우리는 여호와의 구원을 세상의 힘으로 측량하려고 하는 경향이 있다. 사람이 많고 돈이 많고 능력이 많으면 상대를 이겼다고 한다. 그러나 요나단과 다윗을 통해 보는 여호와의 전쟁은 세상의 방식과 전혀 다르다.

하나님께서 사울을 버리시고 다윗을 택하신 것은 약한 자를 택하고 강한 자를 부끄럽게 하는 하나님의 일(목적)에 가장 적합했기 때문이다. 그러므로 다윗이 하나님 마음에 합하였다는 사실은 이스라엘 백성이 하나님의 언약을 믿지 않고 세상의 원리와 힘을 믿고 따르는 것을 드러내어 고발하고 책망하는 것이다. 오늘날에도 마찬가지다. 하나님의 언약 백성은 오직 예수님만이 우리의 지혜와 의로움과 거룩함과 구속함이 되신다고 말한다.

"형제들아 너희를 부르심을 보라. 육체를 따라 지혜로운 자가 많지 아니하며 능한 자가 많지 아니하며 문벌 좋은 자가 많지 아니하도다. 그러나 하나님께서 세상의 미련한 것들을 택하사 지혜 있는 자들을 부끄럽게 하려 하시고 세상의 약한 것들을 택하사 강한 것들을 부끄럽게 하려 하시며 하나님께서 세상의 천한 것들과 멸시받는 것들과 없는 것들을 택하사 있는 것들을 폐하려 하시나니 이는 아무 육체도 하나님 앞에서 자랑하지 못하게 하려 하심이라. 너희는 하나님으로부터 나서 그리스도 예수 안에 있고 예수는 하나님으로부터 나와서 우리에게 지혜와 의로움과 거룩함과 구원함이 되셨으니 기록된 바 자랑하는 자는 주 안에서 자랑하라 함과 같게 하려 함이라"(고전 1:26-31).

다윗이 하나님 마음에 합하였다는 말은 다윗이 모든 면에서 다른 사람보다 뛰어났기 때문에 그 차원에서 하나님 마음에 합했다는 의미가 아니다. 다윗은 사람들이 환호하는 왕의 자질을 가진 사람이 아니라 사람들의 예측을 거스르는 사람이었다. 다윗에게 기름을 부은 사무엘도 처음에는 이새의 맏아들을 보고 하나님의 기름 부을 적합자로 여겼다. 그러므로 인간의 생각과 달리 다윗이 하나님의 마음에 합하였다는 말은 하나님께서 의도하신 목적대로 일하시는 데 있어서, 다윗이 '하나님의 언약을 펼쳐내기에 적합한 사람'이라는 뜻이다. 아브라함의 경우, 아브라함이 언약을 받았을 때 하늘의 별과 같이 후손을 번성하게 하겠다고 하나님께서 말씀하셨다. 그러나 아브라함과 사라는 오랜 결혼생활 동안 자녀를 낳지 못했다. 이런 아브라함을 모든 민족의 아버지로 만드신다는 것은 하나님께서 언약이 어떻게 진행되는지를 보여주는 것인데, 이는 없는 데서 있게 하시고 죽은 자 가운데서 살리시는 방식과 같이 특별한 것이다.

여기서 잠시 다윗의 언약을 이해하기 위하여 다윗과 언약궤를 살펴보도록 하겠다. 다윗왕이 자신이 특별히 마련한 장막에 모셔두려고 언약궤를 옮기다 실패한 일이 있었는데, 실패 후에 비로소 하나님은 다윗에게 다시 허락하신 내용이 나온다. 이 경우는 아브라함이 자신의 힘으로 이스마엘을 낳은 후 이삭을 준 것과도 비교할 수 있다. 그 내용의 시작은 이렇다. 다윗은 온 이스라엘의 왕이 되어 예루살렘에 거할 때 언약궤를 자기가 마련한 장막으로 옮길 생각이었다.

"다윗이 이스라엘에서 뽑은 무리 삼만 명을 다시 모으고 다윗이 일어나 자기와 함께 있는 모든 사람과 더불어 바알레유다로 가서 거기서 하나님의 궤를 메어 오려 하니 그 궤는 그룹들 사이에 좌정하신 만군의 여호와의 이름으로 불리는 것이라. 그들이 하나님의 궤를 새 수레에 싣고 산에 있는 아비나답의 집에서 나오는데 아비나답의 아들 웃사와 아효가 그 새 수레를 모니라"(삼하 6:1-3).

다윗은 언약궤를 옮기기 위해 이스라엘에서 선택된 3만 명의 무리를 모았다. 그러나 언약궤를 수레에 싣고 오다가 소가 날뛰며, 떨어지려는 언약궤를 붙들다가 '웃사'가 그 자리에서 즉사했다. 그러자 다윗은 분노했다.

"여호와께서 웃사를 치시므로 다윗이 분하여 그곳을 베레스웃사라 부르니 그 이름이 오늘까지 이르니라. 다윗이 그날에 여호와를 두

러워하여 이르되 여호와의 궤가 어찌 내게로 오리요 하고 다윗이
여호와의 궤를 옮겨 다윗 성 자기에게로 메어 가기를 즐겨하지 아
니하고 가드 사람 오벧에돔의 집으로 메어 간지라"(삼하 6:8-10).

　여기서 다윗이 분개한 이유는 하나님을 위해 언약궤를 아무 곳에
나 방치하지 않고 자신이 특별히 마련한 장막에 모셔두려는 것인데,
하나님께서 자신의 정성을 거절하신 것이라 여겼기 때문이다. 진심
을 몰라준다는 느낌이 들었을 것이다. 다윗의 분개는 웃사를 심판하
신 하나님에 대해 반발의 마음이었다. 결국 이 사건으로 알 수 있는
것은 다윗이 하나님의 궤를 예루살렘으로 옮기면서도 '하나님이 어
떤 분인가'를 제대로 파악하지 못했다는 것이다. 따라서 하나님은
웃사를 심판하심으로써 다윗과 온 이스라엘에게 하나님이 누구신가
를 확실히 보여주고 계신다. 여호와는 항상 자기를 지켜 보호해주시
는 하나님으로만 알았던 다윗은 여호와가 '심판하시는 하나님'이심
을 알아야 했던 것이다. 그래서 '나는 이러한 공의의 하나님이다. 그
런데도 나를 섬기겠느냐?' (출 33:20)를 묻고 계시는 것이다.
　다윗이 언약궤를 가져오지 못한 표면적인 이유는 그의 제사장들
이 언약궤를 수레에 싣고 간 것 때문이다. 그러나 내면적으로는 다윗
자신이 만군의 여호와의 언약궤를 호위하려고 한 것에 있다. 그는 이
스라엘에서 뽑은 3만 명을 동원했다(삼하 6:1). 언약궤를 수레에 싣
는 데 수많은 정예 병사를 참여시켰다. 다윗 자신도 온 마음을 다해
여호와의 언약궤를 모셔 오려 했을 텐데 그 모양이 만군의 하나님 여
호와께서 다윗의 호위를 받으셔야 할 모양이 되었다. 사실 여호와 하
나님이 높임을 받는 것이 아니라 여호와를 섬기는 자가 돋보인 것이

다. 이것은 '누가 돋보이느냐'의 문제다. 하나님의 뜻과 상관없이 정성과 최선을 다하면 칭찬받게 되는 것일 줄로 생각했다. 어떻게 보면 언약궤는 다윗의 전리품처럼 수레에 실려 가는 모습이었다. 완전한 주객전도이다.

오늘날에도 이런 식으로 하나님의 일을 하려는 사람이 많다. 곧 내가 세계에서 가장 큰 교회를 세우겠다고 나선다. 내가 한국에서 최고의 성전을 지어 바치겠다고 한다. 내가 세계에서 가장 큰 하나님의 일을 하겠다고 나선다. 그래서 꿈과 비전을 크게 가지라 한다. 다윗의 실패한 모습에서 알 수 있듯이 우리는 여전히 그런 모습을 가장 성공한 사람으로 착각하고 있다.

언약궤가 어떻게 옮겨졌는지 이전 시대로 거슬러 올라가 이동 경로를 살펴보면 사사시대에 블레셋과 이스라엘이 전쟁을 벌였다. 장로들은 언약궤를 앞세워서 전쟁하면 여호와 하나님이 이스라엘을 원수들의 손에서 구원해 주실 것이라고 말했다. 백성은 기뻐했고 엘리 제사장의 두 아들 홉니와 비느하스는 언약궤를 메고 앞서 나아갔다. 그러나 전쟁의 결과는 이스라엘의 패배로 끝났고 언약궤마저도 블레셋 사람들에게 빼앗겼다.

블레셋 땅으로 옮겨진 언약궤는 블레셋이 섬기는 신상을 파괴하였으며 언약궤가 가는 곳마다 재앙이 일어났다. 블레셋 사람들은 이 재앙이 언약궤로 인한 것인지를 알아보기 위해 한 번도 멍에를 메지 않고 새끼에게 젖을 먹이는 두 마리의 암소에 언약궤를 실어 보냈다. 언약궤를 실은 수레를 끄는 소들은 본능을 억누른 채 움직였다. 이방인 블레셋 사람들은 언약궤를 옮길 방법은 알지 못했지만 언약궤를 멘 소가 제대로 가는 것을 보고 언약궤로 말미암아 재앙이 임한 줄 알게 되었다. 그 후 언약궤는 다윗이 특별히 마련한 곳으로 옮기려고 하기까지 기럇여아림의 아비나답 집에서 20년 동안 머무르게 되었다(삼상 7:1-2).

다시 다윗의 이야기로 돌아오면 다윗은 율법과 이전에 일어났던 위의 모든 사실을 알고 있으면서도 언약궤를 자기 임의대로 호위하려 했으나 실패했다. 그래서 그는 언약궤를 가드 사람 오벧에돔의 집으로 들여놓게 했다. 가드 사람들은 블레셋 사람이지만 이스라엘로 귀화한 사람인 것 같다. 이후에 이 사람의 집이 복을 받았다는 소식을 듣게 된다. 이번에는 다윗이 달라진 모습으로 언약궤를 메고 가려고 다시 왔다. 제사장들이 에봇을 입고 제대로 메고 간다.

"여호와의 궤를 멘 사람들이 여섯 걸음을 가매 다윗이 소와 살진 송아지로 제사를 드리고 다윗이 여호와 앞에서 힘을 다하여 춤을 추는데 그때에 다윗이 베 에봇을 입었더라. 다윗과 온 이스라엘 족속이 즐거이 환호하며 나팔을 불고 여호와의 궤를 메어오니라" (삼하 6:13-15).

언약궤를 멘 백성들이 여섯 걸음을 옮길 때 다윗은 제사를 드리고 속옷이 보일 정도로 춤을 추었다. 이제 다윗은 여호와 하나님의 뜻을 알았다. 그는 자신이 언약궤를 호위하는 것이 아니라 '여호와 하나님이 다윗을 인도하셔야 한다' 는 것을 알고 있었다. 다윗 자신이 하나님의 인도가 필요한 사람임을 알고 기뻐 뛰며 어린아이처럼 찬양했다. 그러나 이를 본 다윗의 아내 미갈은 방탕한 자가 채신없이 자신의 몸을 드러낸 것처럼 다윗이 계집종의 눈앞에서 자신의 몸을 드러낸다고 비웃었다. 이때 다윗의 고백을 들어보겠다.

> "내가 이보다 더 낮아져서 스스로 천하게 보일지라도 네가 말한
> 바 계집종에게는 내가 높임을 받으리라 한지라"(삼하 6:22).

이보다 더 낮아져서 스스로 천하게 보일지라도 내가 뛰놀겠으며
계집종에게는 오히려 높임을 받으리라고 한다. 이것은 다윗 자신이
하나님을 위해서가 아니라 오히려 하나님께서 다윗 자신을 위해 긍
휼을 베풀어 주셔야 한다는 것을 알고 있음을 의미한다. 그는 자신이
낮고 높음에 상관없이 오직 하나님의 은혜를 받아야 할 자임을 알았
다. 그러나 하나님의 은혜를 알지 못하고 인간의 체통을 지키려는 미
갈은 다윗을 조롱함으로써 다윗으로부터 아이를 가져보지도 못하고
생을 마감하게 된다.

사무엘하 15장에는 다윗의 아들 압살롬이 반역하는 장면이 나온
다. 이때 사독은 언약궤를 짊어지고 나와서 다윗을 따르려고 한다.
언약궤가 가는 곳마다 사람들이 따라갈 것이다. 그러나 다윗은 이렇
게 말한다.

> "왕이 사독에게 이르되 보라. 하나님의 궤를 성읍으로 도로 메어
> 가라. 만일 내가 여호와 앞에서 은혜를 입으면 도로 나를 인도하
> 사 내게 그 궤와 그 계신 데를 보이시리라. 그러나 그가 이와 같
> 이 말씀하시기를 내가 너를 기뻐하지 아니한다 하시면 종이 여
> 기 있사오니 선히 여기시는 대로 내게 행하시옵소서 하리라"(삼
> 하 15:25-26).

다윗은 자신이 중심이 아니라 '하나님의 언약이 중심'임을 철저히 알고 있었다. 그는 3만 명의 정예병사를 동원해 여호와를 지키고 섬겨서 복을 받는 것이 아님을 알았기 때문에, 아들이 반역하여 쫓겨나더라도 마땅한 죄인에게는 '언약이 함께하는 것이 복이 된다'는 사실을 알고 있었다.

앞서 우리는 다윗이 언약궤를 모셔 오려고 시도했을 때 처음에 실패하고 두 번째로 제대로 모셔 왔음을 보았다. 그러나 아마 많은 사람이 다윗의 처음 실패한 내용을 성공으로 여기고 신앙생활 하는 경우가 많다. 예를 들면 3만 명의 정예병을 동원하여 여호와의 일을 하면 그 지도자가 멋져 보이고 훌륭하게 여겨진다. 그러나 성경 말씀은 사람들이 얼마나 위대한 일을 성취했는지에 관심이 있지 않다. 오직 하나님께서 그의 언약을 성취하시는 데 관심이 있을 뿐이다. 하나님은 하나님께서 언약을 세우시고 그 언약을 어김없이 성실히 이루신다는 것을 다윗을 통해 보여주셨다. 이것은 장차 다윗의 후손으로 오실 왕이신 예수 그리스도께서 언약을 성취하신 십자가를 미리 말씀해주고 있는 것이다. 언약 중심이란 언약의 완성인 예수님의 '십자가 중심'이라는 것을 말한다.

이제 하나님께서 다윗에게 또다시 약속하신 내용이 나온다. 영원한 왕위에 대한 언약이다.

"여호와께서 주위의 모든 원수를 무찌르사 왕으로 궁에 평안히 살게 하신 때에 왕이 선지자 나단에게 이르되 볼지어다. 나는 백향목 궁에 살거늘 하나님의 궤는 휘장 가운데에 있도다. 나단이 왕께 아뢰되 여호와께서 왕과 함께 계시니 마음에 있는 모든 것을 행하소서 하니라"(삼하 7:1-3).

다윗이 대적을 이긴 것이 아니라 여호와께서 그의 모든 원수를 무찌르시고 다윗을 왕궁에서 평안히 살게 하셨음을 다윗이 고백한다. 그런 다음 그는 백향목 왕궁에 살고 언약궤는 휘장 한가운데 있으니 성전을 짓고 싶었다. 그러자 선지자 나단도 여호와께서 왕과 함께 계시니 마음에 있는 대로 하시라고 동의했다. 즉 성전을 짓는 것이 적절하다는 것이 나단의 생각이기도 했다. 그러나 그 밤에 여호와의 말씀이 나단에게 임하셨다.

"가서 내 종 다윗에게 말하기를 여호와께서 이와 같이 말씀하시되 네가 나를 위하여 내가 살 집을 건축하겠느냐. 내가 이스라엘 자손을 애굽에서 인도하여 내던 날부터 오늘까지 집에 살지 아니하고 장막과 성막 안에서 다녔나니 이스라엘 자손과 더불어 다니는 모든 곳에서 내가 내 백성 이스라엘을 먹이라고 명령한 이스라엘 어느 지파들 가운데 하나에게 내가 말하기를 너희가 어찌하여 나를 위하여 백향목 집을 건축하지 아니하였느냐고 말하였느냐"(삼하 7:5-7).

여호와 하나님께서는 다윗에게 전혀 예상치 못한 말씀을 하셨다. 하나님은 "고맙다. 네가 이렇게 기특한 생각을 하였으니 내가 더욱 복을 주겠다"고 다윗을 칭찬하지 않으셨다. 오히려 하나님은 "내가 언제 네게 내 집을 지으라 하였느냐"고 꾸짖으신다. 오히려 하나님께서 다윗을 위하여 집을 지어주시겠다고 말씀하셨다. 여기서 우리가 주의할 점은 다윗이 하나님을 위해 집을 지어드리려고 했기 때문에 하나님께서 그의 마음을 받으시고 기뻐하시면서 보상으로 이런 복을 주신 것이 결코 아니라는 사실이다. 여호와 하나님께서는 이미 다윗에게 기름을 부으시고 언약을 주셨고, 그 언약을 이루시겠다는 것이 하나님의 약속이요 뜻이다. 이에 대하여 하나님께서는 사사시대나 사울과 같지 않을 것이라고 말씀하시며 내 이름을 위하여 다윗의 아들이 성전을 건축하게 하시겠다 약속하신 것이다. 그 아들이 죄를 범하면 징계할 것이지만 사울에게서 은총을 빼앗은 것처럼 그렇게 하지는 않겠다고 하신다.

"네 집과 네 나라가 내 앞에서 영원히 보전되고 네 왕위가 영원히 견고하리라 하셨다 하라"(삼하 7:16).

다윗은 이 언약의 말씀을 나단 선지자를 통하여 들었다. 이 말씀을 들은 다윗은 여호와 하나님께 다음과 같이 기도했다.

"주께서 주의 백성 이스라엘을 세우사 영원히 주의 백성으로 삼으셨사오니 여호와여 주께서 그들의 하나님이 되셨나이다. 여호와 하나님이여 이제 주의 종과 종의 집에 대하여 말씀하신 것을 영원히 세우셨사오며 말씀하신 대로 행하사 사람이 영원히 주의 이름을 크게 높여 이르기를 만군의 여호와는 이스라엘의 하나님이라 하게 하옵시며 주의 종 다윗의 집이 주 앞에 견고하게 하옵소서. 만군의 여호와 이스라엘의 하나님이여 주의 종의 귀를 여시고 이르시기를 내가 너를 위하여 집을 세우리라 하셨으므로 주의 종이 이 기도로 주께 간구할 마음이 생겼나이다. 주 여호와여 오직 주는 하나님이시며 주의 말씀들이 참되시니이다. 주께서 이 좋은 것을 주의 종에게 말씀하셨사오니 이제 청하건대 종의 집에 복을 주사 주 앞에 영원히 있게 하옵소서. 주 여호와께서 말씀하셨사오니 주의 종의 집이 영원히 복을 받게 하옵소서 하니라"(삼하 7:24-29).

주께서 베푸신 크신 은혜에 감사하였다. 주께서 이스라엘 백성들과 또 다윗에게 베푸신 은혜들은 사실 '여호와의 주되심을 나타내기 위하여' 그렇게 하셨다고 한다. 다윗은 그렇게 크고 놀라우신 주님께서 언약을 세워주시고 주의 백성을 삼으신 것에 대하여 기도하였다. 주의 언약의 말씀을 듣고서, 내가 주를 위하여 무엇을 하겠다는 것이 아니라 주께서 주님의 언약을 이제 신실하게 이루어 주시기를 바란다고 기도한다. 어쩌면 뻔뻔해 보이지만 이것이 언약을 받은 자의 겸손한 모습이다. 주의 언약이 종의 집에 이루어지는 것이 복이니 이 언약이 종의 집에 영원히 있어서 복을 받게 해 달라고 간구한 것이다. 이것은 하나님의 언약의 성취야말로 진정한 복임을 말하는 것이다.

다윗의 기도는 하나님의 언약을 받았으니 그 언약대로 이루어지도록 기도한 것이다. 결국 하나님의 언약대로 다윗의 아들이 성전을 건축하게 된다. 다윗은 성전을 위하여 준비하고 다윗의 아들인 솔로몬은 성전을 지었는데 여호와의 말씀대로 되었다. 성전을 지은 이유가 언약을 넣은 궤를 위하여 처소를 설치한 것이다. 이에 다윗처럼 솔로몬도 기도하게 된다.

"내가 또 그곳에 우리 조상들을 애굽 땅에서 인도하여 내실 때에 그들과 세우신 바 여호와의 언약을 넣은 궤를 위하여 한 처소를 설치하였노라. 솔로몬이 여호와의 제단 앞에서 이스라엘의 온 회중과 마주서서 하늘을 향하여 손을 펴고 이르되 이스라엘의 하나님 여호와여 위로 하늘과 아래로 땅에 주와 같은 신이 없나이다. 주께서는 온 마음으로 주의 앞에서 행하는 종들에게 언약을 지키시고 은혜를 베푸시나이다. 주께서 주의 종 내 아버지 다윗에게 하신 말씀을 지키사 주의 입으로 말씀하신 것을 손으로 이루심이 오늘과 같으니이다. 이스라엘의 하나님 여호와여 주께서 주의 종 내 아버지 다윗에게 말씀하시기를 네 자손이 자기 길을 삼가서 네가 내 앞에서 행한 것같이 내 앞에서 행하기만 하면 네게서 나서 이스라엘의 왕위에 앉을 사람이 내 앞에서 끊어지지 아니하리라 하셨사오니 이제 다윗을 위하여 그 하신 말씀을 지키시옵소서. 그런즉 이스라엘의 하나님이여 원하건대 주는 주의 종 내 아버지 다윗에게 하신 말씀이 확실하게 하옵소서"(왕상 8:21-26).

성전 봉헌을 위한 솔로몬의 기도를 보면 그 내용은 여호와께서 주의 종 내 아버지 다윗에게 하신 말씀을 지켜주시라는 것이다. 다윗처럼 뻔뻔하게 기도하는 것이다. 그러나 인간이 자신의 죄와 연약함을 깨닫는다면 하나님의 신실하신 언약에만 의지할 수밖에 없다.

그러나 이 솔로몬마저도 또다시 큰 우상 숭배에 빠지게 된다. 그러나 하나님은 다윗을 위하여 솔로몬 시대에 그의 나라를 빼앗지 아니하시고 그의 아들 시대에 나라를 나누셨다. 이런 말씀을 하실 때 다윗을 위하여 이같이 한다고 하신다. 남유다의 역사 속에서도 그 말씀은 계속되고 다윗을 위하여 끊어지지 않게 하시겠다는 것이다. 다윗 언약은 깨뜨릴 수 없다. 즉 인간은 언약을 배반하지만 하나님께서는 하나님의 언약에 대하여 신실하심을 보여준다. 그러나 다윗의 보이는 왕조는 바벨론에 의해 끊어질 것이다. 솔로몬의 성전도 애굽, 앗수르, 바벨론에게 약탈당하고 불탔다. 이것은 인간의 노력으로 지어진 것이 결국에는 무너지기 위하여 지어졌다는 것을 말해준다. 그러나 '다윗 언약'은 무너지지 않는다. 언약은 영원하기 때문이다. 이것은 언약에 대한 인간의 불연속성과 하나님의 연속성을 말해준다.

그러면 하나님께서 다윗에게 언약하신 내용이 어떻게 되는지를 살펴보겠다. 놀랍게도 마태복음 1장 1절에서 아브라함과 다윗의 자손 예수 그리스도의 계보라고 한다. 예수 그리스도를 통하여 하나님의 영원하신 언약이 완성된다. 따라서 십자가에 못 박하신 예수님이 하나님의 모든 언약을 완성하신 주와 그리스도가 되신다. 이 예수님을 믿게 되면 하늘의 모든 신령한 복이 언약으로 주어지는 것이다.

앞에서 살펴보았듯이 하나님은 신실하셔서 자신의 언약을 반드시 이루어 내신다. 그 언약대로 다윗에게 허락한 영원한 왕으로 오신 분이 예수 그리스도이다. 따라서 다윗은 여러 가지 환난을 겪으면서 예수 그리스도를 증언한 사람일 뿐이다. 그래서 다윗은 시편에서 '고난받는 그리스도'의 모습을 바로 눈앞에서 직접 보는 것같이 그림처럼 그려내고 있다. 이것은 그리스도의 영이 다윗에게 임하여 다윗이 그렇게 증언한 것이다.

"믿음의 결국 곧 영혼의 구원을 받음이라. 이 구원에 대하여는 너희에게 임할 은혜를 예언하던 선지자들이 연구하고 부지런히 살펴서 자기 속에 계신 그리스도의 영이 그 받으실 고난과 후에 받으실 영광을 미리 증언하여 누구를 또는 어떠한 때를 지시하시는지 상고하니라. 이 섬긴 바가 자기를 위한 것이 아니요 너희를 위한 것임이 계시로 알게 되었으니 이것은 하늘로부터 보내신 성령을 힘입어 복음을 전하는 자들로 이제 너희에게 알린 것이요 천사들도 살펴 보기를 원하는 것이니라"(벧전 1:9-12).

구약의 선지자들과 신약의 복음을 전하던 사도들은 모두 그리스도의 영으로 말미암아 예수 그리스도를 증언했다. 마찬가지로 다윗도 선지자로서 예수 그리스도를 증언했다. 그래서 예수님은 시편 110편 1절에서 다윗이 '그리스도는 주'라고 고백하면서 어떻게 그리스도가 다윗의 후손이 되겠느냐는 말씀을 하심으로 예수님께서 다윗보다 또 아브라함보다 먼저 계신 분이심을 말씀하셨다. 이때 시간과 공간에 갇힌 유대인들은 예수님의 말씀을 도저히 이해하지 못하고 믿을 수도 없었다. 그러므로 아브라함이나 다윗이 예수 그리스도에 대하여 믿고 증언한 것은 무엇이든지 그리스도의 영으로 말미암아 시공간을 초월하여 그렇게 한 것이다.

흔히 우리가 '다윗의 복'이라고 하면 소년 목동이 왕이 되었다는 사실에 대해 많이 이야기한다. 그러나 다윗이 왕이 된 후에 한 일은 하나님께서 아브라함에게 약속하신 땅을 다윗이 차지한 것뿐이다. 이것은 다윗이 대단하고 훌륭하여 이루어 낸 것이 아니라 하나님께서 그 언약을 신실하게 이루시기 위하여 다윗을 택하여 전쟁에서 이기어 차지하게 하시는 여호와의 거룩한 전쟁을 수행하게 했을 뿐임을 보여준다.

그러나 여호와의 거룩한 전쟁을 수행한 인물은 다윗이 아니라 사실 다윗에게 죽임을 당한 우리아와 같은 사람으로 드러났다. 하나님께서 다윗에게 아브라함에게 약속하신 땅을 거의 다 차지하게 하셨을 때 정복 전쟁의 승리에 도취한 다윗은 한숨 돌리며 왕궁에서 쉬고 있었다. 이때에도 장군들과 이름 없는 군인들이 여호와의 거룩한 전쟁에 나갔다. 바로 이때 다윗이 밧세바와 간음하는 사건이 일어난다. 다윗은 거룩한 여호와의 전쟁에 참전한 용사의 아내를 범했다.

그리고 나중에 다윗왕은 밧세바가 임신했다는 소식을 듣는다. 간음죄를 숨기기 위해 다윗은 전쟁터 전방에 있는 요압에게 명령하여 밧세바의 남편 우리아로 하여금 전황을 왕에게 보고하게 한다. 우리아에게서 전쟁 상황 보고를 받은 다윗왕은 우리아를 그의 아내가 있는 자기 집으로 가게 했다. 그러나 우리아는 왕궁 경비실에서 군인들과 함께 자고 아내가 있는 집에는 들어가지 않았다. 다윗왕이 왜 그렇게 하였느냐고 물었을 때 우리아의 대답을 들어보자.

"우리아가 다윗에게 아뢰되 언약궤와 이스라엘과 유다가 야영 중에 있고 내 주 요압과 내 왕의 부하들이 바깥 들에 진 치고 있거늘 내가 어찌 내 집으로 가서 먹고 마시고 내 처와 같이 자리이까. 내가 이 일을 행하지 아니하기로 왕의 살아 계심과 왕의 혼의 살아 계심을 두고 맹세하나이다 하니라"(삼하 11:11).

우리아는 말하기를 언약궤와 이스라엘과 유다의 군대가 야영 중에 있는데 어떻게 내가 집으로 들어가 먹고 마시겠느냐며 아내와 같이 자지 않겠다고 맹세한다. 그러자 다윗이 우리아에게 하루를 더 머물라고 하고서는 술을 많이 먹여서 취하게 하여 집으로 보냈는데도 역시 군인들과 함께 갔다. 술에 취하는 것보다 여호와의 거룩한 전쟁에 대한 사명감이 더 투철했다. 이에 다윗왕이 요압 장군에게 밀서를 보내어 우리아를 죽게 한다. 우리아는 자기를 죽이라는 다윗의 편지를 들고 전쟁터로 돌아가 요압에게 전달하고 결국 죽임을 당한다. 왕으로서 다윗은 밧세바를 범하고 밧세바의 남편 우리아를 비열한 방법으로 죽인 것이다. 밧세바의 남편인 우리아가 죽었다는 소식을 들은 후 다윗은 밧세바를 자기 아내로 맞이한다. 이렇게 다윗이 행한 그 일이 여호와 보시기에 악하였다고 하셨다.

이것으로 다윗은 자신의 죄를 숨기는 데 깔끔하게 성공했다고, 즉 마무리되었다고 생각했지만 하나님은 이 사건을 통하여 다윗을 언약받은 자로서 적절하게 다루어 가신다. 하나님은 선지자 나단을 다윗에게 보내 그를 책망했다. 그 내용을 보겠다. 선지자 나단은 다윗왕에게 비유를 들려준다. "양을 많이 가진 부자와 양 한 마리만 있어서 가족처럼 아끼는 사람이 있는데, 양이 많은 부자가 자기 집에 온 손님을 대접하기 위해 가난한 집의 양 한 마리를 빼앗아 손님을 대접했다고 합니다." 이 말을 들은 다윗은 부자로 말미암아 노하여 "그런 사람은 죽여야 한다. 그가 이런 일을 불쌍히 여기지 아니하고 행하였으니 율법에 따라 네 배로 갚아야 한다"라고 말했다. 이처럼 다윗은 하나님의 법을 잘 알았으나 자신이 지은 죄에 대해서는 무감각했다. 이미 이방인 왕과 같이 되어버린 것이다. 당시 이방의 왕들은 이것을 당연하게 여겼다. 이때 선지자 나단이 다윗에게 단도직입적으로 말하는데 "그 악한 자가 바로 당신이오"라고 하며 다윗왕을 책망한다. 그리고 장차 다윗에게 닥칠 재앙에 대한 여호와의 말씀을 전했다.

이때 다윗이 고백하고 회개하는 내용이 시편 51편이다. 여호와의 거룩한 전쟁을 하던 우리아가 다윗으로 말미암아 죽임을 당했다. 하나님께서 다윗과 언약을 맺으시고 그 언약을 영원히 견고하게 하시는 것은 결코 다윗의 능력이 아니었다. 다윗은 간음한 자요 살인한 자로 드러났고, 다윗의 죄 때문에 죽임을 당한 우리아처럼 장차 예수님도 다윗의 죄와 같은 우리의 때문에 죽임을 당할 것을 다윗을 통해 미리 보여주셨다.

이스라엘에서 다윗 언약은 인간의 죄를 더욱 분명하게 보여준다. 왕이 된 다윗은 밧세바에게 범죄를 저질렀고 그 죄를 숨기기 위해 인간적인 속임수와 교활한 방법으로 밧세바의 남편 우리아를 죽였다. 이제 다윗이 나단 선지자를 통해 자신의 죄를 철저히 깨닫게 되면서 인간이 드리는 제사 제도가 이스라엘을 구원으로 인도하지 못한다는 것이 증명되었다. 이제 주님의 긍휼만 기대할 뿐이다.

"주께서는 제사를 기뻐하지 아니하시나니 그렇지 아니하면 내가 드렸을 것이라. 주는 번제를 기뻐하지 아니하시나이다. 하나님께서 구하시는 제사는 상한 심령이라. 하나님이여 상하고 통회하는 마음을 주께서 멸시하지 아니하시리이다"(시 51:16-17).

"지극히 존귀하며 영원히 거하시며 거룩하다 이름하는 이가 이와 같이 말씀하시되 내가 높고 거룩한 곳에 있으며 또한 통회하고 마음이 겸손한 자와 함께 있나니 이는 겸손한 자의 영을 소생시키며 통회하는 자의 마음을 소생시키려 함이라"(사 57:15).

주님은 높고 거룩한 곳에 계시지만 통회하고 마음이 겸손한 자들과도 함께하신다고 하셨다. 그분은 초월하시지만 우리 가운데 거하신다. 상한 마음은 자신의 죄를 깊이 느끼면서 하나님의 긍휼을 구하는 것이다. 이것이 인간이 제물을 잡아 드리는 제사의 완성이며 곧 하나님의 긍휼을 구하는 것이다. 따라서 제사의 완성은 제사 제도를 지키는 것이 아니라 긍휼을 구하는 것이다. 하나님이 택한 다윗을 통해서 증거된 것이 바로 이것이다.

다윗 언약은 인간의 노력과 정성과 열심에 의한 제사는 하나님께서 거절하신다는 것을 알려준다. 하나님이 구하시는 참된 제사는 구원과 축복을 받기 위해 하나님을 찾고 구하는 것이 아니라 기뻐하시는 백성을 버리지 아니하시는 하나님의 긍휼을 바라보며 상한 마음으로, 감사함으로 하나님을 찾는 것이다. 이런 의미에서 '다윗 언약은 모세 언약의 완성'으로 나타난다.

자신의 죄를 알고 하나님이 원하시는 제사가 상한 심령임을 깨달은 다윗은 늘 하나님의 은혜만을 바랐다. 그는 은혜 없이는 살 수 없다는 것을 알았기 때문이다. 앞으로 다윗이 어떤 마음으로 백성을 다스릴지 짐작할 수 있다. 그는 백성들에게 하나님의 은혜와 긍휼을 보여주고 그들의 죄를 알고 용서하시는 하나님의 은혜를 구하는 자로서 나아와야 한다. 이것이 진정한 '다윗의 왕국'이다. 그리고 이 왕국은 그리스도의 오심으로 말미암아 최종적으로 이루어진다. 즉 다윗의 후손인 예수님이 우리 왕으로 오셔서 하나님의 은혜와 긍휼을 베푸시는 참된 왕이 되실 것을 우리에게 미리 보여주신 것이다. 이것이 다윗 언약이다.

하나님의 왕 되심은 모세 언약에서는 자기희생으로 증거되었고, 다윗 언약에서는 긍휼과 용서의 은혜로 입증되었다. 긍휼과 용서의 은혜를 베푸신 분이 참된 왕이시며 그러한 사실은 그리스도의 십자가로 확증이 된다. 그러므로 세상에서 자신의 존재를 확대할 목적으로 영웅적인 왕을 세우고 자신을 거기에 의지하려는 자는 하나님이 왕 되심, 즉 주가 되심을 거부하는 것이다. 진정으로 참된 복은 십자가에 못 박히신 그리스도를 우리의 참된 주님, 만왕의 왕으로 환영하고 영접할 때 오는 복이다. 그리고 다윗이 하나님의 언약을 통해 받은 복에 대하여 '불법의 사함을 받고 죄가 가리어짐'에 대한 하나님의 은혜와 긍휼을 고백하는 장면이 나온다.

"허물의 사함을 받고 자신의 죄가 가려진 자는 복이 있도다. 마음에 간사함이 없고 여호와께 정죄를 당하지 아니하는 자는 복이 있도다. 내가 입을 열지 아니할 때에 종일 신음하므로 내 뼈가 쇠하였도다. 주의 손이 주야로 나를 누르시오니 내 진액이 빠져서 여름 가뭄에 마름같이 되었나이다. (셀라) 내가 이르기를 내 허물을 여호와께 자복하리라 하고 주께 내 죄를 아뢰고 내 죄악을 숨기지 아니하였더니 곧 주께서 내 죄악을 사하셨나이다"(시 32:1-5).

"일한 것이 없이 하나님께 의로 여기심을 받는 사람의 복에 대하여 다윗이 말한 바 불법이 사함을 받고 죄가 가리어짐을 받는 사람들은 복이 있고 주께서 그 죄를 인정하지 아니하실 사람은 복이 있도다 함과 같으니라"(롬 4:6-8).

사도 바울은 시편 32편에서 다윗이 증언한 것을 인용하여 다윗이 어떤 복을 받았는지 전한다. 그러면서 다윗이 받은 복을 아브라함이 받은 복과 연결하여 다음과 같이 증언하고 있다.

"그런즉 육신으로 우리 조상인 아브라함이 무엇을 얻었다 하리 요. 만일 아브라함이 행위로써 의롭다 하심을 받았으면 자랑할 것이 있으려니와 하나님 앞에서는 없느니라. 성경이 무엇을 말 하느냐 아브라함이 하나님을 믿으매 그것이 그에게 의로 여겨진 바 되었느니라. 일하는 자에게는 그 삯이 은혜로 여겨지지 아니 하고 보수로 여겨지거니와 일을 아니할지라도 경건하지 아니한 자를 의롭다 하시는 이를 믿는 자에게는 그의 믿음을 의로 여기 시나니"(롬 4:1-5).

세상에서는 숫자가 곧 성공이며 자기 업적이다. 그러나 하나님 앞에서는 한 영혼이 천하보다 소중하다. 다윗의 과시욕으로 인하여 하나님의 진노를 촉발하는 사건이 사무엘하 23장에서 24장까지 나 온다. 다윗이 인구조사에 대해 마음에 걸려 하나님께 회개하자 하나 님께서는 갓 선지자를 통해 이를 날카롭게 처벌하신다.

이로 인해 이스라엘 백성 7만 명이 죽는 무서운 결과를 초래하게 된다. 다윗이 다시 한번 하나님께 회개하자 갓 선지자를 통해 다윗에 게 용서를 위한 제사를 명하신다. 다윗이 하나님께 번제와 화목제를 드린 아라우나의 타작마당을 다윗 시대 천 년 전 아브라함이 그의 아 들 이삭을 제물로 드리려 했던 모리아산이다. 이 지역은 예루살렘 성 밖 북쪽에 있는데 이후 솔로몬이 이곳에 성전을 건축하게 된다.

다윗은 아라우나 타작 마당에서 번제와 화목제를 드림으로 하나님께 용서를 받았다. 다윗이 하나님께 번제와 화목제를 드린 아나우라의 타작마당은 역대상에 오르난의 타작마당이라고도 기록되어 있다.

"솔로몬이 예루살렘 모리아산에 여호와의 전 건축하기를 시작하니 그곳은 전에 여호와께서 그의 아버지 다윗에게 나타나신 곳이요 여부스 사람 오르난의 타작 마당에 다윗이 정한 곳이라"(대하 3:1).

하나님의 전쟁은 숫자에 있지 않다는 것을 다윗은 이미 알고 있었다. 그런데 다윗은 말년에 마음이 교만해져 이스라엘 백성들을 계수하고자 하는 유혹에 빠졌던 것이다.

다윗이 받은 언약은 예수 그리스도를 믿음으로 일한 것도 없이, 즉 인간의 행함이 없이 자기의 불법이 사함을 받고 죄가 가려짐을 받는 것이 복이라고 말씀하고 있다. 그는 어린 나이에 하나님의 기름 부음을 받아 왕이 되어 전쟁에서 승리하면서 백성의 존경을 받았지만 왕의 자리에서 범한 간음과 살인이라는 인간의 죄를 적나라하게 드러냈다. 그러므로 참된 복은 예수 그리스도를 믿음으로 말미암아 모든 죄가 사함을 받는 것이다. 이것이 아브라함이 받은 복이며 다윗이 받은 복으로서 오늘날 성도들이 받는 복이다.

>>> 다윗 언약 요약

▶ 다윗 언약의 특징

다윗 언약은 이전 언약과 연속성을 갖고 있다. 원래 아담에게 주어진 세상의 다스림은 다윗 혈통의 왕을 통해 실현될 것이다. 아브라함에게 주어진 후손, 땅, 복의 약속은 다윗 혈통의 통치자를 통해 확보될 것이다. 또한 모세 언약에 약속된 복은 신실한 다윗왕 아래서 무르익을 것이나 그들이 여호와를 떠나면 저주가 임할 것이다. 유다의 왕들 중 일부는 경건했지만 결국 언약의 저주가 백성과 그들의 왕에게 임했는데 여호와에 대한 왕들의 변절이 결정적인 역할을 했다.

다윗 언약에는 조건적 요소와 무조건적 요소가 모두 있다. 이 언약은 조건적이므로 여호와를 떠난 왕들은 심판받았고 포로기 후에는 더 이상 다윗 혈통의 왕들이 왕좌에 앉는 것을 볼 수 없다. 이러한 조건적 요소에도 다윗 언약은 궁극적으로 무조건적이다. 하나님은 다윗 혈통의 왕이 왕좌에 오를 것을 보장하셨고, 이 약속은 선지자들에 의해 재확인되었다. 그런데도 언약의 약속은 최종적으로 순종하는 왕에 의해 성취될 것이며 신약은 이 왕이 예수 그리스도라고 말하고 있다. 이미 언약을 성취하신 예수님은 다윗의 자손으로서 지금 하나님 우편에서 통치하고 계시며 다시 오실 것이다.

창조 계시로 예언된 약속(창 3:15)의 축복은 아브라함, 모세, 다윗의 언약으로 부분적인 성취의 과정을 거쳐 이루어진다. 이제 이 상황을 다윗 언약에서 설명해 보고자 한다. 다윗 언약에서 사울은 이스라엘의 첫 번째 왕으로 임명되었지만 여호와를 신뢰하지 않고 의지하지 않았기 때문에 버림받았다. 첫째, 사울의 문제는 아말렉 진멸의 사명을 받은 후 아각 왕을 살려두고 좋은 짐승은 남겨두고 여호와께서 명하신 모든 것을 이루지 못한 것이다(삼상 15장). 둘째, 블레셋과의 전쟁 전에 그는 주술사와 의논하여 미래를 분별했다(삼상 28장). 그래서 그들은 하나님께 순종하기를 거부했다. 한편 다윗은 사무엘에 의해 왕으로 기름 부음을 받은 후(삼상 16장) 여호와를 신뢰하고 순종하는 면에서 두드러졌다. 다윗이 골리앗과 싸우든지 블레셋 사람들과 싸우든 사울에게서 도망치든 그는 하나님에 대한 확신을 나타낸다. 그리하여 여호와께서는 겸손한 다윗을 높이시고 교만한 사울을 부끄럽게 하셨다(삼상 2:10). 여호와께서 다윗을 구원하신 이유는 다윗이 여호와의 도를 지켜 하나님을 떠나지 아니하였기 때문이다(삼하 22:22). 다윗 언약의 배경과 언약의 확립은 사무엘하 7장과 역대상 17장에 제시되어 있다. 하지만 다윗은 여호와를 위해 맘만 먹으면 무엇이든 할 수 있다고 생각하는 것을 조심해야 했다. 마치 하나님이 성전을 위해 다윗을 의지하신 것처럼 말이다. 여기서 주목할 만한 특징은 여호와께서 다윗에게 집을 세우겠다고 약속하신 것이다. 다윗은 여호와를 위해 집을 짓고 싶었지만 여호와께서는 다윗을 위해 집을 짓겠다고 하셨다. 다윗은 여호와를 위한 성전을 짓고 싶었지만 여호와께서는 다윗에게 영원한 집, 즉 영원한 왕조를 약속하셨다. 여호와께서는 다윗 왕국을 영원히 세우겠다고 약속하셨다(삼하 7:13). 이는 여호와께서 다윗의 집에서 그의 신실한 사랑을 결코 거두지 않으실 것임을 의미한다(삼하 7:15). 다윗은 다음과 같은 약속을 받았다.

> "네 집과 네 나라가 내 앞에서 영원히 보전되고 네 왕위가 영원히 견고하리라 하셨다 하라"(삼하 7:16).

위의 언약을 뒷받침하는 말씀이 여러 곳에서 나타난다. 창세기에는 아브라함의 후손이 왕이 될 것이라는 암시가 줄곧 있었지만 하나님은 아브라함에게 "왕들이 네게로부터 나오리라"(창 17:6)고 약속하셨고, 이 약속은 야곱을 통해서도 확증되었다. "왕들이 네 허리에서 나오리라"(창 35:11). 우리는 또한 이스라엘 지도자가 유다에게서 나올 것임을 알 수 있다(창 49:10).

> "규가 유다를 떠나지 아니하며 통치자의 지팡이가 그 발 사이에서 떠나지 아니하기를 실로가 오시기까지 이르리니 그에게 모든 백성이 복종하리로다"(창 49:10).

여기서 특이한 점은 유다에서 나온 한 지도자의 순종이 다른 민족들을 포함한다는 사실이다. 우리는 아브라함에게 약속된 모든 민족의 축복이 한 왕을 통해 올 것이라는 암시를 볼 수 있다. 우리는 야곱에게서 나온 한 왕이 하나님의 원수를 멸하고 통치할 것을 본다(민 24:17-19). 이렇게 왕에 대한 약속은 다윗과 그의 왕조의 등장으로 성취된다. 시편 89편과 132편에서 우리는 하나님께서 다윗과 언약을 맺으셨다는 것을 구체적으로 알 수 있다.

> "그를 위하여 나의 인자함을 영원히 지키고 그와 맺은 나의 언약을 굳게 세우며 또 그의 후손을 영구하게 하여 그의 왕위를 하늘의 날과 같게 하리로다"(시 89:28-29).

한편 시편 89편에서 시편 기자를 힘들게 하는 것은 다윗에게 하신 약속(언약)이 빠진 것 같고(시 89:39-51), 이러한 상황은 다윗 언약의 영속성에 맞지 않다는 것이다(시 89:4). 시편 기자는 언약에 명확한 조건이 있음을 인정한다.

> "만일 그의 자손이 내 법을 버리며 내 규례대로 행하지 아니하며 내 율례를 깨뜨리며 내 계명을 지키지 아니하면 내가 회초리로 그들의 죄를 다스리며 채찍으로 그들의 죄악을 벌하리로다"(시 89:30-32).

> "네 자손이 내 언약과 그들에게 교훈하는 내 증거를 지킬진대 그들의 후손도 영원히 네 왕위에 앉으리라 하셨도다"(시 132:12).

언약의 조건 항목을 어기는 왕은 모세 언약과 같이 축복받지 못한다. 그러나 궁극적으로 언약은 무조건적이다. 언약의 조건들을 지적한 후 시편 89편이 선언하듯이 언약은 무조건적이고 취소할 수 없다고 말씀한다.

> "그러나 나의 인자함을 그에게서 다 거두지는 아니하며 나의 성실함도 폐하지 아니하며 내 언약을 깨뜨리지 아니하고 내 입술에서 낸 것은 변하지 아니하리로다. 내가 나의 거룩함으로 한 번 맹세하였은즉 다윗에게 거짓말을 하지 아니할 것이라. 그의 후손이 장구하고 그의 왕위는 해같이 내 앞에 항상 있으며 또 궁창의 확실한

증인인 달같이 영원히 견고하게 되리라 하셨도다 (셀라)" (시 89:33-37).

하나님을 배반하는 왕들은 징벌받지만 다윗이 보좌에 앉을 아들을 가질 것이라는 하나님의 약속은 취소되지 않는다. 또한 다윗 언약에도 조건과 조항이 있다. 이것은 다음 구절에서 분명히 볼 수 있다. 이러한 긴장이 어떻게 이를 해결할 실마리를 가질 수 있을까? 하나님은 분명히 그의 언약을 성취하실 것이지만 성취는 오직 순종하는 왕과 함께 이루어질 것이라고 한다. 이스라엘이 불순종하여 포로로 잡혀간 후에도 미래의 왕에 대한 희망은 버리지 않았다.

열왕기에서 우리는 왕과 나라가 같은 운명을 공유하고 있음을 볼 수 있다. 즉 왕이 순종하면 나라가 흥하고 왕이 범죄하면 나라가 기운다. 포로 생활과 정치적 권력의 상실 등으로 언약의 조건에 불순종하는 왕들에 의해 방해받지만 그렇다고 해도 그것이 약속이 철회되었음을 말하는 것은 아니다. 다윗 언약과 모세 언약의 연관성을 살펴보면 왕들은 언약 규정을 어긴 죄로 심판받았다. 그런데도 언약은 궁극적으로 순종하는 아들 예수 그리스도를 통해 성취될 것이다. 언약의 조건적 요소와 무조건적 요소는 그의 인격 안에 해결되는 것이다.

"나는 그에게 아버지가 되고 그는 내게 아들이 되리니 그가 만일 죄를 범하면 내가 사람의 매와 인생의 채찍으로 징계하려니와" (삼하 7:14).

이 본문은 다윗을 계승할 솔로몬을 가리킨다. 왕조는 다윗의 집에서 철회되지 않을 것이며 언약은 결국 성취된다. 그러나 죄를 짓는 개별적인 왕은 복을 받지 못한다. 만일 그들이 하나님의 계명에서 벗어나면 책망받고 징계받으며 심지어 제거될 것이다. 이것은 아브라함 언약에서도 마찬가지였고, 모세 언약에서도 누구든지 계명을 어기면 심판과 저주를 받는다. 언약은 결국 성취되지만 불순종한 자들은 언약의 축복을 받지 못하는 것을 보았다. 언약의 약속과 복은 오직 여호와께 순종하는 자에게만 이루어진다. 우리는 다윗이 아담, 이스라엘, 아브라함의 참 후손임을 안다. 창세기 3장 15절의 약속은 결국 다윗의 후손 중 한 사람을 통해 성취될 것이다.

다윗 언약은 하나님께서 인간의 노력, 정성, 열심에 기초한 제사를 거부하신다는 것을 말해준다. 하나님께서 원하시는 참된 제사는 구원과 축복을 받기 위해 하나님을 찾고 구하는 것이 아니라, 하나님의 긍휼과 용서를 바라보며 회개하는 상한 마음과 그에 대한 긍휼과 사랑을 베푸시는 주님으로 말미암아 감사함으로 하나님을 찾는 것이다. 결국 '다윗 언약은 모세 언약의 완성'으로서 모세 언약이 붕괴하면서 대체하는 언약으로 나타난 것이다. 제사 제도를 지키는 것이 제사의 완성이 아니라 긍휼을 구하는 것이 제사의 완성인 것이다.

▶ 새 언약과 다윗 언약의 관계

다윗 언약은 새 언약으로 성취된다. 사탄을 이길 여자의 후손에 대한 약속(창 3:15)은 아브라함의 후손이며, 이스라엘은 하나님의 아들로서(출 4:22-23) 하나님의 제사장과 왕의 역할을 한다(출 19:6). 이 약속은 다윗왕이 하나님의 진정한 아들이 되는 것으로 더 좁혀졌다(삼하 7:14, 시 2:7, 사 9:6). 아브라함 언약에서부터 우리는 왕들이 아브라함에게서 나올 것이라는 약속을 보았다. 제사장직에 대한 약속은 변하지 않는다. 이는 다윗 혈통의 상속자가 멜기세덱의 반열에서 주님이시자 영원한 제사장이 되실 것이기 때문이다(시 110:1,4). 이 모든 약속은 예수 그리스도 안에서 다시 성취되었다. 예수 그리스도는 다윗의 참된 자손이시며 제사장이시며 왕이시며 만유의 주가 되신다. 하나님 우편에 계신 다윗의 자손 예수 그리스도는 주와 그리스도가 되어 새 하늘과 새 땅에서 통치하신다(행 2:32-36). 그리고 예수 그리스도는 새 창조 세계를 영원히 다스리신다.

다윗 언약은 새 언약 예수 안에서 성취되었음을 선포한다. 예수님은 기름 부음받은 자, 곧 그리스도시다. 마태복음과 마가복음에서는 예수가 누구인가를 소개하고 있으며, 공관복음서는 전반에 걸쳐 예수가 그리스도라는 중요성이 강조되고 있는데, 이때 예수께서 제자들에게 자신의 정체를 물으실 때 베드로가 '주는 그리스도'라고 고백하는 장면이 나온다(마 16:13-16, 막 14:61-64, 눅 22:67-71). 요한복음에도 같은 내용이 기록되어 있다(요 20:30-31). 이런 식으로 복음서 저자들은 모두 예수께서 다윗과 맺은 언약을 이루셨다고 믿었다. 다윗 언약은 순종하는 왕이신 예수님을 통해 성취되었다. 그러므로 예수는 완전한 아담이요, 참 이스라엘이요, 참 아브라함의 자손이요, 참 다윗이시다.

다윗 언약에서 무조건적 요소와 조건적 요소 간의 갈등은 예수 그리스도 안에서 해결되고 실현된다. 언약의 무조건적 성취는 하나님에 의해 성취되었고, 언약의 조건적 요구는 인간들은 실패하였으나 예수님의 순종으로 성취되었다.

이제 예수님은 이스라엘과 온 세상을 위한 그리스도로 알려졌다(행 2:36). 다윗에게 하신 약속(언약)은 성취되었고, 다윗의 후손이시며 그리스도이신 예수님은 이제 하나님 우편에서 온 세상을 다스리신다. 예수님은 시편 110편을 이루시면서 하나님 우편에 앉으셨다.

> "바리새인들이 모였을 때에 예수께서 그들에게 물으시되 너희는 그리스도에 대하여 어떻게 생각하느냐 누구의 자손이냐 대답하되 다윗의 자손이니이다. 이르시되 그러면 다윗이 성령에 감동되어 어찌 그리스도를 주라 칭하여 말하되 주께서 내 주께 이르시되 내가 네 원수를 네 발 아래에 둘 때까지 내 우편에 앉아 있으라 하셨도다 하였느냐. 다윗이 그리스도를 주라 칭하였은즉 어찌 그의 자손이 되겠느냐 하시니 한 마디도 능히 대답하는 자가 없고 그날부터 감히 그에게 묻는 자도 없더라"(마 22:41-46).

히브리서 기자는 예수님께서 시편 110편을 이루시고 하나님 우편에 앉아 계시며 우주를 다스리는 제사장 겸 왕으로 통치하신다고 말한다. 예수님은 하나님께서 모든 원수를 그의 발아래 두실 때까지 다윗 후손의 왕으로 통치하시며(고전 15:25-26, 계 11:15-19), 다윗왕의 후손으로 만주의 주님으로 보좌에 오르신다. 새 창조가 일어나고(계 21:1-22:5), 그곳에서 하나님과 어린 양이 영원히 다스리신다.

예수님은 유대 지파의 사자, 다윗의 뿌리로서 승리자시다(계 5:5-6). 즉 창세기 3장 15절에서 여자의 후손이 아브라함의 후손으로, 그리고 다윗의 아들에게 약속된 세상 통치가 예수 그리스도 안에서 성취되었다. 그는 죽임을 당한 어린 양으로서 다스리는 사자이다. 그리스도로서의 권위는 사탄을 하늘에서 쫓아내는 데서(계 12:10) 드러나며, 성도들의 통치에서(계 20:4-6) 나타난다. 주와 그리스도는 세세토록 왕 노릇 하시는 만유의 왕이시요 만주의 주시요 영원히 다스리시는 자이시다(계 11:15).

요약하면 다윗 언약은 새 언약으로 성취된다. 새 언약의 약속은 새로운 다윗이 오리라는 약속의 맥락에서 발견된다. 언약들에는 약속이 실현되어 가는 흐름이 있다. 아담은 하나님의 아들이자 제사장이자 왕이다. 사탄을 이기는 후손의 약속(창 3:15)은 아브라함 언약에서 아브라함의 후손을 통한 왕들이 나온다고 했다. 아브라함의 후손인 이스라엘은 하나님의 아들이며(출 4:22-23), 하나님의 제사장이자 왕의 역할을 한다(출 19:6). 이 약속은 다윗 후손의 왕이 하나님의 참된 아들이 된다는 것이다(삼하 7:14, 시 2:7, 사 9:6). 제사장 직분의 약속은 다윗 혈통의 상속자가 멜기세덱의 반열에서 나오실 영원한 주님이시자 영원한 제사장이 되셨다(시 110:4).

이 모든 약속은 예수 그리스도 안에서 성취되었다. 예수 그리스도는 다윗의 진정한 자손이며 제사장 겸 왕이시며 세상의 주인이시다. 다윗 언약의 예언은 새 언약에서 완전히 이루어졌다. 곧 예수님에 의해서 다 이루어졌다. 신약시대의 예언 완성은 시간상에서 성취를 말하는 것이 아니고 또한 인간에 의해 추가적으로 달성되어야 구원이 완성되는 것도 아니다. 예수 그리스도 안에서 '이미' 다 이루어진 것이다.

그리스도에 의해
성취되는 새 언약

▶ 새 언약 배경

        하나님이 세우신 언약은 인간의 어떤 불의와 행위에도 취소되지 않고 반드시 성취된다. 따라서 하나님의 언약 외의 방식으로 이루어지는 구원은 없으며, 언약 성취에 인간의 어떤 행위도 개입될 수 없다. 노아 언약, 아브라함 언약, 모세 언약, 다윗 언약 등 구약의 언약은 모두 새 언약의 예표이다. 예표는 주어진 시간에 의무를 수행하는 사건, 인물, 제도들이 그 당대의 직임을 다 수행하여 그 언약들이 새 언약 속으로 이끌려 흡수통합 되고 예수 그리스도 안에서 통일되어 그 완성을 보게 한다. 그러므로 새 언약은 예수님과 그의 사역을 가리킨다. 그리스도께서 체결하신 언약이 참 언약이요 실제 언약이며 새 언약이다. 새 언약은 타락 이전의 창조를 새 창조로 나타내기 위하여 세우신 것이다. 신약이 알고 말씀하는 유일한 언약은 예수 그리스도와 그의 제자들 사이에 맺은 새 언약이다(눅 22:20). 히브리서는 이 언약을 새 언약이라고 한다(히 8:13, 9:15, 12:24).

▶ 새 언약 내용

언약에는 옛 언약이 있고 새 언약이 있다. 구약에도 새 언약이 등장한다. 새 언약은 모든 언약의 마침이며 성취라고 하는 점에서 다른 언약들보다 현저히 중요한 의미가 있다. 그러나 새 언약은 구약의 옛 언약과 전혀 다른 성격의 언약이 아니고 옛 언약과 그 본질을 같이 하고 있다. 그러므로 옛 언약과 새 언약의 차이는 점진적인 계시의 특성으로 인한 것이지 본질상 같은 언약이다. 그러나 옛 언약과 새 언약은 언약의 본질은 같지만 언약의 실행 방식은 전혀 다르다. 본질(내용, 약속)에서는 연속성을 가지고 있으나 방식(형식, 율법)은 불연속성이 있다.

계시의 역사성 아래서(시간의 흐름 속에서) 볼 때 약속과 성취라는 언약의 통일성(연속성)이 있다. 하나님이 우리에게 주신 계시는 시간 속에서 약속이 먼저 주어지고 성취가 나중에 있는 것이며, 시간의 흐름 속에서 친히 언약을 이루신다. 사실 하나님의 약속은 곧 성취이다. 오실 그리스도에 대한 믿음과 오신 그리스도에 대한 믿음은 완전한 속죄를 가져오며, 하나님은 시간에 제한되지 않고 초월하신 분이기에 과거 또는 미래와 관계없이 약속을 믿는 믿음이 의로 여김을 받는다(롬 4:16).

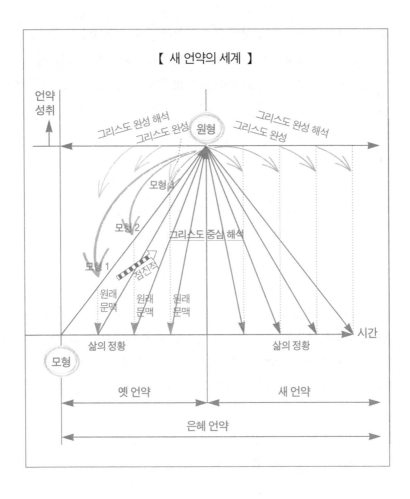

【 새 언약의 세계 】

언약 성취

그리스도 완성 해석
그리스도 완성
원형
그리스도 완성 해석
그리스도 완성

모형 3

모형 2
그리스도 중심 해석

모형 1
점진적

원래 문맥
원래 문맥
원래 문맥

삶의 정황
삶의 정황
시간

모형

옛 언약
새 언약

은혜 언약

웨스트민스터 신앙고백서(7장 5-6항)에서도 언약들은 같은 언약임을 밝히고 있으며 다만 언약을 실행하는 방식이 다르다고 말한다. 그러므로 본질에 있어서 두 가지 은혜 언약이 있는 것이 아니라 여러 세대를 막론하고 하나이며 '동일한 언약의 내용'을 갖는다. 따라서 옛 언약과 새 언약, 모두 동일한 은혜 언약으로서 통일성과 연속성을 지니고 있다. 다른 한편으로는, 시대마다 주어지는 언약 간에 차이점과 불연속성이 있다고 말하는 것은 그리스도의 구속의 완전한 성취를 인정하는 것과 관련이 있다. 히브리서에 따르면 새 언약에 비해 옛 언약은 낡아지고 없어져 가는 것이라고 말한다(히 8:13).

"율법은 장차 올 좋은 일의 그림자일 뿐이요 참 형상이 아니므로 해마다 늘 드리는 같은 제사로는 나아오는 자들을 언제나 온전하게 할 수 없느니라"(히 10:1).

새 언약은 율법과 선지서에서 예언된 말씀대로 예수 그리스도에 의해 성취되는 언약이다. 옛 언약은 모세를 통하여 율법을 주시고 율법을 지켜 행하면 구원하신다는 것이다. 하지만 이스라엘은 옛 언약에 실패했다. 율법은 장차 올 좋은 일의 그림자일 뿐 참 형상이 아니며 생명을 줄 수 없었다(갈 3:21). 옛 언약의 실패로 드러난 것은 옛 언약 자체에 문제가 있는 것이 아니고 자기 구원과 의를 위해 행하는 인간의 모든 노력과 실천이 생명의 능력이 되지 못한다는 데 있다. 하나님은 옛 언약을 주시고 인간의 실패를 통해서 인간의 무능을 알게 하신 후에 새 언약을 맺으셨다. 그러므로 새 언약에 의한 구원의 원리는 인간의 실천과 열심의 가능성을 철저히 배격하는 것으로 나타났다. 그러면 남은 것은 언약을 세우시고 성취하시는 하나님의 행하심뿐이며, 이를 위해 예수 그리스도께서 세상에 오셨다.

하나님께서는 일방적인 언약 주인공이신 예수를 언약의 최종 성취자(완성자)로 세워 예수 그리스도께서 모든 언약을 다 흡수 통합하여 언약 속에서 인간의 무능력함과 죄를 끌어안고서 인간들의 부정한 모든 것을 끊어내고 그 언약을 완전하게 이루어 내심으로 '영원한 언약'이 되도록 하셨다. 그러므로 이제 우리로서는 말씀을 실천하는 것이 아니라 세상에 오신 예수 그리스도를 믿는 것이 새 언약의 세계이다. 새 언약으로 성취된 그리스도의 십자가 사건은 만유의 변혁 사건이다. 역사의 시공간에서 벗어나 하늘 시민권이 주어진 새로운 창조 사건이다. 만유 위와 만유 안의 통일과 만물을 충만하게 하신 사건이다(마 27:51, 요 3:14, 눅 9:31).

> "그러므로 이르기를 그가 위로 올라가실 때에 사로잡혔던 자들을 사로잡으시고 사람들에게 선물을 주셨다 하였도다. 올라가셨다 하였은즉 땅 아래 낮은 곳으로 내리셨던 것이 아니면 무엇이냐. 내리셨던 그가 곧 모든 하늘 위에 오르신 자니 이는 만물을 충만하게 하려 하심이라"(엡 4:8-10).

십자가로 완성된 세계인 그리스도 안에서 하나님의 약속은 다 이루어졌다(고후 1:20). 이제 인간은 언약에 대해 아무것도 할 일이 없다. 오히려 인간은 언약을 어긴 존재일 뿐이다. 그런데도 하나님은 우리를 붙드시고 여전히 우리를 하나님의 신부로 삼으신다. 그런 사랑을 안다면 하나님의 신부가 될 자격이 없음을 고백함과 동시에 하나님의 은혜와 사랑을 고백하게 된다. 이것이 언약을 믿는 믿음이다(렘 31:32).

죄인 된 우리가 하나님의 은혜로 정결하게 하시는 이로 말미암아 거룩하게 되었다. 노아의 방주에는 정결한 짐승뿐 아니라 부정한 짐승도 들어갔다. 세상은 악하고 더러워서 물로 심판받았다. 그러나 부정한 짐승은 언약의 기능 때문에 방주에 들어갈 수 있었다. 정결한 짐승을 제물로 드려 부정한 자가 구원을 받게 된 것이다. 이것은 노아가 방주에서 나와 정결한 짐승으로 제사를 드리는 것으로 보여주었다. 이처럼 언약은 기록하신 예수 그리스도의 희생으로 말미암아 부정한 우리가 심판에서 건짐을 받고 생명에 속하게 되는 것이다.

언약 완성자, 오신 예수님을 믿는다는 것은 스스로 구원받을 수 없는 우리를 구원하신 하나님의 은혜와 사랑을 믿는 내용을 채우는 것이다. 이것은 일부 사람들이 믿음을 인간의 행위와 열심과 연관 지어 이해하려고 하는 방식과는 완전히 다르다. 그리하여 옛 언약은 이 땅에 오신 하나님의 아들 예수 그리스도로 말미암아 완전하게 되고 이루어지게 된다. 이것이 바로 새 언약, 신약의 내용이다. 어떤 이들은 우리가 새 언약만 있으면 만족하기 때문에 옛 언약을 버려야 한다고 주장한다. 그러나 '인간이 언약을 지킬 수 없다'는 것을 보여줘야 하므로 옛 언약이 꼭 있어야 한다.

하나님의 언약 아래서 드러난 이스라엘의 유일한 실상은 실패였다. 이것은 이스라엘이 망하고 포로가 되는 신세로 나타난다. 그리고 이스라엘을 포로에서 돌아오게 하시는 언약의 능력을 통하여 우리는 십자가에서 그리스도로 말미암아 이루어질 구원을 바라봄으로써 새 언약의 의미를 알 수 있다. 율법은 아브라함이 믿음으로 의롭게 된 지 430년 후에 모세를 통해 주어졌다. 선지자들은 율법을 받은 이스라엘 백성이 율법을 지킬 수 없다는 것을 알고 있었다. 인간의 행위로는 하나님께 의롭다 함을 얻을 수 없음을 율법을 통하여 알게 하려고 주신 것이다. 선지자들은 이 사실을 자기들의 능력이 아니라 오직 그리스도의 영이 오심으로 알게 되었다. 그래서 선지자들은 이제 모세 언약이 아니라 새 언약을 말하게 되었다.

"여호와의 말씀이니라. 보라. 날이 이르리니 내가 이스라엘 집과 유다 집에 새 언약을 맺으리라. 이 언약은 내가 그들의 조상들의 손을 잡고 애굽 땅에서 인도하여 내던 날에 맺은 것과 같지 아니할 것은 내가 그들의 남편이 되었어도 그들이 내 언약을 깨뜨렸음이라. 여호와의 말씀이니라. 그러나 그날 후에 내가 이스라엘 집과 맺을 언약은 이러하니 곧 내가 나의 법을 그들의 속에 두며 그들의 마음에 기록하여 나는 그들의 하나님이 되고 그들은 내 백성이 될 것이라. 여호와의 말씀이니라"(렘 31:31-33).

새 언약의 내용은 하나님의 법을 사람 속에 두는 것이다. 마지막 날에 주신 하나님의 말씀은 아들의 말씀이자 생명의 말씀이다(히 1:2, 요 2:5).

예레미야서에 나타난 새 언약의 약속은 먼저 하나님과 참다운 교제(관계, 엮임, 묶음)가 가능해짐을 보여준다. 아브라함 이후로 계속해서 하나님은 그의 백성과 자신 사이에 특별한 관계(언약 관계)가 이루어질 것이라고 말씀하셨다. 옛 언약에서는 그들이 언약을 파기함으로 하나님께서는 내 백성이 아니라고 하였으나(호 1:9) 이제는 다시 하나님이 택하신 백성이 될 것이라고 하신다. 여호와께서는 중대한 범죄를 저지른 언약 백성에게 사랑을 보이시며, 출애굽 후 광야에서 이스라엘을 거룩한 나라로 세우셨을 때와 같이 그들을 다시 찾아 새롭게 하시겠다고 하신다.

새 언약에서 함께 거하시겠다는 '임마누엘'의 약속은 구약에서 두드러진 부분이다. 구약 성막의 실물을 통해 보여주신 동행의 약속은 그리스도의 십자가 완성으로 다 이루어졌다. 그다음으로 하나님에 대한 참된 지식을 준다. 이스라엘 백성에게 여호와를 아는 것은 전혀 새로운 경험이 아니었다. 그러나 제대로 알지 못했다.

> "그들이 다시는 각기 이웃과 형제를 가리켜 이르기를 너는 여호와를 알라 하지 아니하리니 이는 작은 자로부터 큰 자까지 다 나를 알기 때문이라"(렘 31:34).

하나님 여호와께서 "이 땅에는 진실도 없고 인애도 없고 하나님을 아는 지식도 없고"(호 4:1)라며 그들을 책망하셨으니 그것은 비극이었다. 그들은 여호와 하나님을 실재적 지식에 근거하여 알지 못했다. 옛 언약에는 모세와 같은 중보자가 필요했지만 앞으로는 제사장이나 선지자와 같은 특별한 직분을 가진 중보자로 옛 언약 제도를 유지할 필요가 없다. 모든 사람이 하나님을 알게 될 것이기 때문이다. 이것은 이론적 지식을 의미하는 것이 아니라 하나님과의 내적이고 인격적인 완전한 관계를 의미한다.

새로운 상황에서 모든 사람은 하나님을 알게 될 것이며 그 지식은 직접적일 것이다. 이것은 성령 안에서만 가능하다. 여호와 하나님을 아는 지식에 대하여 에스겔에서도 "내가 여호와인 줄 네가 알게 하리니"(겔 16:62)고 했다. 이 '안다'는 뜻의 히브리어 단어 '야다'는 지적인 지식과는 전혀 다른 마음의 지식이다. 같은 맥락에서 요한일서 2장 27절의 말씀은 새 언약의 내용이 구체적으로 이루어졌음을 보여준다. "너희는 주께 받은 바 기름 부음이 너희 안에 거하나니 아무도 너희를 가르칠 필요가 없고 오직 그의 기름 부음이 모든 것을 너희에게 가르치며 또 참되고 거짓이 없으니"라고 말씀하고 있다.

이제 아무리 연약하고 비천하더라도 새 언약에 속한 모든 사람은 하나님과 개인적으로, 인격적으로 교제하는 놀라운 특권을 누리게 된 것이다. 하나님의 백성은 온전히 동화된 지식으로 하나님을 알게 되고, 영생의 지식으로 하나님을 알게 된다. 아버지와 아들은 하나이기 때문에 하나님의 자녀들은 성령에 의해 영적으로 조명받아 자신을 가장 잘 아시는 분으로 하나님을 받아들인다.

더 나아가 죄의 완전한 용서가 일어난다. "내가 그들의 악행을 사하고 다시는 그 죄를 기억하지 아니하리라"(렘 31:34). 죄의 용서에 대한 약속은 옛 언약 아래에서도 이미 존재했다. 예레미야는 옛 언약 아래서도 죄의 용서에 대하여 약속을 예표했다. 하나님께서 모세에게 자신을 계시하셨을 때 죄를 용서하시겠다고 약속하셨고, 이 동일한 약속이 옛 언약에서도 계속해서 나타나지만 새 언약에서 예수 그리스도가 언약을 완성하면서 유효하다. 원형은 예수님의 십자가의 완성인 새 언약뿐이며 그 외의 모든 언약은 모형이다.

구약 시대의 죄 사함은 제사 제도를 통해 반복적으로 죄 용서를 받아야 함을 예시했다. 그러나 예레미야 31장 34절에는 새 시대에 그러한 제사 제도가 언급되어 있지 않다. 새 시대는 죄에 대해 속죄하기 위해 새 언약 외에 다른 제도를 요구하지 않는다. 죄가 단번에 완전히 처리되는 상황이 된 것이다. 새 언약에서는 하나님이 더는 죄를 기억하지 않으실 것이기 때문에 징벌의 위협이 사라지고 이 언약은 결코 깨질 수 없다. 옛 언약의 약속을 이루지 못하게 하고 옛 언약을 무효하게 한 것은 이스라엘의 죄였다. 그 죄로 말미암아 하나님의 진노를 불러일으켰다. 그러나 새 언약에서는 죄인을 의롭다 하시는 하나님의 은혜가 시작된다.

선지자들은 죄 사함의 약속을 메시아 시대의 축복으로 여겼고 이 예언은 예수 그리스도에 의해 성취되었다. 예수님과 서기관 사이의 논쟁은 예수님이 죄 사함을 선언하셨을 때 시작되었다. 예수님은 죄 사함을 선언하셨다. 선지자들의 예언대로 죄 사함은 마지막에 예수 님께서 십자가를 지심으로 이루어졌고, 신약의 성도들은 성령으로 말미암아 죄 사함의 은혜를 받았다. 그것은 예수님의 인격과 사역 안에서 이루어진 하나님 약속의 성취이다.

새 언약은 이스라엘 속에 하나님의 법이 자리하는 것이다. 이로 써 하나님은 이스라엘의 하나님이 되고 이스라엘은 하나님의 백성이 된다. 하나님께서 이스라엘에게 두시고자 하시는 법은 '용서'이다. 이 법은 그리스도에 의해 성취되었다. 그러므로 새 언약 앞에서 우리 가 이룰 것이 없다. 우리가 이룰 수 있지만 양보한다는 의미에서 이 룰 필요가 없다는 것이 아니라 우리는 아무것도 제대로 성취하지 못 하는 무능한 존재이기 때문이다. 이것을 알기에 우리는 오직 예수님 께서 흘리신 피의 공로와 그분의 은혜에 감사할 뿐이다. 결국 예수님 의 피 흘리심과 그 용서로 말미암아 하나님의 법으로 자리한 그들이 하나님의 백성으로 인정받는다. 그러므로 새 언약 아래 있는 그리스 도인들은 언약을 이루시는 하나님으로 말미암아 구원받은 것을 알고 증거하는 것이다. 이것이 하나님께서 인간을 창조하실 때 세우신 계 획이며, 택하신 백성에게 새 영과 새 마음을 주심으로 그들의 완고한 마음을 부드럽게 하시고 하나님의 언약 성취와 용서를 증언하는 자로 살게 하시는 것이다.

이렇게 예레미야 선지자가 여호와의 말씀을 받아 전하니 그 내용이 새 언약의 예언 약속이었다. 새 언약을 주신 이유가 모세 언약과 같지 않기 때문에 새롭게 주신다고 말씀하신다. 모세 언약은 출애굽하고 세워졌다. 출애굽 때 하나님이 그들의 남편이 되셔서 그들의 손을 잡고 인도하셨으나 그들이 언약을 깨뜨렸다고 말씀하신다. 그들의 몸은 애굽에서 나왔지만 그들의 마음은 여전히 애굽에 있다. 마치 소돔과 고모라 성에서 천사의 손에 이끌려 나오다가 뒤를 돌아본 까닭에 소금 기둥이 된 '롯의 아내'와 같다. 그러므로 이스라엘 사람이나 이방인이나 그 누구도 옛 언약으로 구원을 얻을 수 없었다.

그러므로 새 언약을 맺는 것은 이스라엘 백성이 옛 언약인 모세의 율법을 전혀 지키지 못한 역사를 경험한 것이다. 이미 시내산에서 언약을 체결하고 40일도 지나지 않아 언약을 배반하고 금송아지를 섬긴 자들이다. 그들은 사사시대와 열왕시대를 지나는 약 천 년 동안에 자기들이 한 일이 언약을 깨뜨린 것뿐이었다고 증언한다.

"야곱의 집과 이스라엘의 집 모든 족속들아 여호와의 말씀을 들으라. 나 여호와가 이와 같이 말하노라. 너희 조상들이 내게서 무슨 불의함을 보았기에 나를 멀리하고 가서 헛된 것을 따라 헛되이 행하였느냐. 그들이 우리를 애굽 땅에서 인도하여 내시고 광야 곧 사막과 구덩이 땅, 건조하고 사망의 그늘진 땅, 사람이 그곳으로 다니지 아니하고 그곳에 사람이 거주하지 아니하는 땅을 우리가 통과하게 하시던 여호와께서 어디 계시냐 하고 말하지 아니하였도다. 내가 너희를 기름진 땅에 인도하여 그것의 열매와 그것의 아름다운 것을 먹게 하였거늘 너희가 이리로 들어와서는 내 땅을 더럽히고 내 기업을 역겨운 것으로 만들었으며 제사장들은 여호와께서 어디 계시냐 말하지 아니하였으며 율법을 다루는 자들은 나를 알지 못하며 관리들도 나에게 반역하며 선지자들은 바알의 이름으로 예언하고 무익한 것들을 따랐느니라. 그러므로 내가 다시 싸우고 너희 자손들과도 싸우리라. 여호와의 말씀이니라. 너희는 깃딤 섬들에 건너가 보며 게달에도 사람을 보내 이같은 일이 있었는지를 자세히 살펴보라. 어느 나라가 그들의 신들을 신 아닌 것과 바꾼 일이 있느냐. 그러나 나의 백성은 그의 영광을 무익한 것과 바꾸었도다. 너 하늘아 이 일로 말미암아 놀랄지어다. 심히 떨지어다. 두려워할지어다. 여호와의 말씀이니라. 내 백성이 두 가지 악을 행하였나니 곧 그들이 생수의 근원되는 나를 버린 것과 스스로 웅덩이를 판 것인데 그것은 그 물을 가두지 못할 터진 웅덩이들이니라"(렘 2:4-13).

이방 나라들도 그들의 신을 바꾸지 않았지만 살아계신 하나님의 언약을 받은 이스라엘 백성은 여호와를 버리고 언약을 배반했다. 그래서 온갖 우상을 숭배했다. 이것은 두 가지 악이다. 그들은 생수의 근원이신 하나님을 버리고 스스로 웅덩이를 팠다고 예레미야 선지자를 통해서 말씀하셨다. 여기에서도 우리의 근본적인 죄가 드러난다. 두 가지 악은 생수의 근원이신 하나님을 버리고 자기 생명을 구하는 일에 나선 것이다. 그래서 기독교는 인간이 스스로 구원에 이를 수 없고 오히려 악을 행하는 방향으로 가고 있음을 발견하게 한다. 구원은 인간의 자체 능력이 아니라 외부의 능력으로 오는 것이다. 그런데 오늘날 기독교는 자기 능력으로 구원받을 수 있다고 말하는 사람이 많아졌다. 생명의 근원이신 예수님을 포기하고 스스로 생명수를 만들어 채우겠다고 주장하는, 물을 담지 못할 터진 웅덩이를 만들고자 하는 모습이 오늘의 현실이다.

"여호와께로부터 예레미야에게 말씀이 임하니라. 이르시되 너는 여호와의 집 문에 서서 이 말을 선포하여 이르기를 여호와께 예배하러 이 문으로 들어가는 유다 사람들아 여호와의 말씀을 들으라. 만군의 여호와 이스라엘의 하나님께서 이와 같이 말씀하시되 너희 길과 행위를 바르게 하라. 그리하면 내가 너희로 이곳에 살게 하리라. 너희는 이것이 여호와의 성전이라, 여호와의 성전이라, 여호와의 성전이라 하는 거짓말을 믿지 말라. 너희가 만일 길과 행위를 참으로 바르게 하여 이웃들 사이에 정의를 행하며 이방인과 고아와 과부를 압제하지 아니하며 무죄한 자의 피를 이곳에서 흘리지 아니하며 다른 신들 뒤를 따라 화를 자초하지 아니하면 내가 너희를 이곳에 살게 하리니 곧 너희 조상에게 영원무궁토록 준 땅에니라. 보라. 너희가 무익한 거짓말을 의존하는도다. 너희가 도둑질하며 살인하며 간음하며 거짓 맹세하며 바알에게 분향하며 너희가 알지 못하는 다른 신들을 따르면서 내 이름으로 일컬음을 받는 이 집에 들어와서 내 앞에 서서 말하기를 우리가 구원을 얻었나이다 하느냐 이는 이 모든 가증한 일을 행하려 함이로다. 내 이름으로 일컬음을 받는 이 집이 너희 눈에는 도둑의 소굴로 보이느냐. 보라. 나 곧 내가 그것을 보았노라. 여호와의 말씀이니라"(렘 7:1-11).

예레미야 시대에 건물로 지은 성전이 있었다. 그러나 예레미야는 이 성전에서 안식일에 예배하러 오는 사람들을 가로막고 이곳이 성전이라는 거짓말을 믿지 말라고 한다. 지금은 건물로 지은 성전이 없다. 그리스도의 몸이 성전이기 때문이다. 그러나 그 당시 건물로 지어진 성전이 있었는데 그 성전이 여호와의 성전이라는 것은 거짓말이라고 했다. 성전이 도적의 소굴이 되었기 때문이다. 그래서 신약시대에도 예수님은 이런 성전에서 진노하셨다. 성전을 도둑의 소굴로 만들었다고 하시면서 이 건물을 헐라 하셨다. 그러면 사흘 만에 일으키겠다고 하셨다. 이 말씀 때문에 예수님은 고소당하기도 하지만 사실 예수님의 몸이 성전이라는 말씀이다.

"구스인이 그의 피부를, 표범이 그의 반점을 변하게 할 수 있느냐. 할 수 있을진대 악에 익숙한 너희도 선을 행할 수 있으리라"(렘 13:23).

예레미야 선지자는 옛 언약을 받은 이스라엘 백성의 실상을 드러내기 위해 새 언약을 예언했다. "할 수 있을진대 악에 익숙한 너희도 선을 행할 수 있으리라"는 것은 불가능하다는 말을 강조하는 말이다. 어떤 인간의 율법 지킴이나 의로운 행위로는 하나님의 생명에 이를 수 없음을 보이면서 새 언약을 말씀하신다. 이 새 언약은 마음에 기록이 되는 것이며 그 죄를 용서하시고 기억조차 하지 아니하신다는 것이다. 이 새 언약이 바로 예수 그리스도의 피로 세운 언약이다. 새 언약의 백성으로 살아가는 것이 참된 생명이며 복이다.

에스겔서에서는 새 언약으로 약속하신 내용이 무엇인지 살펴보고자 한다. 예레미야를 통한 새 언약의 예언은 앞서 본 바와 같이 '남 유다 멸망의 배경'이었다. 그러나 에스겔이 예언한 새 언약은 이미 바벨론 포로 상태에서 주어졌다. 이스라엘 백성은 하나님의 언약을 받았으나 지키지 못하여 나라가 멸망하고 바벨론에 포로로 잡혀가게 되었다. 이 모든 것은 '모세 언약의 내용에 이미 포함'되어 있다. 즉 여호와의 언약을 배반하면 나라가 망하고 다른 나라에 포로로 잡혀 간다고 이미 말씀하셨다.

새 언약이 주어질 때까지의 과정은 다음과 같다. 여호와 하나님 께서 친히 먼저 언약을 주시고 언약의 본질을 드러내시는 방식으로 '징벌과 함께 은혜'를 베푸신다. 모세 언약의 경우에서 보았듯이 인 간의 행위를 통해 인간의 죄를 먼저 지적하고 이후에 풍성한 은혜를 주신 언약이다. 이 말은 거꾸로 표현해도 무방하다. 먼저 주신 은혜 의 풍성함을 가르치고(소통하고) 알게 하시려고 모세 언약을 주신 것 이다. 이 말은 '아브라함 언약'의 연장 가운데서 '모세 언약'이 주어 졌기 때문이다. 그러므로 두 언약 모두 '은혜 언약'인 것이다. 또한 하나님께서 솔로몬에게 언약을 주셨고 솔로몬은 그 시대의 백성을 대표하고 아담에게 있었던 죄를 드러내는 도구로 계속 사용된다. 또 한 열왕기는 왕과 선지자의 대립으로 구성되어 있는데, 왕은 인간이 공통으로 가지고 있는 '신관이나 종교관'을 대변한다. 즉 인간의 마 음속에 있는 정치 권력과 소유욕이 여호와 하나님의 법을 이용하여 이스라엘의 남북을 다스린다는 것이다. 모두 권력 투쟁이다.

이에 비해 선지자는 이스라엘에게 '언약을 이행하라'는 하나님 의 지시를 받아 전달한다. 언약을 통해 이스라엘을 고발하는 역할을 하는 것이다. 이는 장차 오실 예수님의 모습을 미리 보여주며 고난을 통해 그 시대를 살아가게 하신다. 그 시대 왕들이 선지자의 말에 순종하면 그는 이방 나라들을 저주하는 형태로 이스라엘을 보호한다. 그러나 왕들이 선지자의 말을 듣지 아니하고 자기 나라인 줄 착각하여 자기 힘으로 지키려 하면 참된 왕이신 여호와 하나님이 자기 언약을 지키기 위하여 왕과 백성에게 진노하신다. 이때 이스라엘 민족을 둘러싼 이방 나라들은 하나님께서 친히 이스라엘 민족을 다루기 위하여 사용하시는 몽둥이가 된다.

그러므로 율법의 행위로는 반드시 저주를 받을 수밖에 없음이 이스라엘 역사를 통해 분명히 드러났다. 그래서 아브라함이 오직 믿음으로 의롭다 함을 받는 것을 먼저 보여주시고 난 다음에 모세 언약을 주신 것은 어떤 인간도 자신의 행위로는 하나님의 의에 도달할 수가 없음을 분명히 밝혀주는 조치이다.

즉 모세 언약을 받은 이스라엘 백성은 예레미야서에서 보았던 것처럼 철저하게 언약을 배반하고야 말았다. 물론 겉으로는 안식일마다 부지런히 성전에 나가 여호와께 경배하였으나 그것은 우상을 섬기는 것과 다름이 없었다. 어떻게 하면 더 많이 속이고 더 많이 얻을 수 있을지 생각하면서 제물을 바친 것이다. 이것이 성전을 도둑의 소굴로 만든 것이다. 그래서 에스겔서에서는 예루살렘 성전이 온갖 우상으로 가득 차 있음을 보여주면서 이스라엘이 언약을 배반했다고 구체적으로 고발했다.

"이스라엘 족속의 장로 중 칠십 명이 그 앞에 섰으며 사반의 아들 야아사냐도 그 가운데에 섰고 각기 손에 향로를 들었는데 향연이 구름같이 오르더라. 또 내게 이르시되 인자야 이스라엘 족속의 장로들이 각각 그 우상의 방안 어두운 가운데에서 행하는 것을 네가 보았느냐. 그들이 이르기를 여호와께서 우리를 보지 아니하시며 여호와께서 이 땅을 버리셨다 하느니라. 또 내게 이르시되 너는 다시 그들이 행하는 바 다른 큰 가증한 일을 보리라 하시더라. 그가 또 나를 데리고 여호와의 전으로 들어가는 북문에 이르시기로 보니 거기에 여인들이 앉아 담무스를 위하여 애곡하더라. 그가 또 내게 이르시되 인자야 네가 그것을 보았느냐. 너는 또 이보다 더 큰 가증한 일을 보리라 하시더라. 그가 또 나를 데리고 여호와의 성전 안뜰에 들어가시니라. 보라. 여호와의 성전 문 곧 현관과 제단 사이에서 약 스물다섯 명이 여호와의 성전을 등지고 낯을 동쪽으로 향하여 동쪽 태양에게 예배하더라"(겔 8:11-16).

새 언약이 예언된 예레미야서에는 성전이 도둑의 소굴로 변했다고 기록되어 있다. 이와 마찬가지로 에스겔서에서는 성전 안에 온갖 우상이 가득 차 있음을 드러냈다. 백성의 장로 70명이 여호와께서 이 땅을 버리셨다고 하면서 아예 우상에게 분향한다. 여인들은 담무스(태양신 무당)를 위해 애도한다. 더 큰 가증한 것은 스물다섯 사람이 여호와의 성전을 등지고 낯을 동으로 향하여 동쪽 태양에게 예배하는 것이다. 여기서 25명은 24명의 제사장과 대제사장을 의미한다. 여호와를 경배해야 할 제사장들도 태양을 숭배하고 있다.

이렇게 해서 남유다까지 망하고 바벨론에 포로로 잡혀갔다. 이 절망의 때에 하나님은 이스라엘에게 새 언약을 주시겠다고 약속하신다. 이는 옛 언약 아래서 저주받을 수밖에 없었던 이유를 이스라엘의 역사를 통해 밝히 드러내신 후 새 언약을 주시는 조치이다. 그러므로 새 언약을 주신다는 것은 옛 언약으로 왜 안 되는지의 이유를 철저히 밝히시고 새 언약의 가치를 알게 하기 위한 것이다.

"너는 또 말하기를 주 여호와의 말씀에 내가 너희를 만민 가운데에서 모으며 너희를 흩은 여러 나라 가운데에서 모아 내고 이스라엘 땅을 너희에게 주리라 하셨다 하라. 그들이 그리로 가서 그 가운데의 모든 미운 물건과 모든 가증한 것을 제거하여 버릴지라. 내가 그들에게 한마음을 주고 그 속에 새 영을 주며 그 몸에서 돌 같은 마음을 제거하고 살처럼 부드러운 마음을 주어 내 율례를 따르며 내 규례를 지켜 행하게 하리니 그들은 내 백성이 되고 나는 그들의 하나님이 되리라. 그러나 미운 것과 가증한 것을 마음으로 따르는 자는 내가 그 행위대로 그 머리에 갚으리라. 나 주 여호와의 말이니라"(겔 11:17-21).

위의 말씀은 성전이 있던 이스라엘에 마지막 남은 유다 지파 성읍인 예루살렘까지 완전히 파괴되었는데, 이제 하나님께서 각 지방에 흩어진 백성을 모아 이스라엘 땅을 주시겠다고 말씀하신다. 이렇게 하신 것은 다시 이스라엘 땅으로 돌아가서 우상을 제거하라는 것이었다. 그들이 이스라엘 땅으로 돌아가게 된 이유는 그들에게 한마음을 주시고 그 속에 새 영을 주셨기 때문이다. 새 영을 주신다는 것은 육신에서 돌 같은 마음을 제거하고 살 같은 부드러운 마음을 주셔서 주의 율례를 따르고 순종하게 하기 위한 것이다.

"나 주 여호와가 이같이 말하노라. 네가 맹세를 멸시하여 언약을 배반하였은즉 내가 네 행한 대로 네게 행하리라. 그러나 내가 너의 어렸을 때에 너와 세운 언약을 기억하고 너와 영원한 언약을 세우리라"(겔 16:59-60).

이 말씀대로 이스라엘이 언약을 배반함으로 예루살렘이 무너지고 바벨론에 포로로 잡혀가게 되었다. 그러나 하나님께서 그들을 돌아오게 하셨다고 해서 그들이 언약을 배반하지 않고 지키는 백성으로 변화되는 것은 아니다. 인간의 본성은 변하지 않기 때문이다. 하나님께서 그들을 다시 돌아오게 하신 목적은 이스라엘을 변화시켜 언약을 지키게 하려는 것이 아니라 언약을 이루실 분이 따로 계시다는 사실을 알리는 것에 있다.

이것을 보면 이스라엘을 향한 하나님의 계획이 '영원한 언약'임을 알 수 있다. 영원한 언약이란 언약에 대한 이스라엘의 태도와 상관없이 하나님께서 언약을 이루신다는 뜻이다. 언약을 이루기 위해서는 '영원한 언약'의 본질이 용서가 필수적이다. '새 언약'은 용서가 본질로 자리 잡은 것이다. 그러므로 새 언약은 완전히 다른 새 언약이 아니라 옛 언약을 주심으로써 미리 계획하신 것임을 알 수 있다.

에스겔서에서 새 언약의 내용은 새 마음을 주시는 것이다. 새 마음이란 새 영을 부어주어야 한다는 뜻이다. 하나님께서 새 언약을 주시는 이유는 에스겔 36장 전체에 잘 설명되어 있다. 에스겔 36장 1~15절을 보면 이스라엘이 망한 후에 이방 나라의 조롱거리가 된 이스라엘이 회복될 것이라고 말씀한다. 즉 이제는 이스라엘을 조롱하던 이방 나라가 심판을 받고 이스라엘은 새롭게 되는 것이다. 그러나 이스라엘 백성의 죄는 간과되지 않고 적나라하게 드러났다.

"여호와의 말씀이 또 내게 임하여 이르시되 인자야 이스라엘 족속이 그들의 고국 땅에 거주할 때에 그들의 행위로 그 땅을 더럽혔나니 나 보기에 그 행위가 월경 중에 있는 여인의 부정함과 같았느니라. 그들이 땅 위에 피를 쏟았으며 그 우상들로 말미암아 자신들을 더럽혔으므로 내가 분노를 그들 위에 쏟아 그들을 그 행위대로 심판하여 각국에 흩으며 여러 나라에 헤쳤더니 그들이 이른 바 그 여러 나라에서 내 거룩한 이름이 그들로 말미암아 더러워졌나니 곧 사람들이 그들을 가리켜 이르기를 이들은 여호와의 백성이라도 여호와의 땅에서 떠난 자라 하였음이라"(겔 36:16-20).

이스라엘 백성은 우상을 섬겨 그 땅을 더럽혔다. 언약의 땅은 죄를 범한 백성을 토해낸다. 그리하여 포로로 잡혀간 나라들에서 그들은 여호와의 거룩한 이름을 더럽혔다. 여호와 하나님은 자신의 언약에 신실하신 분이시지만 다른 나라에 멸망하고 포로로 잡혀갔다는 말을 듣는 것은 여호와의 이름을 욕되게 하는 일이었다. 여호와 하나님이 아무 능력이 없어서 그들이 포로로 잡혀간 것 같았다. 고대 근동에는 한 나라가 전쟁에서 이기면 그 나라의 신이 강하여 이겼다고 믿었기 때문에 이스라엘의 여호와 하나님은 무능한 하나님으로 여겨졌다.

그러나 그들이 이렇게 포로로 잡혀간 것은 여호와 하나님이 무능해서가 아니라 언약에 신실하셨기 때문이다. 모세 언약에서는 우상을 섬기면 다른 나라에 포로로 잡혀간다. 그러므로 포로로 잡혀가는 것도 하나님이 언약에 신실하심을 나타내는 것이다. 이방 나라의 우상은 언약과 관련된 신이 아니다. 가짜 언약을 만들어도 그 언약을 지킬 능력이 없다. 그러므로 이스라엘 백성에 대한 여호와 하나님의 심판을 통해 한편으로는 이방 나라들이 살아계신 하나님을 알 기회가 된다.

> "그러나 이스라엘 족속이 들어간 그 여러 나라에서 더럽힌 내 거룩한 이름을 내가 아꼈노라. 그러므로 너는 이스라엘 족속에게 이르기를 주 여호와께서 이같이 말씀하시기를 이스라엘 족속아 내가 이렇게 행함은 너희를 위함이 아니요 너희가 들어간 그 여러 나라에서 더럽힌 나의 거룩한 이름을 위함이라. 여러 나라 가운데에서 더럽혀진 이름 곧 너희가 그들 가운데에서 더럽힌 나의 큰 이름을 내가 거룩하게 할지라. 내가 그들의 눈 앞에서 너희로 말미암아 나의 거룩함을 나타내리니 내가 여호와인 줄을 여러 나라 사람이 알리라. 주 여호와의 말씀이니라"(겔 36:21-23).

여호와 하나님을 배반하고 우상을 섬겼기 때문에 여러 나라에 포로로 잡혀갔고, 그곳에서 여호와 하나님의 거룩한 이름을 더럽힌 것은 다름 아닌 이스라엘 사람들이었다. 이제 흩어진 나라에서 멸망하여 돌아오지 못하게 놔둔다 해도 그들은 할 말이 없을 것이다. 그러나 하나님께서 그들을 다시 돌아오게 하시는 이유가 무엇인지 알아보자.

> "내가 너희를 여러 나라 가운데에서 인도하여 내고 여러 민족 가운데에서 모아 데리고 고국 땅에 들어가서 맑은 물을 너희에게 뿌려서 너희로 정결하게 하되 곧 너희 모든 더러운 것에서와 모

든 우상 숭배에서 너희를 정결하게 할 것이며 또 새 영을 너희 속에 두고 새 마음을 너희에게 주되 너희 육신에서 굳은 마음을 제거하고 부드러운 마음을 줄 것이며 또 내 영을 너희 속에 두어 너희로 내 율례를 행하게 하리니 너희가 내 규례를 지켜 행할지라. 내가 너희 조상들에게 준 땅에서 너희가 거주하면서 내 백성이 되고 나는 너희 하나님이 되리라"(겔 36:24-28).

우리가 잘 아시다시피 언약의 내용은 이스라엘 백성이 하나님의 백성이 되고 하나님이 이스라엘의 하나님이 되신다는 것이다. 그러나 이스라엘 백성은 결코 자신의 힘과 능력으로는 하나님의 백성이 될 수 없음이 옛 언약을 통해 분명히 드러났다. 그러나 이들을 새롭게 회복시켜 주시는 이유는 여호와 '자신의 이름'을 위한 것이기 때문이다. 그러므로 구원은 이스라엘을 위한 구원이 아니라 여호와의 이름을 위한 구원이다. 구원받은 자들은 이 사실을 알고 이제부터는 자신을 위한 모든 일이 하나님을 저버리는 것임을 철저히 회개하게 될 것이다.

에스겔서의 새 언약의 약속은 예레미야 31장 31~34절의 새 언약처럼 '죄의 용서'를 약속했다. 그리고 예레미야가 율법이 백성의 마음에 있어야 한다고 증거한 것처럼 에스겔의 언약에는 새 마음과 새 영이 약속되어 있었다. 위의 말씀은 선지서 중에서 매우 뛰어난 언급이다. 이것이 예레미야서에 나타난 새 언약의 약속이며, 신약에서 바울이 복음을 설명할 때 성령님을 언급하는 중요한 역할을 한다.

"그때에 너희가 너희 악한 길과 너희 좋지 못한 행위를 기억하고 너희 모든 죄악과 가증한 일로 말미암아 스스로 밉게 보리라. 주 여호와의 말씀이니라. 내가 이렇게 행함은 너희를 위함이 아닌 줄을 너희가 알리라. 이스라엘 족속아 너희 행위로 말미암아 부끄러워하고 한탄할지어다"(겔 36:31-32).

구원받은 자들은 자기 죄와 가증한 일로 인하여 자기 자신을 미워하고 부끄러워하며 자기의 행하는 일을 한탄한다. 하나님은 에스겔에게 환상 가운데 이스라엘의 모습을 보게 하심으로 이스라엘 백성에게 새 마음과 새 영을 주셔야 하는 이유를 분명히 보여주신다. 에스겔 선지자가 에스겔 37장에서 본 환상은 골짜기에 마른 뼈가 가득한 이야기이다. 여호와는 에스겔에게 이 마른 뼈들이 살겠느냐고 물으신다. 그러자 에스겔은 여호와께서 아신다고 대답할 뿐이다. 여호와의 말씀을 살펴보자.

"또 내게 이르시되 너는 이 모든 뼈에게 대언하여 이르기를 너희 마른 뼈들아 여호와의 말씀을 들을지어다. 주 여호와께서 이 뼈들에게 이같이 말씀하시기를 내가 생기를 너희에게 들어가게 하리니 너희가 살아나리라. 너희 위에 힘줄을 두고 살을 입히고 가죽으로 덮고 너희 속에 생기를 넣으리니 너희가 살아나리라. 또 내가 여호와인 줄 너희가 알리라 하셨다 하라. 이에 내가 명령을 따라 대언하니 대언할 때에 소리가 나고 움직이며 이 뼈, 저 뼈가 들어맞아 뼈들이 서로 연결되더라. 내가 또 보니 그 뼈에 힘줄이 생기고 살이 오르며 그 위에 가죽이 덮이나 그 속에 생기는 없더라. 또 내게 이르시되 인자야 너는 생기를 향하여 대언하라. 생기에게 대언하여 이르기를 주 여호와께서 이같이 말씀하시기를 생기야 사방에서부터 와서 이 죽음을 당한 자에게 불어서 살아나게 하라 하셨다 하라. 이에 내가 그 명령대로 대언하였더니 생기가 그들에게 들어가매 그들이 곧 살아나서 일어나 서는데 극히 큰 군대더라. 또 내게 이르시되 인자야 이 뼈들은 이스라엘 온 족속 이라. 그들이 이르기를 우리의 뼈들이 말랐고 우리의 소망이 없 어졌으니 우리는 다 멸절되었다 하느니라"(겔 37:4-11).

이것이 이스라엘의 모습이다. 마른 뼈, 소망이 전혀 없는 해골 상 태이다. 이런 이스라엘은 여호와의 말씀 능력으로만 살아난다. 왜 그 럴까?

"그러므로 너는 대언하여 그들에게 이르기를 주 여호와께서 이같 이 말씀하시기를 내 백성들아 내가 너희 무덤을 열고 너희로 거 기에서 나오게 하고 이스라엘 땅으로 들어가게 하리라. 내 백성 들아 내가 너희 무덤을 열고 너희로 거기에서 나오게 한즉 너희 는 내가 여호와인 줄을 알리라. 내가 또 내 영을 너희 속에 두어 너희가 살아나게 하고 내가 또 너희를 너희 고국 땅에 두리니 나 여호와가 이 일을 말하고 이룬 줄을 너희가 알리라. 여호와의 말 씀이니라"(겔 37:12-14).

이스라엘 백성이 해골이 되어 무덤 속에 있다는 뜻이다. 이스라 엘이 우상 숭배로 가득 차 있었기 때문이다. 그들을 바벨론으로 포로 로 끌고 갔다가 다시 돌아오게 한 이유는 그들에게 여호와가 어떤 분인지를 알리기 위함이었다. 즉 새 영을 그들에게 불어넣어 생명을 불어넣어 주고 본토에 두는 것은 "여호와께서 이 일을 미리 말씀하시고 이루셨다"라는 것을 알게 하기 위한 것이다. 그러므로 언약은 여호와께서 약속하신 것이며 여호와께서 그 약속을 신실하게 성취하시는 것이다. 그러므로 우리가 하나님을 믿을 때 우리와 언약을 맺으시고 그 언약을 신실히 이루시는 하나님을 믿는 것이다.

이제 에스겔의 예언이 궁극적으로 언제 이루어지는지를 알아보자. 이스라엘 백성이 바벨론에서 돌아오는 것은 여전히 아직 그림자로서의 일이다. 즉 실체가 아직 나타나지 않았다. 그들은 바벨론에서 돌아왔지만 새 마음과 새 영이 부어지지 않았다. 새 마음과 새 영이 부어지지 않은 상태에서 자기반성을 하게 된다. 자기들이 왜 포로로 잡혀갔는지 반성하고 율법을 바라보며 하나님께서 주신 율법을 제대로 지키지 않았기 때문이라고 생각했다. 그래서 일어난 운동이 '바리새파 운동'이었다. 율법을 지키지 않는 자리에서 자신들이 분리하여 '율법을 지키자'는 운동이 일어난 것이다. 그런데도 나라는 여전히 미약한 상태였다. 이들은 전혀 다른 방향으로 가고 만 것이다.

드디어 구약의 모든 선지자가 약속한 메시아가 오셨다. 이제 새 마음과 새 영을 부어주실 분이 오셨다. 그러나 율법의 기능을 알지 못한 채 문자 그대로 율법을 지킨 바리새인들은 참 메시아를 알아보지 못하고 메시아이신 그리스도를 가장 맹렬히 대적했다.

우리가 지금까지 언약의 흐름을 살펴보면서, 먼저 아브라함에게 일방적인 은혜 언약을 주시고 모세에게 상호 언약을 주신 이유를 살펴보았다. 모세의 율법으로는 의에 이를 수 없기에 새 언약을 약속하셨고, 옛 언약을 지키던 자들이 새 언약을 이루러 오신, 새 언약의 완성자이신 그리스도를 몰라보고 배반하였음이 드러났다. 그러므로 새 언약의 실체를 받아들이는 것은 인간 스스로 이루려는 모든 가능성이 죽는 것이다. 율법을 흠 없이 지키며 자부하는 자들의 결국이 새 언약의 완성이신 그리스도를 죽인 것이 되었다는 사실을 직면할 때 우리는 새 언약의 실체를 알게 되고 모든 언약의 완성이신 예수님을 믿고 새 언약의 백성이 되는 것이다.

요엘서의 예언의 말씀도 새 언약과 연결되어 있다. 요엘 선지자는 여호와의 두려운 심판을 함께 말씀하고 있다. 하나님의 영을 자녀와 늙은이와 젊은이, 남종과 여종에게 부어주신다고 한다.

"그 후에 내가 내 영을 만민에게 부어 주리니 너희 자녀들이 장래 일을 말할 것이며 너희 늙은이는 꿈을 꾸며 너희 젊은이는 이상을 볼 것이며 그때에 내가 또 내 영을 남종과 여종에게 부어 줄 것이며 내가 이적을 하늘과 땅에 베풀리니 곧 피와 불과 연기 기둥이라. 여호와의 크고 두려운 날이 이르기 전에 해가 어두워지고 달이 핏빛같이 변하려니와 누구든지 여호와의 이름을 부르는 자는 구원을 얻으리니 이는 나 여호와의 말대로 시온산과 예루살렘에서 피할 자가 있을 것임이요 남은 자 중에 나 여호와의 부름을 받을 자가 있을 것임이니라"(욜 2:28-32).

여기서 불과 피와 연기의 이미지는 심판을 보여준다. 따라서 하나님의 신이 부어지는 말세에 누구든지 주의 이름을 부르는 자는 구원을 얻을 것이다. 반대로 주의 이름을 부르지 아니하면 그것이 심판이 된다. 이것이 바로 장래의 일이며 꿈과 이상이라고 한다. 그런데 우리는 이 말씀을 보면서 세상 속에 놓여 있는 것들에 대한 탐심으로 장래 일과 꿈과 이상을 이야기하는 경우가 많다. 그래서 많은 사람이 자신의 꿈과 비전을 이야기한다. 그러나 하나님의 영이 부어지면 장래 일과 꿈과 이상을 보게 될 것인데 성경에서 말씀하는 이 꿈과 이상은 "하나님의 영이 부어짐으로 예수 그리스도를 증거하게 된다"라는 말씀이다.

요엘서의 성취는 사도행전 2장에 잘 나타나 있다. 사도들이 예수님께서 약속하신 성령을 받게 된다. 성령이 임하면 예수 그리스도의 증인이 되는 것이다. 그래서 복음을 전한다. 복음을 전하는데 여러 지역에서 온 사람들이 사도들의 말(히브리어)을 각자 자신들의 언어로 알아듣는다. 이때 그들이 하는 말은 '하나님의 큰일'을 듣는다고 한다(행 2:11). 하나님의 큰일이 바로 '복음'이다. 그런데 어떤 사람들은 사도들에게 성령이 임하여 복음을 증언하는 것을 보고서는 조롱하며 술에 취하였다고 한다. 이때 베드로가 이것은 술에 취한 것이 아니라 요엘 선지자의 예언 성취라고 하면서 요엘서를 인용한다. 이 말씀이 예수 그리스도를 통하여 성취되었으므로 지금 성령을 통하여 증거하는 것이다.

"베드로가 열한 사도와 함께 서서 소리를 높여 이르되 유대인들과 예루살렘에 사는 모든 사람들아 이 일을 너희로 알게 할 것이니 내 말에 귀를 기울이라 때가 제 삼 시니 너희 생각과 같이 이 사람들이 취한 것이 아니라 이는 곧 선지자 요엘을 통하여 말씀하신 것이니 일렀으되 하나님이 말씀하시기를 말세에 내가 내 영을 모든 육체에 부어 주리니 너희의 자녀들은 예언할 것이요 너희의 젊은이들은 환상을 보고 너희의 늙은이들은 꿈을 꾸리라. 그때에 내가 내 영을 내 남종과 여종들에게 부어 주리니 그들이 예언할 것이요 또 내가 위로 하늘에서는 기사를 아래로 땅에서는 징조를 베풀리니 곧 피와 불과 연기로다. 주의 크고 영화로운 날이 이르기 전에 해가 변하여 어두워지고 달이 변하여 피가 되리라. 누구든지 주의 이름을 부르는 자는 구원을 받으리라 하였느니라"(행 2:14-21).

이어서 베드로는 다윗의 시편을 인용하여 언약이 성취된 일에 대하여 성취의 실체이신 예수님을 증거한다.

"이스라엘 사람들아 이 말을 들으라. 너희도 아는 바와 같이 하나님께서 나사렛 예수로 큰 권능과 기사와 표적을 너희 가운데서 베푸사 너희 앞에서 그를 증언하셨느니라. 그가 하나님께서 정하신 뜻과 미리 아신 대로 내준 바 되었거늘 너희가 법 없는 자들의 손을 빌려 못 박아 죽였으나 하나님께서 그를 사망의 고통에서 풀어 살리셨으니 이는 그가 사망에 매여 있을 수 없었음이라. 다윗이 그를 가리켜 이르되 내가 항상 내 앞에 계신 주를 뵈었음이여 나로 요동하지 않게 하기 위하여 그가 내 우편에 계시도다. 그러므로 내 마음이 기뻐하였고 내 혀도 즐거워하였으며 육체도 희망에 거하리니 이는 내 영혼을 음부에 버리지 아니하시며 주의 거룩한 자로 썩음을 당하지 않게 하실 것임이로다. 주께서 생명의 길을 내게 보이셨으니 주 앞에서 내게 기쁨이 충만하게 하시리로다 하였으므로 형제들아 내가 조상 다윗에 대하여 담대히 말할 수 있노니 다윗이 죽어 장사되어 그 묘가 오늘까지 우리 중에 있도다. 그는 선지자라. 하나님이 이미 맹세하사 그 자손 중에서 한 사람을 그 위에 앉게 하리라 하심을 알고 미리 본 고로 그리스도의 부활을 말하되 그가 음부에 버림이 되지 않고 그의 육신이 썩음을 당하지 아니하시리라 하더니 이 예수를 하나님이 살리신지라. 우리가 다 이 일에 증인이로다. 하나님이 오른손으로 예수를 높이시매 그가 약속하신 성령을 아버지께 받아서 너희가 보고 듣는 이것을 부어 주셨느니라"(행 2:22-33).

이렇게 성령이 베드로에게 임하셨을 때 그는 선지자 요엘과 다윗이 예언한 모든 것이 '예수 그리스도'를 증거한 것임을 알게 되었다. 그러므로 그 선지자들이 예견한 것은 '예수 그리스도의 죽음과 부활'이었다. 이것이 예수님께서 하나님의 모든 언약을 이루신 증거이다. 이제 예수님은 하늘로 올라가 아버지로부터 받아 약속하신 성령을 부어주신 분이 되셨다. 그러므로 성령을 받은 사람은 하나님의 영을 모든 육체에 부어주시겠다는 요엘 선지자의 예언 말씀이 예수님으로 이루어진 줄을 안다.

"다윗은 하늘에 올라가지 못하였으나 친히 말하여 이르되 주께서 내 주에게 말씀하시기를 내가 네 원수로 네 발등상이 되게 하기까지 너는 내 우편에 앉아 있으라 하셨도다 하였으니 그런즉 이스라엘 온 집은 확실히 알지니 너희가 십자가에 못 박은 이 예수를 하나님이 주와 그리스도가 되게 하셨느니라 하니라"(행 2:34-36).

이것이 성령이 임한 자들이 증거하는 복음의 내용이다. 이 복음은 "너희가 십자가에 못 박은 이 예수를 하나님이 주와 그리스도가 되게 하셨다"라는 것을 말한다. 오늘날 이 시대에도 복음이 증거된 다는 것은 반드시 '우리가' 예수님을 십자가에 못 박아 죽인 자들과 한통속이라는 사실이 전제되어야 한다. 만약 십자가에 못 박은 데서 제외된 자라고 한다면 순간적으로 사람들을 좋게 하지만 궁극적으로 십자가와 상관없음으로 인하여 영원히 멸망하게 하는 다른 복음을 전하는 것이 될 수 있음을 주의해야 한다.

"바리새인의 서기관들이 예수께서 죄인 및 세리들과 함께 잡수시는 것을 보고 그의 제자들에게 이르되 어찌하여 세리 및 죄인들과 함께 먹는가. 예수께서 들으시고 그들에게 이르시되 건강한 자에게는 의사가 쓸 데 없고 병든 자에게라야 쓸 데 있느니라. 나는 의인을 부르러 온 것이 아니요 죄인을 부르러 왔노라 하시니라"(막 2:16-17).

성경에 나오는 모든 말씀은 지금도 엄연히 살아계셔서 성령 안에서 주님께서만 이루어 내신다. 그래서 우리가 말씀을 볼 때마다 그리스도인으로서 더욱더 사죄의 은총을 십자가의 보배로운 피를 근거로 하여 깨닫게 되는 것이다. 그리스도인 안에서 이루어지는 이런 회개의 지속은 하나님의 아들이신 주님이 이루어 내시는 하나님의 일이며 바로 이러한 주님을 온전히 증거하는 주님의 종으로서 오늘도 말씀은 성령을 통해 그리스도인에게 쉬지 않고 작용하고 있다. 따라서 이 패역한 세대에서 회개하고 예수님을 믿는 것이 하나님의 영이 임한 자의 모습이다. 우리는 하나님의 이름을 더럽혔지만 하나님은 자기 이름과 그 영광을 위하여 자기 백성을 구원하신다.

"그들이 이 말을 듣고 마음에 찔려 베드로와 다른 사도들에게 물어 이르되 형제들아 우리가 어찌할꼬 하거늘 베드로가 이르되 너희가 회개하여 각각 예수 그리스도의 이름으로 세례를 받고 죄 사함을 받으라. 그리하면 성령의 선물을 받으리니 이 약속은 너희와 너희 자녀와 모든 먼 데 사람 곧 주 우리 하나님이 얼마든지 부르시는 자들에게 하신 것이라 하고 또 여러 말로 확증하며 권하여 이르되 너희가 이 패역한 세대에서 구원을 받으라 하니 그 말을 받은 사람들은 세례를 받으매 이날에 신도의 수가 삼천이나 더하더라. 그들이 사도의 가르침을 받아 서로 교제하고 떡을 떼며 오로지 기도하기를 힘쓰니라"(행 2:37-42).

구약(옛 언약)의 모든 말씀이 새 언약을 향하여 모이는 것을 볼 수 있다. 옛 언약에 마침표를 찍고 이제는 그리스도를 통한 새 언약을 소개하는 모습을 나타낸다. 구약 성경의 마지막인 말라기에서 여호와 하나님께서 성전 문을 닫을 자가 있었으면 좋겠다고 하신다.

"만군의 여호와가 이르노라. 너희가 내 제단 위에 헛되이 불사르지 못하게 하기 위하여 너희 중에 성전 문을 닫을 자가 있었으면 좋겠도다. 내가 너희를 기뻐하지 아니하며 너희가 손으로 드리는 것을 받지도 아니하리라"(말 1:10).

성전 문이 닫혀 버리면 더는 이스라엘 백성이 여호와로부터 용서 받을 길이 없게 된다. 그런데 여호와 하나님께서 이런 말씀을 하시는 이유가 무엇인지 알아보자.

"여호와께서 이르시되 내가 너희를 사랑하였노라 하나 너희는 이르기를 주께서 어떻게 우리를 사랑하셨나이까 하는도다. 나 여호와가 말하노라. 에서는 야곱의 형이 아니냐. 그러나 내가 야곱을 사랑하였고 에서는 미워하였으며 그의 산들을 황폐하게 하였고 그의 산업을 광야의 이리들에게 넘겼느니라. 에돔은 말하기를 우리가 무너뜨림을 당하였으나 황폐된 곳을 다시 쌓으리라 하거니와 나 만군의 여호와는 이르노라. 그들은 쌓을지라도 나는 헐리라. 사람들이 그들을 일컬어 악한 지역이라 할 것이요 여호와의 영원한 진노를 받은 백성이라 할 것이며 너희는 눈으로 보고 이르기를 여호와께서는 이스라엘 지역 밖에서도 크시다 하리라"(말 1:2-5).

말라기 1장에서만 보면 크게 두 가지를 이스라엘 백성이 잘못하고 있음을 알 수 있다. 여호와 하나님께서 이스라엘을 향하여 그들을 사랑한다고 하시는데도 이스라엘 백성들은 주께서 어떻게 우리를 사랑하시는지를 알 수 없다고 하면서 항의한다. 그들이 항의한 이유는 바벨론 포로에서 돌아왔지만 여전히 나라는 연약한 상태에 있는데, 이것이 어떻게 하나님이 이스라엘을 사랑하는 모습이냐는 것이다.

하나님이 사랑하신다면 그들에게 강력한 힘을 주시고 다른 나라를 지배하고 다스려야 하지 않느냐는 말을 하는 것이다.

이때 하나님의 답변은 야곱은 사랑하고 에서는 미워하였다는 말씀이다. 야곱이 얼마나 많은 고생을 하였는지 애굽의 바로 앞에 섰을 때 자기는 험악한 나그네의 세월을 보냈다고 한다. 형과 아버지를 속이고 외삼촌 집으로 도망갔다. 외삼촌에게 속았다. 아내를 위하여 14년을 고생하고 자기 재산을 위하여 6년을 불철주야 고생한다. 얍복나루에서 천사에 의하여 환도뼈가 위골되어 평생 장애인이 되어 지팡이를 의지하여야 했다. 아들이 계모를 범한다. 딸이 강간당한다. 사랑하는 아들이 자기 아들들의 손에 의하여 노예로 팔렸다. 야곱은 요셉이 들짐승에 찢겨 죽은 줄 알았다. 왜 이런 고생을 해야만 하는 것인지를 말씀하시는바, 인간의 야망을 끊어내시고 하나님의 약속을 붙들게 하기 위한 하나님의 사랑이라는 것이다. 이런 고난을 이해하지 못하는 상황에서, 이스라엘 백성은 현 상황과 그들의 처지만을 바라보고서 하나님이 어떻게 우리를 사랑하였느냐고 지금 말라기서에서 따지고 있다.

반면에 하나님의 미움을 받은 에서는 아무런 고생이 없었다. 아브라함의 사병이 318명인데 에서는 무려 400명이다. 아브라함보다 하나님의 미움을 받은 에서가 훨씬 더 부자이다. 에서는 고생했다는 기록이 성경에 없다. 강대한 민족으로 세워짐을 보게 된다. 그런데 이것이 버림받은 자의 모습이다. 이것을 이스라엘 백성은 이해하지 못하였기 때문에 하나님께서 그들을 사랑하신다는 말씀을 도저히 믿을 수가 없었다. 그 결과 제사장들조차 하나님께 드릴 예물을 눈속임으로 드렸다.

"내 이름을 멸시하는 제사장들아 나 만군의 여호와가 너희에게 이르기를 아들은 그 아버지를, 종은 그 주인을 공경하나니 내가 아버지일진대 나를 공경함이 어디 있느냐. 내가 주인일진대 나를 두려워함이 어디 있느냐 하나 너희는 이르기를 우리가 어떻게 주의 이름을 멸시하였나이까 하는도다. 너희가 더러운 떡을 나의 제단에 드리고도 말하기를 우리가 어떻게 주를 더럽게 하였나이까 하는도다. 이는 너희가 여호와의 식탁은 경멸히 여길 것이라 말하기 때문이라. 만군의 여호와가 이르노라. 너희가 눈 먼 희생제물을 바치는 것이 어찌 악하지 아니하며 저는 것, 병든 것을 드리는 것이 어찌 악하지 아니하냐. 이제 그것을 너희 총독에게 드려 보라. 그가 너를 기뻐하겠으며 너를 받아 주겠느냐. 만군의 여호와가 이르노라. 너희는 나 하나님께 은혜를 구하면서 우리를 불쌍히 여기소서 하여 보라. 너희가 이같이 행하였으니 내가 너희 중 하나인들 받겠느냐"(말 1:6-9).

그들의 잘못은 먼저 하나님의 사랑에 대한 오해였다. 다음으로는 여호와의 이름을 멸시한 것이다. 복을 안 주시는 하나님께 무엇을 좋은 것으로 드리겠느냐고 하면서 하나님의 제단을 멸시하며 형식적으로 드리고 있었다. 이것은 하나님과 이스라엘의 관계가 깨어진 모습이다. 마치 부모와 자식 관계나 부부 관계가 진정한 사랑은 없이 형식적인 것만 남은 경우, 사실상의 관계는 깨어진 것처럼 말이다. 이러한 이스라엘의 멸시로 인하여 하나님께서는 그들에게서 더 이상 받지 않겠다고 하시면서 성전 문을 닫을 자가 있었으면 좋겠다고 하신 것이다. 그러면서 오히려 이스라엘이 아닌 이방인 가운데서 여호와의 이름이 높아질 것이라고 하신다.

"만군의 여호와가 이르노라. 해 뜨는 곳에서부터 해 지는 곳까지의 이방 민족 중에서 내 이름이 크게 될 것이라. 각처에서 내 이름을 위하여 분향하며 깨끗한 제물을 드리리니 이는 내 이름이 이방 민족 중에서 크게 될 것임이니라"(말 1:11).

"보라. 여호와의 크고 두려운 날이 이르기 전에 내가 선지자 엘리야를 너희에게 보내리니 그가 아버지의 마음을 자녀에게로 돌이키게 하고 자녀들의 마음을 그들의 아버지에게로 돌이키게 하리라. 돌이키지 아니하면 두렵건대 내가 와서 저주로 그 땅을 칠까 하노라 하시니라"(말 4:5-6).

이렇게 이방인이 주께로 돌아올 것이 구약에서 증거가 된 것이다. 이날이 이르기 전에 회개하고 주께로 돌아와야 한다는 말씀이다. 이 크고 두려운 날이 바로 메시아가 오시는 날이기 때문이다. 그래서 아버지의 마음이 자녀에게로 자녀들의 마음을 아버지께로 돌이키게 하시기 위하여 먼저 엘리야를 보낸다고 하신다. 이것은 이미 죽은 엘리야가 직접 온다는 것이 아니다. 예수님께서 세례 요한이 엘리야 심령과 능력으로 주 앞에 먼저 왔다고 하셨다(눅 1:17). 이는 구약의 선지자를 대표하는 엘리야의 역할을 하는 자가 온다는 것이다. 그가 바로 세례 요한이다. 따라서 모든 옛 언약은 세례 요한에게 향하고 있다.

"이튿날 요한이 예수께서 자기에게 나아오심을 보고 이르되 보라.

세상 죄를 지고 가는 하나님의 어린 양이로다"(요 1:29).

우리가 주께로 돌아간다는 것은 회개하고 예수님을 믿는 것이다. 율법으로 돌아가는 것이 아니라 건물 성전의 문을 닫아버리시고 자기 몸으로 성전을 만들어 내신 예수님을 믿는 것이 주께로 돌아가는 것임을 옛 언약에서 말씀하고 있다. 따라서 예수님께서 직접 "이 모든 성경이 나에 대하여 증거한다"라고 하셨다(요 5:39). 옛 언약을 통하여 예수님을 증거한 것이 바로 새 언약이 된 것이다. 오늘 우리가 모든 언약을 완성하신 예수님을 알고 믿는 것이 주께로 돌아가는 것이며 영원한 생명을 얻는 유일한 길이다.

신약에서 우리는 구약 언약의 성취를 본다. 예수님이 이 땅에 오신 이유는 하나님의 모든 약속의 말씀을 이루시기 위함이었다. 하나님의 약속은 그 아들과의 약속으로 '창세 전 협약'에 근거하고 있다. 그 약속을 이루어가는 언약들은 구약에서 모형으로 계시되었고 신약에서 성취되어 원형이 되었다. 그러므로 예수님께서 이 땅에 오셔서 하신 모든 일은 자기 뜻대로 한 것이 아니라 아버지의 뜻을 이루기 위한 것이다.

"내가 하늘에서 내려온 것은 내 뜻을 행하려 함이 아니요 나를 보내신 이의 뜻을 행하려 함이니라. 나를 보내신 이의 뜻은 내게 주신 자 중에 내가 하나도 잃어버리지 아니하고 마지막 날에 다시 살리는 이것이니라. 내 아버지의 뜻은 아들을 보고 믿는 자마다 영생을 얻는 이것이니 마지막 날에 내가 이를 다시 살리리라 하시니라"(요 6:38-40).

이처럼 예수님께서 이 땅에 오신 이유를 분명히 밝히고 있다. 아버지의 뜻을 이루기 위하여 오신 것이다. 이 말씀만이 아니라 예수님께서 오셔서 하신 모든 일은 다 성경을 이루기 위함이라고 말씀하고 있다. 심지어 가룟 유다의 배신도 시편 말씀을 인용하시면서 성경을 응하게 하는 것이라고 말씀한다(시 41:9).

"내가 너희 모두를 가리켜 말하는 것이 아니니라. 나는 내가 택한 자들이 누구인지 앎이라. 그러나 내 떡을 먹는 자가 내게 발꿈치를 들었다 한 성경을 응하게 하려는 것이니라"(요 13:18).

"그러나 이는 그들의 율법에 기록된 바 그들이 이유 없이 나를 미워하였다 한 말을 응하게 하려 함이라"(요 15:25).

예수님이 미움을 받는 것도 성경에 기록된 것이 이루어지는 것이라고 하신다. 여기서 율법은 구약 전체를 가리키지만 구체적으로는 시편의 성취이다. 이뿐 아니라 '예수님이 십자가에서 죽으심과 예수님의 속옷을 가지기 위하여 제비 뽑는 것'(시 22:18)과 '십자가에서 목마르다고 하신 것'(시 69:21)과 '십자가에서 뼈가 꺾어지지 아니한 것'(시 34:20)이 다 성경에 기록된 말씀을 그대로 응하게 하시기 위한 것이라고 말씀하셨다.

사도 바울은 비시디아 안디옥의 유대인 회당에서 설교를 통해서 구약으로 예수 그리스도를 증거하고 있다(행 13:15-41). 이렇게 바울은 구약성경을 통해 예수 그리스도를 분명히 증거했다(행 13:42-

52). 이 바울의 설교를 듣고서 나타난 청중의 반응을 다음과 같이 기록하고 있다. 그리스도를 증거할 때 하나님께서 저희에게 영생을 주시기로 작정하신 자들이 다 믿게 되었다. 반대하는 자들은 바울과 바나바를 박해하고 그들을 그 지역에서 몰아냈다. 구약 성경을 통해 예수 그리스도를 증거하는 같은 복음을 들었음에도 전혀 다른 반응을 보였다. 이것 또한 성경에 따라 성취되는 모습이다. 믿는 자는 창세 전부터 영생을 얻기로 작정된 자들이다. 그러나 배척하는 것도 성경에 기록된 대로 이루어진다.

그러므로 오늘날 복음을 전하는 일도 언약의 완성이신 예수 그리스도를 성경으로 증거해야 한다. 복음은 양들을 불러 모으는 주님의 음성으로 나타나지만 한편으로는 이리와 도둑을 쫓아내는 '이중 음성'으로 들려진다는 사실에서 더욱 분명하게 드러날 것이다. 새 언약을 누가복음에서는 예수님의 피로 표현하고 있다. 예수님의 피는 우리의 모든 죄를 사하시고, 우리가 죄 없는 자로 여기게 하시고, 우리가 알고 보는 것을 증거할 수 있도록 하나님의 거룩한 백성이 되게 하신다.

"또 떡을 가져 감사 기도하시고 떼어 그들에게 주시며 이르시되 이것은 너희를 위하여 주는 내 몸이라. 너희가 이를 행하여 나를 기념하라 하시고 저녁 먹은 후에 잔도 그와 같이하여 이르시되 이 잔은 내 피로 세우는 새 언약이니 곧 너희를 위하여 붓는 것이라"(눅 22:19-20).

마지막 시대를 사는 우리는 이러한 새 언약의 영적 생명의 복음과 아무런 상관없이 거짓 영에게 속아 황홀경에 빠져 인간 중심의 육신 감정과 주관적인 종교적 체험으로 카타르시스를 경험하면서 신앙 생활을 하고자 하는 경우가 있다. 특히 언약 없이 단지 인간의 탐욕과 종교성을 부추기는 것을 은혜인 것처럼 주의 백성을 미혹하여 멸망을 자초하는 자들이 많은 현실을 보면서 언약이 없는 거짓 복음을 경계해야 할 것이다.

새 언약의 핵심은 십자가에서 잘 드러났다. 그러나 십자가에서 다 이루었다고 하신 그 자리는 저주의 자리이다. 신명기 21장 23절에 나무에 달린 자는 하나님께 저주받은 자라고 했다. 그래서 예수님의 십자가의 죽으심은 율법을 잘 아는 유대인들에게는 진짜 걸림돌이다.

"그리스도께서 우리를 위하여 저주를 받은 바 되사 율법의 저주에서 우리를 속량하셨으니 기록된 바 나무에 달린 자마다 저주 아래에 있는 자라 하였음이라"(갈 3:13).

사실 그리스도는 우리를 구속(속량)하시기 위해 우리를 대신하여 저주받으셨다. 그러나 어떤 사람들은 예수님이 대신 십자가에서 저주받으셨기 때문에 우리가 예수님을 믿으면 이제 저주가 아닌 복을 받으며 살게 될 것이라고 말하며 '눈에 보이는 보암직한 것들'을 복이라고 제시하는 경우가 많다. 그러나 그러한 것은 그리스도인의 소망이 아니다(롬 8:24). 복은 영생의 소망이라고 분명히 말씀하고 있음(딛 1:2)에도 여전히 성경과 거리가 먼 보이는 비전을 소망으로 제시하고 있다. 성경은 인간의 힘으로 보암직한 업적을 거두는 것을

'탐심'이라고 부른다. 탐심은 우상 숭배이다. 그들은 우상을 숭배하면서 주님을 섬긴다는 착각에 빠져 있다. 그러므로 새 언약이 예수님의 피로 완성되었음을 아는 사람은 주님이 다시 오실 때까지 기억하고 전해야 할 것이 무엇인지가 분명하다.

> "내가 너희에게 전한 것은 주께 받은 것이니 곧 주 예수께서 잡히시던 밤에 떡을 가지사 축사하시고 떼어 이르시되 이것은 너희를 위하는 내 몸이니 이것을 행하여 나를 기념하라 하시고 식후에 또한 그와 같이 잔을 가지시고 이르시되 이 잔은 내 피로 세운 새 언약이니 이것을 행하여 마실 때마다 나를 기념하라 하셨으니 너희가 이 떡을 먹으며 이 잔을 마실 때마다 주의 죽으심을 그가 오실 때까지 전하는 것이니라"(고전 11:23-26).

우리가 예수님이 다시 오실 때까지 항상 기억하고 전해야 할 것은 '예수의 피로 세우신 새 언약'이다. 이 새 언약만이 하나님께서 홀로 영광받으시는 자리요, 자기 백성을 온전히 구원하시는 능력이기 때문이다. 우리는 새 언약의 복음을 증거하는 자로서 그리스도인으로 부르심을 받았다. 성경은 옛 언약의 죽이는 사역 직분도 영광스러웠다고 말한다. 살리는 새 언약의 사역 직분이 얼마나 영광스럽고 엄청난 것인지는 아무리 강조해도 지나치지 않다.

> "그가 또한 우리를 새 언약의 일꾼 되기에 만족하게 하셨으니 율법 조문으로 하지 아니하고 오직 영으로 함이니 율법 조문은 죽이는 것이요 영은 살리는 것이니라. 돌에 써서 새긴 죽게 하는 율

법 조문의 직분도 영광이 있어 이스라엘 자손들은 모세의 얼굴의 없어질 영광 때문에도 그 얼굴을 주목하지 못하였거든 하물며 영의 직분은 더욱 영광이 있지 아니하겠느냐. 정죄의 직분도 영광이 있은즉 의의 직분은 영광이 더욱 넘치리라. 영광되었던 것이 더 큰 영광으로 말미암아 이에 영광될 것이 없으나 없어질 것도 영광으로 말미암았은즉 길이 있을 것은 더욱 영광 가운데 있느니라. 우리가 이같은 소망이 있으므로 담대히 말하노니 우리는 모세가 이스라엘 자손들에게 장차 없어질 것의 결국을 주목하지 못하게 하려고 수건을 그 얼굴에 쓴 것같이 아니하노라. 그러나 그들의 마음이 완고하여 오늘까지도 구약을 읽을 때에 그 수건이 벗겨지지 아니하고 있으니 그 수건은 그리스도 안에서 없어질 것이라. 오늘까지 모세의 글을 읽을 때에 수건이 그 마음을 덮었도다. 그러나 언제든지 주께로 돌아가면 그 수건이 벗겨지리라. 주는 영이시니 주의 영이 계신 곳에는 자유가 있느니라. 우리가 다 수건을 벗은 얼굴로 거울을 보는 것같이 주의 영광을 보매 그와 같은 형상으로 변화하여 영광에서 영광에 이르니 곧 주의 영으로 말미암음이니라"(고후 3:6-18).

그러나 바울 당시에 수건이 가려졌을 뿐만 아니라 지금도 구약을 읽으면서 수건이 가려지면 주님께로 돌아갈 수 없다. 새 언약의 일꾼은 새 언약의 완성인 예수 그리스도의 십자가 피의 능력을 증거하는 자이다. 새 언약이 얼마나 좋았으면 하나님께서도 우리에게 더 좋은 약속과 더 좋은 언약으로 세웠다고 하셨겠는가? 여기서는 인간이 할 수 있는 일이 없으며, 새 언약은 자기 행함으로 율법을 지켜 살아가는 것이 하나님께서 원하는 것이 아니라, 모든 일에 무력한 자라 할지라도 자기 죄를 알고 하나님께 용서를 구하는 자로 나오는 것이 더 좋은 언약이라는 말씀이다.

"그러나 이제 그는 더 아름다운 직분을 얻으셨으니 그는 더 좋은 약속으로 세우신 더 좋은 언약의 중보자시라. 저 첫 언약이 무흠하였더라면 둘째 것을 요구할 일이 없었으려니와 그들의 잘못을 지적하여 말씀하시되 주께서 이르시되 볼지어다. 날이 이르리니 내가 이스라엘 집과 유다 집과 더불어 새 언약을 맺으리라"(히 8:6-8).

하지만 그리스도인이라고 공언하는 많은 사람 중에도 새 언약을 더 나은 언약으로 여기지 않는 자들이 있다. 십자가에 대해 말하면서도 그들은 자기에게 좋은 길을 찾아 나선다. 하나님께서 주신 좋은 것이 왜 좋은지 모른다. 그래서 자기중심으로 좋을 대로 살아간다. 복음도 자기 마음에 들어야 좋은 것으로 여기고, 참된 생명의 복음인 십자가만을 전하는 사람을 비판한다. 그러나 새 언약을 더 좋은 언약이라 하는 이유는 새 언약에만 영생이 있기 때문이다. 새 언약 밖에서는 실패와 죄가 있지만 생명이 되는 길은 전혀 없다. 그것이 새 언약 밖의 현실이다. 그러나 새 언약 안에서는 그리스도의 십자가의 피가 생명이 된다. 그래서 그리스도인에게는 오직 예수님의 피에 감사함만 있는 것이다.

"내가 그들의 불의를 긍휼히 여기고 그들의 죄를 다시 기억하지 아니하리라 하셨느니라. 새 언약이라 말씀하셨으매 첫 것은 낡아지게 하신 것이니 낡아지고 쇠하는 것은 없어져 가는 것이니라"
(히 8:12-13).

이 말씀은 새 언약의 세계를 잘 표현하고 있다. 그리스도인은 새
언약 세계 안에서 용서받은 자로 산다. 구약에서부터 언약의 모습은
더욱 구체적으로 실제화되어 궁극적으로 실체에 도달하기 때문에,
언약의 완성자이신 예수 그리스도 안에 들어온 자들은 옛것으로 돌
아가지 않는다. 새 언약의 중보자이신 예수 그리스도께서는 우리의
죄를 사하시기 위하여 십자가에 죽으시고 그 뜻대로 부르심을 받은
자에게 영원한 나라 백성으로 생명을 주셨다.

> "이로 말미암아 그는 새 언약의 중보자시니 이는 첫 언약 때에 범
> 한 죄에서 속량하려고 죽으사 부르심을 입은 자로 하여금 영원한
> 기업의 약속을 얻게 하려 하심이라"(히 9:15).

구약에서처럼 언약 중보자 한 사람의 대표사역을 통하여 언약 중
보자와 맺어진 모든 백성은 언약 중보자가 이룬 일에 참여하게 된다.
즉 모든 믿음의 자녀는 새 언약의 중보자이신 예수 그리스도께서 이
루신 구원사건에 참여하게 되는 것이다. 새 언약의 구성원은 더 이상
육적 이스라엘이 아니라 영적 이스라엘이 된다. 우리는 이스라엘이
라는 성격을 통해서 새 언약의 성취로 언약에 참여하여 영생을 누릴
자가 누구인지를 알 수 있다. 아담 언약, 노아 언약, 아브라함 언약,
모세 언약, 다윗 언약 등은 하나님과 한 인간이 맺은 언약처럼 보이
지만 본질에서는 대표성을 띤 언약이다. 언약의 당사자가 한 개인일

지라도 언약의 당사자가 언약 공동체의 대표자로서 하나님과 맺은 언약이기 때문에 언약의 효력은 자신뿐만 아니라 언약 안에 있는 전체로 확장되어 미치게 되는 것이다.

그리하여 그 언약은 당시 백성에게만 아니라 그 후손에게까지 이어져 내려오고 있다. 이스라엘 백성으로서 그는 개인이 아니다. 공동체의 구성원이다(롬 5:12-19). 이러한 사실을 보면 구약의 이스라엘이 한 사람의 행동 때문에 전체적으로 영향을 받았다는 것을 알 수 있다. 즉 언약 공동체를 대표하는 한 사람의 행동으로 말미암아 후손이 동등하게 언약에 참여하게 되고, 언약의 효력 범위 안에 속하는 일이 일어난다. 이것은 이스라엘이라는 민족이 언약 백성임을 분명히 드러내는 것이다.

그러므로 하나님께서 이 세상을 심판하고 구원하시는 기준은 이제 새 언약, 곧 그 아들의 피에 있다. 새 언약의 피의 유효 범위 안에 있는 자는 언약에 참여하는 자로서 하나님의 긍휼하심을 받고 영생으로 주의 통치를 받으며 기쁨을 누리고 영원히 주님을 즐거워하게 된다. 그러나 언약의 성취의 주인공으로 오신 예수 그리스도를 모르고 경멸하거나 그리스도의 십자가에서 흘리신 언약의 피를 하찮은 것으로 여기고 부정하게 여기거나 십자가가 성취된 사실을 증거하러 오신 성령님을 제대로 이해하지 못한다면 막대한 대가를 치르게 될 것을 경고하고 있다.

"우리가 진리를 아는 지식을 받은 후 짐짓 죄를 범한즉 다시 속죄하는 제사가 없고 오직 무서운 마음으로 심판을 기다리는 것과 대적하는 자를 태울 맹렬한 불만 있으리라. 모세의 법을 폐한 자도 두세 증인으로 말미암아 불쌍히 여김을 받지 못하고 죽었거든 하물며 하나님의 아들을 짓밟고 자기를 거룩하게 한 언약의 피를 부정한 것으로 여기고 은혜의 성령을 욕되게 하는 자가 당연히 받을 형벌은 얼마나 더 무겁겠느냐 너희는 생각하라"(히 10:26-29).

'다시 속죄하는 제사가 없고' 라는 위의 말씀을 가볍게 여겨서는 안 된다. 마태복음 12장 31절에서는 "사람에 대한 모든 죄와 모독은 사하심을 얻되 성령을 모독하는 것은 사하심을 얻지 못하겠고"라는 말씀이 있고, 요한1서 5장 16절에는 "누구든지 형제가 사망에 이르지 아니하는 죄 범하는 것을 보거든 구하라 그리하면 사망에 이르지 아니하는 범죄자들을 위하여 그에게 생명을 주시리라 사망에 이르는 죄가 있으니 이에 관하여 나는 구하라 하지 않노라"는 말씀이 있다. 이것은 은혜의 성령이 임했음에도 십자가를 거부하는 자를 향한 영원한 형벌을 말씀하신 것이다.

맹렬한 불로 죄를 소멸시키는 것은 하나님의 거룩하심을 세상에 선포하는 것이다. 더러운 것은 남겨두지 않겠다는 것이다. 오직 남은 것은 거룩하고 정결한 분으로 오신 예수 그리스도의 몸뿐이다. 우리는 모두 예수님 안에 있기에 거룩하다고 여겨진다. 이것이 곧 예수 그리스도의 의와 은혜를 믿는 그리스도인이다. 그러므로 예수님의 속죄의 은혜는 하나님의 은혜를 무가치하게 여기는 자에게는 적용되지 않는다고 한다. 십자가의 하나님 심판을 생각할 때 모든 심판을 홀로 담당하신 예수님의 은혜보다 더 귀하고 값있는 것은 없다.

우리가 믿음으로 산다는 것은 믿음이 있어서 죄를 짓지 않는다는 것이 아니라 예수 그리스도의 십자가에서 흘리신 피가 우리의 모든 죄를 정결하게 하셨음을 믿고 그 피의 은혜에 감사하며 사는 것이다. 그러나 어떤 사람들은 성령을 받고 그리스도인이 되면 죄를 이기고 죄 없는 자로 살아가야 한다고 오해한다. 그러나 성령이 오신 것은 우리가 죄를 짓지 않게 하시기 위함이 아니라 우리의 죄를 날마다 책망하시고 십자가의 피로 우리의 모든 죄를 덮으신 예수 그리스도를 바라보게 하시기 위함이다. 이것이 새 언약의 피다.

>>> 새 언약 요약

▶ 새 언약의 특징

새 언약으로 성취된 그리스도의 십자가 사건은 만유의 변혁 사건이다. 역사의 시공간에서 벗어나 하늘 시민권이 주어진 새로운 창조의 세계로 들어간 사건이다(눅 9:31, 엡 4:8-10). 십자가로 완성된 세계인 그리스도 안에서 하나님의 약속은 다 이루졌다(고후 1:20). 그리고 우리가 성령을 받음으로 이 사실을 알고 다 이루신 십자가의 증인으로 복음을 전하는 자들이 된 것이다. 새 언약의 새로운 점은 죄가 '단번에' 사해진다는 점이다. 십자가에서 모든 언약을 완성하신 새 언약의 주인공이시고 최종 성취자이신 예수 그리스도의 공로로 인하여 새로운 창조와 변혁이 일어났다. 모든 말씀을 홀로 이루셨으며, 우리 인간은 예수님께서 언약을 이루신 것에 있어 오히려 언약의 방해꾼으로서 나타난 자들이다. 즉 십자가의 원수로 예수님을 못 박은 자들이다. 그러므로 옛 언약으로 왜 안 되는지의 이유를 철저히 밝히시고 새 언약의 가치를 알도록 새 언약을 주신 것을 알게 됨에 따라 회개하는 자로 살아가게 된다.

옛 언약들로는 의에 이를 수 없기에 새 언약을 약속하셨고, 옛 언약을 지키던 자들이 새 언약을 이루러 오신, 새 언약의 완성자이신 그리스도를 몰라보고 배반하였음이 드러났다. 그러므로 새 언약의 실체를 받아들이는 것은 인간 스스로 이루려는 모든 가능성이 죽는 것이다. 율법을 다 지켰다고 자부하는 자들이 결국은 새 언약의 완성이신 그리스도를 죽였다는 사실에 직면할 때 우리는 새 언약의 실체를 알게 되고 모든 언약의 완성이신 예수님을 믿고 새 언약의 백성이 되는 것이다.

옛 언약은 인간의 본성은 변하지 않기 때문에 하나님께서 이스라엘을 변화시켜 언약을 지키게 하려는 것이 아니라 언약을 이루실 분이 따로 계시다는 것을 알리는 것이었다. 이에 새 언약의 주인공이신 예수 그리스도의 살과 피를 통하여 창조 세계가 새롭게 움직이고 있으며, 구원받은 백성을 만들어 내는 것이다. 성도들은 이러한 구원받은 자로, 언약을 성취한 영역인 그리스도 안으로 부르심을 입은 자로, 이제는 '예수 그리스도와 그의 십자가'를 증거하는 자로 살아가게 되었다.

그러므로 그리스도의 십자가만을 높이고 자랑하는 자가 새 언약 아래 사는 그리스도인이다. 예수님의 살이 십자가에서 찢기고 피 흘리셨기 때문에 '모든 언약을 이루는 곳'이므로 '십자가에서 다 이루었다'고 하신 것이다. 이처럼 하나님의 모든 일은 십자가에서 절정에 이른다. 그러므로 우리는 하나님의 말씀 자체의 활동을 담고 최종적으로 십자가만을 밝히 드러내고 십자가로 수렴되는 성경해석에 근거한 복음만이 참된 생명 복음임을 확실히 분별해야 하겠다.

▶ 새 언약과 옛 언약의 관계

새 언약의 내용인 십자가의 사건은 시공간에 얽매이거나 부족함이 없이 말씀인 언약이 성취되었기 때문에 이제 그리스도 안에서는 시대순으로 구약의 언약을 보는 방식은 의미가 없어졌다. 다 이루심 속에서는 신구약 어느 부분이라도 '완전한 십자가'가 도달되어 갔음을 알게 된다. 그래서 이제 구약을 보더라도 복음으로 다 바뀌어 보게 된다.

시간상으로 언약을 전개하다 보면 모든 옛 언약은 그 자체를 넘어 예수 그리스도의 새 언약을 향하여 나아갔다. 예레미야 31장은 옛 언약에서 파생되어 나오는 새 언약에 대해 말해주고 있다. 사실은 모든 옛 언약마저 새 언약으로 흡수 통합되어 그리스도께서 다 완성하셨다. 죄 사함을 가져다주는 새 언약은 단 한 번의 완전한 제사로 드려졌다. 하나님의 백성을 위한 죄 사함은 영원히 완성되었다(히 10:10). 그래서 구약의 모든 의식 제도는 그리스도의 사역으로 그 상징이 완성되자마자 중단(단절)되었다. 모세는 구약의 중보자적 선지자라는 점에서 그리스도의 모형이었다. 아론의 제사장직은 멜기세덱의 반열을 따라 예수의 제사장직으로 대체되었다. 다윗왕은 그리스도의 모형이었다. 그러므로 예수님의 새 언약인 십자가의 성취로 예수님은 완전한 선지자요, 완전한 제사장이요, 위대하고 영원한 왕이심이 증명되었다. 그동안 옛 언약은 새 언약을 예표하는 역할을 했다. 영원하신 예수 그리스도와 그의 십자가만이 진정한 원형이요, 참된 실체요 언약 완성 그 자체다.

그러므로 구약에서 언약의 중보자 모세 한 명의 대표 사역을 통하여 언약의 중보자와 맺어진 모든 백성이 언약의 중보자가 이루신 일에 참여하는 것과 같이, 새 언약의 중보자이신 예수 그리스도께서 이루신 구원 사건에 온 백성이 연합하여 모든 믿음의 자녀가 여기에 참여하게 된다.

새 언약의 시작 시점을 알기 위해서는 새 언약이 체결된 시점을 살펴보아야 한다. 예수님께서 배반당하신 날 밤 다락방에서였다. 떡과 포도주는 자기 몸과 피를 가리킨다고 하시면서 새 언약을 선포하셨다(눅 22:20). 그리고 이튿날 예수님은 십자가에서 피 흘리심으로 언약을 이루셨다. 그의 온전하고 완전한 단번의 희생 제사는 그리스도 안에 있는 자들을 위한 것이었다. 이 일을 성취하시고 하늘로 올라가셔서 만왕의 왕이요 만주의 주로서 보좌에 앉으셨다. 새 언약 안에서 하나님께서 선포하신 통치는 영원하다. 언약에 대한 완성은 우리 몫이 아니라 하나님의 열심으로 이루어진 것뿐이다. 주의 이름으로 오시는 분이 다 행하신 것이다. 그러므로 그리스도께서 완성하신 내용인 신약 성경을 가지고 다시 구약으로 들어가면 더는 구약은 율법이 아니고 복음으로 대체되어 이해하게 된다. 그렇게 되면 신약에 사는 우리는 신약은 물론 구약을 보고서도 예수님이 이루신 대로 "예수님을 믿습니다"라는 고백이 터져 나오게 된다. 이제는 그리스도의 완성 세계에서 예수님의 다 이루심의 내용인 십자가의 밝은 빛으로 신구약(옛 언약과 새 언약) 전체를 보아도 '다 이루심'이라는 완성(원형)으로 말씀을 보고 해석할 수 있는 길이 열린 것이다.

구약 사람은 역사의 특정 시점에서 하나님이 그들에게 얼마만큼 계시하셨든 간에 그리스도의 언약 완성의 원형이 그림자(모형)를 비추어 십자가 복음의 능력이 미쳐서, 하나님의 은혜로 약속을 의지하는 믿음으로 구원받는다. 그래서 지혜의 성령께서 오직 성경과 모든 성경을 통하여 예수 그리스도에 의해서 신구약 어디를 보더라도 말씀이 이루어진 내용대로 세상 끝날까지 우리와 항상 함께 계셔서 우리의 모든 삶을 인도하여 주실 것이다.

"때가 차매 하나님이 그 아들을 보내사 여자에게서 나게 하시고 율법 아래에 나게 하신 것은 율법 아래에 있는 자들을 속량하시고 우리로 아들의 명분을 얻게 하려 하심이라"(갈 4:4-5).

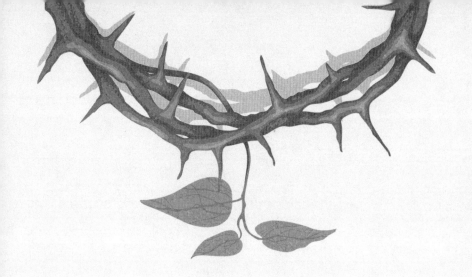

P·a·r·t·03

:
:

은혜 언약의
완성인
예수 그리스도

>>> CHAPTER · 01

십자가의 피로 이룬 완성의 세계

(1) 언약의 성취인 십자가 사건

이번 장에서는 언약과 십자가는 어떤 관계인지에 관해 살펴보고자 한다. 새 언약이라는 말씀은 예수 그리스도의 십자가 피로 세워졌으므로 이러한 의미를 담고 있는 '십자가'라고 할 수 있다. 그래서 새 언약을 통해 십자가의 의미가 분명해진다. 언약을 중심으로 성경을 본 결과 언약이 '예수 그리스도의 살과 피'로 세워지고 이루어졌음을 알 수 있다. 한마디로 예수 그리스도의 십자가이다. 세상 지혜로서는 미련하고 어리석어 보이는 이 십자가만이 하나님의 지혜이며 구원의 능력이다.

예수님이 못 박히신 십자가는 지금 우리가 말하는 십자가와 시간과 공간이 너무나 다르다. 예수님 당시에는 한두 사람이 아니라 수

십, 때로는 수백 명이 공개적으로 십자가 처형을 당했다. 로마에 반역한 이방인들이 십자가에 못 박혔다고 한다. 그러므로 우리는 예수님의 십자가를 바라보는 사람들의 반응을 보면 십자가의 의미를 이해할 수 있다. 바로 십자가는 모든 사람이 실패했다고 돌아서고 침뱉고 고개를 저으며 웃고 조롱하는 곳이다. 그 십자가에서 도대체 예수님께서는 무엇을 다 이루었다는 것인지를 알아야 언약의 완성인 십자가를 제대로 볼 수 있는 것이다.

그러므로 십자가는 언약 안에서 해석되어야만 복음이 되고, 언약 밖에서 해석되는 십자가는 인간이 구원을 위해 활용하는 도구로써 사용됨에 따라 복음의 능력이 상실되고 만다. 즉 언약을 모르고 십자가를 이야기하면 십자가는 '개인 구원용'으로 도용되는 우상의 도구가 되어버린다. 우리가 '십자가'라고 말한다고 해서 다 같은 십자가가 아니라는 점에 유의해야 한다. '언약을 통한 십자가'의 의미를 모르면 아무리 오래 교회를 다닌다 해도 많은 종교 중 하나를 갖게 될 뿐이다. 모든 종교는 인간의 가능성을 부정하지 않는다. 인간이 해탈을 이루어 낼 수 있다고 한다. 또한 신과 인간이 협력하여 원하는 것을 이룰 수 있다고도 한다.

그러나 성경이 증거하는 진리와 생명의 길은 인간의 능력으로 갈 수 없음을 분명히 보여준다. 그래서 예수님은 친히 십자가에서 달려 죽으심으로 이 언약을 다 이루겠다고 하셨다. 예수님이 십자가에 못 박히신 후에 예수님이 누구신지 알려주겠다고 하셨다(요 8:28). 이것은 사람이 예수님이 누구신지 스스로 알 수 없다는 뜻이다. 그러나 예수님이 누구신지 알지 못하면 죄 가운데서 죽으리라고 하신다(요 8:24). 그러므로 예수가 누구인지 알고 믿는 것이 영생을 얻는 것이

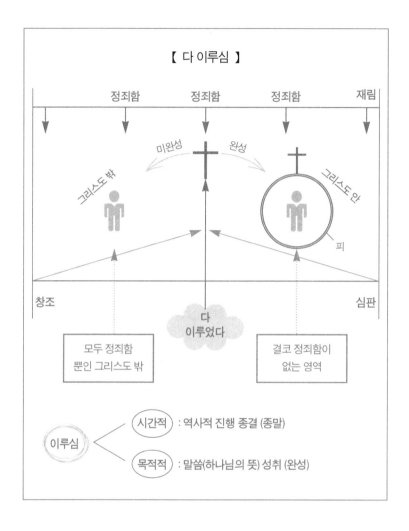

【 다 이루심 】

정죄함　　정죄함　　정죄함　　재림

미완성　　완성

그리스도 밖

그리스도 안

피

창조　　　　　　　　　　　심판

다
이루었다

모두 정죄함
뿐인 그리스도 밖

결코 정죄함이
없는 영역

이루심 ── 시간적 : 역사적 진행 종결 (종말)

　　　　 └ 목적적 : 말씀(하나님의 뜻) 성취 (완성)

다(요 17:3). 예수님이 누구인지 알고 믿는 것 자체도 십자가로 다 이루셨다고 하신 내용 속에 포함되어 있다. 결국 언약 완성의 십자가에서 믿음이 나온다. 즉 믿음의 원천은 언약의 십자가이다.

예수님은 십자가에 달리심으로 모든 사람을 인도하겠다고 말씀하셨다. 이 말씀을 하시고 자신이 어떤 죽임을 당할지 미리 알려주시고 그 일을 이루어 내셨다. 구약시대에도 하나님은 약속하시고 그 약속을 이루셨다. 예수님은 십자가를 통해 하나님의 모든 약속을 이루셨다. 십자가에서 돌아가신 예수님은 다 이루었다고 말씀하신다(요 19:30). 우리가 예수를 믿어 영원한 생명을 얻는 것이나 이 복음의 참된 지식을 아는 것이나 그리스도의 몸 안으로 인도함을 받는 것이나 다 십자가로 말미암아 이루어진 것이다. 즉 약속이 이루어진 영역인 그리스도 안에서는 항상 아멘이다(고후 1:20).

▶ 영원한 제사

구약의 희생제사는 죄인과 허물 많은 인간 제사장이 인간이 만든 불완전한 장막에서 인간의 양심에서 진 죄를 씻을 수 없는 짐승의 피로 드린 제사였기 때문에 근본적으로 연약하고 무익하고 흠이 있는 것이라는 결론이 나온다. 그래서 하나님은 사람의 죄와 허물을 완전히 용서하시고 양심의 죄악을 완전히 씻을 수 있는 참되고 영원한 희생 제사를 준비하셨는데 그것이 바로 예수 그리스도의 십자가 사건이다.

구약에서 속죄를 위한 희생제사가 이루어지려면 세 가지 근본 요건이 갖추어져야 했다. 그것은 제사를 드리는 제사장, 제사를 드리는 장소로서 성소와 지성소를 가진 장막, 그리고 피 흘려 죽을 제물이다. 그런데 히브리서 기자는 예수 그리스도가 십자가에서 피 흘려 죽으신 사건이 구약 제사의 세 가지 요소를 온전하게 성취하고 완성한 사건이었다고 가르친다.

▶ 율법의 마침

율법의 요구를 온전히 성취하시고 율법을 어긴 죄인이 받아야 하는 저주를 폐하셨다. 율법의 요구는 하나님 사랑, 이웃 사랑이었다. 만일 율법의 이러한 요구대로 살지 못하면 죄인으로 정죄되며, 죄인은 율법의 저주를 받아 멸망해야 한다. 율법은 철저하고도 완벽한 순종을 요구하며 불순종할 경우 사망의 저주를 내리도록 규정하고 있다.

율법의 요구는 대단히 엄격하다. 살인에 있어서 외면적인 살인만을 금하고 있는 것이 아니라 형제를 미워하는 것, 형제에 대해 노하는 것이나 욕하는 것 자체를 금하기 때문이다. 예수님은 산상수훈에서 율법의 본래 뜻을 설명하시면서 "옛 사람에게 말한 바 살인하지 말라. 누구든지 살인하면 심판을 받게 되리라 하였다는 것을 너희가 들었으나 나는 너희에게 이르노니 형제에게 노하는 자마다 심판을 받게 되고 형제를 대하여 라가라 하는 자는 공회에 잡혀가게 되고 미련한 놈이라 하는 자는 지옥 불에 들어가게 되리라"(마 5:21-22). 이 말씀은 마음으로 형제를 미워하고 입으로 욕하고 비난하는 것이 곧 그 형제를 죽이는 것과 같다는 뜻이다. 간음에 대해서도, 원수 사랑에 대해서도 동일하게 내면적인 것까지 드러내고 있다. 그런데 문제는 이 세상에 태어난 어느 인간도 하나님의 거룩하신 율법의 요구를 성취할 수 있는 사람은 하나도 없다는 것이다(롬 3:19,23).

결국 율법의 요구 앞에 선 모든 인간은 율법의 저주 아래에 있다. 이러한 자신의 죄와 허물로 죽어 이미 하나님의 정죄와 심판 아래 영원한 죽음을 기다리고 있는 죄인들을 대신해서 죽으시기 위해 하나님의 아들이신 예수 그리스도는 사람의 아들로 이 땅에 오셨다.

"때가 차매 하나님이 그 아들을 보내사 여자에게서 나게 하시고 율법 아래에 나게 하신 것은 율법 아래에 있는 자들을 속량하시고 우리로 아들의 명분을 얻게 하려 하심이라"(갈 4:4-5).

예수님은 율법의 모든 요구를 만족시키셨다. 십자가에 죽기까지 하나님께 복종하셨다(빌 2:8). 예수님은 받으신 고난으로 순종함을 배우기도 하셨다(히 5:8). 그리스도 안에 있는 모든 사람은 율법의 요구를 성취하신 예수님의 의를 덧입게 되었고, 그럼으로써 율법의 정죄와 저주에서 완전히 해방된 것이다.

또한 예수님은 우리가 받아야 할 율법의 정죄와 저주를 대신 받으심으로 우리를 율법의 정죄와 저주에서 완전히 해방시키셨다. "그리스도께서 우리를 위하여 저주를 받은 바 되사 율법의 저주에서 우리를 속량하셨으니 기록된 바 나무에 달린 자마다 저주 아래에 있는 자라 하였음이라"(갈 3:13). 그래서 예수님께는 정죄와 저주와 형벌과 죽음이 주어지고, 우리에게는 용서와 은혜와 구원과 생명이 주어졌다. 모든 그리스도인은 이미 예수님 안에서 예수님을 통해 율법의 요구를 완전히 성취한 자가 되었고, 예수님 안에서 율법의 정죄와 저주에서 완전히 해방된 자들이 된 것이다.

율법 완성의 세계인 십자가 복음의 진수는 십자가와 율법이 어떤 관계인가를 살펴보면 더 분명하게 알 수 있다. 하나님께서 모든 인간에게 율법을 주셨다. 유대인들에게는 직접 주셨고 이방인들에게는 자기가 자기에게 율법이 되는 방식으로 주셨다. 율법은 인간이 죄를 깨닫게 할 목적으로 주어진 것이다. 즉 율법은 거룩하며 의롭고 선한 것으로 생명에 이르게 한다. 그러나 당혹스러운 것은 인간이 이렇게 거룩하고 의롭고 선한 율법을 지키는 행위로는 의롭다는 평가를 받을 수 없다는 것이며, 그런데도 인간은 이 율법을 지켜내고 싶어 한다는 점이다. 왜냐하면 죄가 인간에게 신의 자질과 능력을 갖출 수 있다고 속이는데, 인간으로서는 신이 주신 율법을 온전히 행하는 것만큼 좋은 축복의 기회가 없다고 생각하고 자신의 성취욕을 채우는 최고의 방법이라고 여기기 때문이다.

말하자면 하나님께서는 죄가 인간의 주인 노릇 하고 있음을 확실히 알리고자 율법을 주셨는데, 오히려 인간은 죄에 속아 자신이 율법을 지켜냄으로써 의롭다는 평가를 하나님께 받고자 하는 것이다. 죄의 권능이 바로 율법이 된 셈이다. 그렇다면 생명에 이르게 할 그 계명, 즉 '율법이라는 선한 것이 내게 도리어 사망에 이르게 하며 인간에게 사망이 되는가?'라는 질문에 사도 바울은 "그럴 수 없다"라고 단언한다. 내가 죽은 자로 발견되는 것은 죄로 심히 죄 되게 하기 위함이라고 한다. 율법은 죄 아래 있는 인간을 상대로 하는 것이 아니라 인간의 주인 노릇을 하는 죄를 공격하고 있다. 단지 인간은 육신에 속하여 죄 아래 팔려 온 죄의 종에 불과하다.

율법은 신령한 것이다. 이는 영적인 주체 때문에 관리될 수밖에 없다. 나는 지금 내가 무엇을 하고 있는지도 알지 못한다는 것이 육신에 속한 인간으로서의 솔직한 고백이다. 인간이 스스로 행동하는 것이 아니기 때문이다. 인간 행위의 진정한 주체는 인간 속에 있는 죄이다. 그러므로 하나님을 알만한 것이 보여도 하나님을 알 수 없고, 설령 하나님을 알게 된다 해도 하나님을 영화롭게 하거나 하나님께 감사를 돌릴 수 없는 것이 현실이다.

하나님께서는 죄에 속고 있는 인간을 잠시 내버려 두신다. 죄에 속고 있는 상태가 바로 마음의 정욕, 부끄러운 욕심, 상실한 마음이다. 내버려 두심을 보다 적극적으로 표현하면 '불순종에 가두어 두심'이 되는 것이다. 이것은 인간이 죄에 팔린 처지를 확실하게 하시는 것이다. 어느 인간도 하나님의 가두어 두심으로부터 스스로 빠져나올 수 없다. 이러한 하나님의 계획과 조치사항을 지혜의 성령이 아니고서는 그 누구도 알 수가 없다. 이렇게 확고하게 죄인으로 가두어 두심이 긍휼을 베풀려 하시는 하나님의 지혜이다.

하나님께서는 인간을 개인적으로 상대하지 않으신다. 아담은 사망의 왕 노릇에 굴복할 수밖에 없도록 하나님으로부터 내버려진 자의 이름이다. 그러나 하나님의 지혜는 죄가 사망 안에서 왕 노릇을 한 것같이 은혜도 또한 의로 왕 노릇 하여 예수 그리스도를 드러내게 하신다. 그 예수 그리스도가 영생이다. 사망의 왕 노릇에 철저히 갇혀있는 아담은 바로 영생이라는 은혜의 왕 노릇을 보여주기 위해 오실 자인 예수 그리스도의 표상이다.

예수 그리스도는 하나님의 형상이다. 하나님께서 은혜를 베푸실 목적으로 자신을 나타내시는 방식이 하나님의 형상인 것이다. 그래서 하나님께서 육신의 모습으로 자신을 나타내셨다. 육신으로는 다른 인간과는 피가 전혀 다르며 혈통이 다른 다윗의 혈통이다. 아브라함, 그리고 다윗과 맺으신 언약이 말씀이 육신이 되신 것이다. 이제 은혜의 세계는 아브라함과 다윗 언약의 자손 예수 그리스도의 세계이다.

그런데 문제는 육신이라는 영역은 이미 죄가 왕 노릇 하는 곳이라는 점이다. 이곳에 예수 그리스도라는 육신이 등장함으로써 왕이 둘이 되어버렸다. 과연 누가 진짜 왕이냐를 놓고 전쟁이 일어날 수밖에 없게 되었다. 이 전쟁의 결과는 이미 하나님께서 알려주셨다. 그것은 바로 세상의 왕이 쫓겨나게 될 것이고 예수께서 세상을 이기셨다는 것이다. 죄가 행위의 주체가 된 육신의 영역에서 성령에게 종속된 예수 그리스도가 승리하는 방식이 바로 발꿈치를 물리는 것이며 핍박받는 것이며 섬기는 것이며 죽는 것이며 사랑하는 것이다. 즉 십자가에서 죽임당하는 것이다.

예수 그리스도는 '하나님과 함께 있음'이 죄악 된 세상에서 어떠한 모습으로 나타나게 되는가를 몸소 보여주기 위해 오셨다. 이러한 목적을 분명히 하는 것이 '임마누엘'이라는 이름이다. '하나님과 함께 있음'은 성령에 의해 육신의 생명은 언제든지 버릴 수도 있고 다시 찾을 수도 있다(요 10:18). 그렇기에 육신의 죽음을 두려워하지 않고 오직 하나님만이 두려움의 대상이다(눅 12:4-5). 죽기를 두려워하여 일생을 죄의 종으로 사는 인간에게 자신의 육신을 참 양식과 참 음료로 먹일 수 있다. 예수 그리스도는 육신인 채로 성령에 삼킨 바 되어 참 자유를 누렸다. 영의 자유다. 영의 자유는 죄가 쏘아대는 죽음까지 생명으로 품게 된다. 예수 그리스도가 십자가를 지심으로 율법은 그 본뜻이 확실해졌다. 그리스도는 율법의 완성이요, 마침이 되신다. 모든 인간이 하나님의 아들 죽이기에 휩쓸리게 되며, 의인은 없나니 하나도 없음이 증명되는 것이다.

따라서 인간은 죄의 노예, 즉 하나님의 원수라는 사실이 자명해진다. 율법의 마침이신 분에 의해서 하나님의 원수에게 닥친 사망의 현실을 그 누구도 변명하지 못한다. 인간이 원래 죄의 종으로 하나님에게는 죽은 자, 흙에 불과한 존재였으며, 육신의 생명은 생명도 아니었고, 땅과 하늘 등 모든 피조물의 존재 목적이 바로 예수 그리스도라는 하나님의 비밀을 드러내기 위한 배경에 불과하다는 것을 깨닫게 된다. 만물이 주에게서 나오고 주로 말미암고 주에게로 돌아간다. 율법의 완성이신 분으로서 행하신 십자가 사건을 확인하는 차원에서 부활과 재림을 이해해야 한다(롬 14:11, 계 1:7). 그렇다면 이제 예수 그리스도 안에 있는 자들에게는 율법이 어떻게 작용하는 것일까?

"그러므로 이제 그리스도 예수 안에 있는 자에게는 결코 정죄함이 없나니"라는 말씀은 어떻게 이해해야 할까? 그리스도 예수 안에 있는 자가 율법을 다 이뤄 완성한 자가 되었다는 말인가? 성화되었다는 말인가? 아니면 마음대로 살아도 아무 문제 없다는 뜻인가? 예수 그리스도 안에 있는 자는 육신이 죽었다는 것을 선언한다. 율법은 사람의 살 동안만 그를 주관하는 것이다. 율법은 죽은 자에게 해당 사항이 없다. 인간은 예수 밖에 있을 때도 죽은 자이고, 예수 안에 있을 때도 죽은 자이다. 다만 예수 밖에 있을 때는 죽은 자라는 것을 알지 못하고 죄가 속이는 대로 율법을 착각한 것이고, 예수 안에 있을 때는 죽은 채로 율법을 완성하신 분의 은혜를 덧입고 있다. 사도 바울은 그리스도 예수 안에서 죄에 대하여는 죽은 자이고 하나님을 대하여는 산 자로 여기라고 한다.

그러나 문제는 그리스도 예수 안에 있는 자가 현실적으로 느끼고 있는 것은 육신이 살아 있다는 현상들이다. 배고프고, 말하고, 자존심이 상하거나 기분이 좋아지거나 등등 말이다. 즉 여전히 하나님에 대해서는 죽고 죄에 대해서는 살아 있는 것이다. 이때 그러한 현상이 살아 있다는 증거가 될 수 없다고 증언하는 육신이 필요하다. 바로 예수 그리스도이시다. 사탄은 예수님이 성령에 의존하는지 아니면 자신의 육신에 의지하는지를 시험했다.

하나님께서는 율법이 육신으로 말미암아 연약하여 할 수 없는 것을 하시기 위하여 자기 아들을 죄 있는 육신의 모양으로 보내어 육신의 죄를 없애시려고 그 육신에다 죄의 선고를 내리셨다. 십자가 대속으로 말미암아 육신을 좇지 않고 성령을 좇아 행하는 우리에게 율법의 요구가 이루어지게 하신 것이다. 성도가 예수 안에서 죽은 채로 율법의 요구를 완성하신 분의 은혜를 덧입고 있다는 것이 바로 이런 의미이다. 성도가 그리스도 예수 안에 있는 생명의 성령의 법의 적용 대상이 되었다는 것은 동시에 죄와 사망의 법에서 해방되었다는 의미이다. 죄와 사망의 법에서 해방되었다는 말은 율법을 완성하신 분의 은혜를 덧입고 있다는 것이다. 이러한 상태가 정죄함이 없는 세계이다.

예수 안에서만 정죄함이 없다는 말은 예수 밖에는 정죄함 뿐이라는 의미로서, 십자가의 공로가 아니라면 나는 도저히 구원받을 수 없는 존재라는 사실까지 한꺼번에 쏟아져 내리게 된다. 그러니까 그리스도 예수 안에 있는 자가 죄와 사망의 법에서 해방되었다는 의미는 죄와 사망의 법의 적용을 받지 않게 되었다는 말이 아니라 그 적용 위에 생명의 성령의 법까지 적용받고 있다는 의미인 것이다. 이렇듯 생명의 성령의 법은 죄와 사망의 법이 적용되었다는 것을 전제로 해서만 비로소 의미를 가지게 된다. 내가 이제 그리스도 예수 안에서 정죄함이 없다는 의미는 예수님의 십자가 공로가 아니라면 죄인 중의 괴수임이 분명하다는 것까지 포함되어 있다는 뜻이다. 그러므로 율법은 그리스도 예수 안에 있는 자에게 여전히 유효하다.

그런데도 죄와 사망의 법에서 해방되었다는 의미를 율법이 더는 적용되지 않는 듯이 해석하려는 욕구는 십자가를 빨리 던져버리고 싶어서이다. 이제 신의 성품에 참여하게 되었다는 것을 자신이 직접 신이 되었다고 챙기고 싶은 것이다. 따라서 죄와 상관없는 십자가란 없다. 죄가 없는데 무엇을 대속하기 위해 십자가를 져야 하느냐는 말이다. 여전히 우리는 십자가 속에서 죽어야 할 대상이다. 우리는 모두 죄인 중의 죄인뿐이라는 고백이 있는 자로 십자가 복음 안에 있는 생명을 누리는 자이다.

성도에게 있어 구약은 이제 율법이 아니라 복음이다. 복음을 증거하고 소개하는 것은 당연히 해야 할 소중한 일이다. 문제는 복음이 나와야 할 구약 해석에서 율법이 계속 튀어나오는 것이다. 복음이란 하나님의 의이다. 따라서 구약 본문을 가지고 어떻게 해석하면 '인간의 의'가 튀어나올 수밖에 없는지를 설명해야 하고, 또 같은 본문으로 하나님의 의, 복음은 어떻게 튀어나오는지를 모두 설명해야 한다. 왜냐하면 복음, 즉 하나님의 의, 십자가의 의는 그냥 단순하게 나오는 것이 아니라 인간의 의로 둘러싸인 채 핍박받는 모습으로 늘 등장하기 때문이다. 신약 내용을 가지고 다시 옛 성막 이야기로 돌아가게 되면 성막은 더 이상 율법이 아니라 복음으로 이해하게 된다. 즉 성막의 구조와 거룩함의 역할은 모두 장차 주의 이름으로 오실 그분의 일을 소개하는 모형임을 말한다.

▶ 예수님의 승리

예수님은 예언대로 뱀, 즉 사탄의 머리를 상하게 하려고 이 땅에 오셨다. 예수님은 하나님 나라를 이 땅에 임하게 하고 죄를 짓게 하는 사탄의 역사를 멸하시기 위해 이 땅에 오신 것이다(요일 3:8). 아담과 하와는 마귀의 시험과 유혹에 넘어가 하나님을 배반하는 길을 택했지만 둘째 아담으로 오신 예수 그리스도는 마귀의 시험과 유혹을 하나님의 말씀으로 물리치시고 승리하셨다. 예수님이 십자가에 달려 피 흘리시고 죽으시는 사건은 곧 이 세상 임금인 마귀가 심판을 받는 사건임을 천명하셨다(요 12:31-32). 그것은 죄의 권세를 통해 죽기를 두려워하는 사람들 위에 왕 노릇 하던 마귀가 정죄받고 심판받은 것이다. 예수 그리스도는 십자가 위에서 율법의 저주와 죄와 사망과 마귀의 권세를 정복하고 승리하고 계셨다.

▶ 공의와 긍휼

하나님은 우리에게 사랑할 만한 무엇이 있어서 사랑한다고 말씀하지 않는다. 우리가 죄인 되었을 때, 연약할 때, 원수 되었을 때 그리스도는 우리를 위하여 죽으셨다. 하나님은 의로우신 분이시기에 불의한 사랑을 할 수는 없다. 하나님은 인간의 죄를 그냥 없는 것처럼 취급할 수 없다. 인간의 죄를 그냥 없던 일로 덮어버리는 것은 하나님의 공의와 모순이 되는 것이다. 그래서 인간의 죄에 대해 의로운 심판을 내리면서도 인간을 구원할 수 있는 유일한 길은 인간 대신 인간이 지은 죄의 형벌을 받는 길이었다. 이 대속의 역사는 하나님의 공의와 사랑을 동시에 보여준 사건이다. 하나님은 예수 그리스도를 십자가에서 피 흘려 죽게 하심으로 하나님의 의로우심과 사랑을 동시에 확증하신 것이다(롬 3:25-26, 요일 4:10).

화목의 자리는 긍휼이 진리와 만나는 자리다. 우리가 진리대로 판단받는다면 모든 죄인은 반드시 심판받아야 한다. 이 세상에는 의인은 없으며 하나도 없다고 말씀하고 있다(롬 3:10). 성경의 거룩한 진리대로 판단하면 하나님 앞에 설 자가 없다. 그래서 심판받게 된다. 그러나 긍휼이란 불쌍히 여김이다. 사실 이 둘은 상반되는 속성을 가지고 있기에 함께 만날 수가 없다. 의와 용서도 마찬가지다. 죄인이 의를 직접 행한다면 의에 도달할 수 없으므로 용서가 있을 수 없다. 그러나 진리와 긍휼이 만났다. 의와 용서가 입맞춤한다(시 85:10). 그 자리가 바로 십자가다. 우리는 의와 진리를 이룰 수 없어 실패하여 심판받고 멸망당해야 한다. 그러나 하나님의 '공의와 긍휼'이 만나는 곳이 바로 십자가다. 그 화목의 만남을 이루시는 분이 예수 그리스도시다(엡 2:14).

그러므로 예수 그리스도는 자기를 낮추시고 십자가에서 죽기까지 복종하셨고, 이로써 하나님의 모든 뜻을 다 이루셨다. 우리에게 이 마음을 품으라고 하시는 것은 예수 그리스도의 십자가로 말미암아 하나님과 우리 사이에 화목이 일어났다는 것을 새기라는 의미이다. 이 말씀을 근거로 "그리스도의 마음을 가진 사람은 이러해야 한다"라고 행위를 구체적으로 적용하기 시작하면 또다시 율법으로 돌아가는 잘못을 범하는 것이다. 그러므로 그리스도의 마음을 품으라는 것은 예수 그리스도의 십자가가 하나님 언약의 완성임을 마음에 품고 살아가는 것이 신앙이라는 말이다.

그리스도인은 하나님께 영광을 돌리는 사람이지만 예수님을 믿는 많은 사람에게 어떻게 하나님께 영광을 돌리느냐고 묻는다면 각자 다른 이야기를 할 것이다. 그러나 하나님께 영광을 돌리는 가장 확실한 길은 하나님의 모든 언약을 이루신 예수 그리스도의 이름 앞에 무릎을 꿇는 것이다(빌 2:9-10). 모든 이름 위에 뛰어난 이름은 '예수'이다. 우리가 예수의 이름 앞에 무릎 꿇어야 하는 것은 예수님께서 이미 하늘의 영광에 오르셨으나 아직 그 영광으로 역사 속으로는 나타나시지 않았다는 뜻이다(사 52:13-15).

하늘 영광의 세계를 완성의 세계, 즉 묵시의 세계라고 한다. 우리가 사는 시간과 공간을 역사라고 한다. 역사 세계는 묵시 세계에 의해 창조되고 유지되며 종결된다. 그러나 이 역사에서 증거되는 예수님은 십자가에 죽으시고 사흘 만에 부활하셨다. 그는 하늘에 오르셨고 하나님의 보좌 우편에 계신다. 거기서 성령을 보내셔서 성령에 의해 증거하는 내용은 '십자가에 달린 그리스도'다.

그러나 우리가 사는 역사 속에의 '전도의 내용'은 "우리가 십자가에 못 박아 죽인 예수를 하나님이 주와 그리스도가 되게 하셨다"라는 것이다. 그러나 이것이야말로 세상에서는 어리석고 미련하게 보이는 일이다. 이처럼 미련하고 어리석은 '십자가의 도' 앞에 무릎 꿇는 것은 인간의 힘으로 할 수 없는 일이다. 세상에 무릎 꿇는 것은 자신의 소원을 이루기 위해 권위 앞에 무릎 꿇는 것이며, 혹은 연인을 얻기 위해 청혼할 때 무릎을 꿇거나 때때로 전쟁에서 항복하고 무릎 꿇기도 한다.

하지만 저주를 받아 십자가에서 달려 죽으신 예수님의 이름 앞에 무릎을 꿇는 것은 거리끼는 일이다. 더군다나 '내가 예수님을 죽인 죄인'이라고 하면서 무릎 꿇고 "예수님이 나의 주님이시요 나의 하나님"이라고 고백하며 예수님 앞에 무릎 꿇는다는 것은 인간적으로 할 수 없는 일이다. 그러므로 오늘날 우리가 참으로 예수 그리스도의 이름 앞에 무릎을 꿇는다면 이것이 기적이며 은혜받은 증거이다. 그러므로 우리가 예수의 이름 앞에 무릎 꿇는 것이 하나님께 영광이 되는 것이다. 하나님께 영광을 돌리는 것도 우리의 행위로 되는 것이 아니라 하나님의 은혜로 되는 것이다.

그러므로 그리스도인은 예수의 이름 앞에 무릎 꿇는 자다. 지금 무릎 꿇지 않는 자들은 재림의 날에 무릎을 꿇고 하나님께 영광을 돌린 후에 영원한 심판을 받게 될 것이다. 예수 그리스도의 이름 앞에 무릎 꿇지 않는 자는 십자가의 원수이다. 십자가의 원수가 되는 것은 하나님의 원수가 되는 것이다(빌 3:17-19). 자신이 예수님을 죽인 죄인인 줄 알고 회개하며 예수 그리스도의 이름 앞에 무릎을 꿇지 않고 오히려 자신의 욕망을 채워줄 우상을 하나님 삼아 땅의 영광을 위하여 무릎 꿇는다면 그 마침은 멸망이다(눅 4:7). 이것이 그들이 예수 그리스도 십자가의 원수로서 행하는 일이다.

그리하여 사람들이 무릎 꿇고 기도를 많이 한다고 믿음이 바르고 좋은 것이라고 단정할 수 없으며, 사람이 무엇을 위해 무릎 꿇고 있는지 제대로 보아야 할 것이다. 예수 이름 앞에 무릎 꿇어도 자기 욕심으로 세상의 영광을 구하면 이 또한 십자가의 원수가 된다. 그러나 하나님의 은혜로 십자가에 못 박히신 예수님의 이름 앞에 무릎을 꿇는 사람이라면 신부가 신랑을 사모하듯이 언약 관계 속에서 사랑하는 예수 그리스도로 만족할 것이다. 이런 사람이 하늘의 시민권이 있는 자이다(빌 3:20-21).

땅에 있는 것들이나 하늘에 있는 것들이 다 예수 그리스도의 십자가 피로 말미암아 하나님과 화목하게 되기를 기뻐하신다고 한다(골 1:20). 인간의 마음은 '생명의 근원'(잠 4:23)이다. 생명의 근원인 마음이 하나님과 원수가 되어 있다는 것은 생명의 근원이신 하나님과 원수가 되어 있다는 것과 같다. 이 상태는 흑암의 권세 아래 있는 것이다. 아담의 후손은 모두 하나님의 원수가 되어 있었다. 그러한 원수가 하나님과 화목할 수 있는 유일한 길은 '십자가의 피'이며, 그곳이 바로 '화목의 자리'(골 1:22-23)이다. 이런 하나님의 긍휼이 복음의 내용이요 복음의 중심이며 복음의 결론이다. 이것을 놓치면 언약이 없는 복음으로 변질되어서 기독교라는 종교의 이름으로 사람의 일과 화려한 성전 건물과 기독교의 역사는 남을 수 있어도 생명을 주는 복음의 소망과는 거리가 멀어지게 될 뿐이다(골 2:6-8).

우리는 그리스도 예수를 주로 영접하고 그분 안에서 행해야 한다. 그렇지 않으면 철학과 헛된 속임수에 사로잡히게 될 것이다. 이러한 것은 사람의 전통이요 세상의 초등학문이니 그리스도를 따르는 것이 아니다. 세례란 그리스도와의 연합이 되는 것이다. 성령이 임한 성도는 그리스도와 언약 관계로 결속되어 있다. 그리스도에게 묶였다는 뜻이다. 이 때문에 우리는 함께 죽고 함께 일으킴을 받았다. 율법, 곧 우리에게 불리한 율법 아래서는 사람이 저주받을 수밖에 없었다. 죄와 육체의 무할례로 죽은 우리를 예수님께서 모든 죄를 사하시고 함께 살리신 것이다(골 2:13-15). 우리를 거스르고 불리하게 하는 법조문으로 쓴 증서, 즉 율법 아래에서는 인간이 저주를 받을 수밖에 없었다. 그런 법조문을 십자가에 못 박아 승리를 거두었다.

그러나 우리가 오늘날 교회에서 이러한 복음을 수준 낮은 기초로 말함에 따라 교회조차도 이 진지한 복음보다는 다른 것에 관심을 돌림으로써 세속화되고 말았다. 그 대표적인 예가 세상의 성공담이 유행하고 사람들이 그런 강의를 듣기 위해 몰려드는 모습이다. 우리가 세상의 보이는 성과 중심으로 나아갈수록 예수 그리스도를 붙잡기보다는 자신의 행위를 붙드는 일이 일어나게 된다(골 2:16-18). 새 언약으로 완성된 신약시대에도 여전히 세상의 그림자와 철학을 붙잡고 있는 경우가 많다. 교회는 그리스도의 몸이다. 그리스도의 몸인 교회가 머리를 붙들지 않으면 그리스도의 몸이 아니라 괴물이 된다. 하나님께서 그리스도를 통하여 공급하시는 힘으로 살지 않으면 자기 멋대로 사는 것이다. 이것이 멸망을 자초하는 악이다(렘 2:13).

▶ 하나님의 영광

하나님의 존재와 사역의 궁극적인 목적은 하나님의 영광이다. 창조, 섭리, 보존, 구원, 구속, 교회, 심판, 완성의 목적은 하나님의 영광이다. 십자가 사건이라는 최악의 사건을 허용하시고 그 사건을 통해 최대의 선을 이루시는 하나님의 위대하신 절대적인 영광이다(창 50:20). 예수 그리스도의 십자가는 삼위 하나님이 지니고 계신 신적 영광의 다양한 면들을 가장 극적이고 탁월하게 보여준 하나님의 자기 계시의 절정이다(요 17:1-2). 말씀이 육신으로 오신 예수님은 그 자체가 영광이었다(사 40:3-5, 사 60:1-3, 요 11:40).

"말씀이 육신이 되어 우리 가운데 거하시매 우리가 그의 영광을 보니 아버지의 독생자의 영광이요 은혜와 진리가 충만하더라"(요 1:14).

우리는 예수님을 볼 때 다른 어떤 표현으로도 볼 수 없는 하나님의 영광을 보는 것이다. 이 모든 마지막 날에는 아들을 통하여 하나님이 말씀하셨다고 하신다.

> "이 모든 날 마지막에는 아들을 통하여 우리에게 말씀하셨으니 이
> 아들을 만유의 상속자로 세우시고 또 그로 말미암아 모든 세계를
> 지으셨느니라. 이는 하나님의 영광의 광채시요 그 본체의 형상이
> 시라. 그의 능력의 말씀으로 만물을 붙드시며 죄를 정결하게 하
> 는 일을 하시고 높은 곳에 계신 지극히 크신 이의 우편에 앉으셨
> 느니라"(히 1:2-3).

십자가는 하나님의 모든 뜻을 이루고 만족하셨던 영광의 내용이
다. 하나님 약속의 말씀을 이루어 내신 십자가가 아들을 영화롭게 하
여 아버지를 영화롭게 하는 영광의 자리이다. 우리도 이러한 하나님
의 형상이신 그리스도 영광의 복음을 전하는 자로 택함을 받았다.

> "그 중에 이 세상의 신이 믿지 아니하는 자들의 마음을 혼미하게
> 하여 그리스도의 영광의 복음의 광채가 비치지 못하게 함이니 그
> 리스도는 하나님의 형상이니라. 우리는 우리를 전파하는 것이 아
> 니라 오직 그리스도 예수의 주 되신 것과 또 예수를 위하여 우리
> 가 너희의 종 된 것을 전파함이라. 어두운 데에 빛이 비치라 말씀
> 하셨던 그 하나님께서 예수 그리스도의 얼굴에 있는 하나님의 영
> 광을 아는 빛을 우리 마음에 비추셨느니라"(고후 4:4-6).

(2) 십자가 사건이 몰고 온 새로운 변화

언약의 성취인 십자가 사건은 사탄의 조종을 받는 인간들이 갇힌 한계를 스스로 뛰어넘고 극복하려는 시도를 완전히 차단하면서, 언약의 완성자이신 예수님의 사역을 통해 하나님의 영원한 언약을 이루심으로 하나님의 뜻을 이루어 성령 안에서 하나 되도록 다시 결속하는 사건이다.

그러므로 하나님이 언약의 말씀을 이루시는 데 있어서 죄인인 인간에게는 한계적이고 불연속적이며 불가능한 사건이며, 오직 하나님의 일하심으로만 하나님의 언약을 연속적으로 성취한 사건이다. 우리는 단지 언약을 이루신 분의 부르심에 참여하여 그분의 이루심에 의해 새로운 피조물이 되었다. 이러한 새로운 변화는 위대한 교환이 이루어진 장소인 십자가에서 일어났다. 그곳은 우리의 죄가 그분의 죄로 계산되고, 그분의 의가 우리의 의로 계산되는 교환의 현장이다. 이러한 교환으로 인하여 새로운 변화가 일어났다.

> "하나님이 죄를 알지도 못하신 이를 우리를 대신하여 죄로 삼으신 것은 우리로 하여금 그 안에서 하나님의 의가 되게 하려 하심이라"(고후 5:21).

십자가에서 가장 가치 있는 값을 제공하시어 하나님의 약속인 언약의 완전한 성취로 우리의 죄가 제거되었으며, 동시에 그리스도의 의가 우리에게 전가된 것이다. 이러한 십자가 사건의 효력은 장소적으로는 공간을 넘고 시간적으로도 과거와 현재와 미래까지 미친다.

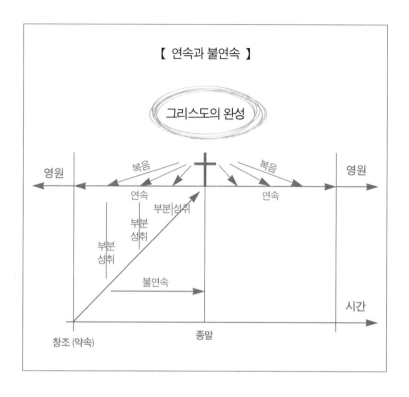

【 연속과 불연속 】

그리스도의 완성

영원   복음   복음   영원

연속   연속

부분성취

부분
성취

부분
성취

불연속

시간

창조 (약속)   종말

구약에서는 우물가에서 누군가에 의해 언약이 주어지면 언약을 받은 자는 언약에 의한 언약 백성으로 전환되어 복을 받았다(창 29:2-12, 24:27, 출 2:15, 사 55:1). 이렇듯 수가성 언약의 실체이신 예수님을 만나 하나님의 구속을 경험한 것은 계시의 사건이다(요 4:5-6). 그러므로 언약을 받은 사람이란 위대한 교환과 새로운 변화에 의한 다른 삶으로 인도되는 것이다. 십자가는 역사 안에서 완전한 새로운 변화가 일어나는 우주적인 종말(완성)의 사건 현장이다.

▶ 저주와 축복

사생자인 이방인에게 내려지는 저주는 끝장내버리는 심판의 저주이지만 참 아들인 이스라엘에 내려지는 저주(형벌)는 새롭게 창조하고 축복으로 만들어가는 과정 속의 단계일 뿐이다. 그러므로 말은 저주라 해도 실상은 사랑이다. 성경 속에서 이스라엘을 향한 저주라는 말은 곧 사랑의 소리다. 언약 속에는 "말 안 들으면 혼난다"라는 의미가 들어 있다. 혼나는 것도 언약을 이루기 위한 것이므로 축복이다.

그리스도가 오시기 전인 구약은 번성하고 팽창해 가는 것을 복이라 했다. 구약에서는 영원한 것이 없으니 물질이 계속 늘어가고 번성하는 것으로 영원을 표현한 것이다. 그것은 일시적으로 그리스도를 보여주는 그림자 역할이었다. 신약에서는 그리스도가 오셨기 때문에 이 땅의 물질이 증가하는 것을 더는 복이라 말하지 않고 구원자 그리스도가 복이라고 명백히 가리키고 있다(시편 1편, 합 3:17-18). 그러므로 예수님께서 말씀하시는 복은 이 땅의 물질과 눈에 보이는 것이 아니라 하늘에 속하는 보이지 않는 것, 즉 예수 그리스도다.

예수님의 십자가 죽음으로 천국 문이 열렸다. 그래서 예수님의 죽음을 새롭고 '산 길'을 열어주신 것이라고 일컫는다. 예수님은 "나는 길이요 진리요 생명이니 누구든지 나로 말미암지 않고서는 아버지께로 나아갈 수 없다"라고 하셨다. 그러므로 예수님의 십자가는 아담의 범죄로 막힌 에덴의 문을 열어주신 것과 같다. '저주에서 축복'으로 나아가는 길을 마련해주신 것이다.

하나님의 저주인 형벌은 '세상이 죄 아래 있음'을 알려준다. 그리고 자기 힘으로는 저주에서 벗어날 수 없는 인간의 무능을 알게 하시며 자기 백성을 죄에서 구출하기 위해 보내신 '여자의 후손'을 고대하게 했다. 그러므로 세상에 구원자로 오실 후손을 기다리게 함으로 죽음에서 생명으로 건지시기 위한 은총이 '저주' 속에 담겨 있다고 할 수 있다. 따라서 '저주'는 저주를 축복으로 만들어 내는 새로운 등장인물을 소개하며 하나님의 계시인 '언약의 실체'를 나타내는 데 좋은 도구가 된다. 하나님은 그 '저주를 축복으로 전환하는 근거가 언약 속에 들어 있다'는 것을 언약의 성취 과정에서 보여주심으로써 새 창조(구속)의 사역이 창조사역보다 더 큰 신비이자 은혜의 역사임을 알게 하셨다. 이같이 하나님의 언약에 의한 사랑에 온 피조물이 감사와 영광을 돌리게 하는 것이 저주와 형벌의 목적이다.

아담의 범죄가 뜻하는 바와 같이 인간이 신이 되고자 하는 것 자체가 하나님의 창조 의지에 반하는 것이었다. 그러나 이것을 바탕으로 새로운 창조에 나서게 된다. 그 새로운 창조 안에는 새로운 인간의 탄생을 수반한다. 이러한 작업은 반드시 기존의 것을 부정하고 붕괴하는 작업과 함께 일어난다. 붕괴시키는 일도 하나님이 하시고 새 창조 작업도 하나님이 하신다. 붕괴가 없는 새 창조 사역은 없기 때문이다.

인간 역시 마찬가지다. 인간이 하나님의 형상이므로 이것 또한 붕괴되어야 한다. 새로운 '하나님의 형상'으로 대체되어야 한다. 그런데 '새로운 하나님의 형상'은 '기존의 하나님 형상'이 파괴되는 과거의 증거를 계속 갖게 된다. 이것이 '아담의 형상'이다. 오늘날 '아담의 형상'으로서 인간이 존재하는 이유는 바로 약속의 구체적인 성취가 남아 있기 때문이다. '아담의 형상'은 약속을 이루는 재료가 된다.

인간은 왜 사는가? 아니 왜 살아 있는가? 하나님의 약속을 구현하기 위해서다. 약속을 담아내는 '약속의 피조물'이 된 것이다. 언약의 상대자로서 언약 때문에 저주가 축복받는 대상으로 되든지 아니면 저주받는 대상으로 남든지 둘 중의 하나가 된 것이다. 축복받는 인간과 저주받는 인간의 등장 속에서 하나님은 영광을 받으신다. 따라서 에덴에서의 추방은 최종적인 저주가 아닌 다시 돌아올 것을 전제로 하고 있다. 마치 집을 나간 탕자 비유처럼, 아버지 집을 나가서 새로운 생명을 얻게 하기 위한 하나님 사랑의 조치라고 볼 수 있다.

예수님은 십자가의 죽으심으로 우리를 대신하여 율법의 요구를 다 이루셨다. 예수님은 우리의 저주를 끊기 위해서 대신 저주를 받아주신 것이다. 구속의 계시 언약으로 자기 백성을 예수님의 죽음을 통하여 흠 없는 거룩한 자로 만들어 내신다(엡 1:4). 이처럼 하나님은 저주 아래 갇힌 자기 백성을 아들의 희생을 통해 저주에서 빼내주신다.

구약에서 가인과 아벨은 이 땅에서 벌어질 뱀의 후손과 여자의 후손 간의 싸움을 예표하고 있다. 하나님께서 아담을 에덴동산에서 내어 쫓으면서 하신 말씀을 보면 뱀의 후손은 여자 후손의 발꿈치를 물고 여자의 후손은 뱀의 머리를 깨트리는 것으로 되어 있다. 발꿈치를 무는 것은 작은 상처를 주는 일이고 머리를 깨트리는 것은 죽이는 것이다. 그런데 역사 속에서는 정반대로 나타난다. 뱀의 후손인 가인이 여자의 후손인 아벨을 죽였다. 그런데도 하나님은 가인을 죽이기는커녕 도리어 표를 주어서 지켜주신다. 아벨은 땅에서 버림당하게 하시면서 가인은 땅에서 승승장구하며 살게 하신다. 인간적으로 보

면 일찍 죽임당한 아벨이 저주받은 모습이다. 반면에 땅에서 승승장
구하면서 잘 살아가는 가인은 축복받은 모습이다. 그러나 성경은 아
벨이 복받은 자이고 가인을 저주받은 자로 말하고 있다. 어째서 땅에
서 일찍 죽임당한 아벨은 복이라 하고 땅에서 성공하여서 잘 사는 가
인은 저주받은 자라고 하는가?

이는 이 세상 자체가 저주받은 곳이기 때문이다. 하나님은 아담
이 죄를 범하자 땅을 저주한다. 그럼 저주를 머금고 있는 땅에서 오
래 사는 것은 결코 복일 수가 없다. 땅에서 오래 사는 것만큼 저주의
세월을 오래 사는 것이 되기 때문이다. 그래서 하나님은 약속의 자녀
들을 땅에서 빼내는 일을 하신다. 스스로 나올 수가 없으니 뱀의 후
손들을 통해서 죽임을 당하여서 빠져나오게 하신다. 그래서 성경은
성도의 죽음을 복되다고 하는 것이다. 오래 사는 것보다 일찍 죽는
것이 복이라고 하는 까닭이 여기에 있다. 하나님은 사랑하는 자에게
잠(죽음)을 주신다.

가인에게 있어 저주란? 저주받은 땅에서 오래 사는 것이다. 사람
이 오래 산다는 것은 그만큼 많은 고난을 겪는다는 말이다. 하지만
육에 속한 자들은 이 사실을 모른다. 도리어 자신들이 땅에서 장수
하고 성공하여서 사는 것을 축복이라고 생각한다. 그러나 땅의 것을
아무리 많이 모았다 하여도 그것들은 다 풀처럼 불살라질 것들이다.
아무리 화려한 인생이라도 잠깐 보이다가 사라질 안개 같은 인생이
다. 그래서 재물을 의지하고 하나님을 떠난 자들을 어리석은 부자라
고 하는 것이다. 이 땅에서 물질을 의지하고 일락하게 살다가 지옥
으로 간 부자가 부러운가? 아니면 하나님을 의지하고 거지로 살다
가 천국으로 간 나사로가 부러운가? 성경은 인간들이 눈만 뜨면 추

구하는 육신의 정욕과 안목의 정욕과 이생의 자랑을 땅의 것이라고 한다.

예수를 가졌으면 만유를 가진 것이고 예수를 가지지 못하였으면 아무것도 가지지 못한 것이다. 죄인이 이 세상을 사는 것은 형벌적 의미가 있다. 하나님은 뱀의 후손인 가인을 저주받은 땅에서 흙의 기운으로 오래 살게 해서 아벨을 죽인 죗값을 저주로 갚게 하셨다. 가인의 삶이 아무리 화려하다 할지라도 결국은 종신토록 흙을 먹다가 흙으로 돌아가는 인생이다. 하지만 아벨은 일찍 죽임을 당하였지만 하나님 품에서 영원한 안식을 누리고 있으므로 복된 인생이다. 어느 삶이 부러운가? 나는 지금 가인의 인생을 살고 있는가? 아니면 아벨의 인생을 살고 있는가?

▶ 죽음과 부활

죄 때문에 죽으셨다가 죄와 무관하게 부활하신 분은 오직 예수님밖에 없다. 그래서 예수님을 부활의 첫 열매라고 한다. 물론 그전에도 죽음을 보지 않고 바로 하늘로 간 사람도 있고 죽었다가 다시 소생한 사람도 있지만 이들은 모두 예수님의 부활을 설명하기 위해서 살았던 사람들이다. 그래서 부활 세계의 첫 시작은 역시 예수님뿐이다. 예수님을 믿는다는 말은 예수님에게 일어났던 그 하나님의 일 속에 같이 뛰어드는 것을 말한다. 하나님은 예수님을 통해서 부활이라는 사건을 일으키셨다. 다른 사람은 안 된다. 다른 사람을 통해서는 하나님께서 일하시지 않기 때문이다.

다른 사람을 믿어서는 안 된다. 그런데도 그 당시 많은 부류의 사람이 예수님에서 생겨난 하나님의 일을 무시하고 없애 버리기 위해서 안간힘을 썼다. 즉 예수님은 부활한 적이 없다는 것이다. 왜냐하면 그 어떤 인간도 죽었다가 부활하지 않기 때문이라는 것이다. 그리고 예수라는 분이 꼭 부활하지 않더라도 기존의 방식대로 믿으면 구원에 아무런 지장이 없다는 주장을 하고 있었다.

그러나 여기에 대해서 사도 바울은 계속해서 기존의 인간들과 예수님의 차이점을 가지고 믿음을 방어하고 있다. 그리스도란 죄를 해결하시는 분이다. 인간이 죽는 것이 죄 때문이고 만약 그리스도가 무사히 죄 문제를 해결했다면 그리스도는 반드시 부활할 것이고 그렇다면 그리스도를 믿는 자 역시 죄 문제가 해결되어 부활될 것이다. 그런데 예수님이 부활하지 않았다고 한다면 이미 그리스도를 믿는 사람도 여전히 죄 아래 놓이게 되고 믿었던 모든 것이 와해되면서 이 세상에서 가장 처량한 사람이 되고 만다.

스스로 큰 사기극에 말려든 셈이 되고 또한 남들에게도 거짓말을 유포시킨 잘못을 저지른 것이 된다. 예수님의 부활은, 예수님께서 정말 제대로 완벽하게 죄 씻는 문제를 해결했음을 극명하게 보여주는 하나님의 사건이다. 부활이 실제로 있다고 한다면 십자가의 피의 효과는 너무나도 분명한 것으로, 율법을 지켜야 구원이 되고 복을 받는다는 모든 부담으로부터 해방시킨다. 이것은 새로운 국면이다. 정말 새 술은 새 부대에 담는다는 주님의 평소 말씀이 그대로 실현된 것이다.

사람들은 왜 하나님께서 친히 만드신 세상을 붕괴시키는지 모른다. 왜 사람을 태어나게 하시면서 그들을 죽음으로 몰아넣으시는지를 모른다. 그 이유는 따로 있다. 바로 모든 예언과 명령과 말씀은 전부 예수님에게만 적용되게 하기 위해서다. 사도 바울은 사도가 되기 전에는 이 사실을 몰랐다. 즉 하나님께서 자신의 기대를 비껴가면서까지 사울에 대한 모든 것을 저주 쪽으로 이끈다는 사실을 알지 못하였다.

사람들은 자기의 삶과 부활의 세계 사이에 왜 구태여 죽음이 끼어 있는지를 알지 못한다. 그냥 지금처럼 살던 대로 살다가 계속 저하늘나라에 그대로 올라가서 살기를 원한다. 그런데 바로 이런 생각이 저주받을 죄라는 사실을 받아들이지 못하고 있다. 하나님께서 예수님을 이 땅에 보내셔서 진정한 예언과 말씀과 언약의 내용을 예수님의 활동을 통해서 드러내시게 했다. 그것이 바로 그분의 죽음과 부활이다. 그리고 그분의 죽음은 '아버지로부터 버림당하심' 이라는 취지를 보여주시는 죽음이다. 즉 죄에 대한 하나님의 처분은 가차 없이 진행되고 실행된다. 하나의 예외도 없이 말이다. 사람들은 이 사실을 모르고 마치 자기에게 천국 갈 기회가 부여된 줄 알고 들떠 있다. 그래서 인간들은 하나님에게 용서받을 방식마저 자기 생각에서 내어놓는다. 이러다 보니 인간들은 가능성에 주목한다. 즉 할 수 있는 것을 다 동원해서 신의 진노를 가라앉게 할 방안을 내놓고 그것에 매진한다. 이런 태도와 행동을 하면서 인간들은 그것이 저주받을 짓이라는 사실을 추호도 모르고 있다.

모든 만물의 활동이 예수님에게만 집중되는 바로 그 점이 하나님의 한결같은 뜻이었다. 따라서 인간이 아무리 죽어도 부활의 세계에 스스로 나타나지 못한다. 예수님이 품고 있는 바로 그 '하나님의 저주 안에' 들어갈 수 있어야 하나님 약속의 변하지 않는 마음으로 부활에 참여하게 된다. 부활의 열매란, 곧 '예수님 죽음의 열매' 의 효과를 연속적으로 뱉어내는 것이다. 그러나 산 자나 죽은 자나 예수님과 사귀고 있는 자라면 어느 상태와 관계없이 구약의 부활 예언의 완성 상태이다.

십자가란 무엇인가? 십자가란 하나님이 인간에게 맞아 죽으신 사건이다. 즉 '나로 인한 피해자가 예수님이다' 라는 사건이다. 왜 인간들이 예수님께 그토록 모질게 했을까? 그것은 예수님께서 인간에게는 구원이 없음을 분명히 하셨기 때문이다. 예수님이 오시지 않는 상태에서 인간들은 자신들의 하기에 따라 하나님 나라에 들어갈 수 있다고 자부했다. 스스로 그다지 큰 하자가 보이지 않기 때문이다. 하지만 그 '본다' 는 게 문제였다. 그렇게 세상을 보는 구축된 자아상 또는 세상에 대한 시각은 인간들에게 '본인이 구원받을 수 있는 자' 라는 착오를 일으켰다. 즉 잘만하면 구원이 가능하다는 헛된 망상이 유포되었다. 그러나 예수님이 오시고 난 뒤에 인간의 이런 기대는 다 헛꿈에 불과했던 것으로 드러났다. 바로 이 말씀의 발언으로 인해 많은 사람이 예수님을 죽음으로 몰아세운 것이다.

놀라운 사실은 그 죽음으로 몰아세운 바로 그 자리가 비로소 열리게 된 천국으로 통하는 유일한 길이라는 점이다. 인간이 예수님을 밀친 것은 그동안 우상의 하나님을 참 하나님으로 오인했기 때문이다. 인간은 자신을 명사(名詞)로 인식했다. '나' 라는 덩치가 여기 있어 그 덩치에 대해 본인이 관리자라고 여겼다. 그러나 막상 하나님께서 제시한 구원방식은 명사가 명사를 관리하는 것이 아니라 동사(動詞)로 작용한 것이다. 명사란 정지나 고정된 것이다. 이것은 인간들에게 우상화의 빌미가 된다. 하지만 동사란 운동과 생성이다. 끊임없이 요동치기에 인간이 소유할 대상이 아니다. 도리어 인간에게 끊임없이 작용하는 것이다.

　인간은 자신을 이해하면서 자기를 명사로 여겨서 괜찮아 보이는 신적 지혜를 갖게 됨으로써 '나'라는 덩치를 천국까지 올려보낼 것을 기획한다. 이는 자기 자신을 끝까지 우상처럼 지키려는 의도에서 나온 것이다. 하지만 성령을 통해서 우리 육체에서 끊임없이 배설물이 쏟아져 나온다. 즉 움직임으로 작용하시는 십자가 자체의 능력에 명사처럼 간주되는 자신의 덩치가 늘 해체된다. 어제의 나를 긍정하면 오늘에 와서 그것마저 나의 우상으로 전환된다. 이는 내가 나를 부정하는 바가 나에게서 나올 수 없다는 말이다.

"자기의 생명을 사랑하는 자는 잃어버릴 것이요 이 세상에서 자기의 생명을 미워하는 자는 영생하도록 보전하리라"(요 12:25).

　스스로 자신을 지키려는 자는 결코 그런 소중한 자기를 미워할 수 없다. 도리어 나를 미워하라고 촉구하는 바로 그분을 그들이 격분해서 죽여버릴 것이다. 십자가를 아는 사람은 바로 이러한 사실을 근거하여 예수님 죽임 사건에 자신을 범인으로 지목하는 사람이다.

　세상 모든 사람이 진리를 찾고 구원을 확보하기 위해 십자가마저 그렇게 이해하려고 하지만 이상스럽게도 십자가 근처에서 사람들은 눈 못 보는 자가 되고 만다. 부활이 무엇인가? 부활하려면 먼저 죽어야 한다(요 12:24). 예수님의 십자가는 죽음을 분명히 했다. 십자가로 들어가지 않은 부활, 십자가가 없는 부활은 생명이 없는 심판의 부활이다. 그러므로 생명의 부활은 십자가로 나타난 부활이며, 심판의 부활은 십자가 없는 부활이다(요 5:29). 진정한 부활은 '십자가를 확인' 하는 부활임을 아는 자는 십자가에서 일어난 사건에 귀를 기울이게 된다.

부활하려면 어떻게 해야 하는가? 먼저 죽어야 한다(요 12:24). 십자가는 공개처형 장소로 누구나가 볼 수 있도록 높은 곳에 세워졌다. 로마법에 따라 사형 판결로 죽음을 확실히 확인시키기 위해서 창으로 예수님의 옆구리를 찔렀다. 이처럼 예수님의 십자가는 죽음을 분명히 했다. 그럼 부활하신 이유가 뭘까? "십자가에서 죄 문제가 완전히 해결되었다"라는 선언이다. 승리의 선포이다. 그러므로 부활의 주님은 십자가를 통해서만 만날 수 있다.

생명의 부활은 한마디로 몸 바꿔치기다(고전 15:42-44). 썩지 않고 영광스러우며 신령한 영의 몸인 하늘에 속한 형체로, 세상 몸에서 천국의 몸으로, 가장 좋은 몸으로 변화된다. 부활의 의의 나라의 근거는 부활에 있는 것이 아니라 십자가이다. 왜냐하면 십자가의 피는 새 언약의 핵심이기 때문이다. 예수님이 부활 때나 승천하실 때 "다 이루었다!"라고 소리치신 것이 아니다. 십자가에서 "다 이루었다!"라고 하신 이 점을 놓치면 안 된다. 그래서 모든 완성은 십자가다.

고린도교회에서 성만찬을 했는데 그 핵심은 바로 "주께서 죽으시던 날 밤에 주께 받은 그 떡을 떼시는 성찬식을 되풀이하면서 나를 기념하라" 하신 것에 있다. 부활하셨기에 이런 명령을 하시는 것이다. 왜 십자가일까? 그것은 세상 지혜로 구원된 것이 아님을 분명히 하고, 오직 구원은 그냥 부활의 능력이 아니라 '십자가의 능력'에 있음을 알리기 위해서다(고전 1:17-18). 즉 우리 성도도 단순히 십자가와 부활 때문에 내가 살았다는 것이 복음의 핵심이 아니라 '예수님 희생의 효력'이 복음의 핵심이며, 천국에 가서도 영원히 이어져야 할 이유가 하나님에게 있었다.

그리고 논리상 이 점을 분별하면 좋겠다. 두 개의 개념이 체계를 이루기 위해서는 어떤 식으로든 한쪽이 종속되어야 한다. 사람은 두 주인을 동시에 섬기는 의식이 불가능하다. 시간적 순서로 부활이 나중이니 일단 부활이 있고 난 뒤에는 십자가를 부활에서 흡수 통합시키면 아무런 모순이 없이 보이지만 실은 그렇지 않다. 도리어 부활이 십자가에 종속되어 위계화된다. 그 이유는 '주의 이름'으로 행하신 하나님 뜻에 대한 '다 이루심'은 이 땅에서 오직 그분만이 하셨다는 것을 확정 짓는 최종 완성이 부활에 있는 것이 아니라 십자가에 있기 때문이다. 그분에게 있어 부활이란 십자가 완성의 그 결과로 주어진 것이다.

다시 강조하면 자기 구원용으로 생각해서 사람들에게 희망을 제공할 목적으로 이것저것 챙겨서 풍성한 은혜라는 명목으로 좋은 상품을 만들어 주듯이, 십자가가 부족한 것처럼 십자가에 인간의 욕망을 보태어 나열하듯이 부활과 재림 및 하나님 나라 등을 모두 모아서 제시할 수는 없다. 예수님의 십자가의 죽으심으로 말미암아 우리가 죄인임이 드러났고, 그런 죄인이 어떻게 구원되었느냐를 증거하는 임무로 성도가 있는 것이다.

"그가 찔림은 우리의 허물 때문이요 그가 상함은 우리의 죄악 때문이라. 그가 징계를 받으므로 우리는 평화를 누리고 그가 채찍에 맞으므로 우리는 나음을 받았도다"(사 53:5).

부활이 이 귀한 복음을 희석하는 것이 아니라 도리어 십자가 복음을 확실히 해준다. 그래서 사도 바울은 갈라디아서 3장 1절에서 이렇게 이야기한 것이다. "어리석도다. 갈라디아 사람들아 십자가(부활이 아니라)가 눈앞에 보이거늘 누가 너희를 꾀더냐?" 우리도 이렇게 증거할 수 있어야 비로소 부활의 영을 받아 부활의 세계에 속한 성도이다.

▶ 심판과 구원

심판과 구원은 항상 함께 있다. 구원이란 어떤 일이 있어도 떠나온 세계로 되돌아갈 수 없는 상태를 말한다. 구원 문제는 하나님 소관이다. 우리가 구원받을 수 있지만 소유할 수는 없다. 구원받은 것을 확인시켜 주는 기준은 십자가 안에서 이미 죽은 자로서 세상을 바라보는 것이다(갈 6:14-15). 구원이 소멸될 수 있는가의 문제는 구원이 인간의 것이 아니라 예수님의 것이요 예수님께서 통치하는 세계이기 때문에 인간이 잃어버릴 처지가 아니다. 끊어질 수 있는 구원은 애초부터 구원이 아니다. 그래서 예수님이 하신 일을 믿고 사는 자는 구원에 탈락이 없지만 예수를 믿는 자신의 신앙 상태를 믿고 사는 자는 아직 그리스도의 통치권에 들어가지 못하고 신앙인의 흉내를 내는 자이며 이런 자는 구원받은 적도 없기에 탈락이라는 말을 쓸 수 없다.

예수님께서 오신 것은 죄로 인하여 자기 안에 갇힌 우리를 빼내주시기 위해서다. 자아로부터 빼내서 예수 안으로 불러들이는 것이다. 우리 힘으로는 자아로부터 빠져나올 수 없다. 외부에서 누군가가 빼내 주어야만 죄로부터 나올 수 있다. 그분이 예수님이다. 나를 죽이고 예수 안에 나로 새롭게 창조하신 것이다. 우리의 구원은 예수님이 십자가에서 다 이루셨다. 우리는 예수님이 수고해 놓으신 것에 단지 믿음으로 참여하는 것뿐이다.

하나님의 거룩은 바로 '거룩한 자의 피'다. 앞으로의 불의 심판은 예수님의 피가 있느냐 없느냐로 가름이 된다. 하나님은 거룩하지 않은 자가 이 지상에 생존하는 것을 용납하지 않을 분이다. 우리는 성경을 봐야 한다. 그리고 우리의 상식에서 벗어나야 한다. 하나님은 우리의 상식대로 놀아나시는 분이 아니다. 자신의 원칙대로 심판하시고 구원하시는 분이다. 그러면 처음에 왜 심판으로 하나님은 물을 사용하셨을까? "하나님이 이르시되 천하의 물이 한곳으로 모이고 뭍이 드러나라 하시니 그대로 되니라"(창 1:9)고 되어 있다. 하나님의 땅 만드심은 그냥 땅만 만드신 것이 아니라 물속에 잠기도록 땅을 만드시고 그 위에 덮인 물이 열려서 걷어진 그 범위 내에서만 땅이 되게 하시는 식으로 이루어졌다.

그러니까 구원하는데도 왕이신 하나님은 그 왕적 법칙을 그대로 적용하신다. 즉 모든 심판 속에서 일부 심판이 걷히는 식으로 구원하시되, 단 그 저주를 회수하는 그 범위 내에 존재하는 정해진 인간에게만 혜택이 돌아가도록 구원하신다. 즉 자신이 '저주 속에 잠겨 있음'을 당연히 여겨야 구원이 오로지 왕 되시는 분의 '은혜로운 능력으로만' 가능하다는 것을 알게 된다. 이것이 비둘기 같은 마음이다. 그러므로 무서운 진노의 저주에서 벗어난 환희가 있어야 제대로 하나님의 왕 되심을 증거하는 성도라고 할 수 있다.

바로 노아의 홍수는 하나님이 세상을 정죄하기 위함이었다. 그렇다면 노아는 어떻게 해서 구원받았나? 노아는 자신이 정결한 짐승의 희생으로 말미암아 구원되었다는 것을 뒤늦게 알게 된다. 이것이 안정성이다. 흔히 사람들은 환경이 안정될 때만 마음이 안정된다고 여긴다. 그러나 노아는 그렇게 생각하지 않았다. 하나님께서 실제로 '이 땅에 오셔서 무슨 일을 하셨는지' 가 관건이라고 믿었다. 그 일은 무엇인가?

> "노아가 여호와께 제단을 쌓고 모든 정결한 짐승과 모든 정결한 새 중에서 제물을 취하여 번제로 제단에 드렸더니 여호와께서 그 향기를 받으시고 그 중심에 이르시되 내가 다시는 사람으로 말미암아 땅을 저주하지 아니하리니 이는 사람의 마음이 계획하는 바가 어려서부터 악함이라. 내가 전에 행한 것같이 모든 생물을 다시 멸하지 아니하리니"(창 8:20-21).

비록 사람들이 생각하는 바가 어릴 때부터 악하지만 '정결한 제물의 희생' 을 보고서 다시는 전에 하던 것처럼 물로서 심판하지 않겠다고 하신다. 바로 이러한 일관성 있는 하나님의 일을 보고 노아는 안심하고 방주 밖으로 나올 수 있었다. 나를 의롭다고 구원해 주신 하나님의 측면에서 볼 때 방주 밖에 있으나 안에 있으나 정죄당하지 않으리라는 것은 너무나도 확실하기 때문이다. 이것이 바로 진정한 안정성이다.

예수님의 제자들처럼 주변 환경을 보고 새삼스럽게 예수님을 깨워야겠다는 의식과는 너무나도 다르다. 환경이 자신의 운명을 좌우하는 것이 아니라 어떤 기준과 규칙 속에서 움직여야 하는 것을 노아는 분명하게 알았다. 로마서 8장 1절에 보면 "그러므로 이제 그리스도 예수 안에 있는 자에게는 결코 정죄함이 없나니"라고 되어 있다. 이것보다 더 안정적인 말씀이 또 있을까! 환경 따라 예수님을 흔들어 깨우는 그런 종교적 태도가 얼마나 불신앙적인 행위인지를 알 수 있다.

하나님의 일관된 뜻을 남긴 노아의 제사는 사실은 노아 때 처음으로 한 것이 아니라 이미 아벨의 제사에서 시작되었다. 거기서도 희생의 정신이 배어 나온다. 제사 드린 자가 도리어 악에 희생당하는 것이 무엇인지에 대한 모호함이 노아 제사를 통해 다소 분명해졌다. 어쨌든 세상은 하나님의 뜻에서 보면 결코 불안정한 것이 아니다. 불안정한 것은 도리어 우리 마음이다.

예수님께서 십자가에서 진노의 잔을 마심으로 죄인에게 낙원을 허락하셨다. 십자가는 인간이 처한 비참함이 얼마나 깊은지를 보여줌과 동시에 거기서 하나님의 영광에 이르게 한다. 하나님의 진노가 그분의 거룩한 공의와 완전한 의의 수준에서 시행된 것이다. 그러므로 예수님의 십자가에서 흘리신 피에는 죄를 향한 하나님 진노의 심판과 무서움이 담겨 있다. 하나님의 무서운 진노와 심판을 모두 예수님께서 담당하신 희생을 보여주는 것이다. 예수님께서 형벌에 대한 심판과 악을 정복함으로써 우리가 악에서 해방되었고 만물을 새롭게 한 사건이다. 십자가는 사탄과 악을 정복하여 하나님의 의와 나라를 건설한 사건이다.

▶ 사망과 생명

사망의 진정한 본질은 '사망으로부터 보호 장치'가 갖추어져 있는 곳에서만 알려진다. 인간이 먼저 있고 사망이 오는 것이 아니라 사망이 먼저 있고 인간은 사망, 그 죽음을 설명하기 위해 만들어졌다. 에덴동산에 불길한 '죽음의 과실'이 심겨있는 것도 그 이유이다.

　인간은 죽기 위해서 만들어졌다. 사람은 제대로 사는 것이 임무가 아니라 제대로 죽는 것이 임무다. 죽음의 처리는 죽음과 겨냥해서 만나게 되는 율법의 역할이다. 죽음과 율법은 서로를 겨냥한다. 마치 양궁을 할 때 활 쏘는 자와 표적이 서로 마주 대하듯 한다. 율법이란 이미 하나님께서 정해놓으신 '그 약속''그 언약'을 지상에 드러내고 살려내기 위해서 12지파인 이스라엘의 역사에 담아놓으신 것이다. 즉 12지파를 모세가 불러 모으고 단을 쌓고 그 단에서 제물을 잡고 제사하고, 율법책을 낭독하고 마지막으로 피를 인간과 제단에 뿌린다(출 24:4-8). 이 말은 곧 약속과 피 사이에 '율법이 개입해 들어간다'는 것이다. 그렇게 해서 예수님께서 다 이루어 놓으신 활동이 율법 '완성의 효과'를 내는데 그 결과로 '사망'마저 점령하여 그 안에 갇혀있는 자기 백성을 건져내신다는 말이다.

　이렇게 되니 성도로는 이중의 삼킴이 발생하게 된다. 먼저 성도는 죄와 사망에 삼킨 바가 된다. 그래서 '살아 있는 자아'를 늘 살려보려고 애쓰면서 죄와 염려와 걱정과 근심을 하지 않을 수 없다. 즉 자신의 삶을 똑바로 하지 못하게 되면 저주가 주어질 것 같은 염려이다. 하지만 성도는 그 사망마저 예수님의 십자가 용서에 삼킨 바 됨을 안다. 따라서 성도는 현실을 읽을 때 궁극적으로 사망과 율법과 십자가의 현실작용으로 이해하게 된다. 이 점이 불신자와 다른 점이다.

　요한복음 5장 22절에 보면 "아버지께서 아무도 심판하지 아니하시고 심판을 다 아들에게 맡기셨으니"라고 되어 있다. 이 심판은 그저 문자로만 있는 게 아니다. 반드시 그 심판권을 발휘해야만 하는 때가 온다. 아니 벌써 실시 중이시다. 공경이란 전폭적으로 그분께서 하시는 모든 일에 지지를 보내는 것을 뜻한다. 하나님과 예수님은 생명이시다. 여기에 지지를 보낸다는 것은 거기에만 생명이 있고 또 주님이 하시는 모든 일이 생명을 부어주시는 것과 관련 있음을 인정하는 것이다.

하나님과 예수님을 공경한다는 말은 스스로 자기 인생을 생명으로 만들어 내지 못함을 충분히 받아들이는 자의 옳은 태도이다. 어차피 인간은 이렇게 사나 저렇게 사나 죽어 있기는 마찬가지다. 그런데 예수님이 이 땅에 오셔서 생명 주시는 일을 감행하셨다. 어떤 식으로 말인가? 세상을 둘로 심판하시면서 하신다. 물과 기름은 결코 섞일 수 없듯이 사망과 생명으로 나뉘게 된다. 예수님을 공경하는 자는 이미 사망에서 생명으로 옮겨진 자이다. 그리고 그 사람의 남은 전 인생은 생명으로 통하는 터널을 통과시키는 세월이다. 즉 매사에 있어 생명 쪽으로 이끄시는 사랑의 줄이 끊어지지 않는다.

그러니까 자신의 잘남과 훌륭함을 챙길 생각보다는 범사에 감사하는 것이 바른 신앙인에게서 나오는 숨겨지지 않는 감격이다. 하나님은 인간이 완전한가를 보시는 것이 아니라 예수님이 그동안 일으켜 놓고 인도하신 모든 것에 사랑으로 알고 감사함으로 예수님을 여전히 공경하고 있는가를 보신다. 성도에게 일어나는 모든 일까지 다 예수님의 작품이다. 하나님으로부터 직접 심판을 받는다고 여기는 사람은 아직도 구원받지 못했기 때문에 그런 생각을 고집하고 있는 것이다. 구원받지 못한 증거 중의 하나가 예수님을 통한 심판의 의의를 감 잡지 못하고 있는 점이다. 예수님 당시, 유대교인들은 하나님이 벌이시는 심판을 대비해서 자기 절제와 자기 관리와 신앙생활에 열심을 내고 있었다. 잘못 상황 판단을 한 죄의 열심이다. 하나님 쪽에서 일을 어떻게 하시는가에 대해서는 관심 없고 하나님이 뭐라든지 나는 내 식으로 심판에 대비하겠다는 것이다.

> "내가 진실로 진실로 너희에게 이르노니 내 말을 듣고 또 나 보내신 이를 믿는 자는 영생을 얻었고 심판에 이르지 아니하나니 사망에서 생명으로 옮겼느니라"(요 5:24).

그런데 이 상황이 무덤에 이를 때까지 이어진다. 그때 사람들은 예외 없이 아들의 음성을 들을 것이다(요 5:25-29). 하지만 예수님이 미리 와서 이 말씀을 하니까 사람들은 고개를 절레절레 흔들었다. 그러면서 "심판도 없이 어떻게 해서 예수라는 자의 말만 들으면 사망에서 생명으로 옮겨질 수 있는가?"라고 생각했다.

아직도 심판이 남아 있다고 여기는 자들만 심판받아 지옥 가게 된다. 마치 판검사 다들 피난 갔는데 아직도 재판받게 해달라고 요구하는 미련한 피고와 같다. 하나님은 이미 예수님을 통해서 심판을 실행했는데 이러한 하늘의 사정을 완전히 도외시하고 아직도 직접 하나님께 심판받겠다는 큰 실수를 하고 있다. 이런 자들은 예수님을 욕먹이고 하나님을 욕 먹이는 자이다. 이처럼 예수님이 오심으로 말미암아 모든 것이 달라졌다. 너무 크게 달라짐을 오히려 큰 기쁨으로 받아 이제는 아예 심판이 없음을 감격 속에서 받게 되었다.

(3) 부족함 없는 완전한 십자가

복음은 예수 그리스도의 십자가가 시작이며 중심이며 결론이다. 복음을 전하면서 처음에만 십자가를 언급하고 나중에 십자가를 빼버린다면 다른 복음으로 변질된다. 그뿐만 아니라 하나님의 아들을 다시 십자가에 못 박아 욕되게 하는 것이다. 그래서 그리스도의 도의 초보를 버리고 완전한 데로 나아가라고 말씀한다(히 6:1-6). 완전한 곳이 바로 하나님 아들의 십자가다. 따라서 한 번 빛을 받고 은사와 성령에 참여한 바 되고 하나님의 선한 말씀과 내세의 능력을 맛보고도 타락한 자들은 다시 새롭게 하여 회개할 수 없다고 한다. 여기서 타락은 하나님의 아들을 다시 십자가에 못 박는 것이다. 즉 예수 그리스도의 '십자가의 완전함' 을 믿지 않는 것이다. 그 사람이 아무리 엄청난 은사와 능력을 행하였다고 하여도 예수님의 십자가의 완전함을 믿지 않으면 타락이라고 말씀하고 있다.

우리가 '십자가 중심' 이라는 말을 할 때 주의가 필요하다. 왜냐하면 많은 것이 나열된 가운데서 중심을 차지하는 것이 십자가라고 생각하기 쉽기 때문이다. 그러나 십자가 중심이란 말은 처음부터 끝까지 십자가가 작용한다는 뜻이다. 처음과 과정과 끝이 모두 십자가를 나타내는 복음을 우리는 '십자가 복음' 이라 부를 수 있다. 십자가가 부족하여 무엇을 더 추가하거나 섞어 넣는 것을 십자가 자체가 거부하고 부정한다. 그래서 십자가의 완전함은 '다 이루었다' 는 말씀 속에서 선포되었던 것이다.

성경은 언약의 책이다. 그래서 성경은 구약과 신약이 있다. 구약은 옛 언약이고 신약은 새 언약이다. 따라서 언약을 모르면 성경의

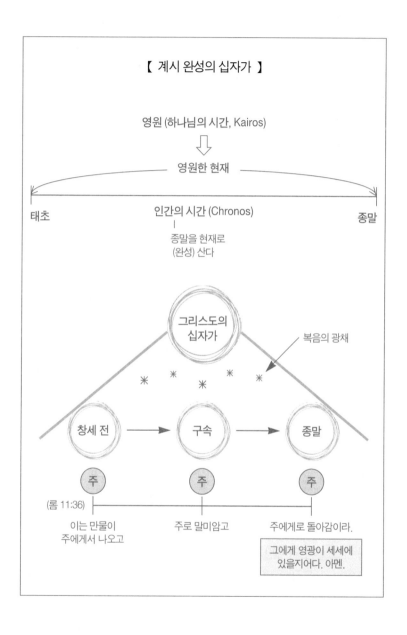

【 계시 완성의 십자가 】

영원 (하나님의 시간, Kairos)

영원한 현재

태초   인간의 시간 (Chronos)   종말

종말을 현재로
(완성) 산다

그리스도의
십자가

복음의 광채

창세 전 → 구속 → 종말

주   주   주

(롬 11:36)

이는 만물이
주에게서 나오고   주로 말미암고   주에게로 돌아감이라.

그에게 영광이 세세에
있을지어다. 아멘.

중심을 모르는 것과 같다. 하나님께서 말씀으로 약속하신 내용이다. 언약이란 쉽게 표현하자면 '말로 약속한 것'이라 할 수 있다. 성경은 하나님의 말씀이다. 하나님께서 약속하셨기에 인간이 이루어 내는 것이 아니라 말씀하신 하나님께서 이루어 내신다. 그 언약은 하나님과 인간 간의 '관계 설정'이 주요 내용으로 되어 있다. 이를 '언약 관계'라 하고, 하나님의 사랑으로 이루어졌기에 '사랑 관계'라고 한다. 즉 인간의 죄의 심판 속에서도 하나님께서 용서의 의를 제공하는 긍휼함으로 구원받았기 때문에 '긍휼 관계' 또는 '영생의 사귐 관계'라고 표현되는 끊을 수 없는 결속 관계다(롬 8:39).

하나님의 언약이 역사 속에서 사건화되어 모든 약속을 이루어 내신 분이 예수 그리스도시다. 예수님께서 십자가에서 다 이루었다고 하셨다(요 19:30). 하나님의 모든 약속을 다 이루어 내시는 성취의 자리이다. 하나님의 모든 약속은 '예수 그리스도 안에서' 다 완성되었다. 이 말씀에 대하여 우리가 '아멘' 하는 것이 하나님께 영광을 돌리는 것이다(고전 1:20). 우리는 흔히 하나님 말씀을 우리가 이루어 내서 하나님께 영광을 돌리자고 한다. 그런데 인간이 하나님 말씀을 하나도 순종할 수 없다는 사실이 옛 언약인 구약에서 철저하게 검증이 되어 왔다(롬 3:9-12).

하나님의 모든 언약은 인간이 이루어 낼 수 없음을 보여주시는 것이 '구약'(롬 3:19-22)이며 그 모든 언약을 대신 이루시는 분이 오신다는 것을 옛 언약에서 계시했다. 그 언약대로 예수 그리스도께서 이 땅에 오셔서 하나님의 모든 언약을 다 이루어 내셨다. 그 언약 또는 약속들이란 영원 전 언약, 아담 언약, 노아 언약, 아브라함 언약, 모세 언약, 다윗 언약이다. 따라서 모든 언약의 완성이며 새 언약의 완성자 예수 그리스도를 믿는 것이 하나님의 뜻이며 하나님께 영광이 된다. 우리는 '예수 그리스도 안'에서 '모든 언약의 완성'을 맛보며 안식을 누리는 자이다. 하나님께 영광 돌린다면서 십자가는 아랑곳없고 스스로 계획을 세우고 추진하고 있는 사람들에게는 십자가의 완성이 기쁜 소식이 아니라 괴로운 소식이 될 수도 있다.

그 결과로 땅에 사는 자들, 즉 땅의 것만 목적으로 사는 자들이 복음을 증거하는 자를 박해하고 죽이며 즐거워하고 기뻐한다(계 11:10). 그 장소의 이름이 나와 있는데 복음을 증거하는 증인을 죽여버린 곳, 바로 영적으로 말하면 소돔이라고도 하고 애굽이라고도 한다(계 11:8). 즉 심판받을 세상이라는 말이다. 그런데 그 심판을 받을 곳이 주님을 십자가에 못 박은 곳이라고 한다. 예수님께서 십자가에 못 박히신 곳이 하나님을 가장 잘 섬긴다는 사람들이 모여 산다는 예루살렘이다. 이곳에 성전이 있었고 율법이 있었고 제사장과 제사가 있었다. 사실은 이곳이 바로 소돔이었고 애굽이었다는 말씀은 큰 충격이다.

그렇다면 오늘날 교회마저도 언약의 성취를 모르고 율법 안에 갇혀있다면 예수 그리스도의 십자가가 바로 선포될 때 얼마든지 소돔이 되고 애굽 세상의 본색을 드러낼 것이다. 따라서 이 마지막 시대에 은혜의 성령으로 인하여 하나님의 아들이신 예수 그리스도의 십자가 피만이 우리를 거룩하게 하는 '언약의 피'임을 굳게 믿고 살아가야 할 것이다. '완전한 십자가'는 그리스도께서 십자가에서 피 흘리심으로 율법의 요구를 다 성취하셨고, 하나님의 뜻인 언약을 완성하셨음을 선언하는 완성의 장소이자 말씀 성취 내용이다. 이 십자가는 죗값을 갚으라는 율법의 요구를 이루시려고 율법대로 예수님께서 대신 죽으

신 것이다. 예수님은 십자가에서 죽으심으로 죗값을 치러 죄 용서를
가져오셨다. 이 죄 용서가 곧 우리의 의가 되었다. 이 의는 오직 믿음
으로 받는다. 믿는 자에게 더는 구원을 위하여 율법을 준수하라는 요
구가 사라진 것이다. 복음은 이러한 '완전한 십자가'를 믿는 것이다.

　따라서 우리의 믿음은 주 예수께서 십자가에 죽으심으로 죄 용
서, 곧 예수 그리스도가 우리를 대신하여 의가 되신 것을 믿는 것을
말한다. '언약의 십자가'만이 성취의 모든 것이며 완전한 우리의 구
원이며 생명이다. 십자가 선행이나 율법 준수로 완전한 구원을 얻는
것이 아니다. 이제 우리는 주 예수께서 주신 믿음으로 죄 용서를 받
아 영생하게 되었다. 하나님이 사람(인자)이 되셔서 우리의 죗값을
그의 피로 갚으셨다. 이러한 내용을 포함하는 언약의 십자가가 '완
전한 십자가'이다. 성령을 보내주셔서 언약 성취의 자리로 자기 백
성을 불러들이시는 분은 예수님이시다. 예수님과 함께 연합시키는
것이다. 하나님의 경륜과 뜻이 나타난 언약은 십자가로 이루어졌으
므로 언약의 능력은 십자가의 능력으로 확인할 수 있다. 이제는 십자
가 외에 다른 내용을 가지고 복음을 전해서는 안 되는 이유가 여기에
있다. 다른 내용으로 '다른 복음'을 전하는 것을 십자가 자체가 배제
하고 있기 때문이다.

　우리는 죄 아래 태어났다. 죄 아래에서 태어났기 때문에 죄로 알
게 된 하나님을 섬기게 된다. 죄로 알게 된 하나님은 나를 도와주는
하나님이다. 내 소원을 들어주고 나를 사랑해 주고 내가 하는 모든
일을 옳다고 인정해주는 하나님이다. 그러나 이러한 하나님이 우상
이다. 탐심은 우상 숭배이다. 이러한 우상을 부수고 허상을 걷어치우
는 십자가의 능력은 '다 이루심'의 완성의 능력으로 십자가 외의 어

떠한 인간의 행함을 보태는 것을 제거한다. 부족함이 없는 완전한 능력이기에 더 이상의 불필요한 능력을 요구하지 않는다. 그래서 완전한 십자가이다. 구약의 그림자와 모형은 실상인 예수님의 십자가로 완성된 세계인 '그리스도 안'에서는 그 역할이 붕괴되었다.

그러므로 우리가 아는 것은 십자가가 '하나님의 능력'이며 '하나님의 지혜'(고전 1:23-24)라는 사실이다. 그것이 바로 '언약의 십자가'를 아는 것이다. 이 십자가는 우리가 대적과 싸우는 무기일 뿐만 아니라, 십자가 복음이 하나님의 능력으로 나타나 십자가를 대적하여 높아진 것을 다 무너뜨리고 모든 생각과 사상을 사로잡아 십자가를 지신 그리스도에게 굴복하게 하실 것이다(고후 10:4-6). 그리스도의 인격과 사역의 총체인 십자가에 인간의 행함이나 착함이나 의로움이나 위대함이나 그 어떠한 것을 섞어 넣지 않고 예수님 홀로 이루신 '완전한 십자가'를 전하는 것이야말로 예수님께서 주와 그리스도가 되심을 증언하는 현장이며 하나님께 영광이 된다.

이미 끝났음을 확인하는 방식은 십자가 사건의 반복이다. 알파와 오메가가 되시는 분은 하나이다. 시작과 끝이 하나가 되어 묵시로 시공간을 넘어서는 일을 위하여 예수 그리스도는 중보자로서 우리에게 계신다(딤전 2:5). 하늘과 땅의 접촉점인 십자가의 일로 이루어 내신다. 예수님을 주와 그리스도로 믿는 것이 우리가 인식하는 현재의 시간과 공간에서 일어나는 일이라고 해도 이것은 영원 전, 즉 창세 전에 맺어진 언약 때문에 발생하는 일이다. 신앙인은 역사 속에서 다 이루신 것을 믿음으로 살아간다. 믿는 자는 구원의 역사는 이미 완성되었고 묵시로 살아가는 자이다.

>>> CHAPTER · 02

기독교의 핵심인
십자가 복음

(1) 그리스도 안에서 통일 : 연합

▶ 복음의 핵심은 그리스도의 십자가

십자가 복음은 기독교의 심장이요 핵심이다. 이 복음에는 하나님이 이루신 언약의 모든 내용을 담고 있다. 그래서 복음의 가장 중심에는 십자가가 있다. 우리는 십자가에 담긴 언약을 믿음으로 받아들임으로써 하나님의 비밀인 지혜를 성령으로 깨달아 하나님의 능력인 십자가의 길에서 우리와 함께하시는 그리스도를 만나는 기쁨을 누린다.

복음의 중심은 내가 원하는 것이 아니다. 그리스도 안에서 하나님께서 이루신 일을 말하고 있다. 그 중심에는 예수 그리스도가 계신다. 그분이 이루신 십자가가 있다. 복음은 하나님께서 우리를 위해서 하신 일을 먼저 알려주시고 성경을 통해 하나님의 아들 예수 그리스도가 이 땅에 육신으로 오신 일과 우리 죄를 위해 십자가에서 피를 흘리심으로 죄의 대가를 다 치르신 일과 죄인인 우리를 그 피로 깨끗하게 하셔서 하나님 앞에 의롭다 여김을 받게 하신 일을 알려주신다.

그러나 인간중심으로 개인 구원에 초점을 맞추어 십자가를 이해할 때 이 십자가는 언약의 십자가로 이루어진 복음이 아니라 언약이 빠진 '나를 위한' 개인주의적 성향을 띄게 된다. 따라서 구원이 언약의 틀에서 벗어나는 순간 그리스도의 십자가는 개인 구원을 위한, 심하게는 '나를 위한' 수단으로 전락할 수 있다. 하나님께서 아들 예수님과 언약을 맺으시어 자기를 찬송하는 언약 백성을 만드는 것이 구원의 목적이다.

십자가 복음을 전하는 일은 그리 쉬운 일만은 아니다. 사람들은 십자가를 말하고 죄를 드러내고 심판을 선포하는 말씀을 기뻐하지 않는다. 이는 그동안 거짓되고 변질된 복음에 물들었으며 거기에 익숙해졌기 때문이다. 즉 진리를 거슬러 번영과 치유와 신비주의와 도덕주의와 율법주의로 빠져든 거짓된 복음을 좋아하게 되었기 때문이다. 그래서 참된 복음은 많은 사람에게 인기가 없다. 그들은 참된 진리의 복음이 뭔가 불편하다고 느낀다. 대신에 자신에게 짜 맞추어 달콤하게 제공된 거짓된 복음을 더 좋아한다.

복음의 진수는 예수님께서 십자가를 지심으로 사탄의 세력을 꺾고 자기 백성을 생명의 세계로 인도할 때 그동안 자신을 억눌렀던 죄와 형벌의 공포에서 벗어나 참 자유를 얻은 백성이 예수님을 주로 찬양하고 감사하는 데 있다. 이것이 하나님께서 그리스도의 십자가를 통해서 성취하신 부요함이다. 그러므로 그리스도 십자가의 대속이

기초가 되어 화목, 구속, 칭의, 화평이 이루어졌다. 예수님이 지신 십자가는 용서와 심판을 동시에 보여주는 독특한 사건이다. 자기 백성의 죄를 대신한 죽음이기에 십자가를 통해서 영원한 사죄가 발생했고, 다른 측면에서는 사탄의 권세를 영원히 심판하신다.

십자가 복음은 예수님의 죽으심과 부활을 모두 포함한다. 왜냐하면 만약 부활하시지 않았다면 그분의 죽음에 의하여 아무것도 성취하지 못하기 때문이다. 하지만 십자가 복음은 십자가를 강조한다. 승리가 성취된 곳이 바로 십자가였기 때문이다. 부활이 죄와 죽음으로부터 우리를 구원하는 것이 아니라 십자가의 죽음이 죄와 죽음으로부터 구원한 것이며, 부활은 그것에 대한 확신을 우리에게 심어준다. 십자가를 패배로 생각하고 부활만을 승리로 간주하는 일은 잘못되었다. 하나님이 말씀하시는 부활은 예수님의 십자가에 대해서 지속해서 언급하는 것으로서의 부활이기에 십자가를 거부하면 반드시 부활도 거부하게 되어 있다. 이 말은 부활은 예수님의 십자가 사건을 무효로 돌리는 사건이 아니라 도리어 중심내용으로 포함하고 있다.

따라서 성경은 그리스도의 십자가와 부활이 분리될 수 없음을 가르쳐준다. 십자가에서 이루신 모든 일이 부활로서 확증되기 때문이다. 성경이 십자가를 강조하는 이유는 그리스도께서 십자가를 통해 모든 저주와 사망의 원인인 죄를 처리하셨기에, '예수님의 십자가에서 흘린 피'가 구원의 능력이며 복음이기 때문이다. 십자가가 없는 부활이나 십자가가 없는 하나님 나라를 선포하는 것은 거짓 복음을 선포하는 것이다. 십자가에서 그리스도에 의한 성취는 우리에게 승리를 가져다주었다.

"또 범죄와 육체의 무할례로 죽었던 너희를 하나님이 그와 함께 살리시고 우리의 모든 죄를 사하시고 우리를 거스르고 불리하게 하는 법조문으로 쓴 증서를 지우시고 제하여 버리사 십자가에 못 박으시고 통치자들과 권세들을 무력화하여 드러내어 구경거리로 삼으시고 십자가로 그들을 이기셨느니라"(골 2:13-15).

성도는 그리스도의 승리 안으로 들어가서 승리의 유익을 함께 즐긴다. 그리스도께서 우리를 율법, 육신, 세상, 죽음으로부터 자유하게 하셨다. 그리스도인이 하나님과 맺은 친밀한 관계의 특징은 담대함, 사랑, 기쁨이다. 십자가 앞에 설 때 우리는 우리의 가치와 무가치함을 동시에 보게 된다. 왜냐하면 우리는 죽기까지 하신 그분의 크신 사랑과 그분을 죽음에까지 이르게 한 우리의 큰 죄를 모두 깨닫기 때문이다. 우리는 '창조되고 타락했으며 구속된' 자신을 존중하면서 죄에 대하여, 악한 소욕에 대하여, 무사안일에 대하여 자신을 부인해야 한다.

그리스도 십자가의 영향력은 구원, 체험, 전파, 대속, 박해, 거룩, 자랑이 우리 삶 속에 나타나게 된다. 천지 만물을 창조하신 하나님은 우리의 대속자가 될 수 없고, 오직 하나님의 독생자로 육신의 몸으로 이 땅에 오신 예수님만이 우리 죄를 대신하실 수 있다. 십자가는 하나님이 죄 된 인간들에게 자신의 사랑과 희생을 보여주는 자리이다. 우리는 십자가에 달리신 그리스도의 권위 아래 오도록 부르심을 받는다.

▶ 그리스도 중심인 십자가로 통일

언약의 십자가가 신약에서 기존의 모든 개념과 인간의 지혜를 부수는 것처럼 구약에서는 언약이 그 당시 모든 우상과 거짓 종교를 부수는 역할을 했다. 그리하여 그리스도께로 통일을 이루는 것이 목적이다(엡 1:10, 4:6, 골 1:18). 성경의 역사는 언약이 중심이 되어 그리스도를 위하여 그리스도로 통일되는 구속의 역사이며 교회는 이러한 구속사의 과정 가운데 존재한다. 그 핵심에는 '하나님의 언약'이 있으며 그 언약은 인간에 대한 하나님의 모든 계획을 총괄하고 있다. 하나님의 언약은 구약시대와 신약시대로 나누어 생각하게 되며 그 언약은 점진적이며 구체적이고 발전적 성격을 띠게 된다.

따라서 성경의 역사는 언약의 역사다. 특히 성경에 기록된 노아로부터 그리스도까지의 구속역사가 하나님의 언약 관계의 영역 밖에 있었던 기간은 없었다. 결국 구약의 역사는 하나님의 언약 예언과 성취를 통해 그리스도를 증언한다. 노아 언약, 아브라함 언약, 모세 언약, 다윗 언약, 새 언약 등에서 언약을 말할 때 언약이 우리에게 지시하는 것은 하나님의 자기 영광 회복을 위한 거대한 창조 경륜과 구속적 계획의 실현이다. 따라서 인간 역사의 중심에는 하나님의 언약이 자리 잡고 있으며 세상의 모든 일반역사 역시 언약 중심으로 해석되는 것이다.

그러나 죄인인 인간이 추구하며 이끌어가는 역사는 본성적으로 그 언약을 벗어나려는 경향이 있다. 구체적으로는 하나님을 떠난 인간은 역사 가운데서 하나님의 구속사적 경륜으로부터 끊임없는 탈출을 시도하고 있다. 그리하여 인간은 하나님의 뜻과 관계없이 자신의 죄악 역사를 만들어가게 된다. 노아시대의 홍수심판도 결국 하나님과 그의 언약의 말씀을 떠난 인간에 대한 심판이었다. 하나님께서 베푸신 언약이 인간의 생명을 위한 것이지만 언약을 벗어나서 행하는 인간의 역사는 영원한 죽음을 향해 나아갈 따름이다.

구약에서 장차 하나님 나라를 보여주는 약속의 땅은 언약의 원칙이 적용되는 곳의 모형이다. 신약의 천국은 언약 완성의 영역이다. 하나님은 이스라엘 백성에게 언약을 알 기회를 주기 위해서 그들을 곧바로 약속의 땅으로 데려가시지 않고 광야 길로 이끄셨다. 그것은 언약을 모르는 채 약속의 땅에 들어가면 그들은 언약으로 통치되는 약속의 땅에서 살아갈 권리가 사라지게 되기 때문이다.

따라서 이스라엘 백성은 낮에는 구름기둥 밤에는 불기둥으로 인도함을 받았다. 이는 인간 속에 있는 거룩하지 못한 것들을 끄집어내어 '언약의 본질'을 그들 앞에서 펼쳐 보이기 위함이었다. 극심한 상황과 형편에 불평하고 원망하는 것이 죄가 아니라 '언약을 모르고 언약의 하나님을 모르는 것'이 죄가 되었다. 어떠한 환경과 형편에서도 하나님의 언약을 알고 언약으로 감사하는 이스라엘이 되도록 하는 것이 하나님께서 원하시는 것이었다.

구약시대의 사람들은 하나님의 언약을 알고 언약을 바라보는 것이었고 예수님 시대의 그리스도인은 예수님에 의해 성취된 언약 안에서 주를 바라보는 것이다. 구약이나 신약이나 시대를 초월하여 언약 안에서 구원된 자로 발견된 것은 동일하다. 그래서 그리스도인은 생존을 위해서 존재하는 자들이 아니라 언약의 하나님께서 자신의 언약대로 일관성 있게 일을 이루어가고 계심을 증명하기 위해서 부르심을 받아 나온 자들이다.

그러므로 우리의 관심은 하나님의 은혜로서 모든 것이 하나님의 언약대로 움직인다는 사실을 알고 하나님의 언약 말씀에 초점이 모일 때 그리스도로 통일되는 것에 있다. 언약의 복음은 '그리스도 안에서 통일된 십자가 복음'이며, 이 복음은 우주 만물 안으로 충만한 복음의 능력을 나타내고 있다. 언약의 특성이 다양하게 보이지만 언약의 본질은 같은 맥락 속에서 연속적이고 통일된 것이다.

노아 언약은 땅의 회복이 주어진 것에 대한 대가이다. 은총을 베푼 증거는 정결한 짐승의 희생이다. 언약 거부자는 덮어줌의 원리를 모른다. 아브라함 언약은 복의 민족의 출현이다. 은총을 베푼 증거는 할례받은 자식의 희생이다. 언약을 거부하는 자는 선택행위를 무시하고 혈통우선권을 주장한다. 모세 언약은 율법을 어겼는데 긍휼이 베풀어지는 것이다. 은총을 베푼 증거물은 법궤에 발린 피에 있다. 언약을 거부하는 자는 이방 나라이다. 즉 하나님이 언약으로 이스라엘을 선택하는 것을 반발하는 국가는 언약 밖의 나라이다. 다윗 언약은 선택된 왕이 따로 존재함에 있다. 은총을 베푼 증거는 성전과 선지자의 고난이다. 언약을 거부하는 자는 힘으로 유지되는 국가와 종교를 수립하고자 한 정치적 왕들이다. 새 언약은 심판주가 이 땅에 내려오심이다. 은총을 베푼 증거는 예수님의 십자가 죽음과 부활이다. 언약을 거부하는 자는 자기의 종교적 의와 성과를 축적하며 인간에게 선할 가능성이 있음을 고집하는 것이다.

성경은 '예수님이 누구신가'를 보이기 위한 언약의 말씀이다. 따라서 성경에서 말하는 복음은 '예수님의 활동'이 중심이다. 그리스도인을 통하여 예수 그리스도의 십자가 복음이 증거될 때는 이 중심에서 벗어난 세력과 끊임없는 영적 투쟁이 일어난다. 이 땅에서 영적 투쟁이 있다는 것은 우리가 구원받았음을 확인해 주는 현상이다. 구약성경 전체는 예수님의 십자가 사건의 내막을 증거하는 것이다. 엘로힘 하나님께서 언약을 주시고 그 언약을 성취하실 때는 여호와 하나님으로 '일하신다.' 그래서 이스라엘 백성의 탄생과 인도하심에는 주로 여호와 하나님으로 나타내신다. 전쟁은 여호와께 속한 것으로 약속으로 오시는 분이 이루시는 과정이 나타난다.

이제 구원 얻은 자들에게는 정과 욕심을 못 박는 십자가가 출발점이다. 그리스도 안에서 통일된 십자가이기 때문이다. 신약 없이 유대 신학처럼 구약을 해석해 내는 것은 위험천만하다. 신구약 관계에서, 구약과 상관없는 신약의 내용이란 없다. 모든 것이 구약에 뿌리를 두고 있다. 따라서 그리스도 완성의 복음은 구약의 뿌리를 찾기 위해서는 구약에서 시작해서는 안 되고 신약 '예수님의 십자가'에서 시작해야 한다. 십자가는 모든 말씀을 성취하신 내용을 담고 있기에 완성으로 미완성을 비추면 그 부분이 완성을 향하고 있다는 것을 알게 되고, 완성된 세계 속에서 살아가는 우리는 그 완성이 누가 어떻게 이루셨는지를 확인하는 삶을 살면서 항상 회개와 함께 감사 찬양만 터져 나오는 기쁨을 누리게 된다.

주님의 영광을 위하여 부르심을 받은 그리스도인의 믿음 속에는 하나님의 계시가 담겨 있다. 이는 하나님 말씀의 능력이 그 사람 속으로 들어가서 일하고 있는 주님의 도구가 된 것이다. 그리스도인의 삶은 본인이 결정해 가는 삶이 아니라 자신 속에 들어와 있는 말씀이 결정짓는 삶이 되는 것이다. 예수님을 믿는다는 것은 그리스도인이 새로운 능력을 갖는 것이 아니라 하나님과 새로운 관계 안에 놓인 상태가 되었다는 뜻이다.

믿음이란 눈에 보이지 않는 예수님을 믿는 것이다. 그러나 예수님 때문에 변화된 세상의 특징을 믿는 것을 믿음이라고 하지 않는다. 복음을 전할 때 예수 그리스도를 증거해야 한다. 그러나 예수님을 증거하는 자신을 증거하는 것을 조심해야 한다. 마찬가지로 예수님에 의해서 일어난 변화에 주목하여 성경을 해석해서도 안 된다. 축복과 저주는 사람 하기 나름이라고 여기는 사람이 중심이 아니라 예수 그리스도께서 이루신 복음이 중심이 되어 은혜로 축복이 주어진다. 그래서 그리스도인이 전하는 예수님의 십자가 복음을 거부하는 자는 저주를 받는다. 시작부터 끝까지 언약을 이루시는 데 신실하시고 성실하신 분이 그리스도다. 처음과 과정과 끝이 그리스도다.

"이는 만물이 주에게서 나오고 주로 말미암고 주에게로 돌아감이라. 그에게 영광이 세세에 있을지어다. 아멘"(롬 11:36).

그리스도의 십자가 성취는 그리스도의 인격과 사역이므로 구원뿐만 아니라 계시로도 이해되어야 한다. 왜냐하면 십자가는 구원 사건일 뿐만 아니라 계시의 사건이기도 하다. 하나님은 세상을 위하여, 십자가에서 하신 일을 통하여, 세상을 향하여 말씀하신다. 인간이 행동을 통해 자기 성격을 드러내듯이 하나님도 그분 아들의 죽음 속에서 우리에게 자신을 보여주신다. 십자가는 사역이 될 뿐만 아니라 말씀이 되기도 한다.

십자가를 통해 성취하신 일들은 죄가 처벌받고 죄인들이 용서받는 것과 악을 무너뜨리고 인류를 해방하는 것과 죽음을 파괴하고 죽음의 세력을 잡은 자인 마귀를 멸하는 것과 복음으로 생명과 썩지 아니할 것이 드러나는 것과 하나님과 화목하는 것과 온 피조물이 회복되는 것이다(사 53:6, 골 1:20, 2:15, 히 2:14, 딤후 1:10, 엡 2:14-16).

이 모든 것이 십자가에서 성취되었고 그런 다음 부활로 확증되고

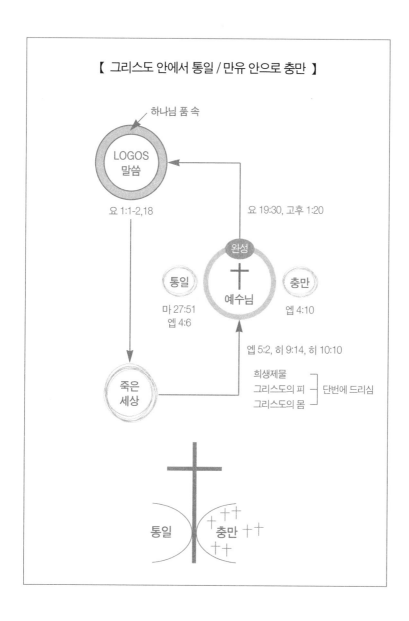

【 그리스도 안에서 통일 / 만유 안으로 충만 】

하나님 품 속

LOGOS
말씀

요 1:1-2,18

요 19:30, 고후 1:20

완성

통일

✝
예수님

충만

마 27:51
엡 4:6

엡 4:10

죽은
세상

엡 5:2, 히 9:14, 히 10:10

희생제물
그리스도의 피 ─┐
그리스도의 몸 ─┘ 단번에 드리심

통일   충만

입증되고 보증되었다. 예수님의 죽으심으로 이루신 결과로서 믿는 자에게 영원한 생명을 주시고, 그들에게 그리스도가 누구인지를 알게 하는 참지식을 갖게 하시며 그리스도의 몸으로 이끌게 된다. 십자가는 그리스도만의 유일한 실재이자 사건이며 동시에 우리 모두의 실재이자 사건이다. 십자가의 성취는 십자가 안에서 십자가 본질인 심판과 사랑을 나타내며, 전인적인 구원으로서 죽음과 누림을 동시에 가져다준다. 이러한 성취의 승리는 죄와 사탄에 대한 승리이며, 육체와 세상에 대한 승리이며, 우리에게 자아로부터 해방을 안겨준다.

그리스도의 십자가는 하나님의 영원한 계획을 이루기 위해 절대적으로 필요하다. 인간을 죄에서 구원하는 유일한 방편이며, 하나님의 사랑과 거룩하심을 모두 만족시키는 것이다. 또한 십자가는 우리를 구원하는 핵심 요소이다. 사도 바울은 말하기를 "나는 십자가 외에는 알지 아니하기로 작정했다"라고 했다(고전 2:2). 왜 바울은 저주받아 죽임당한 예수님의 십자가에만 관심을 가지는지 깊이 생각해 보아야 한다. 또 이는 언약의 핵심인 십자가를 성경의 중심내용으로 보아야 함을 말한다. 즉 예수님께서 십자가에서 저주받아 죽으신 것을 기쁜 소식(복음)으로 전파하고, 이 세상이 불 심판 대상인 것을 외치는 이유이다.

▶ 복음의 출발점인 언약의 자리

복음은 언약의 자리가 모든 출발점임을 알려준다. 그리스도인은 자기 자아로부터, 또는 주체로부터 출발해서는 안 된다. 그리스도인은 하나님이 만들어 넣어주신 자리에서 출발해야 한다. 그 자리가 언약의 자리다. 본래 하나님의 계획은 인간 구원을 목적으로 하는 것이 아니라 자신의 언약 세우기에 있다. 언약의 자리가 중요한 이유는 하나님께서 천지를 창조하실 때의 원리가 언약에 그대로 전수되어 내려오기 때문이다. 대자연마저 언약을 위한 배경으로 움직이고 있다. 자연 세계도 언약을 중심으로 돌아간다. 이스라엘이 존재하는 이유는 언약을 이 세상에 구체화하고 펼쳐 보이기 위한 것이다.

언약은 우리가 지키는 것이 아니고 언약 자체를 하나님께서 지키기 위해서 거기에 필요한 일꾼과 백성에게 친히 찾아오신다. 하나님의 관심은 '언약 세우기'에 있으며 우리의 구원에 집중된 것이 아니다. 구약을 보면 이 언약이 얼마나 차근차근 성취되고 있는지를 알 수 있다. 그리스도 외에 그 누구도 하나님이 원하시는 언약을 이룰 수 없다. 언약을 이룰 능력도 없는 자들이 언약을 이루신 분을 죽이는 그 사건 자체가 하나님께서 진정 원하신 언약의 진수였다. 거짓이 참을 공격한 사건이 바로 십자가 사건이다. 그리고 이런 일의 배후에는 정사와 권세인 이 세상 신이 있었다.

아브람이 아브라함으로 바뀌면서 이 생성의 자리에 등장하는 존재가 아브람을 대체한다. 그가 바로 이삭이다. 노아 방주 안에서 홍수가 끝나면 희생제물이 될 정결한 짐승과 정결한 새의 기능을 해야 할 인물이 바로 이삭이다. 자식의 할례가 아버지를 살린다(출 4:24-25). 이런 방식으로 그리스도에게 이르면 예수 그리스도만이 유일한 아브라함 자손이 된다(갈 3:16). 즉 그리스도만이 모든 그리스도인의 언약적인 바탕이 된다. 이런 토대 위에 아브라함의 모든 행위는 믿음이 된다. 그래서 "믿음으로 구원받는다"라는 말은 "언약적 죽음 안에서 구원받았다"라는 뜻이다.

이렇게 구원받은 자는 "나 예수 믿습니다"라고 하며 자기 믿음을 자랑하지 않는다. 대신 "나는 저주받아 마땅한데, 어찌 이런 일이 일어났지. 예수님을 믿게 되다니!" 하면서 그리스도의 증인이 되고 예수님을 자랑하게 된다(갈 6:14). 언약이 없는 이방인의 과학적 사고방식으로는 홍해가 갈라지고 여리고 성이 무너지는 사건을 설명할 수 없다. 과학적으로 설명되어야 한다는 자체도 언약 없이 설명하려는 불신의 태도이다.

아브람은 '아브라함' 되기 위한 하나의 재료가 되는데 이 속에서 '하나님의 의'가 생성된다. 아브라함은 의의 재료로 부름받았다. 아브라함이 된 후 아브라함 관점에서 다시 '아브람'을 생각하고 변화된 과정을 소급해서 보는 관점을 '믿음'이라고 한다. 그 믿음은 자신의 의도나 기대나 행함이 전혀 담겨 있지 않음을 발견하게 된다. 언약의 주체이신 그리스도의 중심에서 나온 사건이기에 이것이 바로 믿음이 발생하는 사건이다. 그러니 자기중심을 유지한 채, 그 자리에 주님의 중심을 받아들일 수는 없는 것이다.

주님 앞에서 사는 그리스도인이라면 평소 자기중심적으로 살아가는 모든 것이 죄라는 사실이 낱낱이 드러남에 감사하게 된다. 이를테면 '아브라함' 속에서 죽을 때까지 '아브람' 요소가 사라지지 않는다. 오히려 그 요소가 들통나면서 회개와 감사가 나온다. 왜냐하면 세상에 사는 동안에 하나님께 드려지는 '산 제물'이 되어야 하기 때문이다.

사라는 사래를 잊을 수 없고, 사라는 사래 시절의 하갈을 잊을 수 없다(갈 4:22). 이것을 '상호 관계성'이라고 한다. 독자적으로는 의미가 발생하지 않는다. 정반대되는 개념 앞에서 자신의 위상이 정립

된다. 하갈이나 사래나 다 같은 인간이지만 하나님께서는 인간들이 주장하는 '인간'이라는 개념을 인정하지 않고 '기능적'으로 다루신다. 당연히 언약인 그리스도 중심을 위한 기능이다. '그리스도가 누구신가'를 위해서 '언약 중심'으로 역사를 이끌어가신다.

그리스도 되신 예수님은 그 누구보다 먼저 나신 분이다(골 1:18). 창세 전에 먼저 나신 분인데, '하나님의 형상'으로 먼저 나신 분이다. 그리스도는 역사라는 시공간으로부터 '자유자'로서 역사 해석을 주관한다. 그렇게 되면 '인간은 하나님의 형상'이라고 주장하는 정통적인 신학적 견해는 거짓이 된다. 왜냐하면 예수님만이 하나님의 형상이기 때문이다(골 1:15). 그래서 인간은 '존재론적으로 하나님의 형상'이 될 수 없고 '기능적으로 하나님의 형상'이 된다.

성경 전체는 구원파에서 이야기하는 것처럼 인간의 구원을 위한 책이 아니다. 오히려 오늘날 일부 교회에서 이야기하는 것처럼 성경은 하나님이 인간을 구원하기 위함도, 사랑하기 위함도 아니고 오직 예수 그리스도의 주 되심과 하나님의 아들 되시는 예수님을 사랑하는 책이다. 하나님은 예수 그리스도 중심으로, 그리스도를 초점으로 세상을 이끄시기를 처음부터 원했던 것이다. 그래서 그리스도 안에서 선택되었고 창조되었다(엡 1:4).

이것은 창조 이전에 이미 '그리스도 예수 안'이라는 목적을 바탕으로 그 목적을 달성하기 위해서 주님께서 창세기 1장에 천지 만물을 창조한 것이다. 그래서 나의 구원이 하나님의 목적 전부가 아니다. 하나님께서 에서를 미워해서 지옥에 보내고 야곱을 사랑해서 천국에 보낸 것은 인간이 보기에 불합리하고 불공평하게 보이지만 예수님이 가진 두 속성, 미워하고 사랑하고, 일방적으로 누구는 미워하고 누구는 사랑할 권리가 주님에게 있음을 보여주기 위해서 천국과 지옥이 있는 것이다.

하나님은 아들 예수 중심이다. 우리에게 아들의 죽음을 보라고 요구하신다. 죽음 속에서 하나님이 나오는 것이다. 죽음 속에서 하나님이 나오기 이전에 먼저 이스라엘부터 나오게 하신다. 이스라엘은 장차 오실 예수님의 모형이기 때문에 그렇다. 이스라엘을 하나님의 아들이라고 한다. 하나님은 "이스라엘은 내 아들 내 장자"라고 하셨다(출 4:22).

하나님께서 요셉의 은혜를 잊어버린 바로왕을 앞세워서 히브리인들을 바로왕의 권세 속에 갇히게 했다. 그렇게 갇히게 하고 난 뒤에 모세를 보내서 하신 말씀이 "너는 바로에게 이르기를 여호와의 말씀에 이스라엘은 내 아들 내 장자라. 내가 네게 이르기를 내 아들을 놓아"야 된다고 하셨다. 아들이라 하는 것은 그냥 있다고 해서 아들이 아니라 갇혀있는 상황을 먼저 전제로 하고 거기서 빠져나오는 상황을 통해서 아들은 어떻게 만들어지고 이 세상에 나타나는가를 구체화시킨 것이다.

구체화 되면서 죽음 사건이 히브리인들과 결부되어 어린 양이 죽어서 문설주에 피를 바른다. 바로 그분이 아들이다. 그 어린 양을 믿을 때 그 믿는 자들이 아들에게 포함된 하나님의 이스라엘이라는 아들이 된다. 이스라엘을 장자라고 하지만 로마서 8장에 보면 맏아들은 예수님밖에 없다. 성령께서 기도하시는 이유는 미리 아신 자들을 부르시고 부르신 자들을 의롭다 하시고 의롭다 하신 자를 영화롭게 하신다는 말씀에 분명히 맏아들의 형상을 본받게 하기 위해서라고 되어 있다(롬 8:29).

그러니까 하나님의 관심은 맏아들에게 있는 것이다. 하나님은 '누가 이 세상의 주가 되시는가'를 보여주기 위해서 그 주의 형상대로 주를 드러내기 위한 목적으로 이 세상 모든 피조세계를 만들어 놓았다. 언약을 통해서 보면 인간은 하나님의 아들 그 인자 되시는 분을 어디서 찾게 되며, 이미 죄의 지배를 받는 인간세계 어디에서 하나님이 나오시는가를 알 수 있는데 그곳은 바로 죽음에서 나온다. 그 자리가 바로 십자가다.

(2) 우주만물 안으로 충만 : 능력

▶ 십자가의 도를 가리키는 성령의 사역

- 십자가의 도

사람들은 자기 뜻을 이루고 싶어 한다. 그런데 그 힘이 부족하니 주변의 힘을 동원하고 심지어 신의 힘까지 동원하여 자기 뜻을 이루려고 한다. 주변의 힘을 동원하는 것도 힘들지만 신의 힘을 빌리려면 더 지극한 정성을 바쳐야 한다고 여긴다. 그렇게 하여 자기 뜻을 이루고자 한다. 그런데 예수님은 자기 뜻을 이루기 위함이 아니라 자신을 보내신 하나님 아버지의 뜻을 이루시기 위하여서 이 땅에 오셨다. 따라서 예수님께서 하시는 일만이 하나님의 뜻이며 하나님의 영광이며 기쁨이 되는 것이다. 이것이 성경을 기록한 목적이다. 예수님께서 이루시는 하나님의 일은 바로 십자가이다. 그래서 예수님은 십자가에서 다 이루었다고 하셨다. 그 '십자가의 도'를 가지고 자기 백성들을 구원하시는 것이다.

이 십자가의 도가 멸망하는 자들에게는 미련한 것으로 보이고 구원을 얻는 자들에게는 하나님의 능력이 된다(고전 1:18-25). 그런데 이 미련하고 거리끼는 십자가의 도를 전하는 것이 '전도'이다. 미련한 십자가의 도로 구원하시기를 하나님께서 기뻐하신다는 것이다. 전도를 사람들이 잘 알아듣고 좋아하는 방법으로 하지 않으시고 사람들이 꺼리고 싫어하는 '십자가의 도'로 하시는 이유는 인간은 자기의 자격으로 구원받을 수 없다는 것을 알리시기 위해서다. 만약 구원이 일어났다면 인간의 공로가 전혀 개입되지 않고 오직 주님의 일하심으로만 되었다고 증거되는 것이 '십자가의 도'이다. 이러한 십자가를 모르면 고린도교회처럼 자기 자랑이 생기게 되고 파벌이 생기게 된다.

그런데 오늘날 우리 주변에는 얼마나 많은 전도방법이 있는지 모른다. 각자 전도방법을 소개하면서 자기들의 방법이 미련하다고 하지는 않는다. 자기들의 전도방법을 적용한 교회들이 확실하게 성장하고 있다고 자랑한다. 그런 방법이 너무 많아서 다 말하기도 곤란할 정도이다. 그러한 내용은 한마디로 사람들의 필요를 파악하고 그 필요를 채워주라는 것으로 요약할 수 있다. 세상의 관점으로 볼 때 얼마나 지혜로운 방법인지 모른다. 그래서 '십자가의 도'는 오히려 걸림돌이 된다. 그런데 주목할 것은 세상의 지혜로는 하나님을 알 수가 없다. 십자가가 세상의 지혜를 미련하게 만들었다. 자신의 지혜로 어떤 인간도 십자가를 알고 믿게 될 수가 없다.

그래서 이 '십자가의 도'는 모든 사람에게 기쁜 소식이 아니다. '오직 구원 얻는 자들에게만' 하나님의 능력이 되고 기쁜 소식이 된다는 것이다. 멸망받는 자들에게 십자가란 미련하게 보이도록 하는 것이다. 따라서 하나님께서 십자가를 통해 이 세상을 두 편으로 나누어 버리신다. 십자가를 보고서 미련하게 여기는 자들은 멸망받는 자들이고 십자가가 하나님의 능력임을 믿는 자는 구원받는 자들이다.

예수님께서 십자가에 달리실 때 사람들이 기대하는 그런 기적은 일어나지 않았다. 십자가에서 자기 자신이나 구원해 보라는 조롱 속에 힘없이 약하게 달려 죽으셨다. 신명기 법에 의하면 나무에 달린 자마다 저주받아 죽은 것이라고 하였기에 유대인들이 보면 정말 저주를 받아서 죽은 죽음일 뿐이다. 메시아가 와서 강한 능력으로 자기 민족을 구원할 표적을 보여주어야 하는데 그냥 십자가에 달려 맥없이 죽은 것이다.

유대인들이 예수님을 향하여 표적을 보여 달라고 하였을 때 예수님은 악하고 음란한 세대가 표적을 구하나 내가 보여줄 표적은 요나의 표적뿐이라고 하셨다. 이 말씀은, 그동안 예수님이 많은 표적을 행하셨는데 그것이 모두 요나가 보여준 표적과 같다는 의미이다. 더 정확히 말하면 구약의 모든 표적은 예수님의 십자가를 보여주기 위한 것에 있다는 뜻이다. 요나가 물고기 배 속에서 삼 일을 있었던 것처럼 예수님도 땅속에서 사흘 동안 있으리라는 것이다. 즉 '십자가' 가 예수님이 보여줄 유일한 표적이라는 뜻이다. 따라서 이 '십자가의 도'는 사람의 지혜로는 알 수 없다. 이 세상의 지혜를 하나님께서 미련하게 하셨기 때문이다.

유대인들은 표적을 구하고 헬라인들은 지혜를 구하나 우리는 '십자가에 못 박힌 그리스도'를 전한다고 한다(고전 1:22). 표적을 구하는 유대인들에게는 거리끼는 것이고 헬라인들에게는 미련한 것이다.

유대인들에게 십자가가 거리끼는 이유는 '나무에 달린 것 자체가 저주'이고, 또 구원자가 죽는다는 것은 구원 실패를 의미하기 때문에 십자가의 도는 거리낄 수밖에 없었다. 그래서 제자들조차 십자가 앞에서는 다 돌아서 버렸다. 선지자들이 예언한 그 능력 있는 메시아가 아니라 '왜 십자가를 지는 메시아인지'를 전혀 생각하지 못하였다.

세상 지혜를 찾는 헬라인들에게 십자가는 미련한 것이다. 헬라인들에게 사람의 육체로 오신 신이 십자가에 못 박혀 죽는다는 것 자체가 미련한 일이었다. 그리고 예수가 벌을 받아 죽어서 다른 사람이 구원받는다는 것을 용납하지 못한다. 그들이 이해하는 세상은 '인과율'에 따라 움직인다. 자기의 행위를 자기가 책임지는 것이다. 내가 선행을 하면 그 보상을 내가 받는 것이고, 내가 악행을 하면 내가 벌을 받는 것이다. 이 세상의 모든 원리가 다 '권선징악'을 주제로 한다. 그래서 인간의 가능성을 이야기하면서 선하고 착하고 바르게 살자고 한다. 그것이 '윤리요 도덕'이다. 따라서 기독교를 다른 종교와 마찬가지로 윤리와 도덕의 연장 선상에서 인간이 서로 착하게 살도록 만드는 기능으로 본다. 착하게 살면 신이 복을 주고 죽어서도 좋은 데 가고, 악하게 살면 신이 벌을 주고 죽어서도 나쁜 데 간다는 것이다.

이러한 세상의 지혜로는 하나님을 알 수 없다. 평생 강도질하다가 사형당하기 직전에 예수님을 받아들여 "오늘 네가 나와 함께 낙원에 있으리라"고 하신 은혜를 한 편의 강도가 얻게 된다. 세상 지혜로는 강도가 천국 간 것이 믿어지지 않는다. 예수님은 평생토록 율법을 지키고 금식하고 전도하고 죄짓지 않고 살았던 바리새인들이 단지 예수님을 믿지 않는다는 이유로 '너희 아비는 마귀'라고 말씀하셨다. 그래서 천국을 본 자손들은 빼앗기고 이방인이 차지하리라고 하신 것이다. 따라서 예수님을 믿고 아니 믿고는 사람의 수고나 지혜나 능력으로는 되지 않는 일이다. 오직 부르심을 입은 자들에게는 유대인이나 헬라인이나 그리스도는 하나님의 능력이자 하나님의 지혜임을 믿게 된다고 한다(고전 1:24). 부르심을 입지 않고서는 믿을 자가 없다는 뜻이다.

따라서 우리가 예수 그리스도의 십자가를 믿는다는 것은 우리의 능력이 아니다. 나는 믿었기에 너보다 낫다는 자기 자랑이 나올 수가 없다. 나는 누구에게서 세례를 받았고 어느 학파 소속이라고 하는 자랑을 할 수 없는 것이다. 그런데도 자기 자랑이 나온다는 것은 아직도 '십자가의 도'를 제대로 알지 못하기 때문이다. '십자가의 도'란 날이 가면 갈수록 그리스도만 자랑하게 될 뿐이다. 그래서 십자가에 못 박히신 그리스도는 '하나님의 능력'이요 '하나님의 지혜'다.

한편 십자가를 자랑하는 데 있어서 그리스도인과 율법의 관계를 다음과 같이 나타내고 있다.

"내가 율법으로 말미암아 율법에 대하여 죽었나니 이는 하나님에 대하여 살려 함이라"(갈 2:19).

그리스도인이 '율법을 향하여 죽었다'는 것은 '자신이 말씀을 지켜야 한다는 인간이 죽었다'는 것을 말한다. 율법을 향하여 죽는 이유는 하나님을 향하여 살기 위함이다(갈 2:19). 즉 내가 '말씀을 지켜야 된다'는 것이 죽어야 하는 이유는 '예수님께서 다 이루셨다'라는 것을 살리기 위함이다. 그래서 그리스도인이 사는 것은 나를 위하여 자기 몸을 버리신 하나님의 아들을 믿는 믿음 안에서 사는 것이라고 말씀하셨다(갈 2:20).

그런데 아무리 이런 말씀을 주었어도 육에 속한 사람은 항상 자기가 지켜야 하는 쪽으로 말씀을 끌어당겨서 말씀을 지켜야 할 주체를 자기가 가지고 있으려고 한다. 인간은 본성상 자기 고집을 꺾지 않으려고 한다. 자기가 믿는 것으로 살아가야 편하다고 여긴다. 마치 종에게 아들로 살라고 하면 불편해서 못사는 것과 같은 이치다. 그들은 종처럼 살아야 편하다. 반대로 아들에게 종처럼 살라고 하여도 못 산다. 아들은 온종일 빈둥거리며 놀아도 먹을 것을 달라고 큰소리친다. 그러나 종은 한 일이 없으면 먹는 것도 미안해한다. 그러지 말라고 해도 안 된다. 왜냐하면 본성이 행동을 주장하기 때문이다. 그러니 아들은 어떤 상황에서도 아들로 살고, 종은 어디서든지 종으로 살고자 하는 속성을 못 버리는 것이다.

성경 66권이 전부 십자가만 말한 것이 아닌데 왜 사도 바울은 십자가만 자랑한다고 했는지 반발이 나올 수도 있다. 사실은 반발이 나온다면 이런 사람은 아직도 자신의 육체를 신뢰하고 육체를 자랑하고 싶어 하는 것이다. 더 엄격하게 말하자면 아직 예수 그리스도와 함께 십자가에 못 박혀 죽었다는 것을 모르고 있다. 사도 바울이 예수 그리스도의 십자가 외에는 자랑할 것이 없다고 하는 이유를 다음과 같이 고백하고 있다. "내게는 우리 주 예수 그리스도의 십자가 밖에는 자랑할 것이 아무것도 없습니다. 그리스도로 말미암아, 내 쪽에서 보면 세상이 죽었고, 세상 쪽에서 보면 내가 죽었습니다"(갈 6:14, 새번역).

이것이 예수님을 믿는 사람의 자기 정체성이다. 정말 예수 그리스도와 함께 십자가에 못 박혔고 그리스도와 함께 살아난 새로운 피조물이라면 이 말씀이 확인되어야 한다. 우리가 세상을 볼 때 죽은

세상으로 보여야 하고, 마찬가지로 세상 사람들이 우리를 볼 때 죽은
자로 보여야 한다. 세상이 우리를 볼 때 죽은 자가 아니라 아직 펄펄
살아서 썩어질 것들을 세상의 사람들보다 악착같이 더 많이 거두려
고 하는 모습으로 보이지는 않아야 한다.

그리스도께서는 근본이 하나님의 본체이시다. 그러나 하나님과
동등 됨을 취할 것으로 여기지 아니하시고 자기를 비워 종의 형체로
오셔서 사람들과 같이 되셨다. 그리스도의 낮아지심의 최종점이 바
로 십자가의 죽으심이다(빌 2:6-8). 이 십자가의 죽으심만이 하나님
의 뜻을 완성하시는 자리이다.

- 십자가 자랑

그리스도의 십자가를 자랑하는 것이 치우친 생각처럼 보이겠지
만 구원의 능력은 오직 여기에 있다. 여기에 동등하게 부활이나 다른
것들을 나란히 나열해서는 안 된다. 부활의 의의는 십자가의 연장이
므로 십자가에 종속시켜야 한다. 구원의 능력은 십자가에 있고 부활
에 있는 것이 아니기 때문이다. 부활은 십자가를 확증하는 것이다.

> "그리스도께서 나를 보내심은 세례를 베풀게 하려 하심이 아니요
> 오직 복음을 전하게 하려 하심이로되 말의 지혜로 하지 아니함은
> 그리스도의 십자가가 헛되지 않게 하려 함이라. 십자가의 도가
> 멸망하는 자들에게는 미련한 것이요 구원을 받는 우리에게는 하
> 나님의 능력이라"(고전 1:17-18).

따라서 이 십자가를 중심으로 볼 때 다른 것들은 이 '구원의 능

력'을 나타내는 도구들로 사용된다. 십자가 외에 하나님 나라를 중심으로 한다든지, 임마누엘 사상을 중심으로 삼는다든지, 하나님의 주권을 중심으로 한다든지, 교회의 존재를 중심으로 한다든지, 삼위일체를 중심으로 해서는 안 되는 이유는 이러한 철학적 체계와 세계관에 대한 지식은 구원의 능력이 아니기 때문이다. 십자가를 중심으로 복음을 전하면 이로 말미암아 전하는 자신도 그 십자가의 삶을 살 것을 요구받게 된다.

그러므로 '언약(십자가) 안에서의 부활'과 언약 안에서의 '하나님 나라 및 임마누엘'은 십자가 복음으로 전파할 수 있으나 언약 밖에서의 부활이나 언약 밖에서의 하나님 나라나 언약 밖에서의 임마누엘은 아무 의미가 없는 사변적이다. 따라서 예수 그리스도의 죽으심에 참여한 자만이 '생명의 부활'로 나오게 되며, 예수 그리스도의 죽으심에 참여하지 못한 자는 '심판의 부활'로 나오게 된다. 그러므로 우리에게는 예수 그리스도의 죽으심이 '생명의 부활'의 소망이다. 성경의 모든 개념을 십자가와 연결함으로써 결국에는 그리스도인에게 '구원의 능력'이 주어지도록 하는 것이 복음 전파이다.

십자가에 대한 해석은 인간으로부터 출발하지 않기 때문에 성경 말씀인 언약을 통하여 신약의 십자가가 구약에서는 어떤 개념으로 나타나는가를 살펴야 한다. 구약성경의 많은 것이 이제 충만해지고 현실이 되었다. 그것은 자신의 목표에 도달했다. 이를테면 결혼하는 날이 되었을 때 약혼은 그 목표에 도달한 것이다. 약혼은 결혼으로 성취가 된다. 약속이 있던 곳에 성취가 왔다. 마찬가지로 '실체'를 가진 사람은 결코 '그림자'로 돌아가기를 바라지 않는다.

언약이 아니고서는 십자가로 찾아오신 하나님을 발견할 수 없다.

십자가는 '인간의 손에 의해 버림받는 현상과 하나님의 사랑에 의해서 구출되는 현상' 양 측면을 다 보여준다. 십자가는 죽음이 먼저이고 생명이 그다음이다. 우리는 모두 죽은 자이기에 죽음이 깨져야 생명이 생겨난다. 따라서 이런 현상이 발생하려면 역사 속에 언약이 주어졌을 때만 가능하다. 그래서 신약에서 십자가가 중심이라면 구약에서는 언약이 중심이다. 성경은 언약의 십자가 중심이다.

'언약'을 구약의 여러 다양한 개념 중의 하나로 보면 안 된다. 신약에 와서 십자가가 '새 언약'으로 표현된 것을 보아도 언약은 구약에 흐르는 오직 하나뿐인 중심 개념이다. 십자가가 신약에서 모든 기존 개념과 지혜를 부수는 역할(고후 10:4-5)을 하는 것처럼 이 언약도 구약에서는 그 당시 모든 우상과 거짓 종교를 부수는 '하나님의 능력'이다. 만약 언약을 단순히 여러 가지 가운데 하나로만 취급하게 되면 다른 것을 수정하고 부수는 십자가 기능을 담당 못 하게 된다. 그렇게 되면 구약의 내용은 그 핵심이 사라지고 그냥 여러 옛날 신앙 이야기에 지나지 않게 된다.

성경의 계시는 언약 성취의 복음이다. 구약마저도 그리스도인에게는 율법이 아니라 복음인 것이다. 이전의 구약을 율법과 그림자로 여겨왔던 폐쇄된 모형적 복음이 이제는 완성되어 시공간의 제약을 받지 않고, 만유와 만유 위에 충만한 복음으로 전해진다. 충만한 복음은 그리스도의 '다 이루심'을 창조부터 종말까지 다 적용하게 되었다. 그 충만한 복음은 영원을 잇는 영원한 복음으로 묵시적 복음이기도 하다. 그러므로 우리가 이러한 만유를 통일과 만유 안으로 충만한 복음이 되게 한 '언약의 십자가'를 보여주지 못하면 복음이 아니다. 그래서 '구원의 능력'인 그리스도의 십자가를 어디서나 우리가 접할 수가 있도록 해야 한다. 십자가가 빠진 성경 개념들은 항상 종교적, 윤리, 도덕적 개념으로 이해되기가 쉽다. 십자가 복음이 빠져 있는 종교생활과 사회 윤리로 인간이 구원받을 수 없다. 마귀의 권세를 이기는 것은 오직 '그리스도 십자가의 피' 밖에 없는 것이다.

구원은 언약의 소관이다. 언약이 원하는 자만 구원된다. 심판권이 이미 예수님에게 넘어가 있기에(요 5:21) 구원 자체가 언약의 한 모습이다. 구원은 언약의 완성이신 예수 '그리스도의 몸'으로부터 시작된다. 우리가 우리 몸으로부터 시작하는 개인의 구원을 요구할 수는 없다. 그래서 우리가 구원받은 모습은 자신의 죄를 노출하는 "죄인의 괴수입니다"(딤전 1:15)라는 고백과 함께 하나님의 자비와 긍휼이 빛나는 형태로 나타난다.

진정한 아브라함 자손의 나라는 그리스도의 몸으로 정착된다. 오늘날 그리스도의 몸을 만들기 위해서 이스라엘이라는 나라가 준비되었는데 그 나라는 아브라함과 하나님이 맺은 언약인 할례 언약을 기반에 두고 있다. 스스로 출발한 자신의 믿음은 죽여야 한다. 자신의 믿음은 곧 불신임을 고백해야 한다. 언약인 그리스도의 할례에서 나온 '그리스도의 믿음' 혹은 '그리스도께서 선물로 주신 믿음'이 구원에 이르게 한다. 천국은 예수님의 전능하심이나 창조적 능력으로 이루심이 아니라 죄를 담당하신(뒤집어쓴) 몸이 십자가에서 죽으심으로 성립된 나라이다. 하나님께서 예수님을 '사용하셔서' 율법의 요구를 이루신 방식은 행동적 충족으로 율법 조항을 하나하나 지켜내는 것이 아니라 죄의 대가를 지불하는 것으로 몸의 멸절을 통한 것이었다(롬 8:3).

성도에게 십자가는 나의 구원이나 행복을 위한 것이 아니다. 십

【 영원한 그리스도 복음 】

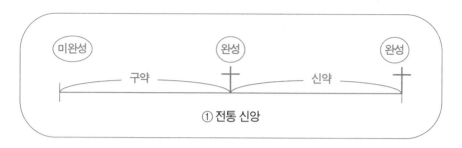

① 전통 신앙

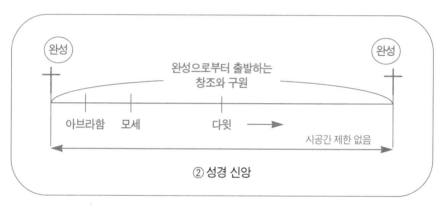

② 성경 신앙

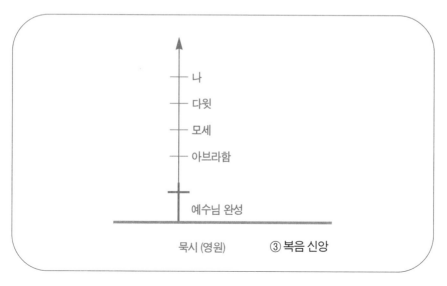

묵시 (영원)   ③ 복음 신앙

자가의 피만을 자랑하게 하기 위한 것이다. 이 일은 인간 소관이 아니다. 성령의 소관이다. 히브리서 7장 25절에서는 영원한 대제사장이신 예수님께서 항상 살아서 우리를 위해 간구하신다고 한다. 사도행전을 보면 주님께서 친히 십자가 사건으로 일하신다고 한다. 그 일에 참여한 자들이 복음의 증인들이다. 성령을 받으신 분이 십자가의 길로 가셨고 십자가를 지셨다. 이처럼 십자가를 지신 주님이 보내신 십자가의 영을 받은 자들도 십자가만을 자랑하기에 십자가의 길로 가는 것이다. 십자가만을 자랑한다는 것은 모든 것을 죄로 본다는 말이다. 우리 인간이 하는 그 어떤 일도 주님의 일에 보탬이 되는 일이 없다는 말이기도 하다.

"주님이 항상 살아서 우리를 위해 간구하신다"는 말씀은 예수님이 겟세마네 동산에서 드린 기도와 같은 기도를 하신다는 말씀이다. 그 기도의 응답은 십자가였다. 따라서 "주님께서 항상 살아서 우리를 위해 간구하신다"는 말씀은 곧 그 십자가 사건이 자기 백성에게 반복적으로 발생하도록 하신다는 말씀이다. 그렇게 되면 성도는 날마다 십자가 앞에서 죄인으로 만들어지고 십자가의 용서함이 덮쳐진다. 그렇게 만들어진 성도는 십자가 외에 자랑할 것이 없는 자가 된다. 그 십자가 피만을 자랑하기에 주님이 당하신 그 고난의 좁은 길로 내몰리게 된다.

▶ 오직 십자가를 통해 나타나는 복음의 능력

- 십자가의 효력
구약은 희미한 계시처럼 보이기 때문에 계시의 점진적인 진전과 확대, 상승으로 표현한다. 그러나 일반 계시라고 일컫는 노아 언약(마 5:45; 비를 내리는 것, 창 8:22; 심은 대로 거두고 추위와 더위 등 땅이 보존되는 것)마저도 정결한 짐승의 희생, 즉 십자가의 피로 말미암아 특별 계시가 된다. 일반 계시는 구원과는 상관없다고 보는 경우는 일반 계시로만 이해되지만 믿는 사람에게는 일반 계시마저 피로 이루어진 것이기에 특별 계시다.

그러므로 구약 때나 신약 때나 예수 그리스도의 계시에 따라 구원받는다. 역사 속에서의 십자가에서 다 이루심 속에 완성되었기에 시간과 공간을 초월하고 이제와 영원까지 만유에 충만한 복음이 된 것이다. 십자가 복음의 효력은 노아 때까지는 물론 만유와 만유 위에, 그리고 장차 미래까지 이미 전해진다. 언약이 부족함이 없이 완벽하게 이미 십자가로 완성되었기에 우리는 종말 시대를 산다고 하는 것이다.

그리스도 안에서 이루어진 십자가 복음은 새롭게 이해하고 해석돼야만 한다. 그리스도인은 '말씀대로 사는 것' 과 '말씀이 이루어진 대로 사는 것' 의 두 현실을 다 보고 경험하기 때문이다. 주님이 말씀을 이루셨다는 것을 계속 유지해주는 현재적 주님의 일하심이 이미 구원받은 백성들에게 알게 하고 경험하게 하신다. "날마다 죽노라." 나는 죽고 그리스도로 사는 것이다.

십자가 복음이 전해지는 어느 곳에서든지 이제는 '말씀이 이루어진 내용' 으로 그 본문 말씀이 완성된 세계 속에서 해석된다. 인간들의 '말씀대로 이루려는 시도' 와 함께 죄악이 드러나며 그 배후의 실체가 십자가에서 패배하면서 그리스도의 승리로 은혜가 주어지는 놀라운 성령의 역사가 진행되는 것이다. 이러한 관점에서 그리스도 안에서 완성된 십자가 복음 설교가 이루어져야 한다.

구약과 신약의 구분이 십자가로 나누어지는데, 역사의 시간상으로는 십자가 지실 때 휘장이 찢어지는 그때이다. 그 이전은 구약이되고 그 이후는 신약이 된다. 이제는 십자가로 이룬 내용이 모든 만유에 적용되어 구약의 역사적 사실을 바탕으로 전개된 말씀들, 모형적이고 점진적 계시로서 부분적으로 나타난 것이 온전한 계시가 된다. 구약의 예표가 실체로 바뀌고 그림자가 빛으로 나타난다. 십자가에서 휘장이 찢어질 때 성취된 내용이 성경 전체에 적용, 즉 과거인구약에 소급되어 적용되고 현재와 미래 계시록까지 효력을 나타낸다. 그러므로 십자가는 단번에 이루어졌으나 영원히 유효한 사건이며 모든 사람에게 유효한 사건이다.

구약의 실제 인물이나 사건이나 제도나 절기들이 십자가로 완성하신 그리스도로 재해석되어 그 본질이 뚜렷하게 드러나게 된다. 구약의 역사적 내용은 예수 그리스도의 기능과 역할을 한 모형이나 예표였다. 모형과 같은 구약의 틀 속으로 그리스도 십자가로 성취된 복음이 들어가서 '율법과 선지자'로 언급되었던 율법을 복음으로 바꾼다. 그림자가 실체로, 부분 계시가 계시 전체로의 역할과 기능을 하게 된다. 이제 창세기를 보아도 예수 그리스도가 나타나고 구약성경전체가 예수 그리스도로 해석되고 그때 살았던 언약 백성에게는 그당시 장차 나타날 십자가의 그리스도가 시간과 공간을 초월하여 그당시로 찾아 들어가는 복음이 되는 것이다.

구약의 본문 내용에서 분명한 역사적 사실을 근거한 모형을 찾아역사적 계시의 점진적 진전과 확대로 예수 그리스도가 최종 완성한세계인 십자가로 그 본문을 읽고 적용해야 한다. 사건이나 인물이나 제도나 절기 등 구약 역사 속에서 진행되었던 것을 역사 속에 들어오신 예수 그리스도께서 실체가 되어서 이루신 내용으로 해석하지 않으면 알레고리적으로 해석하여 영지주의가 되고 상상의 그리스도를 바라보는 허구적 신을 좇아가게 된다. 또한 우화적이고 풍유적 해석으로 유대 신비주의로 전락할 수 있음에 주의해야 한다. 구약에서 멈추어버리면 도덕 설교나 알레고리 설교나 율법주의 설교가 되어버린다. 설교할 때 꼭 그리스도가 나타날 때까지는 복음 설교가 아니다.

- 오직 복음

"한 침대에서 같이 자면서 서로 다른 꿈을 꾼다"는 뜻의 '동상이몽'이라는 말이 있다. 이처럼 예수라는 말을 하고 십자가를 말하는데도 그 내용의 속을 들여다보면 전혀 다른 경우가 많다. 그래서 바울은 다른 예수, 다른 복음, 다른 영이 있다고 경고했다. 어찌 이런 일이 일어날 수 있는지 안타까워할 일이 아니라 이것마저도 주님께서 하셨다는 것을 알아야 한다. 하나님께서 심지 않은 것은 뽑아내기 위함이라고 볼 수 있다. 피조물 중에 유일하게 인간만이 겉과 속이 다르다. 말하자면 속에도 없는 것을 겉으로 있는 척한다.

믿음이 없으면서 믿는 척하고, 사랑하지 않으면서도 사랑하는 척하는 게 인간이다. 그래서 예수님께선 "이 백성이 입술로는 나를 존경하나 마음은 내게서 멀도다"라고 하셨다. 한 마디로 인간이란 남을 속이는 데 천재들이다. 성도가 아니면서도 성도인 척 얼마든지 할 수 있다. 예수님은 이런 상태를 회칠한 무덤이라고 하셨다. 겉으로는 아름답게 치장하였지만 그 속엔 해골이 들어 있다는 뜻이다. 하나님 말씀을 가장 잘 지킨다고 자랑하던 바리새인들에게도 이런 말씀을 하셨다. 지금도 바리새인과 같은 자들이 속에는 갖가지 탐욕과 자기 사랑으로 가득 차 있으면서도 예수님을 사랑한다고 한다.

이처럼 십자가의 의미를 모르면서도 십자가를 말하는 것이 인간이다. 하나님께선 포도나무에선 포도 열매가 맺히고, 무화과나무에선 무화과 열매가 맺히게 하셨다. 즉 본질을 속일 수 없는 것이다. 이런 본질을 언약의 성취인 그리스도의 십자가로 가려내신다. 누구든지 십자가 앞에 세우면 그 본질이 드러나게 되어 있다. 즉 십자가를 소개하면 하나님께로 난 자와 나지 않은 자가 가려진다는 것이다. 십자가를 말하면 그 어떤 인간도 숨어 있던 것들이 밖으로 튀어나오게 되어 있어서 십자가는 마치 인간의 죄를 고발하는 기계와 같다. 이것이 바로 십자가의 효력이다.

말씀 세계는 내가 사로잡을 수 있는 세계가 아니라 말씀이 나를 사로잡으며 다가오는 세계이다. 말씀 세계는 나를 세워주는 세계가 아니라 하나님이 찾아오셔서 나를 허무는 하나님의 세계이다. 하나님은 이들의 속성을 고발하기 위해서 십자가를 가지고 속을 뒤집어 놓게 하신다. 속을 뒤집어 놓는 가장 좋은 방법이 그 인간의 존재를 공격함으로써 즉각적 반응을 이끌어내는 것이다. 왜냐하면 자기가 죽지 않고 살아 있기 때문이다. 이럴 때 왜 날 공격하느냐고 항의한다. 십자가에서 자기가 죽지 않은 자들은 자기 자존심이 상하는 일은 참지를 못한다. 이렇게 자신의 존재를 보게 하는 것이 십자가의 영향력이다.

우리는 오직 십자가 복음만 전하면 충분하다. 주님이 이미 십자가에서 다 이루셨는데 부족함이란 없다. 그 복음을 증거하는 것은 예수님이 십자가에서 다 이루셨음을 증거하는 일이다. 십자가는 삶을 변화시키는 것이 아니다. 오직 예수님의 십자가 사랑을 더 깊이 알아가게 한다. 예수님께서 십자가를 지시고 자기 백성에게 성령을 주신 이유는 우리 삶을 변화시키기 위함이 아니다. 우리가 그 십자가의 피 공로만을 자랑하게 하기 위함이다. 예수님께서 성령을 받으신 후 십자가를 지셨다. 성령을 받은 성도가 도달할 자리는 바로 십자가 사랑이다.

구약의 이스라엘을 보면 유월절 어린 양의 피로 구원받은 자들 중에서 갈렙과 여호수아를 제외하고 모두 광야에서 죽었다. 십자가를 지신 주님이 지금도 살아계신다. 살아계신 주님이 십자가에서 다 이루셨다는 '십자가 사건'을 자기 백성에게 반복시키시면서, 십자가 피 외에는 자랑할 것이 없도록 하신다. 예수님께서 이천 년 전 육신으로 오셔서 제자들과 십자가를 지시기까지 동행하셨고, 지금도 우리와 동행하시면서 십자가에서 다 이루셨음을 친히 증거하고 계신다(마 28:20).

그러면 예수님이 십자가에서 다 이루셨어도 이후 신앙의 여정에서 우리의 역할은 없는 것일까? 십자가에 인간의 행위는 보탤 것도, 뺄 것도 없다. 즉 성도는 십자가로 들어가는 자이다. 십자가는 우리의 구원용이 아니다. 십자가는 우리가 철저히 죄인으로 드러나는 자리이다. 우리를 위해 십자가를 지신 예수님만이 오롯이 드러나는 자리여야 한다. 그래서 우리는 십자가만 자랑할 뿐이다. 성도는 오직 십자가를 증거하기 위한 죄인으로서만 살 뿐이다. 사실 우리는 무얼 해도 죄인으로 드러날 뿐이다. 그 사실 자체가 십자가의 영광을 드러내는 것이기 때문이다. 사도 바울도 자기는 복음을 전해도 여전히 죄인의 괴수이며, 오직 자랑할 것은 십자가밖에 없다고 했다.

하나님께서는 삶의 여러 상황을 통해 우리가 십자가를 자랑토록 인도하신다. 하나님은 이스라엘의 출애굽 이후 홍해의 기적 사건, 이후 광야생활에 이르기까지 당신의 의지대로 인도하셨다. 우리의 원함과 다르게 말이다. 그러므로 내가 삶을 주도한다고 생각하는 것은 착각이다. 광야에서 이스라엘 백성들이 원망했다. 그런데 무작정 그들을 탓할 게 아니다. 주님께선 이스라엘이 원망하게끔 환경도 만드셨다. 이를 통해서 어린 양의 피가 아니라면 이스라엘은 구원받을 수 없는 죄인임을 드러내 보이셨다. 십자가는 우리의 죄성을 드러내면서, 동시에 예수님의 피가 아니면 구원받을 수 없는 우리 존재를 드러내는 자리이다.

말씀대로 순종하면 우리 삶이 나아질까? 말씀대로 산다는 말이 잘못하면 인간을 하나님 자리에 위치시키는 교만으로 작용할 수 있다. 당대 바리새인들은 율법, 곧 말씀대로 철저하게 살았던 사람들이다. 단순히 외식하는 자들이 아니었다. 바울도 마찬가지다. 그렇게 말씀대로 살았던 사람들이 말씀이 육신 되신 예수님을 십자가에 못 박고 심판했다. 마태복음 5~7장에서 예수님이 말씀하신 산상수훈도 우리에게 실천하라고 주신 게 아니다. 산상수훈의 완성은 십자가 사랑이다. 곧이어 마태복음 8장에서 예수님은 당신의 십자가 사랑을 문둥병자에게 덮어씌우셔서 치유하셨다. 문둥병자가 고침을 받고 산상수훈 모두를 실천하겠다고 한다면 예수님의 십자가 사건 전체를 부정하는 꼴이 된다.

마태복음 7장 21~23절에서 "나더러 주여 주여 하는 자마다 천국에 다 들어갈 것이 아니요"라는 말씀이 나온다. 이는 예수님이 '주를 위해 무언가를 하겠다는 사람들'에게 하신 경고다. 이스라엘과 우리는 무엇을 해도 유월절 어린 양이신 예수님의 보혈을 증거하는 죄인일 뿐이다. 이처럼 십자가를 종교화하는 지점은 주님을 위해 무언가를 할 수 있으며, 해야 한다는 강조에 있다. 이를테면 성품 측면에서의 성화도 신앙의 종착점이 아니다. 오직 십자가만이 성화의 종착점이다.

십자가만 강조하면 구원받고 마음대로 살아도 된다는 식으로 복음을 악용할 수도 있을까? 그러면 이단인 구원파가 되는 것이다. 자기를 위해 사는 성도란 없다. 회개는 십자가에서 다 이루신 예수님의 사랑의 깊이를 확인하는 행위이다. 즉 회개는 '이번에 잘못했으니 다음엔 잘하자'는 다짐도 아니다. 우리는 원래 죄인임을 확인하는 자리이다. 그러나 예수님이 십자가에서 죄인 된 우리를 대신해 피를 흘리셔서 다 이루셨음을 목격하면서, 그 십자가로 말미암아 예수님께 감사하는 것이다. 그 보혈과 예수님의 죽으심으로 의롭다고 칭함받았다는 사실을 말이다.

다만 우리의 관심사가 칭의에 맞춰져선 안 된다. 그렇게 되면 예수님의 보혈로 의롭다함을 받은 자신을 자랑하게 된다. 의롭다함을 받은 자는 자신을 죄인으로 여긴다. 자기 앞에 있는 십자가가 보이기 때문이다. 사도 바울도 에베소서에서 십자가 사랑의 깊이와 넓이와 높이를 알도록 해달라고 기도했다. 예수님의 십자가는 그 사랑을 알고 자랑하며 살라고 우리에게 주신 구원의 능력이다. 이를 죽을 때까지 유지하는 것이다.

성도나 불신자나 상관없이 십자가 보혈이 없다면 칭의 교리도 의미 없게 된다. 다윗도 간음죄를 저질렀으나 이후 하나님의 구원 역사에서 탈락하지 않고 용서받은 뒤 의롭다고 칭함받았다. 다윗 자신이 행해왔던 의로움에도, 단 한순간에 죄인으로 전락할 수밖에 없는 나약한 인간임을 보여준 것이다. 오직 예수님만이 의로우신 분임을 말하는 것이다.

일부 목회자나 성도의 일탈 사건이 벌어지니, 칭의 교리와 함께 행위를 강조해야 구원받는다는 신학 사조에 힘이 실리기도 했다. 바로 '바울의 새관점 학파'이다. 그러나 십자가에서 다 이루셨음을 부정한다면 성령의 교통은 없다. 십자가는 우리의 죄 용서에 초점을 두지 않는다. 오직 십자가만을 자랑하게 하기 위함이다. 죄 용서는 십자가의 능력으로 주어진 결과이다.

복음으로만 만족해도 될까? 기도해서 예수님께 응답받아야 하지 않을까? 예수님의 기도 응답이란 우리 삶의 성공에 있지 않다. 우리가 절실히 기도해서 얻는 기도 응답이란 우리의 성취가 아닌, 십자가를 마주하게 될 것이다. "너희가 악한 자라도 좋은 것으로 자식에게 줄 줄 알거든 하물며 하늘에 계신 너희 아버지께서 구하는 자에게 좋은 것으로 주시지 않겠느냐"(마 7:11)와 달리 "너희가 악할지라도 좋은 것을 자식에게 줄 줄 알거든 하물며 너희 하늘 아버지께서 구하는 자에게 성령을 주시지 않겠느냐 하시니라"(눅 11:13)에서 하나님은 구하는 자에게 성령을 주신다고 약속하셨다.

그러면 성령을 받은 뒤 우리 인생이 잘 풀릴까? 꼭 그렇지도 않다. 마태복음 4장에서 예수님은 성령을 받으신 뒤 광야에 이끌리셔서 시험을 받으셨다. 성도가 성령을 받고 예수의 증인이 된다면 예수님이 받으신 고난을 동일하게 받는다. 십자가를 자랑해서 고난받는 것이다. 마귀란 우리를 악하게 살도록 이끄는 게 아니다. 바로 십자가 피 공로를 제거하는 데 초점이 맞춰져 있다. 반대로 성령은 십자가 보혈의 공로만 드높이도록 이끈다. 만일 주님이 사적인 기도를 들어주시는 데 관심이 있으시다면 교회는 하나의 정글로 전락할 것이다. 동료 성도들은 그저 기도를 통해 응답을 쟁취하려 싸우는 경쟁자들에 불과할 것이다.

'십자가와 부활'에서 둘 다 강조되어야 하지 않을까? 주님의 죽으심과 그 부활에 참여한 성도들만 십자가를 자랑한다. "우리 살아 있는 자가 항상 예수를 위하여 죽음에 넘겨짐은 예수의 생명이 또한 우리 죽을 육체에 나타나게 하려 함이라"(고후 4:11)고 말씀한다.

우리가 믿지 않는 자에게 복음을 어떻게 설명할 수 있을까? 복음은 설명이 아니다. 이해가 된다면 성령이 필요 없다. 성령이 필요 없다는 말은 예수님께서 십자가 지실 이유도 없다는 것이 된다. 오늘날 이단들이 성행하는 이유는 복음을 이해하게 만들었기 때문이다. 성령을 제거해 버렸다. 그와 함께 십자가도 제거해 버렸다. 그래서 남은 것은 나의 믿음과 확신뿐이다. 처음에 성령받지 못한 제자들의 믿음이 이러했다. 십자가는 자기를 부인하게 하는 능력을 담고 있다. 성령이 아니고서는 불가능하다. 그래서 사도들은 이해되지도 않고 설득되지도 않는 십자가를 전했다. "그리스도께서 나를 보내심은 세례를 베풀게 하려 하심이 아니요 오직 복음을 전하게 하려 하심이로되 말의 지혜로 하지 아니함은 그리스도의 십자가가 헛되지 않게 하려 함이라. 십자가의 도가 멸망하는 자들에게는 미련한 것이요 구원을 받는 우리에게는 하나님의 능력이라"(고전 1:17-18)고 말씀한다.

복음의 원인은 복음을 전하는 자에게 있는 것이 아니다. 보내신 분, 곧 예수님에게 있다. 듣는 것도 듣는 자에게 있는 것이 아니라 듣게 하시는 예수님께 있다. 예수님의 제자들은 성령을 받기 전까지 예수님의 말씀을 단 한 마디도 못 알아들었다. 자기들은 알아들었다고 하지만 그 알아들음이 예수님을 팔아버리고 저주하며 부인까지 했다. 복음은 처음부터 사람을 위한 복음이 아니다. 십자가를 지신 주님을 위한 복음이다. 그래서 성도는 다시는 자기를 위해 살지 않고 대신 죽었다가 다시 사신 자를 위해 사는 것이다(고후 5:15). 세상도 나를 위해 있지 않다. 십자가를 지시고 부활하신 주님만을 위해 있다.

그리스도인이 받는 환난이나 핍박 속에서도 복음이 승리하려면 알아야 할 진리는 무엇일까? 우리 주 예수님은 십자가로 승리하셨다(골 2:15). 이미 성도는 그 어떤 형편에 있어도 승리자이다. 살아도 죽어도 승리자이다. 그 증거가 바로 십자가 외에는 자랑할 것이 없다는 것이다. 환난과 핍박은 예수 그리스도의 십자가만 자랑하기 때문에 당하는 일이다. 로마서 8장 34~39절을 보면 "하나님 우편에 계신 주님이 우리를 위해 간구하시기 때문에 종일 주를 위하여 죽임을 당하게 되며 도살할 양같이 여김을 받는다"라고 했다. 그리스도의 사랑에서 끊을 수 없음을 확인하게 하는 환난이자 핍박이다.

우리가 복음을 전파할 때 꼭 명심해야 할 것은 무엇일까? 십자가 사랑을 깨닫고 이를 전파해야 한다. 천국과 영생을 증거해야 한다. 십자가 사랑을 알고 자랑하는 데서만 그치는 게 아니라 이를 사람들에게 자랑해야 한다. 세상으로부터 핍박받아서 신앙이 좋아지는 게 아니다. 복음을 전했기에 핍박이 오는 것이다. 모두 사도행전에서 증언하는 내용이다.

▶ 십자가를 지는 삶, 복음 신앙

- 십자가 지는 삶

예수님께서는 "자기 십자가를 지고 나를 따르지 않는 자도 내게 합당하지 아니하니라"고 하셨다(마 10:34-39). 그런데 우리는 이 말씀을 마치 욕망을 억제하는 불교적인 자기부인으로 이해하고 있는 경우가 많다. 불교에서 말하는 자기부인은 얼마나 철저한지 세속과 단절하기 위하여 가정도 세상도 버리고 산으로 들어가는 것이다. 하지만 그곳에도 세상 권력이 작동한다. 기독교는 이런 식으로 자기부인을 하는 종교가 아니다.

그런데 그리스도인들이 예수님의 이 자기부인의 말씀에 대하여 심각하게 생각하지를 않는다. 그저 세상의 다른 사람들보다 조금 더 금욕적인 행동을 하는 것을 자기부인 또는 십자가 지는 삶이라고 생각한다. 또는 애를 먹이는 남편이나 아내, 시댁을 십자가라고 하기도 한다. 때로는 가난이나 고질적인 질병을 십자가라고 한다. 그런 것이 성경이 말하는 십자가가 아니다. 그런 것은 하나님의 생명을 떠난 인생들의 모습을 파편적으로 보여주신 것이다. 그래서 사람의 늙고 병들고 죽는 것이 죄로 인한 것이다. 이것은 믿는 사람이나 믿지 않는 사람이나 다 같이 가는 길이다.

사람이 행동할 때는 반드시 자기 유익을 염두에 두고 행동한다. 그 모든 행동의 근원은 자기 사랑이다. 자기 사랑을 확대하면 가족이며 좀 더 확대하면 국가이고 지구촌 세상이다. 그래서 가족을 위하고 이웃을 위하고 나라를 위하고 인류를 위하여 희생하면 영웅으로 칭송한다. 그런데 이런 세상을 향하여 예수님이 하신 말씀은 "내가 세상에 화평을 주러 온 줄로 생각하지 말라. 화평이 아니요 검을 주러 왔노라. 내가 온 것은 사람이 그 아버지와 딸이 어머니와 며느리가 시어머니와 불화하게 하려 함이니 사람의 원수가 자기 집안 식구리 라"(마 10:34-36)는 것이다.

"아버지나 어머니를 나보다 더 사랑하는 자는 내게 합당하지 아니하고 아들이나 딸을 나보다 더 사랑하는 자도 내게 합당하지 아니하다"라고 하셨다(마 10:37). 예수님을 따른다고 부모나 자식을 버릴 수는 있다. 그런데 자기 십자가를 진다는 것은 자기 목숨조차 미워하는 일이기에 인간의 힘으로는 불가능하다. 부모와 처자와 형제와 자매와 더욱이 자기 목숨까지 미워하지 아니하면 능히 내 제자가 되지 못하리라고 한다(눅 14:25-27). 그런데 자기 목숨을 미워하는 일이 인간에게 가능하지 않다. 모든 것을 버리고 자기 목숨조차 미워하면서 영생을 얻고자 하는 것도 자기 사랑의 연장일 뿐이다. 따라서 자기 십자가를 지고 간다는 것은 우리가 평소에 생각하는 자기 금욕적인 삶이 아니다. 그것은 우리가 결코 지고 갈 수 없는 것임을 '확인시키시는 자리'이다.

한편 "주는 그리스도시요 살아 계신 하나님의 아들이시니이다"(마 16:16)라고 베드로가 고백한 것을 우리는 잘 알고 있다. 베드로의 이 고백은 베드로의 능력이 아니었다. 그래서 "이것을 알게 한 이는 혈육이 아니라 하늘에 계신 내 아버지"라고 하셨다. 이 고백 후에 예수님께서 예루살렘에 올라가 장로들과 대제사장들과 서기관들에게 많은 고난을 받고 죽임을 당하고 제 삼일에 살아나야 할 것을 말씀하실 때 베드로가 듣고 강하게 항의한다. 그런 일이 주께 일어나면 안 된다고 한다. 베드로는 예수님을 위한다며 '십자가에 죽는 것(십자가를 지는 것'을 막으려고 하였다. 이때 예수님께서 베드로에게 "사탄아 물러가라"고 하셨다. 하나님의 일을 생각하지 않고 사람의 일을 생각한 것이라고 한다. 이것이 곧 사탄적인 생각이다. 이 말씀을 하시고 누구든지 나를 따라오려거든 자기를 부인하고 자기 십자가를 지고 나를 따르게 될 것이라고 말씀하셨다(마 16:24).

베드로가 예수님을 위한다고 한 말이 "사탄아 물러가라"는 책망을 받았다면 이제 십자가를 지고 나를 따르라는 말씀의 의미가 분명해진다. 십자가란 말 그대로 사형 형틀이다. '네가 나를 위해 하려는 것은 죽었다'는 말이다. '이제 내가 너를 다루고 이끌어 가겠다는 주님의 의지'이다. 이러한 의미를 모를 때 나타나는 결과는 다른 사람은 다 예수님을 부인하여도 나는 부인하지 않겠다고 하는 것이다. 그러나 결국 예수님의 십자가 앞에서 세 번이나 저주하고 맹세하면서 예수님을 부인하고 말았다. 그런데 이미 베드로의 부인을 예수님께서 미리 말씀하셨다. "새벽닭 울기 전에 네가 세 번이나 나를 부인하리라"고 하셨다. 베드로가 세 번을 부인하고 나서 닭이 울었다. 그 닭 울음소리에 정신을 차리고 보니 이미 자신이 세 번이나 저주하고 맹세하면서 부인한 후였다.

그런데 이런 베드로에게 주님은 다시 찾아오신다. 그리고 그의 믿음이 떨어지지 않도록 예수님께서 기도하신다. 이제 베드로의 남은 생애는 자기 십자가를 지고 가는 삶이다. 이것은 자신이 주도적으로 십자가를 지고 가는 것이 아니라 십자가 지신 예수님의 영이 베드로에게 임하여 베드로를 '십자가의 길'로 이끄는 방식이다. 이제는 내 뜻대로 사는 것이 아니라 주님의 뜻대로 끌려간다는 것이 십자가를 지고 간다는 뜻이다(요 21:18). 처음에 베드로는 자기중심으로 주님을 따르려고 했으나 나중에 성령이 임하니 베드로가 성령을 붙드는 것이 아니고, 주님이 붙들어 주신 것을 그제야 알게 된다. 처음부터 주께서 사랑하셨다는 것은 예수 그리스도 안에서 창세 전까지 연결된다.

예수님이라는 공동의 적 앞에서 대제사장과 서기관과 로마의 정치꾼인 헤롯과 빌라도마저 전에는 원수였으나 당일에 서로 친구가 된다(눅 23:10-12). 두 사람이 친하게 되었다는 것은 공동의 적이 나타난 것이다. 그 공동의 적, 공공의 적이 바로 예수님이셨다. 그래서 사람들이 마음을 합하여 죽여버린 것이 인류 최대의 죄악이며 예수님 살해 사건이다. 여기에 동의하고 찬성한 자들이 로마에서 파견된 정치인만이 아니라 메시아를 간절히 기다렸던 유대인과 그들의 지도자인 제사장, 서기관, 바리새인 등을 포함한 모든 인류였다(행 4:26-28). 따라서 바로 오늘 우리가 예수님을 십자가에 못 박아 죽인 자들이다.

이것을 인정하고 믿는 것은 사람의 힘과 능력이 아니라 오직 주의 성령이 임하여야 되는 일이다. 이런 자들은 자신이 예수님을 죽였기에 저주받아 마땅하다는 사실을 인정하게 된다. 그런데 예수님의 십자가를 믿는다고 하면서도 조금만 손해를 입어도 온갖 불평과 원망을 쏟아내는 것이 우리의 실존이다. 그런데도 자신이 예수님을 죽인 죄인임을 아는 사람이 나온다면 이것은 하나님의 택하심을 따라 되는 것이기 때문에 이런 사람들은 예수님의 십자가 외에는 자랑할 것이 없게 된다.

기독교의 본질은 십자가이다. 십자가는 신앙의 처음과 끝이며, 신앙의 핵심이다. 십자가가 없는 기독교는 더는 기독교가 아니다. 그리스도인이 균형을 잃어버리고 우왕좌왕하며 이단에 휩쓸리는 이유는 십자가에서 벗어났기 때문에 나타나는 현상이다.

십자가에 죄를 못 박으면 의가 살아난다. 십자가에 사탄을 못 박으면 생명을 누릴 수 있다. 십자가에 육체의 욕심을 못 박으면 성령이 다스린다. 십자가에 세상을 못 박으면 천국을 누리게 된다. 그래서 사도 바울은 "날마다 죽노라"고 선언했던 것이다. 그러므로 십자가는 승리의 중심이 된다. 십자가는 모든 것을 십자가 중심으로 끌어당겨 통일하고 하나님이 원하시는 대로 변화시킨다. 이처럼 나의 죄된 자아인 본성이 뿌리째 뽑히고 하나님과 올바른 관계가 세워진다. 이때 예수와 함께 나도 죽는 것이다. 그래서 예수 그리스도와 연합하게 된다.

십자가 안에서 죽음과 부활과 성령 충만, 열매가 이루어진다. 십자가와 따로 분리해서 생각하는 부활, 십자가가 중심이 되지 못한 성령 충만, 십자가 없는 열매는 있을 수 없다. 십자가의 죽음, 부활, 성령 충만, 열매는 하나님께서 약속해 놓으신 사건이며 예수님을 통해 이루신 사건이다. 예수님께서 십자가 위에서 "다 이루었다"라고 하신 말씀에는 십자가 안에서 이루어진 굉장히 넓고 깊고 풍부한 영역까지를 다 포함하고 있다. 이 모두가 십자가를 통해서만 주어진다.

그러나 문제는 십자가와 상관없이 신앙생활을 하는 것은 기독교 신앙이 아닌 일반 종교생활을 하는 것이다. 사탄은 많은 사람이 종교생활을 하는 것으로 만족하게 하려고, 즉 십자가 복음을 가리려고 혈안이 되어 있다. 그리스도 언약 안에서 새로운 생명이 태어나는 것을 저지하고 있다. 한 알의 밀알이 땅에 떨어져 죽어야 많은 열매를 맺는데 열매를 맺지 못하도록 십자가를 멀리하게 한다.

십자가에서 이루신 것, 즉 완성을 믿게 되면 심판으로부터 용서, 전인적인 구원, 죄와 사탄에 대한 승리, 육체와 세상에 대한 승리를 가져다준다. 하나님을 아는 지식은 십자가에 달리신 그리스도 안에 있다. 신앙의 근본으로 돌아가야 한다. 그 근본이란 바로 예수 그리스도의 십자가이다. 그리스도의 십자가는 천국과 지옥을 나누는 판단 기준이다. 기독교는 그 십자가에 기초하며 그것에 의해서 판단을 받는다. 그래서 십자가는 기독교 신앙의 토대이며 기준이다.

언약 성취의 영역인 '그리스도 안'과 언약 성취의 미완성 영역인 '그리스도 밖'으로 분리하는 작업을 통하여 생명과 사망이 결정되며, 용서받을 자와 심판받은 자가 나누어진다. 신자와 불신자의 구분과 차이는 여기에 있다. 그 최종 판별 기준은 십자가의 이루심 속인 '그리스도 안', 즉 십자가이다. 거기에 그리스도인의 삶이 무엇인가를 알 수 있다.

그럼 거듭난 자의 죄 문제를 다루어보자. 사망에 이르는 죄와 사망에 이르지 않는 죄를 구분하려면 죄를 '짓지 않는 죄 없는 자'와 '주님의 공로에 의해 용서받은 자'로 구분하여 이해해야 한다.

"자녀들아 아무도 너희를 미혹하지 못하게 하라. 의를 행하는 자는 그의 의로우심과 같이 의롭고 죄를 짓는 자는 마귀에게 속하나니 마귀는 처음부터 범죄함이라. 하나님의 아들이 나타나신 것은 마귀의 일을 멸하려 하심이라. 하나님께로부터 난 자마다 죄를 짓지

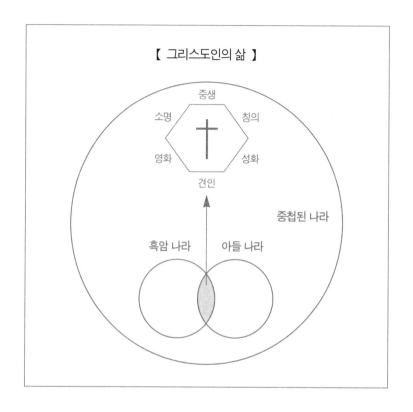

【 그리스도인의 삶 】

중생

소명　칭의

영화　성화

견인

중첩된 나라

흑암 나라　아들 나라

아니하나니 이는 하나님의 씨가 그의 속에 거함이요 그도 범죄하
지 못하는 것은 하나님께로부터 났음이라"(요일 3:7-9).

여기에 나오는 '죄짓지 아니한다' 라는 말씀은 마귀가 범죄한 죄
악 속에 빠지지 아니한다는 뜻이다. 그렇다면 마귀의 범죄는 무엇인
가? 윤리나 도덕적 차원의 죄인가? 아니다. 창세기 3장에 보면 마귀
는 인간에게 '선악 지혜와 의식' 을 심어주려고 했다. 즉 마귀의 죄는
선악과와 관련된 죄악이다. 마귀는 선악의 지혜를 가지고 하나님에

게 도전장을 던진 것이다.

그러나 선악과를 따먹고 난 뒤 인간은 의와 상관없는 범죄인이 되었다. 아무리 율법에 달라붙어 완전하게 순종하려 해도 이미 죄가 그 율법을 가지고 왕 노릇 하는 이상 '의'라는 것은 인간에게서 나올 수 없었다. 더 나아가서 율법 앞에서의 인간의 모습은 도리어 저주의 대상에 불과함이 분명해졌다. 구약에서도 이미 밝혔듯이 오직 의는 주님의 의뿐이다.

"주의 의로 나를 건지시며 나를 풀어주시며 주의 귀를 내게 기울이사 나를 구원하소서"(시 71:2).

바로 이러한 구약의 예언이 신약에 와서 그대로 성취되었다. '하나님께로 난 자'에 한해서 범죄하지 아니한다는 것이다. 그렇다면 '하나님께로 난 자'란 누구를 의미하는가? 그것은 자기로부터 난 자가 아니라는 말이다. 자기가 자기를 관리하거나 조절해서 거듭 태어나게 하는 자가 아니라는 말이다.

"너희는 주께 받은 바 기름 부음이 너희 안에 거하나니 아무도 너희를 가르칠 필요가 없고 오직 그의 기름 부음이 모든 것을 너희에게 가르치며 또 참되고 거짓이 없으니 너희를 가르치신 그대로 주 안에 거하라. 자녀들아 이제 그의 안에 거하라. 이는 주께서 나타내신 바 되면 그가 강림하실 때에 우리로 담대함을 얻어 그 앞에서 부끄럽지 않게 하려 함이라. 너희가 그가 의로우신 줄을 알면 의를 행하는 자마다 그에게서 난 줄을 알리라"(요일 2:27-29).

이 본문 끝에 보면 "그의 의로우신 줄을 알면 의를 행하는 자마다 그에게서 난 줄을 알리라"고 되어 있다. 즉 예수님의 의로우심을 아는 자가 바로 예수님께로서 난 자들이다. 요한일서 1장 10절에 보면 "만일 우리가 범죄하지 아니하였다 하면 하나님을 거짓말하는 이로 만드는 것이니 또한 그의 말씀이 우리 속에 있지 아니하니라"고 말씀하고 있다. 이 말씀은 모든 인간의 범죄성을 기정사실로 하고 있다.

예수 믿고 의인으로 여김을 받았다고 해서 인간이 자기가 원할 때 언제나 의를 행할 수 있다는 식으로 오해하면 안 된다. 예수를 믿은 상태에서도 인간은 오로지 죄밖에 안 나온다. 성도가 죄를 짓는다는 말이 아니다. 성도는 죄를 지을 수 있는 것이 아니라 죄로 나오게 되어 있다. 이는 성도 전체의 행위를 이미 '죄'라고 규정했다는 뜻이다. 이것은 예수 안에서 특수하게 정립된 개념으로서 하나님은 '의'라고 규정해 주시는 것이다. 즉 죄로 나오는 것이 의로 여겨지는 것을 로마서 4장에서는 언약의 완성이 '은혜'로 인하여 제공된 결과로 보고 있다. 그 이유는 성도라는 피조물은 예수님과 하나님 아버지의 관계 자체가 '의'라는 것을 증언하기 위해 부름을 받아 나온 자이기 때문이다. 즉 예수님에 의해 언약 완성이 이루어지고 그 안으로 뽑혀 들어온 증인이다. 그 증인의 삶을 신앙생활이라고 한다.

신약시대에 와서 성경 전체에 대한 해석조차도 십자가로 출발해서 십자가로 끝날 수밖에 없다. 왜냐하면 십자가가 계시의 최종 해답이기 때문이다. 십자가 안에서는 법을 지키는 것이 아니라 법을 완전하게 하며 의를 이룬다. 의는 인간이 행해야 할 문제가 아니라 구해야 하는 문제이다. 하나님의 능력은 십자가의 약함을 통해 계시된다는 것과 생명은 죽음을 통해 얻어진다는 것이다. 다시 살아나신 분은 오직 그리스도시며, 성도의 부활은 예수 그리스도 안에서 이뤄진다.

따라서 이 땅에서 그리스도인의 삶의 열쇠는 여전히 십자가다. 부활을 십자가 죽음보다 우선시하는 것은 현실에서 도피하여 하늘의 영역으로 가고자 하는 욕구이며 현재 우리가 처한 상황과 관계없는 이상주의적 생각으로 발전시키는 것이다. 바울은 부활을 내다보면서 이 현실에 있어 부활의 바탕은 오직 고난과 죽으심에 참여하는 데 있다고 했다. 자기 죽음과 무관한 부활은 막연한 공상에 불과하다. 그래서 사도 바울은 부활에 참여하기 위하여 십자가의 길로 간다고 하였다.

십자가의 의가 드러날 수 있게 하려고 그리스도인은 여전히 죄 있는 육신을 입은 채로 산다. 새 언약이란 예수님의 피와 살이기에 그 피와 살이 나와야만 하는 죄악 된 바탕까지를 포함하는 내용을 담고 있다. 십자가 안에서만 비로소 죄와 의가 다 밝혀지는 것이다. 이것이 바로 하나님께서 주신 거룩이다. 육을 영으로 바꾸는 능력은 예수님의 십자가 피 흘리심이다. 그리스도인의 삶이란 갈라디아서 말씀을 인용하여 다음과 같이 표현할 수 있다.

"그러나 내게는 우리 주 예수 그리스도의 십자가 외에 결코 자랑할 것이 없으니 그리스도로 말미암아 세상이 나를 대하여 십자가에 못 박히고 내가 또한 세상을 대하여 그러하니라"(갈 6:14).

자기를 부인할 수 있는 인간은 이 세상에 아무도 없다. 그 이유는 자기를 부인하는 자신이 늘 살아 있기 때문이다. 그러나 성령을 받게 되면 이미 예수 그리스도와 함께 십자가에 못 박혀 죽었기 때문에 이제 더는 자신이 살지 않는다. 그 속에 사시는 분이 그리스도이시기 때문에 그는 십자가만 자랑한다. 많은 사람이 이 말에 대해 논리적으로 이해를 못 한다. 왜냐하면 그들이 생각하는 논리는 그리스도가 내 속에 살아 계신다면 나의 삶이 예수 그리스도의 삶이 되어야 한다고 생각하기 때문이다. 그런데 성경은 이렇게 말씀한다. 그리스도가 사시기 때문에 성도는 그리스도 예수께서 십자가에서 다 이루셨음을 증거하는 삶을 사는 것이다. 다 이루신 자리가 십자가이다.

위의 갈라디아서 말씀에서 세상은 어떤 세상인가? 어둠이다. 어둠이 가진 속성은 바로 자신의 행위를 통해 의롭게 되려는 속성이다. 그런데 자신이 죽었다. 세상도 죽었다. 그러니 자신으로부터 무슨 행위가 나오겠는가? 죽음의 행위만 나온다. 그래서 사람들은 이 본문을 어려워한다. 왜냐하면 이미 나와 세상이 서로에 대해 십자가에 못 박혀 버렸기 때문이다. 이렇게 되면 우리 생각에는 더는 인간으로부터 어떤 행위도 나오지 않아야 한다. 이미 죽었기 때문. 그런데 문제는 계속해서 우리로부터 행위가 나온다는 것이다. 그러나 그 행위는 십자가만 자랑하기 위한 행위이다. 즉 죄의 행위이자 죽은 행위이다. 이러한 행위가 십자가를 증거하는 것이다. 십자가에서 이미 완료되었기에 나타나는 현상이 바로 십자가만 자랑하기 위한 행위들이 나오는 것이다. 그러나 자신과 세상이 서로에 대해 살아 있는 자들은 십자가만 자랑하는 것이 아니라 자신들의 행위를 통해 육체를 자랑한다. 구원받은 나, 의롭게 된 나, 진리를 아는 나, 십자가를 아는 나, 복음을 아는 나, 하나님의 위대한 계획을 아는 자신을 자랑하는 자들은 그리스도와 함께 십자가에 못 박혀 죽은 적이 없는 자들이다.

"내가 그리스도와 함께 십자가에 못 박혔나니 그런즉 이제는 내가 사는 것이 아니요 오직 내 안에 그리스도께서 사시는 것이라. 이 제 내가 육체 가운데 사는 것은 나를 사랑하사 나를 위하여 자기 자신을 버리신 하나님의 아들을 믿는 믿음 안에서 사는 것이라" (갈 2:20).

그러므로 긍휼의 그릇은 십자가만 자랑하고 진노의 그릇은 자기 구원을 자랑한다.

언약의 성취의 내용인 그리스도 완성의 복음은 하나님의 구속사의 영역 속에서 이루어져 가는 모습을 통하여 그리스도를 향하여 그리스도 중심으로 진행되었다. 한편으로, 그 언약의 내용이 언약의 실체이신 그리스도께서 아버지의 뜻을 이루기 위하여 말씀으로 사셨고, 예수님의 먹을 양식은 오직 하나님의 뜻을 온전히 이루는 것이라고 하신 바(요 4:34)대로, 말씀을 이루셨고, 이루신 그리스도 완성의 복음을 우리가 은혜로 받았다. 우리도 이러한 그리스도 완성의 복음, 즉 말씀이 이루어진 대로 그리스도의 십자가를 증거하며 사는 자들이 되었다.

- 그리스도 안의 생활

성경에 나오는 모든 말씀은 지금도 엄연히 살아계셔서 성령 안에서 주님께서만 이루어 내신다. 그래서 우리가 말씀을 볼 때마다 그리스도인으로서 더욱더 사죄의 은총을 십자가의 보배로운 피를 근거로 하여 깨닫게 되는 것이다. 그리스도 안에서 이루어지는 이런 회개의 지속은 하나님의 아들이신 주님이 이루어 내시는 하나님의 일이며,

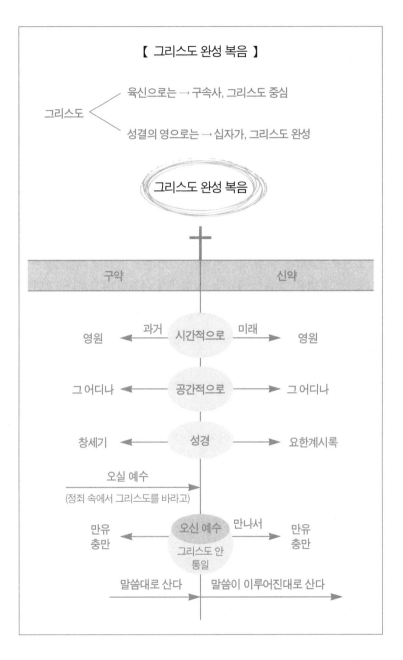

【 그리스도 완성 복음 】

그리스도
- 육신으로는 → 구속사, 그리스도 중심
- 성결의 영으로는 → 십자가, 그리스도 완성

그리스도 완성 복음

구약	신약

영원 ← 과거 시간적으로 미래 → 영원

그 어디나 ← 공간적으로 → 그 어디나

창세기 ← 성경 → 요한계시록

오실 예수
(정죄 속에서 그리스도를 바라고)

만유 충만 ← 오신 예수 만나서 → 만유 충만

그리스도 안 통일

말씀대로 산다 | 말씀이 이루어진대로 산다

바로 이러한 주님을 온전히 증거하는 주님의 종으로서 말씀은 오늘도 성령을 통해 그리스도인에게 쉬지 않고 작용하고 있다.

인간은 예수 밖에 있을 때도 죽은 자이고, 예수 안에 있을 때도 죽은 자이다. 다만 예수 밖에 있을 때는 죽은 자라는 것을 알지 못하고 죄가 속이는 대로 율법을 착각한 것이고, 예수 안에 있을 때는 죽은 채로 율법 완성자의 은혜를 덧입고 있다. 그러므로 성도가 죄와 사망의 법에서 해방되었다는 의미는 죄와 사망의 법의 적용을 받지 않게 되었다는 말이 아니라 그 적용 위에 생명의 성령의 법까지 적용받고 있다는 의미이다. 이렇듯 생명의 성령의 법은 죄와 사망의 법이 적용되었다는 것을 전제로 해서만 비로소 의미가 있는 것이다. 그러므로 율법은 예수 안에 있는 성도에게 여전히 유효하다. 그런데도 죄와 사망의 법에서 해방되었다는 의미를 율법이 더는 적용되지 않는 듯이 해석하려는 욕구는 십자가를 빨리 던져버리고 싶어서다. 이제 신의 성품에 참여하게 되었다(벧후 1:4)는 것을 자신이 직접 신이 되었다고 챙기고 싶은 것이다. 죄와 상관없는 십자가란 없다. 죄가 없는데 무엇을 대속하기 위해 십자가를 져야 할까? 여전히 성도인 우리는 십자가 속에서 죽어야 할 대상이다. 우리가 예수 그리스도라는 신의 성품에 참여하게 되었다면 그 몸을 찢어 열어놓으신 그리스도의 사랑에 감사하는 것이다. 우리는 모두 용서받은 죄인일 뿐이다.

- 거룩과 성화 문제

종교생활과 신앙생활은 다르다. 종교생활은 자기 영광을 위해서 하는 것이지만 신앙생활은 하나님의 영광을 위해서 하는 일이다. 이

시대를 살아가는 이들 중 그릇된 구원관을 가지고 신앙하는 자들이 많다. 율법 지킴을 자기 의로 삼아서 영광을 누리고자 한 바리새인과 같은 자들이 많이 나타나 하나님의 말씀을 지킨 것으로 자기 영광을 챙기고 있다. 이들을 일컬어 인본주의적 성화주의자라고 한다. 이들은 예수도 믿고 하나님 말씀대로 살아야 온전해진다고 한다. 예수님의 십자가에 자기 공로를 섞는 것이다. 갈라디아서에서 바울은 이를 두고 '다른 복음'이라고 했다.

범죄한 인간에게서 거룩이 나오지 않는다. 모든 사람은 율법을 통해서 부정한 죄인 상태에 놓여 있음을 분명히 밝히고 있다. 그러나 이러한 상태에서 예수님의 피로 말미암아 새로운 창조와 질서 체계로 거룩과 부정으로 나뉘게 된다. 그렇다면 이 땅의 거룩은 어떻게 얻어지는가? 한 몸으로 오신 그리스도로 인하여 율법이 담당했던 거룩과 비거룩의 기준은 끝났다. 그래서 예수 그리스도의 몸을 단번에 드리심으로 말미암아 우리가 거룩함을 얻게 되었다(히 10:10).

또한 거룩을 예수님께서 관할해 주시기 때문에 예수 그리스도 안에 있는 우리가 거룩한 성도가 된다. 이것은 아버지와 예수님 간의 '창세 전의 협약'에 근거하여 이 땅에서 언약의 완성자로서 십자가를 지셨기 때문에 가능하게 되었다. 즉 언약을 완성하신 결과 때문에 주어진 선물을 제공하신 것이다(엡 4:8). 이러한 원리는 구약에서 벌어지는 여호와의 전쟁에서 하나님의 이름 되시는 분이 친히 용사가 되셔서 이루어 놓으신 그 결과로 이스라엘이 구원 얻게 된 것과 같은 법칙이다. 거룩이란 이 세상의 모든 가치와 구별되는 하늘의 뜻이며 예수님의 마음이다. 예수님의 마음은 비거룩에 대한 거룩하신 분의 지속적인 용서하심이다. 성도 안의 거룩은 하늘에 계신 예수님의 선물로 입혀진 거룩이지, 자신의 행위로 만들어나가는 거룩이 아니다.

그러므로 그 거룩이 유지되기 위한 은사 또한 함께 계신 예수님에 의해서 계속 주어지게 된다(엡 4:23-24). 그러므로 성경에서 거룩이란 언약 완성 상태를 말한다. 구약에서는 옛 언약 안에서의 '결속 관계'를 뜻하며 신약에서는 예수님 안의 '사귐 상태'를 의미한다. 성도가 거룩함을 입었다는 말은 언약의 혜택 속에 놓여 있다는 말이다. '너희도 거룩하라'는 명령이, 성도 안에 계시는 성령님의 활동 내용과 그것을 실천하는 능력이 계속된다. 성령의 능력 안에 있는 성도는 자신이 십자가만 있음을 마냥 증거하고 자랑하는 자이다. 그 십자가 안의 세계가 곧 거룩이며 구원이며 생명이며 천국이다. 성도는 십자가 안에서 죽은 자이며 단지 성도와 함께 계시는 예수님이 사심으로 산 자가 되는 것이다.

'성경적인 성화'와 '성화주의'는 완전히 다르다. 성화는 그리스도를 믿음으로 살아가는 것이지만 성화주의는 그리스도를 본받고 닮아가는 것이다. 믿음으로 사는 것과 본받고 사는 것의 차이는 엄청나다. 믿음으로 사는 것은 자기의 불가능성을 전제하는 것이지만 본받고 닮는 것은 자기 가능성을 두고 있다. 성화는 예수 그리스도의 구속에 감사하고 십자가를 자랑하지만 성화주의는 바리새인들처럼 말씀을 지킨 자기를 자랑한다. 성화주의자는 신종 바리새인이다. 그들은 자기들의 행한 것을 의로 여기고 자랑하고 있다. 이들은 예수님과 예수 그리스도를 자랑삼지 않는다. 전부 자기는 이렇게 저렇게 살았다고 자랑한다.

바울은 이렇게 자기 자랑하는 것을 '불의'라고 했다. 이들을 '율법주의자'라고도 한다. 바로 '인본주의적 성화주의자'들이다. 그들은 모두 말씀대로 살았다는 것을 의로 여기고 자랑삼아 사는 것이다. 그래서 이 시대 성화주의자는 신앙의 중심을 무엇을 믿을까에 두지 않고, 무엇을 행할 것인가에 두고 있다. 그러므로 말씀대로 산 것으로 자기 영광을 취하고 있는 성화주의자는 모두 불의한 자이다(마 7:21-23). 사탄은 항상 하나님께 돌아갈 영광을 인간이 취하도록 미혹하고 있다. 사도 바울은 사람을 기쁘게 하랴 하나님을 기쁘게 하랴 하시며 사람을 기쁘게 하는 것이면 다른 복음이라고 했다.

신앙생활이란 예수님의 십자가를 바라보면서 우리 안에 죄가 날마다 고발당해야 한다. 성령께서는 우리를 책망할 때 우리를 상한 심령으로 회개하며 나아가게 한다. 우리가 날마다 세상에 대한 정욕과 욕심을 십자가에 못 박아야 하는데 반대로 하고 있기 때문이다. 그래서 그리스도 예수의 사람은 육체와 함께 그 정욕과 탐심을 십자가에 못 박고 사는 사람이다(갈 5:24). 신앙생활이란 십자가 앞에서 자기를 부인하는 것이며 그러할 때 예수 그리스도께 영광이 되는 삶이다.

- 신앙과 윤리

놀랍게도 신앙생활의 가장 큰 덕목을 윤리적 삶에 두는 사람이 많다. 윤리적 삶을 통해 의로움을 얻고 그 의로움으로 자신을 정당화 하려는 것이 인간의 욕망일 뿐이라는 사실을 깨닫지 못한 채 윤리적 삶을 선으로 정의하고 윤리적 실천을 통해 자신의 신앙을 확고히 함으로써 하나님께 영광을 돌리려고 한다. 이는 그들이 예수님의 십자가 복음의 본질과 의미를 정확히 모르고 있다는 증거이기도 하다.

물론 이것이 성도들이 윤리적 삶과 아무런 관련이 없다는 것을 의미하지는 않는다. 성도는 그의 윤리와 도덕적 삶에 있어서 세상의 비판을 받아서도 안 된다. 그러나 윤리적 삶을 신앙의 본질이나 신앙의 덕목으로 여겨서는 안 된다. 그런데 신앙생활의 덕목을 윤리적 삶에 초점을 두다 보니 결국 하나님의 말씀도 윤리와 도덕에 초점을 맞추어 해석하는 오류를 범하게 된다. 예수님을 윤리 강연이나 하는 분으로 전락시켜 버리는 것이다. 그 대표적인 부분이 산상수훈일 것이다. 또한 사도들이 기록한 서신서의 많은 부분도 윤리적 삶과 연결하여 해석한다.

> "너희는 세상의 소금이니 소금이 만일 그 맛을 잃으면 무엇으로 짜게 하리요 후에는 아무 쓸 데 없어 다만 밖에 버려져 사람에게 밟힐 뿐이니라. 너희는 세상의 빛이라 산 위에 있는 동네가 숨겨지지 못할 것이요"(마 5:13-14).

위의 말씀을 해석하면 성도는 세상의 소금과 빛이 되어야 하며, 윤리적인 삶으로 세상을 변화시켜야 함을 강조하게 된다. "너는 구제할 때에 오른손이 하는 것을 왼손이 모르게 하여 네 구제함을 은밀하게 하라. 은밀한 중에 보시는 너의 아버지께서 갚으시리라"(마 6:3-4)는 말씀은 성도는 좋은 일도 은밀하게 해야 한다고 가르치고 있기도 하다.

"비판을 받지 아니하려거든 비판하지 말라. 너희가 비판하는 그 비판으로 너희가 비판을 받을 것이요 너희가 헤아리는 그 헤아림으로 너희가 헤아림을 받을 것이니라"(마 7:1-2)는 말씀은 예외 없이 남을 비판하는 것은 나쁜 것이니 비판해서는 안 된다는 윤리와 도덕으로 해석해 버린다. 또한 "그러므로 너희가 더욱 힘써 너희 믿음에

덕을, 덕에 지식을, 지식에 절제를, 절제에 인내를, 인내에 경건을, 경건에 형제 우애를, 형제 우애에 사랑을 더하라"(벧후 1:5-7)는 말씀은 성도가 힘써 실천해야 할 믿음의 덕목으로 생각하고 있다. 그리고 믿음의 덕목을 실천함으로써 믿음이 성장하고 하나님께 영광이 된다고 가르치기도 한다.

"오직 성령의 열매는 사랑과 희락과 화평과 오래 참음과 자비와 양선과 충성과 온유와 절제니 이같은 것을 금지할 법이 없느니라"(갈 5:22-23)는 말씀은 성령의 열매도 성령받은 성도가 실천해야 할 덕목으로 강조되고 있다. 하나님께서 성령을 주신 것을 믿는 자들이 실천해야 할 덕목으로 생각하고 있다는 것이다. 이러한 시각은 성경을 도덕 교과서로 여기는 것과 다를 바가 없다.

사실 성도는 세상에서 소금과 빛이 되어야 하고, 남을 비판하지 말아야 하며, 덕을 세워야 하고, 인내해야 하며, 경건한 삶을 살아야 하며, 형제를 사랑하고 이웃을 사랑해야 한다는 것을 모르는 사람은 아마 없을 것이다. 그러나 이 사실은 성경을 통해서만 알려진 것이 아니다. 성경을 모르는 이방인이라 할지라도 윤리적 상식을 통해 최대한 알고 그렇게 살려고 노력하는 사람이 많다. 그런데도 교회가 남을 비판하기보다는 덕과 사랑과 겸손을 힘쓰라고 강조하고, 이것이 믿음을 지키고 믿음 안에서 자라가는 길이며, 성도들이 마땅히 행해야 할 삶이라고 제시하는 것을 보면 정말 답답하다.

성도들이 그러한 삶을 실천하기를 원하지 않는 것은 아니다. 그런데도 무모하게 실천을 강조한다면 성도 처지에서도 좌절감을 느끼게 될 것이다. '열심을 내서 실천해야 한다'고 마음먹어도 이내 마음과 반대로 실천하지 못하는 나 자신의 벽에 부딪혀 낙담하게 될 것이다. 그리고 믿음의 열매를 맺지 못하고 실천하지 못하는 원인은 정욕에 눈이 멀었거나, 현실에만 집착하거나, 시험과 유혹에 빠졌거나, 말씀과 기도에 게을렀기 때문이라고 분석하는 경우가 대부분이다. 그래서 대응책으로 당연히 자신의 실수를 바로잡으려고 노력한다. 욕심을 줄이고 주변을 보지 않고 죄에서 돌이키고 기도와 말씀에 더욱 열심을 내면 성화가 이루어지고 성령의 열매도 맺게 된다고 생각한다.

이처럼 단순히 성경의 내용을 열심히 강조하고 실천하는 것은 방향 없이 달리는 기차와 같고, 허공을 치는 것과 같다는 것을 우리는 알아야 한다. 윤리와 도덕은 인간의 결단과 의지와 열심으로 실천할 수 있지만 성경에 언급된 열매는 자신의 의지로 맺히는 것이 아니라 성령이 열매를 맺는 것이다. 그래서 사도 베드로는 "이런 것이 너희에게 있어 흡족한즉 너희로 우리 주 예수 그리스도를 알기에 게으르지 않고 열매 없는 자가 되지 않게 하려니와 이런 것이 없는 자는 맹인이라. 멀리 보지 못하고 그의 옛 죄가 깨끗하게 된 것을 잊었느니라"(벧후 1:8-9)는 말을 했다.

하나님이 원하시는 바는 덕, 지식, 절제, 인내, 경건, 형제 우애, 사랑의 열매인데 이러한 열매가 없다면 그것은 눈앞만 보고 멀리 바라보지를 못하는 맹인과 같고, 옛 죄를 깨끗게 하심을 잊었기 때문이라는 것이다. 지금 자신이 존재하는 모든 것이 십자가에서 피 흘리신 예수님의 은혜와 사랑 때문이라는 사실을 망각했기에 열매가 없다는 것이다. 예수 그리스도의 긍휼과 자비가 모든 죄를 사하시고 의의 자리로 인도하시는 것을 잊어버린 것이다. 그러므로 겸손도 없고 덕행도 없고 온유함도 없고 사랑도 없고 절제도 있을 수 없다. 왜냐하면

이 모든 것은 성도가 십자가의 은혜와 사랑과 긍휼과 사랑 안에 거할 때 맺히는 열매이기 때문이다.

성도의 싸움은 십자가를 잊어서는 안 된다. 우리 주 예수 그리스도를 아는 데 게으르지 않기 위한 싸움이 아닐 수 없다. 성경에 나오는 믿음의 열매는 모두 예수 그리스도의 것이기에 그리스도의 은혜와 사랑을 알아야 맺을 수 있다. 하지만 대부분 우리는 이러한 싸움에 대해 전혀 생각하지 않는다. 이미 예수님을 잘 알고 있고 십자가의 은혜를 알고 있다고 생각하기 때문이다.

우리는 사랑의 폭과 높이와 깊이를 날마다 깨달아야 한다(엡 3:17-19). 즉 감히 "나는 사랑을 안다"라고 말할 수 없다. 우리는 그리스도의 은혜와 사랑의 분량을 알 수 없다. 그러므로 하나님께서는 우리 삶 속에서 날마다 사랑을 발견하고 실현하는 새로운 길로 우리를 인도하신다. 이로써 풍성한 성령의 열매를 보여준다. 십자가를 잊지 않는 사람으로 살아가는 것, 이것이 성도가 날마다 분투하고 싸워야 할 삶이다. 십자가를 잊지 않고 십자가의 은혜와 사랑의 능력으로 내 마음을 점령할 때 성도는 성령의 열매가 나타나는 삶을 증거하는 것을 외면할 수 없다.

"그러므로 이제 청하노니 내가 너희를 선대하였은즉 너희도 내 아버지의 집을 선대하도록 여호와로 내게 맹세하고 내게 증표를 내라. 그리고 나의 부모와 나의 남녀 형제와 그들에게 속한 모든 사람을 살려주어 우리 목숨을 죽음에서 건져내라"(수 2:12-13).

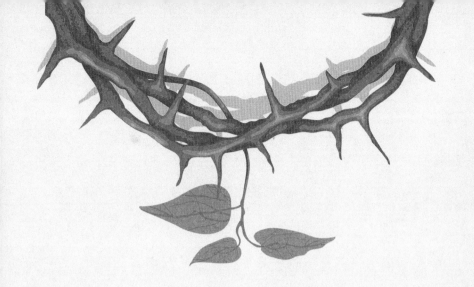

P·a·r·t·04

:
:

예수 그리스도가
완성하신 믿음

>>> CHAPTER · 01

하나님의 언약이
근원이 된 믿음

(1) 믿음의 의미는 그리스도가 이루어 놓으신 은혜

      사람은 시간(역사)과 공간(세상)을 살수록 보이는 세계의 꿈과 비전을 더욱 키워가며, 자신의 이름과 영광을 위한 요새를 쌓는다. 지금까지 인류는 더 나은 세상을 위해 노력과 연구를 거듭해 왔다. 그러나 세상은 결코 더 나아지지 않았다. 그래서 이 세상의 보이는 것에 소망을 둘 수가 없다. 성경은 이미 이 세상이 소망이 아니라고 언급하고 있으며, 이는 인간의 노력이나 능력으로는 더는 지상이 천국이 될 수 없다는 증거가 되었다.

      그러나 그리스도인의 소망은 하나님의 약속에 있다. 이것은 우리가 이 세상을 등지고 주님이 오시기만을 기다려야 한다는 뜻이 아니다. 이 세상을 살면서도 주님의 약속을 더욱 신뢰하는 자가 되어야 한다는 뜻이다. 오직 이 약속을 믿는 것이 우리가 이 세상에서 살아가는 이유이며 복이다. 이것이 기쁜 소식인 복음이다.

　세상에 살아가는 대부분 사람은 예수님에게 관심이 없다. 단지 자기 행복을 추구하고 더 나은 삶에 만족하려는 욕구로 가득할 뿐이다. 그래서 이러한 욕구를 충족시켜줄 신을 찾고 죽음 이후에도 더 좋은 곳에 가기를 바란다. 그래서 때로는 종교적 경전이나 성경 등을 보고 연구하여 그 길을 찾아 나서기도 한다. 성경의 중심은 예수 그리스도다. 그러나 유대인들은 영생을 얻기 위해 부지런히 성경을 연구했지만 영생 자체이신 예수 그리스도를 영접하지 못했다. 그 이유는 예수님보다 자기 영광을 구했기 때문이다.

　믿음이란 예수님을 믿는 것이고, 예수님을 믿는다는 것은 예수님이 하나님의 약속을 이루어 내신다는 것을 믿는 것이다. 그러나 우리는 종종 하나님을 믿는다는 나의 결단과 의지와 실천 능력을 말하면서 이것을 믿는 것으로 잘못 이해하기도 한다. 그리스도인이 믿는 하나님의 약속을 모르게 되면 하나님의 전능하심에 대해서도 오해하여 자기에 유리할 대로 적용하게 된다. 성경에서 말씀하는 여호와 하나님의 전능하심이란 하나님이 자기 약속, 즉 언약을 빈틈없이 완벽하게 이루어 내시는 데 전능하시다는 것을 의미한다. 그리고 하나님은 약속의 말씀과 상관없는 것에 그 능력을 나타내지 않으신다. 그런데 우리는 우리의 욕망을 따라서 눈에 보이는 소망을 이루어 달라고 전능하신 하나님의 이름을 부르는 경우가 많다. 그런 하나님은 나의 욕망의 투영인 우상에 불과하다.

　세상에서 보이는 것을 추구하는 것은 사실 믿음이 아니다. 성경이 말하는 믿음은 오직 성령의 오심으로 말미암아 보이지 않는 소망을 보게 하는 것이다. 믿음은 바라는 것들의 실상이요 보이지 않는 것들의 증거이다(히 11:1). 그 소망은 하나님께서 약속의 말씀을 이루시는 '하나님의 언약'이다. 하나님께서 자신의 언약을 신실하게 이행하신다는 것이다. 그 언약의 중심과 완성에 예수 그리스도가 계신다. 그래서 예수님이 십자가에서 다 이루셨다고 하셨다.

예수님께서 십자가에서 다 이루었다는 것은 하나님의 모든 약속 말씀의 성취이다. 하나님의 모든 약속을 다 이루어 내었다는 말씀에서, 예수님은 이 지상에서 하신 모든 일이 예수님 자신을 위해서 하신 일이 하나도 없음을 보여준다. 오직 아버지의 뜻을 이루기 위하여 일하셨다. 하나님 아버지의 일을 하시는 것이 예수님의 양식이었다(요 4:34). 그래서 율법과 시편과 선지자들이 말한 모든 것을 이루기 위하여 오셨다고 말씀하셨다(눅 24:44). 따라서 예수님께서 언약을 다 이루었다는 십자가의 의미를 모르면 어떤 종교적인 열심을 내어도 복음이 아니다.

예수님께서 말씀하시기를 "인자가 올 때에 믿음을 보겠느냐"라고 하셨다(눅 18:8). 이 말씀은 기도하고 오래 기다려야 할 것에 대하여 말씀하신 내용이다. 이러한 '강청 기도'는 아무것이나 원하는 대로 기도한다고 되는 것이 아니라 예수님의 약속을 믿고 기다려야 한다는 것을 뜻한다. 아브라함이 하나님의 약속을 받았음에도 믿지 못하고 기다리지 못하고 성급하게 낳은 자식이 이스마엘이다. 우리도 이렇게 약속이 이루어질 것을 믿고 기다리는 믿음의 그리스도인인지 스스로 자문해 볼 필요가 있다.

우리가 보지 못하는 것을 바라면 참음으로 기다리라고 한다(롬 8:25). 모든 사람이 다 보이는 것을 향하여 달려갈지라도 하나님의 약속을 바라보고 기다리는 자가 믿음의 사람이다. 이것이 사람의 힘으로 되지 않으니 성령님께서 성도를 위하여 말할 수 없는 탄식으로 기도하고 계시며(롬 8:26-27), 예수님께서 하나님의 보좌 우편에서 기도하고 계신다(롬 8:34).

이 마지막 때에 모두가 눈에 보이는 꿈과 비전을 향하여 달려갈 때 보이지 않는 하나님의 약속만을 소망하면서 기다리는 사람이어야 한다. 인자가 올 때 세상에 사람의 가르침이나 종교적인 전통이나 자신의 상상이 아니라 하나님 약속의 완성자이신 예수 그리스도를 믿고 예수님 다시 오시기를 기다리는 마음으로 살아야 한다. 예수님을 믿었다는 것은 그리스도인이 새로운 능력을 소유하게 되었다는 것이 아니라 '하나님과 새로운 관계가 형성되었다'는 뜻이다. 예수님을 믿는다는 것은 사는 환경이나 형편이 나아지고 인격이 달라지기 위한 것이라기보다 단지 예수님의 관리와 간섭 아래에 놓이는 것이다.

우리가 성령이 임한 사람이라면 하나님의 약속을 알고 그 약속이 이루어지도록 기도하는 사람이 된다. 그런 자는 성령으로부터 자신의 죄가 무엇인지 의가 무엇인지 심판이 무엇인지 책망받게 된다. 그 책망은 내가 얼마나 일을 잘했느냐, 못했느냐보다 예수님을 믿지 않는 것이 죄임을 알게 하는 것이다. 그리고 우리의 의는 없다는 것을 알게 하신다. 유일하신 하나님의 의가 되시는 분이 아버지께로 가신 것이다. 심판은 이 세상의 임금이 받았다. 이런 내용을 알게 하시면서 하나님의 언약이 얼마나 신실하게 이루어졌는지를 말씀을 통하여 알게 하시고 믿게 하시는 것이 '언약을 통한 믿음의 내용'이다.

믿음의 출발점은 믿음이 '하나님의 선물'이라는 것이다. 믿을 수 있다는 것은 내가 주체이기 때문이 아니라 하나님께서 나에게 주셨기에 믿을 수 있다는 뜻이다. 또한 믿음이 나를 구원하는 것이 아니라 "믿음으로 말미암아 구원을 얻는다"라고 한다. 믿음 자체는 본체가 아니다. 하나님께서 우리에게 믿음을 주신다고 말할 때 우리는 그것을 '주입하다 또는 참여하다' 라고 표현한다. 이 과정에 성령님이 거하신다. 은혜는 우리 안에 거하시는 성령의 효과이다. 이때 성령님은 성경에서 그리스도의 영이라고 한다. 그리스도가 이루어 놓으신 은혜다. 믿음은 배타성을 가지고 있다. 그것은 그리스도가 아닌 것을 밀어내는 성질을 가지고 있다. 그러므로 믿음 안에서 그리스도 외에는 다른 것이 설 자리가 없다. 오직 믿음이라는 단어는 오직 그리스도라는 단어와 연결된다.

믿음은 그리스도께 투항하고 항복하는 것이며 그리스도를 증거하는 말씀이나 하나님의 약속을 믿는 것이다. 구약 성도들의 믿음이 신약 성도들의 믿음과 같다는 것은 구약 성도들이 하나님께서 주신 약속을 믿었다는 것, 즉 약속의 실체이신 그리스도를 믿었다는 것이다.

그리스도인은 '예수 안에 사는 사람들' 이라고 불린다. 바울은 자신이 십자가에서 죽었다고 하면서 더는 내가 사는 것이 아니라 "내 안에 그리스도께서 살아계신다"라고 말했다(갈 2:20). 그리스도인은 그 안에 그리스도께서 살아 계신 사람이다. 그리스도께서 그 안에 살아계신 사람은 오직 그리스도만 자랑할 수밖에 없다. 더 정확하게 말하면 그리스도에 대해서만 말할 것이다. 당신이 무엇을 하든 그것은 단지 그리스도께서 모든 것을 하셨다는 것을 증거할 뿐이다. 왜냐하면 '자기는 죽은 자' 이기 때문이다.

그러나 그리스도인 흉내를 내는 자는 그 속에 그리스도가 없으되 자기가 살아 있다. 그래서 무슨 일을 하든 '자아 중심' 의 태도로 자신을 자랑하는 일을 하게 된다. 그런 사람의 특징은 성경 말씀을 대하는 태도에서도 말씀을 자신이 지켜야 한다고 주장한다. 그래서 말씀을 지켜내야 하는 사람에게 성령께서 말씀을 지키도록 도우신다고 말한다. 그래서 성령의 열매를 맺는다고 한다. 마치 인간이 말씀을 지키는 데 고장 난 것 같아서 스스로 할 수 없는데 성령이 오셔서 말씀을 지키게 하신다는 것이다. 이렇게 생각하는 사람은 아직도 인간이 어떤 존재인지, 하나님 말씀의 특성이 무엇인지 모른다.

하나님 말씀의 특성은 인간을 해부한다. 영원하신 대제사장이 말씀의 예리한 검으로 난도질하여 우리의 혼과 영과 관절과 골수를 찔러 쪼개기까지 하시고 마음의 생각과 뜻을 감찰하여 하나님 앞에 벌거벗은 것으로 드러나게 하신다. 그리고 벌거벗겨서 숨은 죄를 찾아내어 우리가 큰 대제사장 예수 그리스도의 은혜를 얻기 위하여 은혜의 보좌 앞에 담대히 나아갈 수 있게 하신다(히 4:12-16).

말씀의 능력은 상하고 통회하는 마음을 일으켜 우리가 죄인이라는 사실을 알게 한다. 그래서 바울은 율법은 그리스도께 인도하는 '몽학선생'(주인의 어린 아들을 학교로 데려다주는 종)이라고 했다. 율법을 따라가면 예수 그리스도를 만나게 된다. 즉 율법의 마침인 예수 그리스도를 만나는 것이다. 역설적으로 말하면 아직도 말씀을 지켜야 한다면 예수 그리스도를 만나지 못하였다는 증거가 된다. 율법은 예수 그리스도를 만나게 한다. 예수님만이 말씀을 온전하게 다 이루신 분이기 때문이다. 그래서 믿음을 선물로 받은 자들은 이제는 율법을 지켜야 하는 몽학선생 아래 있지 않다고 한다(갈 3:21-25). 즉 말씀을 지켜서 의로워지려고 하는 것에서 벗어나 예수님이 지켜주신 것을 믿음으로 살아간다.

그런데 신약성경에서 증언하기를 갈라디아 지역에 예수도 믿고 율법도 지켜야 한다는 이상한 무리가 나타나 인간의 행함이 섞인 다른 복음을 전하게 되었다. 복음이 '오직 은혜, 오직 십자가'인데 이를 대적하여 그러한 거짓 복음을 전하니 많은 사람이 좋아하여 따랐다. 그러자 바울은 너희 앞에 십자가를 지신 그리스도께서 밝히 보이거늘 왜 다시 초등학문으로 돌아가려고 하느냐고 꾸짖었다. 왜 다시 종의 멍에를 매려 하느냐고 책망하였다(갈 5:4). 왜냐하면 그들이 말씀을 스스로 지킬 수 있었다면 예수님은 헛되이 죽은 것이 되기 때문이다.

믿음이란 자기 자신을 보는 것이 아니라 믿어야 할 분을 보는 것이다. 하나님은 예수님이 모든 것을 이루셨기 때문에 예수님을 믿으라고 하신다. 그러므로 믿음을 받은 사람은 자기가 무엇을 하려고 애쓰는 사람이 아니라 예수님이 이루신 일을 믿음으로 사는 자이다. 정확히 말하면 내가 지켜야 할 말씀을 예수님이 다 이루신 줄 믿는 것이다.

예수님께서 이루신 것을 증거하는 것이 새 언약 안에서의 신앙이다. 새 언약에는 인간이 개입할 여지가 없다. 오직 아버지와 아들 간에 맺은 언약이기 때문이다. 그리스도인은 이 사실을 알리는 증인으로 살아야 한다. 그래서 새 언약 아래 있는 그리스도인들에게 여러 가지 명령이 주어졌다. 그러나 우리는 그것을 할 수 없다는 것을 깨닫는다. 그러면 성령님은 우리가 할 수 없는 이유는 몸이 죄를 이기지 못하기 때문이라고 말씀하신다. 그런데도 말씀을 지키라는 명령은 이 명령으로 인하여 인간이 주체자가 되어 끝까지 그 명령을 이루어 보고자 자신을 굽히지 않는 강퍅한 존재임을 깨닫게 하는 것이다. 사실 인간에 의해 계명이 달성되지 않는다는 사실이 분명해졌다. 그러므로 새 언약 아래서 권면이나 명령들, 즉 예수님의 이루심 속에서 다시 계명을 주신 목적은 인간이 못하는 것을 알게 하시고 인간이 아닌 예수님께서 모든 것을 이루셨다는 것을 '확실하게' 나타내기 위함이다.

성령님은 우리에게 말씀을 지키게 하려고 오신 분이 아니라 예수님이 왜 십자가를 지셨는지를 알려주러 오셨다. 왜 예수님이 꼭 계셔야만 하는지를 사람들에게 알리기 위해 말씀을 통하여 증언하는 일을 하신다. 인간은 하나님 약속의 말씀을 이루어가는 일에 실패하는 무력한 존재라는 것과 무엇이 문제인지를 알게 하신다. 그래서 "예수님, 주님만이 유일한 대답입니다." 이런 고백이 나오게 한다. 그래서 예수님은 우리를 대신해서 십자가에서 죽음으로 다 이루셨다고 가르치신다. 말씀을 지켜야 한다고 말하는 사람은 아직 안식에 들어가지 못한 사람이다. 예수님을 만난 사람은 지켜야 할 의무가 주어진 율법 아래 있지 않기 때문에 안식할 수 있다. 안식은 아무것도 하지 않는 상태가 아니라 모든 일을 마치고 쉬는 상태이다.

모든 말씀이 명령법으로 주어진 이유는 아들과 종을 구별하기 위함이다. 즉 믿는 자와 믿고자 하는 자를 찾는 것이다. 믿는 자는 예수님이 이루신 일에 감사하고 영광을 돌리며 사는 자이고, 말씀을 지켜야 한다고 말하는 자는 자신들이 말씀을 지켜서 영광을 돌리는 자이다. 그런데 성경에서 중요한 사실은 일부 말씀만 지키지 말고 모든 말씀을 지키라고 하신다는 것이다. 즉 말씀을 지키려면 말씀 전체를 지켜야 한다(약 2:8-11).

하나라도 지키지 않으면 모두 위반한 것으로 간주하겠다고 한다. 어떤 것은 지키고 어떤 것은 안 지켜도 되는 예외 조항이 없다. 죄인의 본질은 하나님 말씀에 불순종하는 유전자를 가진 존재이다. 즉 그들은 본질에서 하나님 말씀을 지킬 능력이 없다. 그것은 그들에게 '죄의 몸'이 있기 때문이다. 하나님께서는 이러한 인간에게 말씀을 주셨다. 누구라도 빠뜨리지 않고 조금도 부족함 없이 온전히 지켜야 한다고 한다. 죄인이 이 명령을 받았다면 지켜서 복을 받으라는 명령인지 아니면 지킬 수 없는 자신의 무능함을 알게 하는 것인지를 분별해야 한다. 하나님께서 말씀을 주신 이유를 제대로 알아야 한다. 언약의 말씀을 믿느냐 안 믿느냐를 묻고 계신 것이다. 말씀을 몇 퍼센트를 지켰느냐를 묻는 것이 아니다. 하나님은 최선을 다했는지 묻지 않으시고 완벽함을 요구하신다. 따라서 명령은 우리가 지키는 언어가 아니라 하나님과의 소통을 위한 말씀이다.

'율법의 마침'이며 완성이신 그리스도는 모든 믿는 이들에게만 의가 되신다(롬 10:4). 그래서 그리스도인의 삶은 날마다 자신의 죄를 깨닫고 상한 심령으로 하나님께서 우리를 대신하여 꺾으신 뼈를 통해 주시는 기쁨과 즐거움을 믿으며 사는 것이다. 그런데 율법을 지켜 성화를 이루어 의를 소유하려고 하는 경우가 있다. 성화는 '성화주의'라고 일컫는 성장이나 성숙과 같이 인간의 성품을 스스로 고치는 것을 뜻하지 않는다. 오히려 온전히 주님의 행하심에 의한 은혜로 변화된 신분을 나타내는 것이다. 성경의 각 명령의 말씀은 오히려 '성화주의'를 공격하는 말씀으로 작용한다. 그래서 주님께서 다 완성하신 세계 속에 살면서도, 또다시 인간이 말씀을 친히 이루어서 성화해 나가려는 것에 대한 반박으로 성령께서 '주님이 다 이루셨음'을 알려주시면서 책망함으로써 항상 회개하는 성도가 되도록 한다.

왜 하나님께서 구원받은 우리를 바로 천국으로 데려가시지 않고 이 세상에 두시며, 구원받은 후에 죄를 이기는 몸을 주시지 않고 말씀을 지키라고 하셨는지 이유를 살펴보자. 탕자는 집에 돌아와서도 자신이 탕자였다는 사실을 잊지 말아야 한다. 자신이 탕자였음을 아는 사람은 자기 행위로 온전함을 보이려고 나서지 않는다. 그저 맞아주신 아버지의 은혜에 감사하며 스스로 자신을 아들이라 부르지 않고 종처럼 살아도 기쁘게 살아간다. 이와 마찬가지로 용서받은 죄인으로서 자신이 버려져도 하나님의 은혜를 높이고 죄를 이기시는 주님만이 오롯이 영광으로 드러나기를 바라는 자가 사실은 구원받은 백성이며 주님이 부르신 선택받은 자이다.

우리가 "예수님 믿으세요"라고 말할 때 어떤 한 사람은 '자기가 믿는 믿음'을, 또 다른 사람은 '믿어지게 하는 믿음'을 내어놓게 된다. 전자는 자기가 믿었다는 것을 자랑하고 후자는 믿음을 선물로 주신 주님과 십자가를 찬양한다. 주님을 찬양하는 그 이유는 자기가 믿음을 지켰기 때문이 아니라 자기 안에 계신 분이 지키게 해주셨기 때문이다. 이 상태를 내 안에 그리스도께서 사시는 것이라고 한다. 믿음은 아무것도 하지 않는 것이 아니라 아무것도 할 수 없음을 인정하는 것이다. 성령의 인도하심을 받지 않는 그리스도인은 없고, 아무것도 하지 않는 그리스도인은 없다. 그리스도인은 설사 어떤 일을 한다 해도 자기에게 의미를 두지 않고 오직 주님의 은혜임을 아는 자이다.

(2) 믿음의 원천은 언약 완성의 자리인 십자가

믿음의 조상을 아브라함에서 찾는다. "아브람이 여호와

를 믿으니 이를 그의 의로 여기시고"(창 15:6).

"일하는 자에게는 그 삯이 은혜로 여겨지지 아니하고 보수로 여겨지거니와 일을 아니할지라도 경건하지 아니한 자를 의롭다 하시는 이를 믿는 자에게는 그의 믿음을 의로 여기시나니 일한 것이 없이 하나님께 의로 여기심을 받는 사람의 복에 대하여 다윗이 말한 바 불법이 사함을 받고 죄가 가리어짐을 받는 사람들은 복이 있고 주께서 그 죄를 인정하지 아니하실 사람은 복이 있도다 함과 같으니라"(롬 4:4-8).

성령님께서 구원하시는 자도 구원받을 자와 협상이나 의논해서가 아니라 오직 예수님의 십자가의 피에 근거해서만 적용한 결과이다. 예수님은 유대인으로 유대 사회에 오셨다. 유대 사회는 믿음으로 유지되는 사회라고 할 수 있다. 하나님에 대한 믿음이 그들의 존재 이유였으며, 그들은 믿음이 삶의 전부라고 여겼다. 왜 이런 유대 사회에 예수님이 오셨을까? 노골적으로 말하면 유대 사회가 추구해 온 믿음이, 믿음이 아님을 드러내기 위해서다. 유대 사회가 참된 믿음으로 제대로 유지되고 있었다면 예수님이 오실 이유가 없다. 마찬가지로 예수님의 오심으로 하나님의 백성이라고 주장한 유대인들은 하나님이 누구신지 모르고, 그들의 믿음은 믿음이 아닌 것으로 드러난 것은 세상에 믿음이 없었다는 증거이다.

예수님은 너희에게 겨자씨 한 알만 한 믿음이 있었더라면 뽕나무더러 뿌리째 뽑혀 바다에 심기라 하였을 것이요 뽕나무가 너희에게 순종하였으리라고 하셨다(눅 17:6). 마태복음에서는 산을 명하여 여기서 저기로 옮겨지라 하면 옮겨질 것이라고 했다. 그러나 현실에서는 아무도 뽕나무나 산에게 그런 말을 하지 못한다. 자신이 말하는 대로 되지 않는다는 것을 잘 알고 있기 때문이다. 이것은 무엇을 말하는가? 겨자씨만한 믿음도 없다는 말이다. 전혀 믿음이 없다는 통보이다. 이는 예수님 앞에서는 누구든지 "믿음이 없다"는 것에서 시작해야 한다는 뜻이다. 그러므로 누구든지 "나는 믿음이 있습니다"로 시작한다면 예수님이 세상에 오신 이유와 의미를 무시하는 불법이 된다.

우리에게는 믿음이 없다. 어떤 사람도 믿음을 생산할 수 없기 때문이다(롬 3:21). 이것은 유대인도 다르지 않다. 하지만 그들은 자신들만은 믿음이 있다고 여겼다. 그 증거를 이방인에게는 없는 하나님의 율법이 자신들에게 있고 그 율법을 지키고 행하는 것이라고 하였지만 예수님은 그것을 믿음으로 인정하지 않으셨다. 오히려 하나님으로부터 심판을 받아야 하는 죄로 규정했을 뿐이다. 언약의 자리, 언약 완성의 자리인 십자가는 '그리스도 중심성'에서 나온 사건이기에 이것이 바로 '믿음이 발생 되는 사건'이다.

우리에게 믿음이 없고 믿음을 생산할 수 없다면 '믿음의 근원'은 우리가 아니다. 따라서 누구든 예수님을 믿게 된다면 그 믿음은 위로부터 주어진 것이고, 위로부터 주어졌기에 세상이 아니라 위의 것을 바라며 예수님만을 지향하게 된다. 이 말은 믿음을 자신을 위한 것으로 여기고 자기 복을 위해 예수님을 찾고 부르는 모든 것은 허위이고 거짓이라는 뜻이 된다. 유대 사회의 믿음을 부정하신 것처럼 부정당할 수밖에 없는 것이 그러한 거짓 믿음인 것이다.

그러므로 '믿음의 근원'이 예수님이고 그 믿음을 받았고 그 믿음의 능력에 붙들려 있다면 믿음의 사람은 자기를 지향하지 않는 것이 당연하다. 자기를 지향하지 않는다는 것은 믿음의 근원이 되시는 예수님의 오심과 십자가의 피와 부활의 생명만을 증거하고 높이는 것에 뜻을 둘 뿐이지 자신이 믿음 좋은 사람으로 높임받고 주목받는 것에는 전혀 관심을 두지 않게 됨을 의미한다. 참된 믿음의 여부는 이것으로 판별된다.

그런데도 많은 그리스도인의 관심이 자신을 향해 있다. 예수님에 대한 고백을 자기 믿음을 증명하고 확인하기 위한 의미로 생각하는 것이 대부분이다. "내가 이렇게 고백했으니 나는 믿음이 있다"라는 것이다. 이것이 믿음에 대한 착각임을 인식하지 못한다면 기독교의 믿음은 유대 사회의 믿음의 범주에서 벗어날 수 없음을 알아야 한다.

어떤 사람은 믿음의 부족함을 말하며 믿음의 근원을 사람에게 두어 믿음을 확인하려 하기에 부족함을 채워야 한다고 강조한다. 서로의 행함을 비교하면서 자기 행함이 타인보다 좀 더 낫다고 생각되면 믿음에 만족하고 부족하다고 생각되면 행함을 더 강화하여 부족한 부분을 채워야 한다고 생각한다. 그러나 믿음은 하나님의 선물로 주어지는 것이다. 하나님께서 선물로 주신 믿음이 부족할까? 어떤 사람에게는 부족한 믿음을 주시고 또 다른 사람에게는 온전한 믿음을 주신 걸까? 그리스도인 누구도 그렇게 생각하지 않을 것이다. 그런데도 믿음의 부족을 말하는 것은 믿음을 받고 나서 인간에게 책임이 있다고 생각하기 때문이다. 믿음을 받았다면 인간은 그 믿음을 지키고 유지해야 할 책임이 있다고 생각한다. 그것은 믿음의 근원에 대한 큰 오해이다.

어떤 사람들은 "예수 그리스도를 믿음으로 구원받는다" 하면 그 믿음의 주체를 자신에게 두는 경우가 있다. 즉 "내가 예수를 믿는다" 라고 생각하는 것이다. 이처럼 자신이 예수님을 믿는 것으로 생각하기 때문에 다른 사람의 믿음과 자신의 믿음에 차별을 두려고 하고, '누구의 믿음이 더 나은가?' 라고 경쟁하게 된다. 그렇지만 예수님을 믿는 것은 처음부터 인간에게는 불가능한 일이다. 인간의 자질로는 예수님을 믿을 가능성이 전혀 없다는 것이다. 그래서 예수님은 부자가 하나님 나라에 들어가기가 낙타가 바늘귀로 들어가기보다 더 어렵다고 말씀하셨다.

인간은 믿음으로 말미암아 구원을 얻는다. 그런데 사도 바울은 '은혜를 인하여' 라는 말을 앞세우고 있다. 즉 믿음으로 말미암아 구원을 얻는 것은 하나님의 은혜로 된 것이라는 뜻이다. 왜냐하면 우리를 구원에 이르게 하는 믿음은 인간에게서 생산되는 것이 아니라 은혜로 말미암은 것이기 때문이다. 그래서 "믿음은 너희에게서 난 것이 아니요 하나님의 선물"이라는 말을 한다(엡 2:8). 그래서 그리스도인은 "내가 예수님을 믿습니다"라는 말을 한다고 해도, 예수님을 믿는 나는 예전의 내가 아니라 하늘로부터 주어진 믿음에 의해 새롭게 된 나라는 것이 전제되어야 한다.

그리스도인에게는 자기 뜻, 자기 열심, 자기 의지가 없다. 이렇게 말하면 숨 쉬고 생각하는 인간에게 자기의 뜻과 열정이 없다는 것이 말이 되느냐고 할 수 있다. 그리스도인에게 있어서, 사실 자기 뜻과 의지가 없어서 없다고 한 것이 아니라 내 뜻과 의지가 주님의 뜻에 따라 움직이기에 내 뜻을 별도로 주장할 수 없다고 한 것이다.

그리스도인은 어떤 일에든지 '주님만이 옳습니다' 는 고백이 있을 뿐이다. 믿음은 주님 안에 있는 세계이기 때문이다. 그러한 고백은 하나님의 은혜라는 하늘의 선물이 아니었다면 자신은 영원히 그리스도와 상관없는 사람이 될 수밖에 없음을 알기 때문에 반드시 뒤따르는 것이다. 하나님께서 믿음을 선물로 주셨기에 예수 그리스도를 나의 구주로 믿게 되었고, 예수님의 십자가의 은혜가 내 마음에 기쁨으로 자리 잡은 자로서 감사할 수 있다. 그러므로 믿음은 인간에게서 나올 수 없으며 오직 주 예수 그리스도의 은혜로 인한 것이다. 믿음의 근원, 즉 믿음의 원천은 말씀이신 예수 그리스도이다(롬 10:17).

믿음은 하나님의 은혜가 아니면 하나님을 알 수도 없는 자신임을 고백하고 하루하루를 하나님의 선하신 뜻으로 인도하시는 하나님의 손길을 요청하는 것이다. 자기의 연약함을 알기에 자연히 하나님 도우심을 구하게 되는 것이다. 그래서 믿음은 내가 하나님에게 뭔가를 요구하여 얻기 위한 것이 아니라 하나님의 일방적인 부르심에 순종하게 되어 비로소 자신이 하나님의 소유된 백성임을 깨닫는 것이다. 그래서 믿음은 성도에게 세상의 것을 소유하게 하는 방법으로 주어진 것이 아니라 우리 자신이 하나님과의 관계에 붙들려 있음을 알게 한다.

(3) 믿음의 본질은 하나님의 약속을 믿는 것

우리가 믿음이라고 여기는 것 중에는 상당히 많은 것이 믿음과는 거리가 먼 가짜인 경우가 많다. 믿음에도 본질의 회복이 절실한 시대이다. "믿음이란 무엇인가?"는 가장 쉬운 질문 같지만 가장 어려운 질문이다. 많은 사람이 믿음의 분량이 적고 부족하지만 예수님이 나의 구주이시며 그렇기에 예수님을 믿어야 천국에 갈 수 있다고 생각한다. 그러므로 현대 교인들은 그들의 믿음에는 아무 문제가 없다는 입장을 취한다. 그러나 우리가 잊지 말아야 할 것은 천국의 문은 '우리가 가지고 있다고 생각하는 믿음'이 아니라 '하나님께서 우리에게 선물로 주신 믿음'으로만 열린다는 사실이다. 그러므로 중요한 것은 하나님께서 어떤 믿음을 선물로 주셨는가 하는 것이다. 그렇지 않으면 거짓 믿음에 미혹되어 멸망으로 달려가게 될 것이다.

특히 믿음에 대한 잘못된 이해는 믿음을 복을 얻기 위한 수단으로 여긴다. 이런 생각은 신앙에 차별을 두게 된다. 즉 열심 있는 믿음과 그렇지 않은 믿음을 구별하면서 하나님은 열심 있는 믿음을 기뻐하시며 그러한 믿음을 가진 성도에게 더 많은 복을 주신다고 생각한다. 이것이 복을 구하는 세상의 종교성이 만들어 낸 거짓 믿음이다. 따라서 대부분 종교가 말하는 믿음은 이 범주를 벗어나지 않는다. 그러나 하나님께서 선물로 주신 믿음은 세상의 믿음과 본질에서 다르다.

하나님이 아브라함의 믿음을 보시고 그의 의로 여기셨다는 것은 아브라함의 믿음이 참된 믿음이라는 뜻이다(창 15:4-6). 그러므로 누구든 아브라함의 믿음과 같지 않으면 믿음이 아니라는 말이다. 따라서 하나님께서 의로 여기신 아브라함의 믿음이 어떤 것인가를 아는 것이 중요한 것이다.

아브라함은 무엇을 믿었는가? 그는 아브라함에게 후사를 약속하시고 아브라함의 후손이 하늘의 별과 같을 것이라고 하신 '하나님의 약속'을 믿었다. 즉 아브라함이 믿은 것은 하나님의 약속이었다. 아브라함의 믿음에는 하나님께서 약속하신 것을 반드시 이루실 것이라는 믿음이 포함되어 있었다. 이것이 바로 '믿음의 본질'이다. 세상이 생각하는 믿음은 자신이 원하는 것을 얻기 위해 신을 믿는 것이다. 세상 사람들의 믿음의 본질은 자신이 하나님께 정성을 보이면 하나님께서 자신의 소원을 들어주신다는 것이다. 그러나 아브라함의 믿음은 자신의 소원을 향한 것이 아니라 하나님의 약속을 향하고 있다. 자기의 소원을 이루시기 위하여 하나님을 찾는 믿음이 아니라 하나님의 약속을 바라보며 하나님께서 그 약속을 이루시기를 기다리는 믿음이다.

사람은 스스로 결코 이 믿음에 도달할 수 없다. 이 믿음은 인간의 소원을 부인하기 때문이다. 인간의 욕망은 하나님의 약속 앞에서 용납되지 않는다. 하나님의 뜻 앞에서 인간의 뜻은 거부되어야 할 대상일 뿐이다. 그러나 인간들은 자신의 모든 것을 하나님께 맡기면서 하나님이 하실 일을 기다리며 살아가지를 못한다. 즉 막연하고 추상적인 믿음은 믿음이 아니라고 반발한다. 그러므로 아브라함의 믿음은 세상이 생각하고 말하는 믿음이 아님을 역설적으로 보여준다. 우리는 행함을 기준으로 해서 믿음을 판단하는 습성이 있다. 믿음이 좋으면 그만큼 행함도 따라온다고 생각하기 때문이다.

우리가 예수 그리스도를 우리의 구주로 믿는다고 말하기 전에 우리는 먼저 예수님께서 하나님의 약속 성취로서 세상에 오셔서 십자가에서 죽으셨다는 사실을 알아야 한다. 십자가에서 예수님의 죽음은 우연한 사건이 아니다. 그것은 창세 전에 이미 계획된 것이었고 그 계획은 아브라함과의 약속을 시작으로 점차 구체적인 사건이 되어 세상에 나타나기 시작했다. 그러므로 예수님의 십자가 사건에는 마귀의 어떤 훼방에도 굴하지 아니하시고 강력한 힘과 권능으로 자기의 뜻을 이루신 하나님의 열심이 담겨 있다. 그리스도인은 이것을 믿는 자이다. 예수님이 나의 구주이시고 십자가의 피가 나를 구원하신다는 것을 믿는 것은 말로는 맞다. 그러나 그것은 사실이지만 문제는 자기 구원으로 즐거워하는 것일 수 있다는 점이다. 이점을 잘 분별할 수 있어야 한다.

만일 아브라함이 하나님의 약속을 듣고 그의 가문의 번성함을 기뻐했다면 그의 믿음은 세상의 믿음과 다르지 않았을 것이다. 그러나 우리는 아브라함이 하나님이 '약속하신 대로 이루실 분이심'을 믿었음을 기억해야 한다. 이것은 '믿음이란 무엇인가'를 밝히는 중요한 문제이다. 현재 자신을 그리스도인이라고 부르는 많은 사람이 함정에 빠져 있다. 그 믿음의 함정은 약속을 이루시는 하나님을 바라보고 믿는 것이 아니라 하나님이 자기에게 소원을 이루어주실 복을 바라보고 즐기는 것을 믿음이라고 착각하는 것에 있다. 그러므로 예수님의 은혜를 믿고 십자가를 믿는 것이라 할지라도 내가 그 은혜와 십자가로 말미암아 천국에 간다고 믿고 기뻐하는 것이라면 그것은 아브라함의 믿음과 같은 믿음이 아니다. 이런 믿음은 예수님을 찾아와 영생을 물었던 부자처럼 모든 소유를 버리고 나를 따르라는 말씀에 등을 돌릴 수밖에 없다.

예수님은 제자들에게 '너희가 나를 따르는 까닭에 세상으로부터 미움을 받는 것'이라고 말씀하셨다. '자기를 부인하고 나를 좇아야 하며 세상에서 나그네로 살아야 하며 좁은 길을 가야 한다'고 말씀하셨다. 이처럼 예수님을 따르는 길에 인간이 바라고 소원하는 것, 즉 세상의 성공이나 영광 같은 것은 아무것도 없다. 그것이 예수님이 가신 길이다.

그런데도 그리스도인은 예수님이 가신 길을 그대로 가는 것이 생명에 이르는 것임을 믿는다. 다른 길이 없기에 하나님께서 자기 백성을 오직 예수 그리스도께로, 그를 통하여 생명에 이르게 하시는 것이다. 그러므로 이 믿음을 가진 그리스도인은 좁고 험난한 길이라도 찾는 자가 적어도 상관없이 약속을 믿고 간다. 이 믿음이 하나님께서 선물로 주신 참된 믿음이다. 이러한 믿음에는 인간의 소원과 욕망이 포함되어 있지 않다. 그래서 세상의 믿음과 근본적으로 다르다고 할 수 있다. 즉 나를 위하여 예수를 믿는 것이 아니라 내가 예수를 위하여 부르심을 받은 자라고 믿는 것이다. 그러나 많은 사람이 자신을 위해 살고 주님을 위해 살지 않는다. 세상의 믿음은 오히려 자기를 위하여 예수님을 이용하려 한다. 그러므로 하나님께서 주신 믿음이 아니고서는 예수님을 믿을 자가 없는 것이다.

믿음은 인간의 노력이 개입되는 것을 허용하지 않는다. 인간이 노력하면 믿음을 향상할 수 있는데도 그런 노력이 허락되지 않는다는 것이 아니다. 애초부터 인간의 노력이란 쓸모가 없다. '율법 외의 한 의'는 행함의 범주를 떠나 별개이다. 그런데도 사람들은 노력하면 믿음이 좋아진다고 주장한다. 그래서 열심히 믿음을 키우고 그 믿음으로 하나님의 마음을 감동시켜 자신의 소원을 이루고 기도의 응답을 받으라고 말한다. 이러한 말은 인간으로 믿음의 문제에 있어서 끊임없이 자신이 노력하고 해야 할 것이 있음을 생각하게 한다. 이른바 믿음이 구체적으로 다가오고 있는 느낌을 들게 한다. 이러한 감정과 보이는 것이 믿음이 아니다. 그런데도 독생자를 보내어 십자가에서 피 흘리게 하시고 우리를 그의 지체 삼아 생명으로 인도하시는 하나님의 일하심은 쉬지 않고 계속되고 있다. 이것이 믿음의 본질이다.

>>> CHAPTER · 02

은혜 위의 은혜인
은혜의 믿음

(1) 자기 의가 아니라 은혜로 주어진 선물

　　　　말씀이 육신이 되어 우리 가운데 거하신 것은 인간과는 전혀 관계없이 하나님께서 독자적으로 일으키신 사건이다. 하나님께서 독자적으로 일으키신 사건이라는 것은 말씀이 육신이 되어 우리 가운데 거하심으로써 하고자 하시는 하나님의 일이 있음을 뜻한다. 따라서 그리스도인은 하나님이 하고자 하시는 그 일에 마음을 두는 것이 마땅하다. 사람들은 하나님이 하고자 하시는 일이 자기의 육신적인 문제와 연관이 있으리라 생각한다. 하지만 그것은 종교적인 환상일 뿐이고 헛된 생각에 지나지 않는다. 육신의 문제를 해결해 주기 위해서라면 굳이 사람의 육신으로 우리에게 오실 필요가 없는 것이다. 그냥 하늘에서 우리의 모든 일을 처리해 주시면 되기 때문이다.

그러면 우리를 구원하기 위해서일까? 우리의 구원이 목적이라면 그 역시 육신으로 오실 필요는 없다. 택한 자기 백성을 골라서 천국에 들어가게 하시면 되기 때문이다. 그런데도 하나님은 육신으로 세상에 오셨고, 우리 가운데 함께 거하신다(요 1:14-16).

이처럼 예수님이 오셔서 함께 거하심으로써 하시는 일이 무엇일까? 그것은 세상을 죄와 의로 나누시고 죄에 속한 자를 심판하시고 의에 속한 자는 생명에 들이시는 일을 위해서다. 하지만 예수님이 육신으로 오시기 전에도 세상은 나름대로 죄와 의를 구분하여 죄는 멀리하고 의를 실천하면서 살고 있었다. 그런데도 예수님이 오셔서 왜 죄와 의를 구분하셔야 하는가? 그 이유는 '예수님이 오시기 전'에 세상이 구분하고 있던 죄와 의는 '인간의 선악관'에 의해 판단한 잘못된 것이기 때문이다. 십자가를 지시기 전에 인간들이 내렸던 모든 판단이 예수님을 죽이는 판단들이며, 죄 그 자체임을 새로운 피조물 입장에서 인정하게 된다. 그래서 예수님이 오심으로써 세상의 모든 것은 죄에 속한 것일 뿐이고 의는 없으며, 의는 오직 예수님 한 분뿐이라는 것을 증거하신다.

따라서 의에 속한다는 것은 자신에게는 죄밖에 없음을 깨닫고 의로 오신 예수님을 의지하는 것을 뜻하며 이것을 믿음이라고 말한다. 결국 세상이 심판을 받는 것은 악을 행해서가 아니라 도덕에 가려져 있는 자신의 악한 실체를 보지 못하고 예수님의 의가 아닌 자신의 의를 고집하는 결과이다. 그래서 예수님이 우리 가운데 거하심으로써 벌어지는 은혜의 사건들은 인간의 종교체계에 가려져 있던 모든 죄가 드러나고 예수님의 의가 곧 생명임을 믿게 하는 것으로 진행되는 것이다. 그리스도의 행하심으로 생긴 그 의를 은혜로 공유하게 된 현상을 '믿음'이라고 한다. 그러므로 그리스도인이 예수님의 의를 믿는다면 그것은 이미 그에게 하나님이 벌이시는 '은혜의 사건'이 일어났음을 의미한다(롬 3:25-26).

그런데도 지금의 기독교인들은 예수님을 믿는다고 하면서도 또다시 은혜를 받고 싶어서 안달하는 수준에 있다. 즉 믿음과 은혜를 개별적인 것으로 구분한다. 믿음은 은혜에 속하여 있고, 따라서 예수를 믿는다는 것은 이미 은혜가 충만한 상태에 있음을 알지 못하는 것이다. 이것이 바로 예수를 믿는다고 하지만 사실은 예수를 믿은 적이 없음을 보여준다.

예수님이 육신이 되어 우리 가운데 거하신다. 예수님이 우리 가운데 거하실 때는 사람의 자격과 자질을 따지지 않았다. 자기에게는 의가 없음을 알고 예수님의 의를 믿겠다고 나온다면 누구든 받아주시고 예수님의 의의 날개 아래 거하게 하신다. 그리고 그것으로 상을 주신다. 그 때문에 성도에게는 예수님이 하늘의 의로 오셨고 인간에게는 의를 요구하지 않으시고, 다만 예수님의 의를 피난처로 삼아 주께 나오는 모든 자를 받아주시고 그를 의로운 자로 여기신다는 그 말씀만으로 기쁨이 되는 것이다. 이것을 '은혜'라고 말한다.

사람이 예수를 믿는 것은 성령으로 말미암지 않고는 불가능한 일이다. 그래서 믿음은 이미 성령의 충만과 은혜의 충만을 담고 있다. 그런데도 사람들은 예수님을 믿는 믿음의 상태를 별것 아닌 것으로 치부해 버린다. 믿음을 자신의 선택과 자기 의지의 결과물로 여기기 때문이다. 그래서 자신이 예수를 믿는 믿음의 대가로 복이라는 것을 기대하기도 하고, 믿음 외에 별도로 은혜를 더 많이 받고 싶어 한다. 이것은 성도가 아니라 단지 종교인의 수준에 지나지 않음을 알아야 한다. 말씀이 육신이 되어 우리 가운데 거하셨다고 말함에도 사람들은 여기에는 관심을 두지 않는다. 말씀이 육신이 되어 우리 가운데 거하든 말든 그것보다는 은혜를 달라는 것이다. 자기 소원이 이루어지는 은혜를 받음으로써 교회 다니는 보람을 얻으려고 한다.

이런 수준의 사람들이 교회를 다니면서 생각하거나 관심을 가지고 기대하는 것은 뻔하다. 교회생활이 자신에게 즐거움이 되어주고 부담되는 말은 하지 않았으면 좋겠고, 천국이니 지옥이니 하는 비현실적인 말도 삼가면서 다만 도덕적이고 윤리적인 강연만 해주기를 바랄 뿐이다. 육신이 되어 세상에 오신 예수님을 알아가고 그분을 믿고 그분의 말씀에 순종하는 것에는 아예 관심이 없다. 사실 말씀이 육신이 되어 우리 가운데 오셨다는 것이 무슨 관심거리가 되겠는가? 양손에 선물 보따리를 잔뜩 안고 오셔서 선물을 나눠주신다면 육신으로 오신 분에게 조금 마음이 갈 수도 있겠지만 그것도 결국 육신으로 오신 분을 향한 관심이 아니라 그분 손에 있는 선물을 향한 관심일 뿐이다.

예수님은 실제로 선물을 갖고 오셨다. 그리고 그 선물을 자신이 원하는 자에게 나눠주신다. 그 선물이 바로 죄 사함을 통한 영생, 영원한 생명이다. 그런데 사람들은 예수님께 나오다가도 선물의 내용을 알고 실망한 듯이 돌아서 버린다. '죄 사함 외에 다른 선물은 없느냐?'고 우격다짐하지만 예수님이 주시는 선물은 '죄 사함' 뿐이다. 그래서 여기저기서 죄 사함 말고 또 다른 다양한 선물을 준다는 다른 예수로 향하고 만다.

이러한 현실에서 다만 예수님이 가져오신 영생에만 마음을 두면서 우리를 영생으로 인도하는 예수님의 의로 감사하고 기뻐하는 사람이 존재하게 된다는 것은 기적 중의 기적이 아닐 수 없다. '은혜 위에 은혜'인 것이다. 이러한 은혜에 있는 그리스도인은 또 다른 은혜를 구하지 않는다. 특별한 체험이나 세상의 일이 잘되는 것을 은혜로 간주하지 않는다. 은혜를 받고 싶어서 안달이 난 것이 아니라 자신에게 주어진 충만한 은혜로 기뻐하고 감사하면서 자신에게 주어진 은혜를 다른 사람과 공유하고 싶어서 안달이 난 그가 바로 그리스도인이다.

말씀이 육신이 되었다면 세상에서는 그 육신만이 가장 거룩하고 영광을 받아야 한다. 다시 말해서 세상 그 어떤 육신도 거룩하다고 할 수 없고, 또 영광을 받을 자격이 있는 육신도 없다. 그러므로 육신으로 오신 예수님을 믿는 것은 자신의 무너짐이 없이는 불가능한 일이며, 이 불가능을 가능하게 하는 것이 성령의 역사이다. 이처럼 성령의 역사로 인해서 창조되는 것이 그리스도인인데, 그리스도인이 예수님을 믿는 믿음을 하나님이 벌이신 은혜의 사건으로 바라보지 못하고 기쁨이 없다면 그것은 아직 육신으로 오신 예수님과의 사귐이 없기 때문이다.

그리스도인이 예수님을 믿게 된 것은 은혜의 사건이다. 그리고 그 믿음으로 예수님이 주시는 영생에 속하게 된 것 또한 은혜의 사건이다(요 1:16). 은혜가 우리를 은혜에 있게 한다. 그래서 은혜 위에 은혜라는 말을 하는 것이다. 은혜에 은혜를 더 얹어서 갑절로 주는 은혜라는 뜻이 아니다. 성도가 은혜 위에 은혜라는 은혜의 세계에 있다면 그에게 세상의 일은 더는 심각한 문제로 다가오지 않을 것이다. 이미 놀랍고 충만한 은혜에 있기에 세상 문제는 지금 당장은 고통이 되어도 그 마음은 항상 예수님을 향하게 된다. 그래서 항상 기뻐할 수 있는 것이 성도다. 이 모든 것이 성도가 누리는 은혜다.

은혜란 반드시 죄를 드러내면서 작렬하게 되어 있다. 자신의 잘못과 죄를 고백하면서 이러한 죄인인데도 용서해 주심을 고백하는 것이다. '개과천선'과 같이 '은혜를 못 받았을 때는 제대로 못 살았는데 은혜를 받고 나니 이제 제대로 살 수 있게 되었다'고 하면서 뿌듯해하는 '자기의 의'를 소유하는 것이 아니다.

(2) 그리스도로 완성된 믿음인 온전한 믿음

믿음만으로는 온전한 구원을 발생시킬 수 없는 믿음은 성경에 애초부터 들어 있지도 않은 믿음이다. 즉 그저 인간 쪽에서 시도해 보는 지적 노력에 불과하다. 제대로 성경을 아는 자들은 이러한 지적 노력조차도 아예 믿음으로 간주하지 않는다. 자신의 지적 고백을 결코 성경이 말하는 신앙고백의 범주에 넣어주지 않는다. 성경에서의 믿음이란 구원의 첫 단계도, 구원의 틀을 형성하는 것도 아니다. 그 자체로서 구원이 완성되어 종결된 현상이다. 더는 구원받는데 필요한 것도 없고 더 추가될 덕목도 남아 있지 않다.

우리에게 하나님이 예비하신 더 좋은 것은 약속된 것이고 그것은 약속의 성취자로 오신 예수 그리스도다. 이것은 믿음의 사람들이 제아무리 믿음의 증거를 받았다 해도 하나님이 약속하신 더 좋은 것을 받지 못했다면 온전한 믿음이 아니라는 뜻이다. 다시 말해서 믿음의 온전함은 하나님이 예비하신 더 좋은 것, 예수 그리스도를 알게 되고 그리스도 안에 있는 것을 뜻한다.

구약의 성도들이 믿음으로 말미암아 증거를 받았다는 것은 믿음에 의해 믿음의 길로 갔음을 인정받았다는 뜻으로 이해할 수 있다. 그런데도 지금의 그리스도인들과 다른 것은 그들이 약속된 것을 받지 못했다는 것이다. 약속된 것을 받아야 '온전한 믿음'이라는 뜻이다(히 11:39-40).

구약의 성도들은 약속을 믿었으되 약속된 것을 받지 못했다. 계시의 점진성 차원에서 보면 아브라함에게는 분명하지 않았겠지만 예수 그리스도를 믿는 믿음으로 구원을 받았다. 아브라함은 비록 하나님이 보내실 그리스도가 예수님인 줄을 몰랐을지라도, 하나님이 보내셔서 자신을 위해 죽으실 그리스도의 때(대속의 제물로 죽으심)를 바라보고 기뻐했다(요 8:56). 그러므로 그들의 믿음은 약속된 그리스도로 말미암아 온전하게 되었다.

구약의 성도들이라고 해서 짐승의 피나 다른 것으로 죄를 용서받은 것이 아니다. 불완전한 용서나 일시적인 용서도 아니다. 단지 그들은 제사를 통해서 하나님의 은혜, 어린 양 그리스도를 믿는 믿음으로 살았으나 약속을 받지 못했다. 즉 예수 그리스도의 십자가를 직접 경험하거나 알지 못했다. 그런데도 그들은 하나님의 약속, 즉 예수 그리스도의 십자가로 자신들이 구원받는다는 약속을 멀리서 보고 기뻐했다(히 11:13).

이러한 내용에서 그리스도인이 분명히 주지해야 할 사실은 믿음의 온전함, 즉 믿음의 완성, 충만은 우리의 행함의 열심과 선으로 채워지는 것이 아니라는 점이다. 그러면 무엇이 믿음의 완성인가? 예수 그리스도를 믿는 것이 믿음의 완성이다. 즉 믿음의 완성은 예수 그리스도이다. 그리스도를 믿는 그리스도인은 '완성된 믿음'에 속하여 있는 것이다. 이미 그리스도로 인한 '온전한 믿음'이다. 만약 '나는 믿음이 부족하다'고 생각된다면 그것은 하나님이 예비하신 더 좋은 것, 온전한 것에 마음을 두기보다 자신을 바라보기 때문에 나타나는 것임을 알아야 한다. 그러한 것은 믿음에서 떠난 것이기 때문에 성도에게는 중요한 문제가 아닐 수 없다.

인간은 약한 존재이기에 세상의 유혹을 받고 데살로니가 교회처럼 환난이 있으면 그리스도를 향한 마음이 흔들리기도 한다. 항상 유혹과 시험을 받으며 세상으로 끌려가는 자신을 확인하게 된다. 이것은 하나님이 주신 믿음이 부족하고 약한 것이 아니라 인간이 '온전히 믿음'으로 살아가지 못하기 때문이다.

온전하신 분은 예수 그리스도다. 완성의 의미 또한 예수님에게만 국한된다. 그래서 그리스도인의 믿음은 완성돼야 하는 것이 아니라 '그리스도로 완성된 믿음'으로 기뻐하고 감사해야 한다. 우리가 채우고 이루어야 할 것은 없기 때문이다. 이 모든 것이 그리스도로 인해서 그리스도 안에서 누리는 은혜의 세계이다. 그러므로 그리스도인은 믿음 없는 자신을 주께 전적으로 의탁할 수밖에 없다. 하나님 약속의 성취자로 오신 그리스도가 믿음의 완성이시기 때문이다.

십자가를 믿는다는 것은 예수 그리스도께서 흘리신 피의 공로로 인해서 우리의 모든 죄가 용서되었음을 믿는다는 것을 뜻한다. 즉 오직 그리스도가 흘리신 피로써 의롭게 되었음을 믿는 것이다. 그렇다면 이러한 믿음이 용납하지 않는 것은 무엇일까? 그것은 은혜를 받았으니까 선하게 살아야 한다는 주장이다. 은혜를 받은 자답게 선한 행실을 보이면서 교회에서도 열심히 봉사하는 믿음을 보여야 한다는 이러한 말을 믿음은 절대로 용납되지 않는다. 왜냐하면 그러한 말들이 곧 예수 그리스도의 십자가의 공로와 은혜를 무너뜨리는 것이기 때문이다.

예수님의 피로 인해 의로움은 완전한 의로움이다. 하나님 앞에서 한 치의 부족함도 없는 완벽하고도 완전한 의로움인 것이다. 따라서 성도의 선한 행실로 인해 의로움이 뒤따라와야 할 이유는 없다. 이러한 말을 할 때마다 꼭 못을 박는 말이 있다. 그것은 "그렇다고 해서 선한 행실을 하지 말라는 뜻이 아니다"라는 말이다. 이렇게까지 토를 달았음에도 "그럼 선한 행실이 있으면 안 된다는 것인가?"라고 따진다면 더 할 말이 없지만 제발 위의 말에 대해 "성도가 선한 행실을 하지 말란 말인가?"라는 반문은 하지 않았으면 좋겠다.

예수님이 십자가에 죽음으로써 모든 죄가 용서되었다는 선언은 인간의 자질, 능력, 조건, 상태, 선행, 공적 그 어떤 것도 구원에 아무 효력을 발휘하지 못한다는 뜻이다. 즉 인간이 생각하는 그 어떤 수준의 높은 선행도 의가 되지 못하고 그것으로 죄를 씻을 수 없다는 것이다. 그만큼 인간은 철저하게 악한 존재라는 뜻이다. 인간에게 선하게 살겠다는 소원과 결단조차 없다는 뜻이 아니다. 개중에는 상당히 선하게 사는 자도 있다.

그러나 인간의 선행은 모두가 자신의 의와 연결되어 행해진다. 인간의 내면에 아주 교묘하게 숨어 있는, 때로는 자신도 의식 못 할 정도로 교만과 탐욕이 선으로 위장을 하고 나타나는 것이다. 인간은 하나님을 경외하고 그분 뜻대로 살 마음은 전혀 없고 오히려 의도적으로 그 반대편에 서 있었기에 하나님 앞에 죽을 수밖에 없는 죄인이다. 단순히 예수를 안 믿는 정도가 아니라 하나님을 고의로 반대하면서 적극적으로 악을 즐긴 죄인이다.

따라서 예수를 믿는다는 의미는 자신의 지난 죄를 반성하고 회개하는 정도를 넘어서 자신이라는 존재 전부가 완전히 썩어 있음을 철저하게 자인하는 것이다. 나아가 자신의 노력으로는 그 죄를 단 한 치도 깨끗하게 할 수 없었다고 완전히 항복하는 것이다. 자신의 노력으로는 도저히 깨끗해질 수 없었기에 그런 모든 자인, 항복, 확신 등도 사실은 성령님이 나를 거듭나게 해주심으로 가능해졌음을 예수를 믿은 후에야 알 수밖에 없다.

하나님 앞에 죽을 수밖에 없는 죄인이라는 것은 인간이 저지른 죄의 질과 양이 크다는 의미가 아니다. 그렇게 되면 사람들은 또다시 죄를 놓고 누구의 죄가 더 큰가? 라는 문제로 다툴 것이다. 인간이 죄인이라는 것은 죽은 자라는 의미이다. 죽은 자이기에 아무리 인간적인 의를 드러낸다고 해도 하나님 앞에 의인 될 가능성은 없다는 뜻이다. 그래서 구원을 주시는 하나님의 능력만이 주어져야 한다. 그리고 그 능력은 예수님의 십자가 피로써 완전히 베풀어졌다는 뜻이다. 그래서 인간이 선하다고 생각하는 행위를 의로운 것으로 생각한다면 그것이 곧 십자가를 부인하는 것이다.

설령 성도가 아주 의롭고 경건한 모습을 보인다고 해도 그것을 자기 의로 생각해서는 안 된다. 성도는 자신의 의에 대해서는 죽고 다만 하나님에 대해서 살아야 한다. 그리고 그 속에 하나님의 은혜만 남아 있어야 한다. 그래서 교회는 성도가 자신의 의로 삼을 가능성이 있는 모든 것을 자르는 말을 해야 한다. 그것이 사람을 살리는 것이다.

(3) 행위가 아니라 은혜의 산물인 오직 믿음

믿음은 행함이 아니라 은혜에 속해 있다. 이 말은 행위와 무관하게 '오직 믿음'에 의해 의롭게 된다는 뜻이다. 이것은 "복음에는 하나님의 의가 나타나서 믿음으로 믿음에 이르게 하나니 기록된 바 오직 의인은 믿음으로 말미암아 살리라 함과 같으니라"(롬 1:17)는 말씀으로서, "그러므로 사람이 의롭다 하심을 얻는 것은 율법의 행위에 있지 않고 믿음으로 되는 줄 우리가 인정하노라"(롬 3:28)는 말씀으로 분명히 확인할 수 있다. 이 구절을 배경으로 등장한 신학적 용어가 '이신칭의'이다. 이 구절들만이 '오직 믿음으로 의롭게 된다'는 것을 말하는 것은 아니며 로마서 전체, 더 나아가 성경전체가 그 내용을 증거하고 있다.

그런데도 오늘날 교회가 행함의 문제에서 벗어나지 못하는 이유는 무엇일까? 물론 믿음을 배제한 채 행하므로 의롭게 된다는 말은 하지 않을 것이다. 하지만 믿음은 반드시 행함으로 증거된다고 말함으로써 행함이 없는 믿음은 믿음이 아닌 것으로 간주하는 것이 현대교회이다. 야고보서에서 행함이 없는 믿음은 죽은 것이라는 말을 하지만 야고보서에서 언급하는 행함은 현대교회가 강조하는 행함과는 그 의미가 다름을 알아야 한다.

믿음에 의해서만 증거되는 것이 있다. 그것은 우리가 예수님에게 받은 용서와 긍휼과 사랑 등이다. 야고보서에서 말하는 행함은 이것과 연결된 것이지 흔히 말하는 기도, 봉사, 헌금 등이 아니다. 또한 믿음이 행함으로 증거된다면 결국 믿음과 함께 행함이 있어야 의롭게 된다는 의미가 되기 때문에 바울의 복음과 상반된 말이라는 것을 염두에 두어야 한다.

혈통으로 따지면 아브라함은 유대인의 조상이다. 그런데 우리 모든 사람의 조상이라고 하는 것은 바울이 혈통을 초월한 다른 관계에서 아브라함을 말하기 때문이다. 그것이 곧 믿음이다. 믿음의 관계에서 아브라함의 믿음에 속한 자라면 아브라함의 후손이라는 것이고 아브라함과 같은 믿음이라는 뜻이다(롬 4:16). 그리스도인이라면 누구나 믿음을 말한다. 자신이 하나님을 믿고 예수님을 믿는다고 한다. 하지만 그 믿음이 하나님께로부터 주어진 참된 믿음인 것은 어떻게 알 수 있을까? 방법은 참된 믿음으로 인정된 그 사람의 믿음을 알고 그 믿음을 기준으로 하여 자신의 믿음을 점검하는 것이다. 이런 의미에서 아브라함을 믿음의 조상이라고 일컫는 것이다. 따라서 아브라함의 믿음에 속한 자만이 아브라함의 후손이고 하나님의 약속 안에 있는 성도라 일컫게 된다.

아브라함의 믿음에 속한 자만 하나님의 약속에 따라 태어난 하나님의 사람으로 인정되며 그들만이 상속자, 즉 하늘의 것을 상속받게 된다. 이 말은 '아브라함과 같은 믿음을 가지라' 거나 '아브라함처럼 되라' 는 뜻이 아니라 자기 믿음의 현실을 바르게 살피고 믿음이 아닌 것을 믿음으로 착각하는 오류에서 벗어나 아브라함으로 말미암아 증거가 된 참된 믿음을 바라보고 소망할 것을 가르치는 것으로 이해하면 될 것이다.

아브라함은 독자 이삭을 제물로 바쳤다. 우리가 귀한 것을 하나님께 바친다고 해도 아들을 바치지는 않을 것이다. 설사 아들을 제물로 바쳤다 해도 믿음이 아니라 맹목적인 광신일 뿐이다. 그런데도 대개의 기독교인은 바치는 것을 헌신으로 이해한다. 믿음이 있다면 헌신하고 봉사해야 한다고 생각한다. 이것이 믿음에 대한 잘못된 이해이고 현대교회의 큰 잘못이며 오류이다.

헌신과 봉사에는 보상이 따른다고 생각한다. 헌신과 봉사로 하나님을 기쁘게 하였으니 복으로 보상해준다고 여긴다. 이것이 한국교회에 바위처럼 굳어져 있는 믿음의 내용이기 때문에 행함이 없이 믿음으로만 된다는 말에 귀를 닫게 되는 것이다. 행함이 없는 믿음은 믿음이 아니며 게으른 것이고 복으로부터도 멀어질 뿐이라고 생각한다.

과연 그럴까? 바울이 믿음에 대해 무엇을 가르치고 있는지를 곰곰이 생각해 보아야 한다. 상속자는 하나님이 주시는 것을 받을 자라는 뜻이다. 그리고 하나님이 주시는 것을 받게 되는 것은 은혜에 속하기 위하여, 즉 하나님의 은혜로 말미암은 일이 되기 위하여 율법이 아닌 '오직 믿음'으로 된다는 것이다.

'오직 믿음'을 버리게 되면 반드시 '인간의 행위'가 따라오기 마련이다. '인간의 행위'가 섞이게 되면 '성경에서 말하는 믿음'이 아닌 '다른 믿음'이다. 바울이 증거하는 것은 '오직 믿음'이다. 인간의 행위가 개입되지 않은 온전히 하나님의 은혜로 됐음을 믿는 믿음을 요구하는 것이다. 이것이 은혜에 속한 믿음이며 이 믿음이 있는 자가 아브라함의 믿음에 속한 자이다. 우리가 이 믿음에 속했다면 우리의 신앙고백은 '하나님의 은혜로 삽니다'가 되어야 한다. 그러므로 '나 교회 잘 다니고 신앙생활 잘한다'가 오히려 죄가 되는 것이고, 그 믿음은 율법에 속한 것일 뿐 은혜에 속한 것이 아니기에 아브라함에게 속한 믿음으로 인정되지 않는다.

아브라함은 자신의 행위와 무관하게 다만 하나님의 약속을 믿은 믿음으로만 의로 여김을 받았다. 물론 아브라함이 하나님 말씀에 따라 고향과 친척을 떠나 낯선 이국땅인 가나안으로 간 행위는 있다. 그리고 그 행위는 하나님의 말씀을 믿은 믿음에 의한 것이다. 그렇다면 오늘 우리에게도 이러한 행위가 있어야 한다. 하지만 그것은 아브라함처럼 사는 터전을 떠나라는 것이 아니라 우리 삶의 방향이 하나님이 주시는 약속의 땅으로 향하는 것으로 드러나야 한다. 세상에서 나그네로 사는 것이다. 이것이 믿음에 의한 행위이며 믿음이 있는 성도에게 당연한 일이기에 믿음과 분리하여 생각할 수 없는 것이다.

은혜는 받을 자격이 없는 자에게 주어지는 하나님의 선물이란 뜻이다. 받을 자격이 없다는 것은 어떤 행함도 의로 인정되지 않는다는 뜻이다. 윤리와 도덕이 인정하는 최고의 선을 행한다 해도 그것으로 하나님 앞에 받을 자격을 획득하는 것은 아니다. 그 어떤 헌신과 봉사로 자신의 모든 것을 내어놓는다고 해도 하나님 앞에서는 불의한 자이며 저주에 속한 자일 뿐이다. 이것이 인간이 벗어날 수 없는 한계이다. 그러므로 은혜는 반드시 '받을 자격이 없는 자'라는 사실로부터 출발해야 하고 그것이 믿음의 내용이 되어야 한다. 그래야 은혜가 은혜로 믿음이 믿음으로 증거된다.

믿음에 대해 먼저 주지해야 할 사실이 있다. 그것은 하나님의 말씀, 약속에 대한 사람의 반응에 관심을 두는 것이 아니라 그러한 반응을 가능하게 하신 하나님께 관심을 두어야 한다는 것이다. 그렇다면 아브라함이 하나님의 약속을 믿고 그 믿음을 의로 여기신 모든 일을 가능하게 하신 분은 하나님이라는 결론이 나게 된다. 인간의 의지와 결심과 선택에 의한 반응이 아니란 것이다. 성경에 등장하는 모든 인물의 믿음에 대해서도 이러한 시각으로 바라봐야 한다. 누구의 믿음이든, 믿음을 인정받은 누구든 그것을 가능하게 하신 하나님이 중점이 되어야 한다. 많은 현대교회가 이 사실을 간과하고 사람의 반응에 초점을 두기에 인간의 행함이 강조되고 높이며 하나님 또한 인간의 반응을 보시고 그에 따른 평가를 하신다고 이해한다. 이러한 잘못된 믿음에 의해 무시되고 가려지는 것이 하나님의 은혜다.

아브라함이 행위로 얻을 것이 있다면 그것은 하나님의 진노뿐이다. 율법의 행위로는 의롭다 하심을 얻을 육체가 없다(롬 3:20). 이 말은 우리 역시 우리의 행위로 하나님께 얻을 것은 진노밖에 없다는 뜻이다. 다시 말해서 우리가 기대하는 행위에 대한 보상은 없다. 불의한 자인 우리가 하나님께 얻을 수 있는 최고의 것은 '의'이다. 의로운 자로 여김받는 것이야말로 우리를 붙들고 있는 죄에서 해방되어 하나님의 거룩한 백성으로 영원한 영광의 나라에 거하게 되는 것이기에 이보다 더 큰 선물은 없으며 그 선물은 행위가 아니라 오직 은혜로 주어진다(롬 4:1-3). 이것이 믿음의 내용으로 채워진 사람은 하나님의 긍휼과 사랑만 바랄 뿐이다.

아브람을 아브라함 되게 하신 분은 하나님이지 아브라함의 의지와 실천의 결과가 아니다. 이처럼 모든 일은 하나님이 이루신다. 그리스도인은 하나님이 이루신 일로 인해 복을 누릴 뿐이다. 그래서 하나님의 은혜만을 말하게 되고 그것이 아브라함에게서 증거된 믿음이다. 이 믿음이 우리를 의로운 자가 되게 하고 부활 생명에 있게 한다.

>>> CHAPTER · 03

하나님의 긍휼이자 은혜인
믿음의 결과

(1) 오직 십자가 사건만으로 완성된 구원과 영생

▶ 구원의 믿음

기독교에서는 "예수님을 믿어야 구원받는다"라고 말하지만 세상이 알고 있는 구원, 즉 죽어서 좋은 곳에 가는 의미의 구원은 굳이 예수님을 믿는 믿음이 아니어도 얼마든지 상상으로는 가능하다. 인간의 선과 도덕적인 삶만으로도 세상이 말하는 좋은 곳에는 들어갈 수 있다고 하지만 그것은 사실 허상이다. 그래서 세상이 말하는 좋은 곳은 존재하지 않는다는 것이 문제이다. 사람이 죽은 후에 가는 곳은 영원한 천국 아니면 지옥, 둘 중 하나이다. 그런데 천국은 단지 좋은 곳이 아니라 예수님의 '십자가의 피'를 믿는 믿음이 있는 사람들만 모인 곳이다. 그래서 '천국에 해당되는 사람이 누구인가' 하는 것은 '누가 예수님의 피의 은혜만 높이고 자랑하는가' 로 알 수 있다.

　　하나님은 '십자가 사건' 으로 구원하시기 때문에 십자가의 의가 가득 드러나는 구원만 진정한 구원으로 간주한다. '십자가의 의' 란 구원받고자 하는 인간의 욕구(욕망)를 뿌리치고 오직 '십자가의 공로' 로 인하여 값없이 은혜로만 됨을 지속해서, 그리고 영원히 보이게 한다. 하나님께서 자기 백성을 택하시고 부르시고 믿음을 주신 이유가 무엇일까? 아마 너무 뻔한 질문이라고 생각될 것이다. 그러면 뻔한 질문에 대한 뻔한 답은 무엇인가? "그야 자기 백성을 천국 보내시기 위해서가 아닙니까?" 라고 할 수 있다. 즉 믿음의 목적을 자기 구원으로 생각하는 것이다. 이것이 믿음에 대한 오해이다.

　　믿음의 목적이 구원이라면 믿음이 주어짐으로써 구원된 성도에게 더는 믿음의 역할은 존재하지 않게 된다. 그래서 많은 사람이 구원된 성도에게 남은 것은 믿음으로 힘써 살아감으로 하늘에 상을 쌓는 것이라고 말한다. 즉 구원받고 천국 가는 것이 전부가 아니라 천국에서 큰 상을 받아 남보다 더 좋은 천국을 누리는 것에 믿음의 최종 목적을 두게 된다. 그러나 이러한 천국 역시 성경에는 등장하지 않는다. 이러한 천국은 세상이 말하는 '좋은 곳' 이란 개념과 다를 바가 없기 때문이다.

　　믿음의 결과는 영혼 구원이라고 한다. 아마 지극히 당연한 말로 들릴 것이다. 그리고 자신을 믿는 자로 여기기에 구원 또한 당연한 것으로 받아들일 것이다. 그러나 이것이 오늘 우리의 문제라는 것을 생각해야 한다. 우리에게는 무엇 하나도 당연한 것은 없다. 모든 것이 하나님의 긍휼로 인한 선물이고 은혜이다. 우리가 알아야 하는 것은 믿음도 구원도 우리에게는 모두 불가능하며, 우리가 받을 수 있는 것도 아니라는 점이다. 그런데 대개의 사람은 자신이 예수를 믿고 있다고 생각하기 때문에 믿음은 자신에게 달린 문제가 되어버리고, 결국 믿음생활을 잘한 사람에게 구원은 당연하게 주어지는 결과로 받아들인다. 안타까운 점은 그로 인해서 상실되는 것이 있는데 그것이 바로 '기쁨' 이라는 사실이다.

사도가 전하는 말할 수 없는 영광스러운 즐거움으로 기뻐하는 그 기쁨은 믿음의 결국인 영혼의 구원으로 인한 것이다(벧전 1:8-12). 이처럼 구원에는 말할 수 없는 영광스러운 즐거움으로 인한 기쁨이 있다. 그런데 오늘 우리에게는 그 같은 기쁨이 없다는 것이 안타깝다. 왜 구원으로 인한 기쁨이 없을까? 그것은 앞서 말한 대로 구원을 믿는 자에게 주어지는 당연한 것으로 생각하기 때문이다. 그래서 성도가 잊지 말아야 하는 것은 믿음도 구원도 우리가 받을 자격이 없다는 사실이다. 그 정도로 우리는 천국에 해당되지 않는 악한 자들이다. 오히려 인간에게는 영원한 저주와 고통이 더 어울릴 뿐이다. 그것이 인간임을 안다면 '믿음의 결국인 영혼의 구원'에 대해서는 의아해지는 것이 옳은 반응일 것이다. 말하자면 '죄인인 내가 예수 믿었으니 의롭게 되고, 의롭게 되었으니 천국 간다' 는 것은 맞지만 그 말 안에 우리에게 당연한 것은 아무것도 없다는 사실이다.

사람은 예수님께서 부르신다고 해서 순순히 "예" 하면서 따르는 존재가 아니다. 제자들이 예수님의 부르심에 순순히 따랐지만 당시 그들이 따라나섰던 예수님은 십자가에 피 흘려 돌아가시는 예수님이 아니었다. 결국 예수님이 하늘로 가신 후에 성령이 오심으로 예수님이 가신 십자가의 길을 좇을 수 있었다. 그런 우리가 예수님의 은혜의 자리로 부름을 받았다면 이제 우리는 홀로 사는 몸이 아니다. 우리를 장악하고 다스리시고 붙드시고 인도하시는 도무지 거역할 수 없는 능력이 함께 하는 것이기에 그 자리는 위로와 힘과 소망이 넘치는 곳이다. 은혜의 자리는 내가 나를 책임지는 자리가 아니라 은혜가 나를 책임지는 자리이다. 은혜가 책임지는 자리이기 때문에 구원이 가능해진다. 인간은 악을 행하는 것을 즐거한다. 도덕적인 의미의 악이 아니라 항상 하나님보다는 자기를 사랑하며 살아가는 존재라는 뜻이다. 그래서 진리를 싫어한다. 왜냐하면 진리는 인간의 꿈과 계획과 욕망을 인정하는 것이 아니라 오히려 그 모든 것을 악한 것으로 드러내기 때문이다.

그런 우리를 은혜가 책임진다는 것이다. 무조건 은혜로 천국 보내준다는 것이 아니라 악한 우리를 다스리고 징계하시면서 우리 마음을 세상이 아니라 하늘에 두게 하시고 나의 의가 아니라 예수님의 의에 두게 하심으로써 '구원에 실패가 없게 하신다.' 그래서 그리스도인은 자신의 구원에서 은혜가 얼마나 크고 놀라운 것인가를 알게 되는 것이다. 이처럼 은혜의 풍성함을 알고 은혜에 감사하고 기뻐하는 삶이 구원된 성도의 삶이다. 그래서 구원된 그리스도인에게서 나오는 것은 기쁨으로 인한 찬송과 감사이다.

예수 그리스도로 인한 구원의 은혜는 이미 구약 때부터 선지자들이 증거했던 내용이다. 다시 말해서 하나님은 단 한순간도 예수 그리스도의 피로 인한 구원 외에 다른 구원은 생각하신 바가 없다. 이처럼 구원은 하나님의 신실하심과 의지와 열심으로 인해 주어진 은혜이다. 이 구원이 성도에게 영광의 즐거움으로 인한 기쁨이 되어야 하는 것이 마땅하다. 지금, 이 순간도 나 자신을 생각한다면 도저히 '구원받았다'는 말을 할 수 없을 정도로 나는 엉터리이다. 그런데도 나는 구원의 은혜 안에 있다. 왜냐하면 예수님의 은혜가 나를 책임지고 있기 때문이다. 예수님의 의가 나의 모든 악을 덮고 계시기 때문에 구원의 은혜에 참여된 자로 살아가게 된다. 그래서 예수님을 높이고 감사하고 자랑할 수밖에 없다. 이런 나는 무엇을 해도 은혜의 결과일 뿐이다. 즉 봉사하고 성경 보고 기도한다고 해도 그 모든 것은 예수님의 은혜로 인한 것이란 뜻이다. 그래서 성도에게는 자기 자랑은 있을 수가 없다. 이것이 '구원을 아는 그리스도인'이다.

성도는 '예수 그리스도 안'이라는 완성된 자리에 이미 들어와 있다. 이것을 믿는 것이 믿음이다. 그래서 성도가 이루어야 할 것은 없다. 아무것도 하지 말라는 것이 아니라 무엇을 하든 이미 완성이라는 복된 자리에 들어와 있는 성도로서, 그 완성을 누리고 감사하고 기뻐하는 성도로서 행하는 것이 되어야 한다. 그럴 때 어떤 행함도 내 것이 아님을 알 것이다. 오직 믿음의 결국인 영혼의 구원에 대한 기쁨이 있다.

▶ 영생의 믿음

영생에 대한 기독교인의 이해는 단어가 지닌 문자적 의미 그대로 '영원히 사는 것'이다. 물론 이것은 육신의 죽음이 없는 영생을 의미하지는 않는다. 또한 누구도 육신이 죽지 않고 영원히 사는 것을 기대하고 영생을 믿지 않는다. 대다수 기독교인은 영생에 대해 오해하고 있다. 그것은 성경이 말하는 영생의 전부가 죽음 이후에 예수님이 재림하셨을 때 부활하여 하늘나라에서 영원히 사는 것으로 이해하는 것이다. 이것이 영생에 대한 전통적 생각이고 이해라고 할 수 있다.

물론 그러한 이해가 완전히 잘못된 것이라고 말할 수는 없다. 분명 예수님이 재림하셨을 때 죽은 자의 부활과 함께 죽음이 없는 영원한 삶이 시작되기 때문이다. 하지만 영생을 그처럼 미래에 있을 사건으로만 국한하게 되면 현재의 삶과는 무관한 관념적 영생으로 남게된다. 다시 말해서 성도의 현재의 삶에 아무런 힘을 주지 못하는 무기력한 영생으로 전락하고 만다.

인간에게는 영생에 대한 욕망이 있다. 이에 대해 인류 역사에서 가장 대표적으로 회자되는 인물이 진시황제일 것이다. 인생 말년에 죽지 않고 자신의 부귀영화를 계속 누리고자 하는 욕망으로 불로초를 구하기 위해 애를 썼고, 죽은 후에라도 왕으로서의 권력과 부귀영화 속에 있고자 하여 군사 모형으로 가득한 거대한 무덤을 만들게 한 것은 영생을 향한 인간 욕망의 극치를 보여준 것이라고 할 수 있다.

마태복음 19장에 보면 어떤 사람이 예수님을 찾아와서 무엇을 하면 영생을 얻을 수 있는지 물었다. 하나님이 기뻐하시는 어떤 일을 행하면 그에 대한 보답으로 영생이 주어진다고 생각한 것이다. 이 또한 영생에 대한 많은 사람의 오해라고 할 수 있다. '예수를 믿으면 영생을 얻는다'는 생각을 많이 하는데 이 또한 예수께 질문한 그 사람의 사고방식에서 벗어나지 않기 때문이다. 따라서 '어떻게 하면 영생을 얻을 수 있는가'가 아니라 '무엇이 영생에 걸림돌이 되는가'를 생각하는 것이 옳다. 왜냐하면 '어떻게 하면 영생을 얻을 수 있는가'라는 생각이 오히려 영생에 있어서 우리를 걸려 넘어지게 하는 걸림돌이 되기 때문이다.

성경은 "영생은 곧 유일하신 참 하나님과 그가 보내신 자 예수 그리스도를 아는 것이니이다"(요 17:3)라고 말씀한다. 이 말씀이 의미하는 것이 무엇일까? 영생이 하나님과 그가 보내신 예수 그리스도를 아는 것이라면 영생은 '우리가 무엇을 하는 것'과 무관하다는 뜻이 된다. 하나님과 예수 그리스도를 아는 것 또한 우리의 지식으로 불가능한 것이기 때문에 영생에 대해서 우리가 할 수 있는 것은 아무것도 없다.

하나님과 그가 보내신 자 예수 그리스도를 아는 것이 영생이라면 중요한 것은 하나님과 예수 그리스도를 바르게 아는 것이다. 예수님이 하나님 아버지께 하신 기도 내용은 아버지께서 맡기신 자를 구원해 달라는 것이었다(요 17:1-2). '우리의 영생을 위해서 예수님이 굳이 하나님께 기도할 필요가 있는가? 라는 생각을 할 수 있지만 그것은 자기 영생에만 초점을 두는 자의 생각이다. 예수님은 "아들을 영화롭게 하사"라고 기도한다. 예수님이 아버지께 아들을 영화롭게 해 달라고 기도하는 것은 아들로 아버지를 영화롭게 하기 위해서다. 예수님이 말씀하신 영화로움은 물론 세상과는 관계없는 영화이다. '때가 이르렀사오니'라고 말씀하신 것처럼 아버지께 버림받아 십자가에 죽으시는 것을 영화롭게 되는 것으로 말씀하고 계신다. 따라서 아버지를 영화롭게 할 수 있는 분은 예수님밖에 없다. 누구도 예수님과 같은 모습으로 하나님을 영화롭게 할 수 없기 때문이다.

인간은 본성적으로 자기를 챙기게 되어 있다. 하나님께 버림받지 않고 사랑받는 관계에 머물기 위해 본인이 선하다고 생각되는 행위들을 만들어 내는 일에 힘을 쓴다. 자신이 정성을 보이면 하나님의 사랑을 받을 수 있다는 것을 기정사실로 여긴다. 모든 인간이 하나님께 버림받아야 함을 전혀 알지 못하는 것이다. 이러한 인간성으로 예수를 믿는다면 과연 어떤 모습이 나올까? 십자가 앞에서 죄를 회개하면 용서받고 구원받을 것이라 여긴다. 우리의 죄로 인해 버림받아 죽으신 예수님 앞에서 내가 버림받아 마땅한 존재임을 보지 못하는 것이다.

하나님과 예수 그리스도를 안다는 것은 아무개를 아는 수준을 말하지 않는다. 구원될 수 없는 자신의 존재성에 눈을 뜨고 예수님의 권세만이 구원의 능력이 됨을 아는 것이 진실로 하나님과 예수님을 아는 것이다. 그래서 예수님을 알게 되면 자신이 마음에 두고 있는 자기 소원을 끄집어내지 못한다. 이것이 예수님을 바르게 아는 것이다.

사람들은 자신에 대해 알지 못한 채 '예수를 믿으면 영생을 얻는다' 라고 생각한다. 예수를 믿을 수 없는 인간 됨을 거치지 않았기 때문에 영생을 얻기 위해 열심히 믿으면 된다고 여긴다. 그래서 영생에 대해 질문한 사람처럼 '어떻게 사는 것이 영생을 얻은 성도다운 것인가?' 라는 생각에 매인다. 바로 이것이 영생에 있어서 걸림돌임을 생각할 수 있어야 한다. 예수만 잘 믿으면 영생이 당신 것이 된다고 생각하는가? 이것은 예수님을 알지 못한 인간의 착각이다. 영생은 우리 것으로 허락된 적이 없다. 영생은 곧 예수 그리스도이다. 예수님을 앎으로 영생에 참여되는 것이지 우리가 하나님의 마음에 맞는 일을 행하므로 주어지는 보상이 아니다. 그래서 '영생은 예수 그리스도와의 관계 안에 있는 것' 을 말하는 것이다.

인간에게 선언된 마지막은 사망이다. 인간이 사망 아래 있게 된 것은 하나님 말씀에서 벗어났기 때문이다. 그렇다면 영생은 인간이 하나님의 말씀 안에 있을 때 가능하다 할 수 있다. 그런데 그것이 우리로서는 불가능하다. 다만 말씀의 완성자로 오신 그리스도로만 가능할 뿐이다(롬 6:21-23). 그래서 성도는 예수 그리스도 앞에서 자신의 존재를 확인받거나 인정받고자 하지 않는다. 확인받을 것도 인정받을 것도 없기 때문이다. 굳이 확인받는다면 말씀에서 벗어난 사망의 존재라는 것뿐이다. 이런 우리를 죄로부터 건지시고 진리로 이끌어가시는 것은 오직 성령의 능력으로만 가능한 일이다.

영생은 예수님을 믿는 자만 얻는다(요 3:16). 그리고 믿음은 인간의 의지와 방법으로는 불가능하다. 이 말은 예수님이 행하신 일을 믿는 것이 믿음이라는 뜻이다. 그래서 믿음은 우리의 모든 것을 부정하게 한다. 오직 예수님만이 참되다는 고백과 함께 주만 바라보게 할 뿐이다. 이 믿음이 우리를 영생에 있게 한다. 그래서 영생이 있는 그리스도인은 예수님이 가신 길을 바라보며 그 길을 자신이 가야 할 길로 소원하며 기도하게 된다. 이것이 세상에서 나오는 것(출애굽)이다.

영생을 죽은 후의 문제로만 인식하게 되면 살아 있는 현재는 세상의 것을 챙기는 것에 뜻을 둘 수밖에 없다. 하나님의 사랑도 은혜도 세상의 것이 확대되는 것에서 확인하려고 한다. 이것이 영생에 있지 못하는 것이고 그 마지막은 사망으로 끝나게 된다. 영생은 예수님을 아는 믿음으로 사는 것이다. 따라서 성도에게 영생은 미래가 아니라 지금 현재다. 그리스도로 인해서 영원한 생명에 붙들려 있다면 세상을 당당하게 살라. 그래서 우리를 영생에 있게 하신 예수 그리스도의 권세를 믿으며 모든 것을 얻은 자로 살아야 한다.

영생은 하나님의 은총이다. 아무런 조건 없이 주어진 하나님의 선물이다. 누구에게도 영생을 받을 만한 조건이 있지 않다. 다만 예수 그리스도의 죽음이 조건이었을 뿐이다. 우리에게는 십자가에 죽으신 예수님을 알게 된 것조차도 은혜의 사건이다. 그래서 그리스도인은 예수로 말미암아 주어진 것으로 감사하고 즐거워한다. 인간의 악함과 무능함을 알기에 그리스도로 말미암아 주어진 모든 것이 존귀함으로 다가오면서 세상이 아니라 그리스도가 함께하는 삶을 소망한다. 이것이 영생이 있는 자로 사는 것이다. 우리 안에 하나님의 사랑이 있고 그리스도의 은혜가 있는 것이야말로 크신 은총이다. 세상의 것보다 이 은총에 감사하게 된다면 그것이 곧 하나님과 예수 그리스도를 아는 것이며 영생을 사는 것이다.

(2) 용서와 긍휼로 나타나는 행함 있는 믿음

십자가를 말하면서 '용서와 긍휼'이 나오지 않는 십자가는 관념이고 지식이다. 십자가의 도를 관념으로 알면 다른 사람에게 법으로 대하게 된다. 자신이 용서받음이 없으면 남을 정죄하고 비판하고 판단하는 법이 나온다. 그 속에서는 언약을 완성하신 예수 그리스도가 이루신 '사랑'이 없기에 야고보서에서는 이를 '행함이 없는 죽은 믿음', 혹은 '귀신의 믿음'이라고 한다. 즉 그 속에 약속과 약속을 이루어가는 언약이 없는 믿음이라면 '가짜 믿음'이다.

그러나 십자가로 용서받은 것이 실제인 사람은 삶에서 긍휼이 나온다. 왜냐하면 그 속에는 예수님께서 약속을 이루신 언약 성취의 내용인 십자가가 들어 있기 때문이다. 이것이 '행함이 있는 믿음'이다. 예수님의 십자가에는 피와 살로 완성하신 '새 언약의 내용'이 들어 있다. 즉 언약의 내용이 들어 있는 믿음이 발생한다. 그것을 야고보서에서는 '믿음이 일으킨 행함'이라고 한다. 예수님의 피를 믿음이라고 한다면 예수님의 살은 행함이다. 믿음과 행함은 분리할 수 없다. 믿음과 행함은 하나이다.

십자가를 아는 것과 십자가를 증거하는 것은 분리가 되지 않는다. 예수님의 피를 마신 자들은 반드시 예수님의 삶을 살게 된다. 믿음은 살아서 움직인다. 성령을 받으면 믿음이 생긴다. 성령은 믿음의 주님이신 예수 그리스도를 증거하는 영이기 때문에 믿음을 받았다는 말은 예수님이 성령으로 그와 함께하신다는 것을 말한다. 그래서 믿음은 예수님이 행하시는 일을 드러낸다. 예수님께서 성도의 주인이 되셔서 성도를 간섭하시고 이끌어가신다. 그래서 성령을 받은 자는 예수를 주와 그리스도라고 고백하며 산다.

행함이 있는 믿음을 알아보려면 먼저 행함이 없는 죽은 믿음이 무엇인지를 살펴보는 것이 유익하다. 행함이 없는 믿음은 죽은 믿음이라고 할 때 그 행함의 지향하는 바가 무엇인지를 보아야 한다. 무조건 열심히 행한다고 능사가 아니다. 유대인들은 율법을 열심히 지키기 위해 예수님을 십자가에 못 박아 죽였다. 하나님의 의를 모르고 자기 의를 세운 것이다.

믿음이 있노라고 하면서 행함이 없으면 무슨 유익이 있냐고 한다 (약 2:14-17). 그 행함의 내용으로 예를 든 것이 형제나 자매가 헐벗고 굶주리는데 그에게 이르기를 덥게 하라 배부르게 하라고 하면서 아무 쓸 것을 주지 않는다면 무슨 이익이 있느냐는 것이다. 이처럼 행함이 없는 믿음은 죽은 믿음이라고 한다.

여기서 행함이 없는 믿음을 가난한 형제자매를 돌보는 것에 비유한 그 뜻을 살펴보고자 한다. 이런 말씀을 보면서 교회나 성도가 구제를 잘하면 바른 믿음이라고 보면서 구제를 힘쓰자는 식으로 나갈 수 있다. 그러나 그런 구제는 예수님을 믿지 않는 사람이라도 얼마든지 할 수 있다. 그러면 무엇 때문에 이런 예를 들면서 믿음의 행함을 말하는가? 바로 앞의 말씀과 연결이 된다고 본다. 긍휼은 심판을 이기고 자랑하는 것이다. 우리의 행함에 긍휼을 받는 자로서 긍휼을 담아야 한다. 그것이 믿음의 내용이다. 만약에 긍휼히 여김이 담겨 있지 않으면 틀림없이 자기 행위에 정당성을 부여하게 된다.

이사야 1장 10~17절을 보면 성전에 무수한 제물을 바치고 월삭과 안식일과 대회로, 성회라고 모여 많이 기도할지라도 듣지 않겠다고 하신다. 그 이유는 그들의 손에 피가 가득한데 그 피가 악업과 악행들이기 때문이다. 그래서 선행을 배우고 공의를 구하며 학대받는 자를 도와주며 고아를 신원하고 과부를 돌보라고 한다. 그렇지 않고 열심 내는 종교적인 행위가 무슨 소용이 있느냐는 것이다. 고아와 과부를 돌아본다는 것은 이스라엘 백성이 하나님의 긍휼을 입었다는 사실을 잊지 말아야 한다는 것이다. 자신이 긍휼을 입은 자라면 형제와 자매에 대하여서도 반드시 긍휼히 여길 것이다. 같은 형제와 자매가 어려움에 있는데 말로만 하고 넘어가는 사람이라면 과연 주님으로부터 긍휼을 받은 사람인가를 물어보아야 한다. 그러므로 가난한 형제를 우리에게 붙여주심은 우리가 긍휼을 받은 자임을 잊지 않고 긍휼을 나타내게 하시는 하나님의 은혜로운 조치이다.

"그가 우리를 위하여 목숨을 버리셨으니 우리가 이로써 사랑을 알고 우리도 형제들을 위하여 목숨을 버리는 것이 마땅하니라. 누가 이 세상의 재물을 가지고 형제의 궁핍함을 보고도 도와줄 마음을 닫으면 하나님의 사랑이 어찌 그 속에 거하겠느냐. 자녀들아 우리가 말과 혀로만 사랑하지 말고 행함과 진실함으로 하자.

이로써 우리가 진리에 속한 줄을 알고 또 우리 마음을 주 앞에서 굳세게 하리니"(요일 3:16-19).

우리가 사랑을 알게 된 것은 주님께서 우리를 위하여 목숨을 버리셨기 때문이다. 그러므로 형제를 위하여 목숨을 버리는 것은 대단한 일이 아니라 당연한 일이다. 그런데 이 세상의 재물을 가지고 형제의 궁핍함을 보고도 도와줄 마음이 없다면 하나님의 사랑이 어찌 그 속에 거하겠느냐는 말씀이다. 그러므로 말과 혀로만 사랑하지 말고 오직 행함과 진실함으로 하자는 것이다. 그 사랑을 받은 자는 같은 사랑을 받은 형제에 대하여 말로만 할 수가 없다. 반드시 사랑의 수고가 나타나는 것이다.

사람들의 가장 큰 오해 중 하나는 믿음을 자신의 행함 속에 넣어서 자기의 행함으로 믿음을 만들려고 하는 것이다. 즉 행함에서도 믿음이 나온다고 굳게 믿고 있다. 그러나 신약성경을 전체적으로 보면 믿음이란 주님께서 자기 택한 자에게만 특별히 발생시키는 반응인 것을 알 수 있다. 여기서 반응이란 외부에서 일으킨 작용으로 없는 데서 새롭게 비로소 생기는 현상이다. 그러니까 인간이 하나님의 일을 믿을 가능성은 전혀 없다. 그런데도 '믿는다'는 현상이 일어난 것은 순전히 하늘에 계신 주님에게 속하여 나타난 반응 현상이다.

인간이 스스로 믿음을 발생시키기 위해 아무리 애를 써도 그것은 행함에서 시작해서 행함에 머문다. 행함이란 어디까지나 인간을 발원지로 하여 생겨나는 일이다. 그러니 근본부터 서로 다르다. 근본이 다르니 알맹이도 다르다. 얼핏 보기에 비슷하게 경건하고 비슷하게 거룩하고 도덕적 실현에 있어 동일한 결과에 이른 것으로 나타날지 모르지만 최종 귀착점은 어디까지나 개별인과 주님 쪽으로 각각 나뉘게 된다. 사람이 무척 애쓰고 노력하는 것과는 무관하게 믿음은 다른 곳에서 생겨난다. 이게 참믿음이다.

그러나 참믿음의 이러한 속성으로 인해 거짓 믿음으로부터 늘 경계와 핍박의 대상이 된다. 어떻게 그럴 수가 있느냐는 것이다. 뭔가 믿음을 발생시킨 적절한 환경이 만들어져 있는 게 아니냐는 것이다. 심신이 약해져 있거나 혹은 낙심하는 가운데서 지푸라기라도 잡는 심정에서 잡다 보니 주님을 믿게 된 것이 아니냐는 말이다. 정말 아무것도 한 것도 없이 하늘로부터 주어졌다는 말을 받아들이지 않는다.

하지만 참믿음이 있는 자라면 이런 오해와 수모를 마땅히 받으면서 살게 되는 것이 성경이 말하는 종말의 현상이다. 우리가 오해하기를 주님께서 하늘에서 믿음만 주었지 거기에 따르는 행함의 열매까지는 인간 몫으로 남겨두었다는 주장이다. 그래서 믿음은 선물로 받았지만 그것은 어디까지나 행함이 없는 믿음이라고 몰아친다. 이런 주장을 늘어놓는 이유는 하늘에서 주신 믿음 안에는 경건한 행함이 아직 포함되지 않았다고 여기기 때문이다. 만약 이 주장이 사실이라면 주님이 자기 택한 자와 흥정하는 것에 불과하다. 즉 하나님은 불확실한 일을 가지고 자기 백성에게 다가온 셈이 된다. 인간이 하기에 따라 구원도 유보적인 것이 된다. 결국 하나님은 그 인간을 구원하려 찾아오신 것이 아니라 구원받고 싶은 마음이 있는지를 확인하러 오신 것이 된다.

그러나 참된 믿음은 단순히 경건의 요소가 빠진 채 지적으로 주님을 인정하는 그런 어설픈 믿음이 아니다. 이제 주님과 성도가 한 덩어리, 한 몸으로 존재한다는 사실에 대한 실제적 반응을 의미한다.

"나는 포도나무요 너희는 가지라 그가 내 안에, 내가 그 안에 거하면 사람이 열매를 많이 맺나니 나를 떠나서는 너희가 아무것도 할 수 없음이라"(요 15:5). 이 본문에 의하면 분명 '아무것도 할 수 없다'고 한다. 그 누구도 말이다. 그러니 믿음이란 주님이 자기 택한 자에게 발생시킨 반응이면서 본격적으로 주님이 자기 일을 시작하는 장소가 된다. 포도나무를 짓는 분은 하나님이시다. 결코 인간이 협조해서 이루어질 일이 아니다.

믿음이 있다는 말은 행함의 주인이신 주님께서 그 성도 안에 계신다는 말이다. 믿음만 있고 행함이 없다는 상황은 도저히 있을 수 없는 상황이다. 믿음은 있는데 합당한 열매를 맺지 못할 일은 없다. 단, 그 믿음이 가짜 믿음일 경우, 즉 인간이 스스로 흉내 내고 모방하고 자기 열심 속에서 영글어 내고 다져 가려는 믿음일 경우에는 행함을 별도로 추가하여 그 허위성을 감추려고 할 것이다. 이처럼 '믿음+행함'으로 믿음을 이해하는 자는 참 신앙인도 아니요, 택함을 받은 자도 아니다. 어디까지나 천국과 구원에 대한 자기 포부와 열망을 그런 식으로 포장했을 뿐이다. '주여 믿습니다. 이제 경건 된 열매만 맺으면 온전한 믿음이다' 라고 여기는 것이 대표적인 행함이 없는 믿음이다.

그리스도인은 다른 세상을 소망하는 사람이다. 이것은 기존의 세상에 대해서는 소망을 두지 않음을 뜻한다. 그러므로 그리스도인의 믿음은 '나는 이 세상에서는 나그네일 뿐이고, 내가 영원히 거할 본향은 하늘에 있다'는 것을 안다. 이러한 믿음은 세상을 향한 집착으로 나타나지 않는다. 세상의 것을 소유하지 못해서 안달하는 모습으로 나타나지도 않는다. 그런데 많은 그리스도인이 천국을 소망한다고 하면서도 여전히 세상에 집착한 채 살아간다. 예수의 이름을 이용해서 세상에서 힘 있는 자로 성공하고 싶어 하는 욕망도 드러낸다. 이러한 모습이 세상의 비판을 초래하게 되는 것이다.

믿음은 믿음으로 인한 삶의 모습이 있다. 믿음의 삶에 윤리와 도덕적인 모습이 포함되어 나타나는 것은 당연하지만 윤리와 도덕이 믿음에 의한 삶의 본질은 아니다. 그런데도 성도가 믿음에 머물러 있다면 세상이 말하는 윤리와 도덕의 모습은 자연히 나타나게 된다. 즉 윤리와 도덕을 말하면서 그것을 실천하라고 강조할 필요가 없다. 또한 윤리와 도덕을 실천하는 것을 믿음으로 여겨서도 안 된다.

흔히 윤리와 도덕, 그리고 종교적인 실천을 착각할 수 있다. 그리고 행함이 있어야 참된 믿음이라고 말한다. 이에 대한 근거로 "이처럼 행함이 없는 믿음은 그 자체가 죽은 것이라"(약 2:26)는 구절을 제시하지만 이 구절은 보편적으로 이해하고 있는 의미와는 전혀 다른 뜻임을 직시해야 한다. 야고보의 말대로 행함이 없는 믿음은 죽은 믿음이 맞다. "너희는 말씀을 행하는 자가 되고 듣기만 하여 자신을 속이는 자가 되지 말라"고 하는 것을 보면 야고보는 분명히 행함을 말하고 있다.

하지만 로마서에서 사도 바울은 행함이 아닌 믿음을 말한다. 이렇게 두 성경의 서로 충돌하는 듯한 내용 때문에 어떤 사람은 "사도 바울은 믿음을 강조하고 야고보는 행함을 강조한다"고 말한다. 사도 바울은 '아브라함의 예'까지 들면서 아예 행함을 거부하고, 야고보는 "우리 조상 아브라함이 그 아들 이삭을 제단에 바칠 때 행하므로 의롭다 하심을 받은 것이 아니냐"(약 2:21)라는 구절에서 알 수 있는 것처럼 아브라함의 행함을 말한다. 이처럼 겉으로 보기에는 바울과 야고보가 신학적인 문제로 서로 대립하는 것같이 보인다.

그러면 야고보가 말하는 행함이 없는 죽은 믿음은 어떤 의미일까? 어쨌든 윤리적, 종교적 실천이 없는 믿음을 죽은 믿음으로 이해한다면 그것은 분명 사도 바울의 말과는 충돌된다. 따라서 죽은 믿음에 대한 의미는 사도 바울의 말에 전혀 충돌됨이 없어야 한다는 것이 전제된 해석이어야 한다.

　　야고보는 행함이 없는 믿음은 죽은 믿음이라는 말 앞에 "내 형제들아 만일 사람이 믿음이 있노라 하고 행함이 없으면 무슨 유익이 있으리요. 그 믿음이 능히 자기를 구원하겠느냐. 만일 형제나 자매가 헐벗고 일용할 양식이 없는데 너희 중에 누구든지 그에게 이르되 평안히 가라, 덥게 하라, 배부르게 하라 하며 그 몸에 쓸 것을 주지 아니하면 무슨 유익이 있으리요"(약 2:14-16)라는 말을 한다. 즉 헐벗고 일용할 양식이 없는 형제, 자매에게 쓸 것을 주지 않으면서 마치 그들을 걱정하는 듯한 말만 하는 것은 행함이 없는 죽은 믿음이라는 것이다. 그렇다면 살아 있는 믿음은 헐벗고 굶주린 사람에게 쓸 것을 주는 것인가?

　　야고보는 행함에 대해 또 다른 예를 들고 있다. "아아 허탄한 사람아. 행함이 없는 믿음이 헛것인 줄을 알고자 하느냐. 우리 조상 아브라함이 그 아들 이삭을 제단에 바칠 때에 행함으로 의롭다 하심을 받은 것이 아니냐"(약 2:20)라고 말한 것을 보면 하나님께서 원하시면 아들까지도 제물로 바칠 수 있어야 행함이 있는 산 믿음이다. 또한 자기 목숨을 걸고 이스라엘의 정탐꾼을 도와준 라합의 예를 들면서 행함이 없는 믿음은 죽은 것이라고 말한다(약 2:25). 이것을 문자 그대로 해석하면 남을 위해서는 자기 목숨까지도 걸 수 있어야 참된 믿음이라는 뜻이 된다.

지금까지 야고보가 말한 세 가지 부류의 행함에 대해 살펴보았다. 그러면 세 가지의 행함 중에 비교적 쉬운 것은 어떤 것일까? 하나님이 원하신다고 해도 아들을, 그것도 독자를 제물로 바칠 사람은 거의 없다고 봐야 한다. 자신의 목숨을 걸고 남을 돕는 것 역시 어렵다. 이에 비하면 헐벗고 굶주린 형제나 자매에게 쓸 것을 주는 게 비교적 쉬운 행함에 속한다. 전 재산을 내놓아야 하는 것도 아니고 다만 헐벗은 자에게 쓸 것을 주면 되기 때문이다. 그렇다면 아브라함이나 라합과 같은 행함이 없어도 헐벗은 자에게 쓸 것을 주는 행함만 있으면 산 믿음이라고 할 수 있는 것일까?

여기서 야고보는 '세 가지의 행함이 모두 있어야 죽은 믿음이 아니다' 는 말을 하는 것이 아니다. 아브라함이 비록 아들을 제물로 바치는 행함은 있었지만 라합처럼 목숨을 걸고 남을 구하는 행함은 없다. 라합 역시 자기 목숨을 걸고 이스라엘의 정탐꾼을 돕기는 했지만 아브라함처럼 자식을 바치는 행함이 없다. 우리 역시도 헐벗은 자를 돕는 행함은 있다고 해도 아브라함이나 라합과 같은 행함은 평생토록 없다고 보는 것이 옳을 것이다.

그렇다면 그에 상응하는 행함이 있어야 할까? 이런 여러 가지 문제를 생각해 본다면 야고보의 말은 문자 그대로 받아들이고 해석해서 무리하게 적용할 필요는 없다. 야고보가 언급한 세 가지 행함은 각기 다른 행함이다. 그런데 한 가지 공통점이 있다. 그 공통점이 죽은 믿음이 무엇인가에 대한 해결의 열쇠가 된다고 할 수 있다.

야고보는 가난한 자와 부자를 차별하여 대하는 것에 관한 얘기로 시작하면서 사람을 차별하여 대하는 것을 죄를 범하는 것으로 말한다. 그리고 "긍휼을 행하지 아니하는 자에게는 긍휼 없는 심판이 있으리라 긍휼은 심판을 이기고 자랑하느니라"(약 2:13)는 말을 한다. 야고보가 사람을 차별하는 것에 대해 언급한 후에 긍휼을 말하는 것은 사람 차별이 곧 긍휼과 연관된 것임을 의미한다. 그리고 긍휼에 대해 말한 뒤에 앞서 말한 세 가지 행함을 얘기한 것 역시 세 가지의 행함이 긍휼과 연관되어 있음을 짐작할 수 있다.

외적인 조건으로 사람을 차별하는 것은 단지 가난한 사람을 무시하는 문제로 접근하면 안 된다. 그렇게 되면 성경은 윤리와 도덕의 문제로 전락한다. 외적인 조건으로 사람을 차별하는 것은 긍휼이 없는 것이다. 이것이 복음의 시각이다. 왜냐하면 하나님은 우리를 외적인 조건으로 대하지 않으시고 불쌍히 여겨주신 긍휼의 하나님이시기 때문이다. 이러한 하나님의 긍휼이 있는 그리스도인이라면 외적인 것으로 사람을 차별할 수 없다.

그 때문에 우리가 '사람을 차별하지 맙시다'라는 캠페인을 하는 것보다는 '예수님의 긍휼을 압시다'라는 선포를 할 수 있어야 한다. 예수님에게서 자신이 원하는 것을 얻는 것에 관심을 두지 말고 인간이 어떤 존재이며 예수님이 베푸신 용서가 무엇인가를 아는 일에 마음을 두어야 한다는 것을 쉬지 말고 선포해야 한다. 그래서 믿음의 행함은 '예수님의 긍휼'로 형제를 대하는 것이다. 이것은 자신의 죄인 됨을 알지 못하고서는 불가능하다. 결국 긍휼 없는 죽은 믿음은, 즉 행함이 없는 죽은 믿음일 뿐이라는 것이 야고보의 말이다. 헐벗고 굶주린 형제, 자매에 대해서도 인간적인 동정이 아니라 우리를 불쌍히 여기어 자기 몸을 내어주신 예수님의 긍휼로 대해야 한다. 이처럼 긍휼은 자기 것을 감싸고 지키는 대신 내어놓게 한다. 그래서 헐벗은 자에게 말만 하는 것이 아니라 쓸 것을 주게 된다. 이것이 바로 동정이 아니라 예수님의 사랑을 실천하는 '긍휼'이다.

아브라함이 이삭을 바치는 것도 아브라함의 무조건적 순종이라는 시각으로만 보기에는 뭔가 부족하다. 이삭을 바치는 행위로 인해 드러난 것은 아브라함의 하나님 경외였다. 이삭에 대한 하나님의 '약속을 믿는 믿음'으로 하나님이 하시는 일에 순종하게 된 것이다. 하나님은 이삭 대신에 숫양을 준비하셨다. 이것을 통해서 하나님은 죽어야 할 우리 대신에 제물을 준비하셨음을 보여주신다. 그 제물이 예수님이시고, 따라서 아브라함이 이삭을 바치는 사건에서 드러난 것은 '하나님의 긍휼'이다. 이처럼 성도가 경외하고 존귀하게 여길 하나님은 긍휼의 하나님이다. 긍휼의 하나님을 믿고 하나님이 행하시는 일에 순종하는 것이 '행함이 있는 믿음'이다. 라합이 정탐꾼을 도와준 것도 인간적 도움이 아니라 하나님께서 이스라엘을 다스리고 계셨고 그 하나님이 여리고를 무너뜨릴 것을 믿은 믿음의 행동이다.

> "그러므로 이제 청하노니 내가 너희를 선대하였은즉 너희도 내 아버지의 집을 선대하도록 여호와로 내게 맹세하고 내게 증표를 내라. 그리고 나의 부모와 나의 남녀 형제와 그들에게 속한 모든 사람을 살려 주어 우리 목숨을 죽음에서 건져내라"(수 2:12-13).

이스라엘의 하나님께 긍휼을 구하는 것이다. 이처럼 야고보가 말한 세 가지 행함의 중심에는 긍휼이 있다. 이것을 생각해 보면 야고보가 말한 행함은 '긍휼'을 의미하며, 따라서 '행함이 없는 죽은 믿음은 하나님의 긍휼이 없는 믿음'을 의미한다고 볼 수 있다. 그러므로 믿음은 하나님의 긍휼을 아는 것이다. 그래서 그리스도인은 예수님의 십자가에서 하나님의 긍휼을 볼 수 있어야 한다. 성도의 심령에 하나님의 긍휼이 있다면 그로부터는 긍휼의 모습이 증거될 것이다. 더 나아가 하나님의 긍휼이 나타난 '십자가'가 행함이다. 우리의 행함이 아니라 '예수님의 행함'이 없는 믿음은 '죽은 믿음'이다.

그러므로 십자가 안에서 보면 믿음과 행함은 구별될 수 없다. 그저 '주님의 다 이루심' 속에 성도를 일방적으로 넣어주신 것이다. 십자가 위에서 다 이루심은 믿음에 국한되는 것이 아니다. 주님께서 '다' 하셨다면 그냥 '모두 다'인 것이다. 행함을 우리 몫으로 별도로 남겨두지 않으셨다.

(3) 언약의 완성된 삶, 믿음생활

그리스도인이 예수를 믿고 구원받았으면 자신의 삶에 대해 책임져야 한다는 말을 들을 수 있다. 이러한 말은 누구에게나 그럴듯하게 들린다. 하지만 그리스도인이 책임져야 할 삶이라는 것이 과연 어떤 것일까? 먼저 분명히 전제되어야 하는 것은 구원받은 성도는 구원받지 못한 사람의 삶과는 다르게 나타나야 한다는 것이다. 이 말은 구원받은 성도의 삶은 윤리와는 상관이 없다는 뜻이다. 왜냐하면 윤리는 구원받지 못한 사람들에게서도 얼마든지 나타나기 때문이다. 따라서 구원받은 그리스도인이 자신의 삶에 대한 책임을 져야 한다는 말이 윤리적인 삶을 통해서 주변 사람을 감동하게 해야 한다는 뜻이라면 그것은 잘못된 것이다. 왜냐하면 앞서 말한 대로 윤리적인 삶은 구원받은 자와 구원받지 못한 자를 구분하는 기준이 될 수 없기 때문이다.

　세상 사람들은 기독교인의 사랑하는 모습을 보고 싶어 한다. 십자가에 못 박혀 죽으신 예수님의 사랑이 어떤 것인지에 관심을 두는 것이 아니라 '너희가 예수를 믿는다면 예수를 본받아서 이웃을 사랑해야지' 라고 말하면서 이웃의 자리에 자신을 둔다. 다시 말해서 나를 사랑하면 사랑이 있고 믿음이 있는 성도로 인정해 주겠다는 뜻이다. 교회에 와서도 살피는 것은 '이 교회가 나를 사랑하는가?' 이다. 나를 사랑해 주면 사랑받는 그 재미로 교회를 다니겠다는 것이다. 반대로 사랑해 주지 않으면 '이 교회는 사랑이 없다' 라고 욕하면서 등을 돌리는 것이 사람들의 속성이다. 교회에 사람을 붙들어 놓는 것은 진리의 말씀이 아니라 사람들의 사랑이고 친절이라는 것이다. 그래서 목회는 말씀을 전하는 것이 아니라 사람을 교회에 붙들어 놓는 기술이라고까지 말하기도 한다. 그러나 이처럼 사람에 대한 사랑, 친절 등을 믿음의 모습으로 말할 수는 없다. 물론 주변 사람에게 친절할 필요가 없다는 뜻은 아니다. 다만 그것을 믿음의 모습으로 연결하여 생각하지는 말자는 것이다.

　그리스도인은 어둠에 있다가 주 안에서 빛의 자녀가 되었으니까 이제부터는 빛의 자녀처럼 행하고 살아가야 한다고 쉽게 생각한다. 그런데 빛의 자녀라는 것은 빛에 의해서 발생한 새로운 사람을 의미한다(엡 5:8-9). 양심과 윤리를 실천하여 빛이 된 것이 아니라 빛에 의해서 빛의 사람이 된 것이다. 사람의 행동 실천과는 아무런 관계가 없다. 그래서 주 안에서 빛이라는 말을 하는 것이다. 이 말은 빛의 자녀는 착하고 윤리적인 행동과는 상관없이 주 안에 있다는 것만으로 어둠이 아니고 빛으로 구분된다는 뜻이다. 믿음을 얘기하는 사람들이 착각하는 것이 이것이다. 사람들은 자신들의 행동을 기준으로 해서 그리스도인임을 파악하려고 한다. 그리스도인이라면 불신자보다 더 나은 윤리적인 삶이 있어야 한다고 생각하기 때문이다.

하지만 그리스도인은 불신자와 윤리적인 삶을 내세우며 경쟁하는 관계에 있지 않다. 이런 관계에서는 굳이 예수를 믿어야 할 이유가 없어진다. 세상이 말하는 것처럼 착하게 살면 내세의 문제는 해결되기 때문이다. 예수님이 우리의 착함과 윤리적인 삶을 보시고 성도로 택하셨을까? 그것이 예수님의 택하심의 기준이라면 가장 억울하고 할 말이 많은 사람은 서기관과 바리새인 같은 사람들이다. 그들의 착함과 윤리는 우리가 따라갈 수 없을 정도로 수준 높은 것이었다. 예수님의 부르심은 무조건적이다. 부르시기로 작정하셨기 때문에 불러내신 것뿐이다. 여기에 우리에게 요구되는 조건은 아무것도 없다.

빛의 자녀인 그리스도인은 '빛 안에 거한다' 는 사실만으로 이미 빛이다. 성도는 빛이니까 빛답게 살아야 한다는 생각을 강박관념처럼 붙들게 된다. 하지만 사도는 분명히 빛의 자녀처럼 행하라고 말한다. 사도가 말한 행함은 그리스도인이 주 안에 있으므로 인해서 나타날 수밖에 없는 특성을 의미한다. 즉 사람이 가지고 있는 양심이나 윤리에 따른 행함이 아니라 주안에서 주 예수 그리스도를 아는 것으로 인해 나타나는 특성이 분명히 있다는 것이다. 그것이 무엇일까? 빛의 자녀는 세상이 아니라 주 안에 있는 존재이다. 즉 세상을 사는 것이 아니라 주님의 세계를 살고 있다.

주님의 세계에서는 세상에서의 성공을 성공으로 여기는 것이 아니라 생명이신 예수님을 알고 그분의 세계로 이끌려 들어온 인생을 성공으로 여긴다. 그래서 주 안에서의 그리스도인은 세상에서의 실패가 낙심할 문제로 다가오지 않는다. 이것이 빛의 자녀로 행하는 것이다. 하지만 우리는 자신을 잘 안다. 세상에서의 실패로 낙심하고 자녀 문제로 염려하면서 살아가고 있다는 것을 스스로 잘 알고 있다. 또한 그런 우리를 하나님이 아신다.

그래서 하나님은 우리에게 세상의 헛됨을 보게 하시고, 주 안에서의 세계가 어떤 세계인가를 더 깊이 깨달을 수 있는 사건을 일으키시며 우리를 인도하신다. 하나님이 일으키시는 사건을 통해서 죄를 보게 하시고 깊은 죄의 자리에서 예수님의 십자가의 은혜의 풍성함을 보게 하신다. 그래서 그리스도인은 실패를 통해서 결국 하나님의 손이 자신을 날마다 예수님에게 붙들어 놓고 있음을 실감하며 하나님의 함께하심으로 감사하게 된다. 낙심할 수밖에 없는 상황에서 하나님의 함께하심을 깨닫고 감사하는 것이야말로 빛의 자녀의 특성이고 빛의 자녀로 행하는 것이다.

주 안에서는 '나' 라는 존재는 사라진다. 이것이 진정한 주 안에서의 나이다. 나라는 존재가 사라지기 때문에 내가 잘되고 성공해야 할 이유가 없고, 내 자녀가 잘되어야 하는 이유 또한 상실된다. 그리고 다만 하나님의 언약 안에서 완성된 그리스도의 세계가 나를 감싸고 있는 상태에서 예수님 십자가의 은혜로 기뻐하고 감사하는 세계를 맛보게 된다. 이것이 빛의 열매인 착함과 의로움과 진실함이다.

우리가 조금만 노력하면 착하고 의롭게 진실하게 살 수 있는 사람들이라면 얼마나 좋을까? 하지만 우리 삶은 빛이라는 것을 잊어버리고 믿지 않는 사람들과 멍에를 같이 메고 살아가려는 것들로 가득하다. 이런 우리에게 하나님은 하나님의 살아계심과 예수님의 은혜가 우리 존재의 근본 토대라는 것을 알게 하시는 사건을 일으키신다.

그래서 그리스도인은 하나님이 일으키시는 사건들 속에서 희미해져 가는 예수님의 은혜를 다시 확보하면서 세상이 알 수 없는 기쁨의 세계를 맛보게 된다. 그것으로 그리스도인은 보이는 세상이 전부가 아니라는 것을 증거한다. 따라서 성도가 빛의 자녀로 행하는 것은 하나님의 일하심으로 가능해지는 것이다.

하나님의 말씀 안에서 '믿음생활'을 한다는 것은 기존의 눈이 아니라 믿음으로 인해서 열린 새로운 눈으로 세상을 바라보며 사는 것이다. 그럴 때 악인의 형통이 복이 아니고 영원한 것이 아니며 의인의 핍박이 저주가 아님을 알게 된다. 그래서 악인의 형통을 부러워하지 않게 되는 것이 곧 믿음의 세계에서 사는 것이다. 이런 믿음의 세계에 인간의 실천은 포함되지 않는다. 사람들이 생각하는 공평은 악인은 벌을 받아 고통을 받으며 사는 것이고, 의인은 복을 받아 평안을 누리는 것이다. 그런데 세상은 분명 그런 공평을 따라 흘러가지 않는다. 복과 저주의 경계가 없다. 뒤죽박죽이다. 악인이 잘살고 착한 사람이 오히려 견디기 힘든 고통을 겪는 것을 우리는 수없이 목격한다. 하박국 선지자의 불평처럼 하나님이 하시는 일에 대해 불평이 나올 수밖에 없는 것이 세상의 현실이다.

하지만 바울이 바라보는 세상은 달랐다. 바울이 바라보는 세상은 하나님을 알되 하나님을 영화롭게도 아니하며 감사하지도 아니하고 오히려 그 생각이 허망하여져 미련한 마음이 어두워진 상태였을 뿐이다(롬 1:21). 마음에 하나님 두기를 싫어하면서 온갖 악을 따라 살아가는 세상일 뿐이다. 이처럼 바울의 눈에는 사람들이 부자와 가난한 자로 보이는 것이 아니라 멸망에 해당된 자들로 보였을 뿐이다. 그래서 바울에게는 세상에서 잘 되어 보자는 소망이 없었다. 그것이야말로 세상과 함께 멸망에 이르는 것임을 알았기 때문이다. 대신 바울은 세상에서 자신을 건지는 의가 되는 예수님만을 생명으로 알았을 뿐이다. 이것이 믿음으로 사는 것이다. 흔히들 세상에는 좋은 것이 많다고 말한다. 그래서 그 좋은 것들을 마음껏 누리며 사는 사람들이 부러워지기도 한다. 하지만 하나님이 정하신 종말이 이르렀을 때 우리를 살리는 생명은 오직 예수 그리스도다.

따라서 믿음이 있는 자가 외칠 수 있는 세상에 가장 좋은 것은 '예수 그리스도'이다. 비록 지금은 세상이 예수 그리스도의 가치를 무시하고 예수님 믿는 것을 업신여기지만 종말의 때가 되면 예수님은 가장 존귀하시고 가장 크신 복으로 세상에 나타나실 것이다. 그리스도인은 하나님이 하실 그 일을 믿음으로 내다보며 사는 사람이다. 이것이 "의인은 믿음으로 말미암아 살리라"는 말씀의 의미이다.

그러므로 믿음은 그리스도인이 자신의 실천적 행위에 안주하는 차원과는 전혀 다르다. 믿음은 사람이 전혀 관심 두지 않는 약속을 성취하시는 하나님의 일에 모든 마음을 두게 하는 것이며, 그 믿음으로 인해서 세상을 보는 새로운 안목이 열리게 됨에 따라 바울처럼 세상의 모든 것을 배설물로 보게 되는 것이다. 그리고 세상이 알지 못하는 하늘의 참된 복, 생명이 되시는 예수 그리스도를 자신의 전부로 여기며 그 기쁨을 누리는 복된 자로 머무는 것이 '믿음의 세계'이다. 이러한 믿음으로만 "나는 십자가 외에는 아무것도 알지 아니하기로 작정했다"는 바울의 고백을 이해하며 그 고백에 함께할 수 있는 것이다.

우리가 믿음으로 산다는 것은 우리에게 믿음이 있어서 죄를 짓지 않는다는 것이 아니라 예수 그리스도의 십자가에서 흘리신 피가 우리의 모든 죄를 정결하게 하셨음을 믿고 그 피의 은혜에 감사하며 사는 것이다. 그러나 어떤 사람들은 성령을 받고 그리스도인이 되면 죄를 이기고 죄 없는 자로 살아가야 한다고 오해한다. 과연 그렇게 살아갈 수 있는 걸까? 그러나 성령이 오신 것은 우리가 죄를 짓지 않게 하시기 위함이 아니라 우리의 죄를 날마다 책망하시고 십자가의 피로 우리의 모든 죄를 덮으신 예수 그리스도를 바라보게 하시기 위함이다.

그래서 믿음으로 사는 자에게는 믿음 자체가 곧 복이다. 이 말은 믿음으로 복을 받고자 하는 사람들에게는 이해될 수 없다. 믿음이 복이라는 것을 이해하려면 믿지 않는 상태가 무엇을 의미하는지를 알아야 한다. 믿지 않는 상태의 절망과 비참함을 얼마나 이해하느냐에 따라서 예수를 믿게 된 사실 하나만으로도 감사와 기쁨 있는 믿음생활이 가능하게 된다. 세상에 기대를 품게 하는 것은 믿음이 아니다. 믿음은 예수님만 바라보게 한다. 예수님의 의가 생명이며 우리의 의로 가능한 것은 아무것도 없음을 알게 한다. 그러므로 그리스도인은 믿음으로 인해서 예수님을 바라보는 것이고, 예수님을 바라봄으로써 자신의 모든 소망과 위로와 힘은 예수님한테서 나오는 것임을 믿게 된다. 이러한 믿음의 사람으로 산다면 그것이 곧 기적의 삶이다. 현대교회에 이런 믿음의 사람이 있다면 그것은 참으로 놀랍고 신기한 일이 아닐 수 없다. 이러한 믿음으로 사는지 자신을 점검해 볼 수 있어야 한다.

| 에필로그 | 하나님의 언약을 완성한 그리스도의 십자가

성경의 역사는 언약이 중심이 되어 그리스도를 위하여 그리스도로 통일되는 구속의 역사이며 교회는 이러한 구속사의 과정 가운데 존재한다. 그 핵심에는 '하나님의 언약'이 있으며 그 언약은 인간에 대한 하나님의 모든 계획을 총괄하고 있다. 하나님의 언약은 구약시대와 신약시대로 나누어 생각하게 되며 그 언약은 점진적이며 구체적이고 발전적 성격을 띠게 된다. 하나님의 언약은 창세 전 협약, 아담 언약, 노아 언약, 아브라함 언약, 모세 언약, 다윗 언약, 새 언약으로 이어지며 예수 그리스도가 오심으로 그 언약이 완전히 성취(다 이루심)되었다. 오순절 성령이 오신 이후 나타난 교회는 언약의 거룩한 공동체이며 주님께서 재림하실 때 언약의 실체이신 그리스도의 신부가 된다.

따라서 성경의 역사는 언약의 역사이다. 특히 성경에 기록된 노아에서 그리스도까지의 구속역사가 하나님의 언약 관계의 영역 밖에 있었던 때는 없었다. 결국 구약의 역사는 하나님 언약의 예언과 성취를 통해 그리스도를 증거하고 있다. 노아 언약, 아브라함 언약, 모세 언약, 다윗 언약, 새 언약 등에서 언약을 말할 때 언약이 우리에게 가르쳐주는 것은 하나님의 자기 영광을 위한 거대한 창조 경륜과 구속적 계획의 실현이다. 따라서 인간 역사의 중심에는 하나님의 언약이 자리 잡고 있으며 세상의 모든 일반역사 역시 언약 중심으로 해석되어야 한다.

그러나 죄인인 인간이 추구하며 이끌어가는 역사는 본성적으로 그 언약을 벗어나려는 경향이 있다. 더 정확하게는 하나님을 떠난 인간들은 역사 가운데서 하나님의 구속사적 경륜으로부터 끊임없는 탈출을 시도하고 있다. 그리하여 인간들은 하나님의 뜻과 관계없이 자기 죄악의 역사를 만들어가게 된다. 노아시대의 홍수심판도 결국 하나님과 그의 언약의 말씀을 떠난 인간들에 대한 심판이었다. 하나님께서 베푸신 언약이 인간의 생명을 위한 것이지만 언약을 벗어나서 행하는 인간의 역사는 영원한 죽음을 향해 나아갈 따름이다.

구약에서 장차 하나님 나라를 보여주는 약속의 땅은 언약의 원칙이 적용되는 곳의 모형이다. 신약의 천국은 언약 완성의 영역이다. 하나님은 이스라엘 백성에게 언약을 알 기회를 주기 위해서 그들을 곧바로 약속의 땅으로 데려가시지 않고 광야 길로 이끄셨다. 언약을 모르는 채 약속의 땅에 들어가면 그들은 언약으로 통치되는 약속의 땅에서 살아갈 권리가 사라지게 된다.

따라서 이스라엘 백성들은 낮에는 구름기둥 밤에는 불기둥으로 인도함을 받았다. 이는 인간 속에 있는 거룩하지 못한 것들을 끄집어 내어 언약의 본질을 그들 앞에서 펼쳐 보이기 위함이었다. 열악한 상황과 형편에 불평하고 원망하는 것이 죄가 아니라 언약을 모르고 언약의 하나님을 모르는 것이 죄가 되었다. 어떠한 환경과 형편에서도 하나님의 언약을 알고 언약으로 감사하는 이스라엘이 되도록 하는 것이 하나님께서 원하시는 것이었다.

구약시대의 사람들은 하나님의 언약을 알고 언약을 바라보았고, 예수님 시대의 그리스도인은 예수님에 의해 성취된 언약 안에서 주를 바라보았다. 구약이나 신약이나 시대를 초월하여 언약 안에서 구원된 자로 발견된 것은 한가지다. 그래서 그리스도인은 생존을 위해서 존재하는 자들이 아니라 언약의 하나님께서 자신의 언약대로 일관성 있게 일을 이루어가고 계심을 증명하기 위해서 부르심을 받아나온 자들이다. 따라서 우리의 관심은 하나님의 은혜로서 모든 것이 하나님의 언약대로 움직인다는 사실을 알고, 하나님 언약의 말씀에 초점을 두어야 한다.

언약의 복음은 그리스도 안에서 통일된 십자가 복음이며, 이 복음은 우주 만물 안으로 충만한 복음의 능력을 나타내고 있다. 언약의 특성이 다양하게 보이지만 언약의 본질은 같은 맥락 속에서 연속적이고 통일적인 것으로 이해할 수 있다. 따라서 언약을 다음과 같이 요약할 수 있다.

첫째로 노아 언약에 관하여 생각할 때 심판하는 근거는 땅의 은혜성이 보장되느냐 여부이다. 땅의 회복을 가져온 것에 대한 것이다. 은총을 베푼 증거물은 정결한 짐승의 희생이다. 여기에서 은총받은 자는 노아 식구뿐이다. 언약을 거부하는 자는 함과 가나안이다. 이는 덮어줌의 원리를 모르는 데 있다.

둘째로 아브라함 언약에서 심판의 근거는 복의 민족이 출현하는 것이다. 은총의 증거물은 할례받은 자식의 희생이다. 은총받은 자는 아브라함과 그 자손이다. 언약을 거부하는 자는 에서이다. 그의 거부는 선택행위를 무시하고 혈통적 우선권을 주장한 것이다.

셋째로 모세 언약에서 심판하는 근거는 율법을 어긴 것이다. 동시에 율법으로부터 긍휼을 입은 자가 나타난다. 은총을 베푼 증거물은 법궤에 발린 피에 있다. 은총받은 자는 국가 이스라엘이다. 언약을 거부하는 자는 이방 나라이다. 이들은 하나님의 선택(오직 이스라엘만 선택하심)의 특수성을 거부한 것이다.

넷째로 다윗 언약에서 심판하는 근거는 선택된 왕이 따로 존재함에 있다. 은총을 베푼 증거물은 성전과 선지자의 고난이다. 은총받은 자는 남은 자이다. 언약을 거부하는 자는 정치적 왕들이다. 거부 정신은 힘으로 유지되는 국가와 종교를 수립하고자 한 것이다.

마지막으로 새 언약에서 심판하는 근거는 심판주가 이 땅에 내려오심이다. 은총을 베푼 증거물은 십자가 죽음과 부활이다. 은총받은 자는 유대인 중 남은 자와 빈자리에 보충해서 들어가게 된 이방인들이다. 언약을 거부하는 자는 자기의 종교적 의와 성과를 축적하는 자이다. 거부하는 태도는 인간에게 선할 가능성이 있음을 고집하는 것이다.

성경은 예수님이 누구신가를 보이기 위한 언약의 말씀이다. 따라서 성경에서 말하는 복음은 예수님의 활동이 중심이 된다. 그리스도인을 통하여 예수 그리스도의 십자가 복음이 증거될 때는 이 중심에서 벗어난 세력과 끊임없는 영적 투쟁이 일어난다. 이 땅에서 영적 투쟁이 있다는 것은 우리가 구원받았음을 확인해 주는 현상이다.

구약성경 전체가 지향하는 것은 예수님의 십자가 사건의 내막을 증거하는 것이다. '엘로힘'은 하나님께서 자신을 스스로 호칭하시는 이름이다. 언약을 말씀하실 때나 성취 과정에서는 주로 '여호와' 하나님으로 나타나신다. 이것은 엘로힘 하나님께서 언약을 주시고 그 언약을 성취하실 때는 여호와 하나님으로 '일하신다'는 것이다. 이스라엘 백성의 탄생과 인도하심에는 주로 여호와 하나님으로 나타내시는 것이 그 증거가 된다. 전쟁은 여호와께 속한 것으로 약속으로 오시는 분이 이루시는 과정이 나타난다.

예수님은 우리의 구원 문제나 가정 문제나 애로사항을 해소하고 세상에서의 행복을 보장하려는 사적인 목적으로 오신 분이 아니라 하나님과 예수님 간의 언약을 이루기 위해서 오신 것이다. 따라서 십자가의 의미는 은혜를 입어야 이해할 수 있다. 그 은혜는 성령이 임해야 하는데 성령께서는 못 박힌 그리스도의 십자가 안에서 오직 은혜로 주신 것을 알게 하고 하나님의 깊은 것을 통달하게 한다. 성령 받은 자는 자신이 성령받았음을 증거하는 것이 아니라 이러한 십자가를 증거하는 모습을 보이는 것이다.

신약에서 영원한 생명은 예수님의 십자가를 통하여 주어진다. 십자가란 모든 말씀을 다 이룬 상태를 말한다. '십자가 안' 또는 '예수 그리스도 안'에서는 말씀 성취가 작렬하는 영역이기 때문에 하나님께서 약속하신 대로 생명이 주어진다. 이 생명은 하나님께서 예수님이 행하신 의로 인해 그리스도인에게 거저 주신 것이다.

이제 구원 얻은 자들에게는 십자가가 출발점이다. 신약 없이 유대 신학처럼 구약을 해석해 내는 것은 위험천만하다. 신구약 관계에서 구약과 상관없는 신약의 내용이란 없다. 모든 것이 구약에 뿌리를 두고 있다. 따라서 구약의 뿌리를 찾기 위해서는 놀랍게도 구약에서 시작해서는 아니 되고 신약 예수님의 십자가에서 시작해야 한다. 그리스도 안에서 통일된 십자가이기 때문이다. 신구약의 연속성과 불연속성이라는 것은 하나님의 행함 차원에서는 '연속적'이요, 인간의 행함 차원에서는 '불연속적'이라는 것이 십자가에 둘 다 포함되어 있다.

십자가 앞에서 인간의 불연속적이며 한계적인 무능과 자신의 죄인 됨을 아는 것이 하나님께 영광이 된다. 즉 하나님 이름 앞에 내 이름을 부정하는 것이 바로 주님께 영광이다. 이 영광을 위하여 그리스도인이 부르심을 받은 것이며 이러한 자를 하나님께서는 의롭다고 하신다. 주님의 영광을 위하여 부르심을 받은 그리스도인의 믿음 속에는 하나님의 계시가 담겨 있다. 이는 하나님 말씀의 능력이 그 사람 속으로 들어가서 일하고 있는 주님의 도구가 된 것이다. 그리스도인의 삶은 본인이 결정해 가는 삶이 아니라 자신 속에 들어와 있는 말씀이 결정짓는 삶이 되는 것이다. 예수님을 믿는다는 것은 그리스도인이 새로운 능력을 갖거나 소지하는 것이 아니라 하나님과 새로운 관계 안에 놓인 상태가 되었다는 것이다. 예수님을 믿는다고 사는 환경이 나아지거나 인격이 달라졌는지에 관심을 두면 자주 실망하게 된다. 그러나 믿게 하신 예수님의 관리와 간섭 아래에 놓였다는 사실 자체가 중요한 것이다.

믿음이란 눈에 보이지 않는 예수님을 믿는 것이다. 그러나 예수님 때문에 변화된 세상의 특징들을 믿는 것을 믿음이라고 하지 않는다. 복음을 전할 때 예수님을 증거해야 한다. 그러나 예수님을 증거하는 자신을 증거하는 것을 조심해야 한다. 마찬가지로 예수님에 의해서 일어난 변화에 주목하여 성경을 해석해서도 안 된다. 축복과 저주는 사람 하기 나름이라고 여기는 사람이 중심이 아니라 예수 그리스도께서 이루신 복음이 중심이 되어 은혜로 축복이 주어진다. 그래서 그리스도인이 전하는 예수님의 십자가 복음을 거부하는 자는 저주를 받는다. 시작부터 끝까지 언약을 이루시는 데 신실하시고 성실하신 주님을 찬양한다.

"이는 만물이 주에게서 나오고 주로 말미암고 주에게로 돌아감이라. 그에게 영광이 세세에 있을지어다. 아멘"(롬 11:36).